KB269801

YBM 일본어 상용한자 1026

김은영 | YBM 일본어연구소

YBM 일본어 상용한자 1026

발행인	권오찬
펴낸곳	와이비엠홀딩스
저자	김은영, YBM 일본어연구소
기획	고성희, 김진아
마케팅	김동진, 박찬경, 하재희, 문근호, 고은
디자인	박도순, 배현진, 박성희
초판 인쇄	2025년 12월 22일
초판 발행	2026년 1월 2일
신고 일자	2012년 4월 12일
신고 번호	제2012-000060호
주소	서울시 종로구 종로 104
전화	(02)2000-0154
팩스	(02)2271-0172
홈페이지	www.ybmbooks.com

ISBN 978-89-6348-204-0

머리말

한자는 히라가나, 가타카나와 함께 일본어의 뼈대를 이루는 핵심 요소입니다. 많은 학습자가 방대한 한자 양에 압도되어 중도에 포기하곤 하지만, 사실 한자는 일본어 실력을 비약적으로 상승시켜 줄 가장 강력한 무기이기도 합니다.

이 책은 일본 문부과학성 지정 초등학교 교육한자 1,026자를 제시하고, JLPT와 JPT 빈출 어휘도 엄선하여 실었습니다. 또한 단순히 한자를 나열하는 방식에서 벗어나 각 한자의 기본 의미, 음독·훈독, 주요 예시 어휘를 꼼꼼히 수록했습니다. 특히 실제 시험 형식에 맞춘 출제 예상 문장을 통해 실전 감각을 익히고 학습 효율을 극대화할 수 있도록 구성했습니다.

학습의 밀도를 높이는 체계적인 커리큘럼 또한 이 책만의 특징입니다. 'Day별 연습문제'로 그날의 학습 내용을 즉시 점검하고, 각 학년이 끝날 때마다 '마무리문제'를 풀어봄으로써 JLPT와 JPT 어휘 파트에 완벽하게 대비할 수 있습니다.

'어려운 한자'를 '아는 한자'로 바꾸는 유일한 비결은 꾸준한 반복 학습입니다. 매일 보고 읽고 쓰다 보면 어느새 일본어 문장이 한눈에 들어오는 기쁨을 맛보게 될 것입니다.

부디 이 책이 여러분의 일본어 학습에 든든한 길잡이가 되어, 한자가 더 이상 넘어야 할 산이 아닌 일본어 정복을 위한 지름길이 되기를 바랍니다. 포기하지 않는다면 누구나 할 수 있습니다. 지금 그 첫걸음을 시작해 보세요.

김은영 · YBM일본어연구소

일본어 한자 알아두기

1. 일본어 한자

(1) 일본어 상용한자

일본 문부과학성이 일상생활에서 원활한 소통을 위해 사용하도록 권장한 한자입니다. 법령, 공문서, 신문, 방송 등 사회 전반에서 사용되는 표준 한자의 지표가 됩니다. 2010년 11월에 개정되어 현재 총 2,136자가 지정되어 있습니다.

(2) 일본어 교육한자

상용한자 중 일본 초등학생들이 의무 교육 기간(6년) 동안 배우도록 학년별로 지정한 한자를 말합니다. 2020년 4월 개정 교육 과정에 따라 총 1,026자로 편성되었습니다.

- **학년별 구성**

  1학년: 80자　　　**2학년**: 160자　　　**3학년**: 200자

  4학년: 202자　　　**5학년**: 193자　　　**6학년**: 191자

2. 일본어 한자를 읽는 법

일본어 한자는 음독(音読み)과 훈독(訓読み), 두 가지 방식으로 발음합니다.

- **음독**: 한자가 중국에서 넘어올 때 도입된 중국어식 발음입니다. 즉, 한자의 '소리(음)'를 빌려 읽는 방법입니다.
- **훈독**: 한자가 도입되기 전부터 일본에서 사용하던 고유어 발음입니다. 즉, 한자의 '뜻(훈)'으로 읽는 방법입니다.

家		
[음독] か	「家」의 중국어 발음을 일본어식으로 받아들인 음
[훈독] いえ	'집'을 뜻하는 일본어 고유의 발음

※한자에 따라 음독이나 훈독이 두 개 이상인 경우도 있고, 음독 또는 훈독이 없는 한자도 있습니다.

3. 일본어 한자의 간소화

일본어 한자는 복잡한 구자체(원래의 복잡한 한자)를 간소화한 약자체(획을 줄여 쓴 한자)를 표준으로 채택하여, 문자 사용의 편의성을 도모하였습니다.

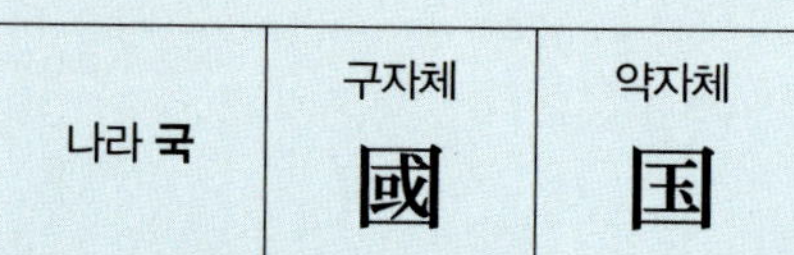

나라 **국**	구자체	약자체
	國	国

※이 책에서는 일본어 한자와 한국어 한자가 다른 경우 두 형태를 병기하여, 일본어 학습과 동시에 한국어 한자 실력까지 향상시킬 수 있도록 구성하였습니다.

4. 일본어 발음의 변화

일본어 한자어는 결합 방식에 따라 발음이 변하거나 특수한 읽기 방식이 적용되는 경우가 많습니다.

(1) 음편화(音便化) : 한자의 결합 시 앞 단어의 끝음이 뒤 단어의 첫음에 영향을 받아 촉음(っ)으로 변하는 현상으로, '촉음화'라고도 합니다.

学[が<ruby>く</ruby>] ＋ 校[こう]　→　学校[がっこう]
　학　　　　　교　　　　　　　　학교

(2) 연탁(連濁) : 두 단어가 결합할 때, 뒤에 오는 한자의 첫음이 발음의 편의를 위해 탁음으로 바뀌는 현상입니다.

天[てん] ＋ 国[こく]　→　天国[てんごく]
　천　　　　　국　　　　　　　천국

(3) 연성(連声) : 앞 단어의 끝음(ん・ち・つ)과 뒤 단어의 첫음(あ・や・わ행)이 결합할 때, 발음의 편의를 위해 뒤의 첫음이 な・ま・た행으로 변하는 현상입니다.

因[いん] ＋ 縁[えん]　→　因縁[いんねん]
　인　　　　　연　　　　　　　인연

(4) 예외(当て字) : 한자의 본래 음이나 뜻과 상관없이 관용적으로 특별하게 읽히는 경우를 말합니다.

大[おお] ＋ 人[じん]　→　大人[おとな]
　대　　　　　인　　　　　　　어른

5. 오쿠리가나(送り仮名)

주로 훈독으로 읽는 동사, 형용사, 부사 등에서 한자 뒤에 붙는 히라가나를 말합니다. 오쿠리가나는 한자의 정확한 독법을 안내할 뿐만 아니라, 문맥 속에서 단어의 의미와 품사를 명확하게 구분해 주는 중요한 역할을 합니다.

▶ **동사** : 開く 열리다　開ける 열다　閉まる 닫히다　閉める 닫다
▶ **い형용사** : 細い 가늘다　細かい 잘다, 작다, 미세하다
▶ **な형용사** : 幸せだ 행복하다　幸いだ 다행이다
▶ **부사** : 全て 모두, 전부, 모든 것　全く 완전히, 전혀

이 책의 구성과 특징

1. 학습 전 한자 확인 및 QR코드 활용

학습 시작 전, 오늘 배울 한자를 한눈에 확인합니다. QR코드를 통해 [일본어–한국어] 음원을 바로 들을 수 있고, 핵심단어 동영상으로 시각적 학습을 병행할 수 있습니다.

※음원 파일([일본어–한국어] 및 [일본어] 버전)은 YBM 홈페이지(www.ybmbooks.com)에서 다운로드하여 편리하게 학습할 수 있습니다.

2. 체계적인 한자 학습

한자의 음과 뜻은 물론 음독·훈독, 주요 어휘와 실용 예문까지 단계별로 구성하여 한자의 원리와 쓰임을 체계적으로 습득할 수 있습니다.

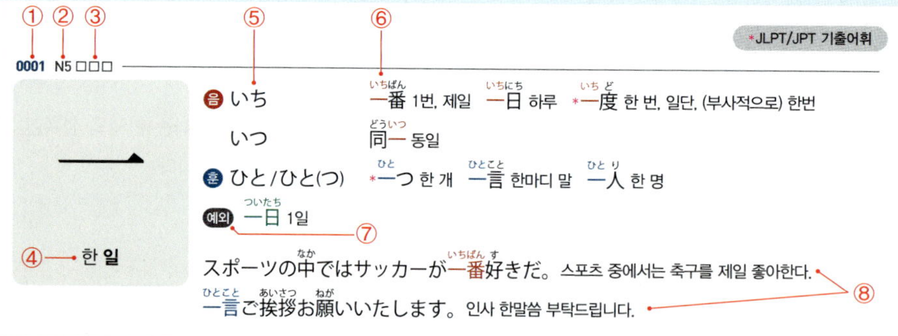

① **번호** : 1번부터 1,026번까지 부여된 일련번호로, 전체 학습량을 확인하며 계획적인 학습을 돕습니다.

② **JLPT 급수** : 해당 한자가 해당하는 JLPT(N1~N5) 급수를 표시하여, 목표 급수에 맞춘 효율적인 학습이 가능합니다.

③ **회차 체크 박스** : 반복 학습을 위한 체크 공간입니다. 학습을 마칠 때마다 표시하여 자신의 회독 수를 직관적으로 확인해 보세요.

④ **한국어 뜻과 음** : 한자의 한국어 뜻과 음을 제시합니다. 특히 한국식 한자와 일본식 한자의 모양이 다를 경우 한국식 정자체를 병기하여 두 한자를 완벽하게 비교 학습할 수 있도록 하였습니다.

⑤ **일본어 발음** : 해당 한자의 일본어 음독(音読み)과 훈독(訓読み)을 구분하여 제시하였습니다.

⑥ **단어** : 음독과 훈독이 쓰인 주요 어휘를 학습할 수 있습니다. 특히 JLPT/JPT 기출 어휘에는 별표(*)를 표기하여 시험 대비를 위한 우선순위 학습이 가능합니다.

⑦ **예외(当て字 등)** : 일반적인 음독·훈독 규칙에서 벗어나 예외적으로 읽히는 특수 어휘를 수록하여, 실전에서 당황하지 않도록 구성하였습니다.

⑧ **예문** : 각 한자가 실제 문장에서 어떻게 쓰이는지 보여주는 예문을 수록하였습니다. 음독과 훈독 각각의 어휘를 활용한 생생한 문장을 통해 한자의 실전 활용법을 익힐 수 있습니다.

3. 연습문제를 통한 실력 점검

한자 암기를 마친 후에는 연습문제를 통해 학습 내용을 확인하고, 부족한 부분을 점검하여 완벽하게 내 것으로 만들 수 있습니다.

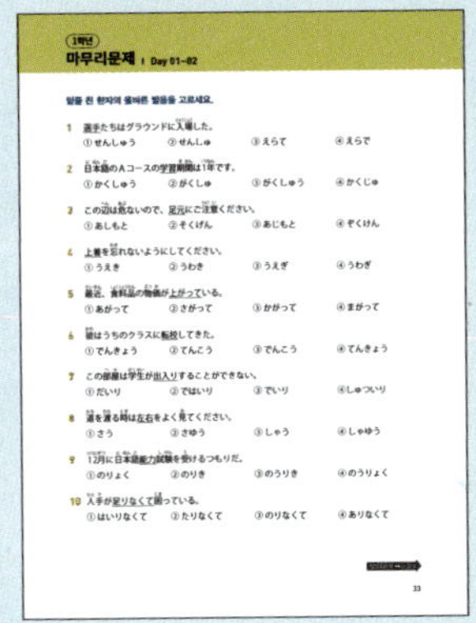

Day별 학습이 끝난 후에는 연습문제를 풀며 그날 배운 한자를 복습하고, 자신의 암기 상태를 확실하게 점검할 수 있습니다.

학년별 과정 수료 후, JLPT/JPT 기출 어휘가 반영된 마무리문제를 풀어봄으로써 실전 대비와 최종 복습이 동시에 가능합니다.

무료 제공 학습자료 www.ybmbooks.com

1. **한자쓰기 노트(별책 부록)** : 정확한 획순을 확인하며 직접 써 볼 수 있는 쓰기노트를 별도로 제공하여, 한자를 몸으로 익히는 습득 과정을 돕습니다.

2. **핵심단어 동영상강의(30강)** : 영상 한자카드를 통해 핵심단어를 눈으로 보고 귀로 들을 수 있습니다.

3. **단어&예문(MP3)** : [일본어–한국어]와 [일본어] 두 가지 버전을 제공합니다. 학습 단계와 필요에 따라 원하는 버전을 선택하여 청취해 보세요.

4. **핵심단어카드(PDF)** : 핵심단어를 카드 형식으로 만들어 PDF 파일로 제공합니다.

5. **JLPT/JPT 대비문제(PDF)** : 더 높은 목표를 가진 학습자를 위해 실전 대비용 확인문제를 추가로 제공합니다. 홈페이지에서 다운로드하여 실력을 최종 점검할 수 있습니다.

6. **한자쓰기 연습장(PDF)** : 쓰기연습이 더 필요한 분들을 위해 추가 연습 양식을 제공합니다. 필요한 만큼 출력하여 자유롭게 활용해 보세요.

목차

머리말   003

일본어 한자 알아두기   004

이 책의 구성과 특징   006

Day 30 학습플랜   010

초등학교 1학년
한자 총 80자

Day 01 1학년 한자(1) 40자	012
Day 02 1학년 한자(2) 40자	022
마무리 문제	033

초등학교 2학년
한자 총 160자

Day 03 2학년 한자(1) 40자	036
Day 04 2학년 한자(2) 40자	046
Day 05 2학년 한자(3) 40자	056
Day 06 2학년 한자(4) 40자	068
마무리문제	079

초등학교 3학년
한자 총 200자

Day 07 3학년 한자(1) 34자	082
Day 08 3학년 한자(2) 34자	092
Day 09 3학년 한자(3) 33자	102
Day 10 3학년 한자(4) 33자	112
Day 11 3학년 한자(5) 33자	122
Day 12 3학년 한자(6) 33자	132
마무리문제	141

초등학교 4학년
한자 총 202자

Day 13 4학년 한자(1) 34자 144
Day 14 4학년 한자(2) 34자 154
Day 15 4학년 한자(3) 34자 164
Day 16 4학년 한자(4) 34자 174
Day 17 4학년 한자(5) 33자 184
Day 18 4학년 한자(6) 33자 194
마무리문제 204

초등학교 5학년
한자 총 193자

Day 19 5학년 한자(1) 33자 206
Day 20 5학년 한자(2) 32자 216
Day 21 5학년 한자(3) 32자 226
Day 22 5학년 한자(4) 32자 236
Day 23 5학년 한자(5) 32자 246
Day 24 5학년 한자(6) 32자 256
마무리문제 266

초등학교 6학년
한자 총 191자

Day 25 6학년 한자(1) 34자 268
Day 26 6학년 한자(2) 33자 278
Day 27 6학년 한자(3) 33자 288
Day 28 6학년 한자(4) 33자 298
Day 29 6학년 한자(5) 33자 308
Day 30 6학년 한자(6) 25자 318
마무리문제 326

부록 1. 학년별 마무리문제_정답&해석 328 2. 색인 330

Day 30 학습플랜

Day 01			Day 02			Day 03			Day 04			Day 05		
1회	월	일	1회	월	일	1회	월	일	1회	월	일	1회	월	일
2회	월	일	2회	월	일	2회	월	일	2회	월	일	2회	월	일
3회	월	일	3회	월	일	3회	월	일	3회	월	일	3회	월	일

Day 06			Day 07			Day 08			Day 09			Day 10		
1회	월	일	1회	월	일	1회	월	일	1회	월	일	1회	월	일
2회	월	일	2회	월	일	2회	월	일	2회	월	일	2회	월	일
3회	월	일	3회	월	일	3회	월	일	3회	월	일	3회	월	일

Day 11			Day 12			Day 13			Day 14			Day 15		
1회	월	일	1회	월	일	1회	월	일	1회	월	일	1회	월	일
2회	월	일	2회	월	일	2회	월	일	2회	월	일	2회	월	일
3회	월	일	3회	월	일	3회	월	일	3회	월	일	3회	월	일

Day 16			Day 17			Day 18			Day 19			Day 20		
1회	월	일	1회	월	일	1회	월	일	1회	월	일	1회	월	일
2회	월	일	2회	월	일	2회	월	일	2회	월	일	2회	월	일
3회	월	일	3회	월	일	3회	월	일	3회	월	일	3회	월	일

Day 21			Day 22			Day 23			Day 24			Day 25		
1회	월	일	1회	월	일	1회	월	일	1회	월	일	1회	월	일
2회	월	일	2회	월	일	2회	월	일	2회	월	일	2회	월	일
3회	월	일	3회	월	일	3회	월	일	3회	월	일	3회	월	일

Day 26			Day 27			Day 28			Day 29			Day 30		
1회	월	일	1회	월	일	1회	월	일	1회	월	일	1회	월	일
2회	월	일	2회	월	일	2회	월	일	2회	월	일	2회	월	일
3회	월	일	3회	월	일	3회	월	일	3회	월	일	3회	월	일

초등학교
1학년

한자
총 **80자**

1학년 한자 (1) 40자

01 一	**02** 二	**03** 三	**04** 四
한 **일** / 音 いち / 訓 ひと	두 **이** / 音 に / 訓 ふた	석 **삼** / 音 さん / 訓 み	넉 **사** / 音 し / 訓 よ
05 五	**06** 六	**07** 七	**08** 八
다섯 **오** / 音 ご / 訓 いつ	여섯 **육** / 音 ろく / 訓 む	일곱 **칠** / 音 しち / 訓 なな	여덟 **팔** / 音 はち / 訓 や
09 九	**10** 十	**11** 百	**12** 千
아홉 **구** / 音 きゅう / 訓 ここの	열 **십** / 音 じゅう / 訓 とお	일백 **백** / 音 ひゃく / 訓 ー	일천 **천** / 音 せん / 訓 ち
13 年	**14** 日	**15** 月	**16** 火
해 **년** / 音 ねん / 訓 とし	날 **일** / 音 にち / 訓 ひ	달 **월** / 音 げつ / 訓 つき	불 **화** / 音 か / 訓 ひ
17 水	**18** 木	**19** 金	**20** 土
물 **수** / 音 すい / 訓 みず	나무 **목** / 音 もく / 訓 き	쇠 **금** / 音 きん / 訓 かね	흙 **토** / 音 ど / 訓 つち
21 空	**22** 気	**23** 雨	**24** 天
빌 **공** / 音 くう / 訓 そら	기운 **기** / 音 き / 訓 ー	비 **우** / 音 う / 訓 あめ	하늘 **천** / 音 てん / 訓 あま
25 山	**26** 川	**27** 森	**28** 林
메 **산** / 音 さん / 訓 やま	내 **천** / 音 せん / 訓 かわ	수풀 **삼** / 音 しん / 訓 もり	수풀 **림** / 音 りん / 訓 はやし
29 花	**30** 草	**31** 竹	**32** 虫
꽃 **화** / 音 か / 訓 はな	풀 **초** / 音 そう / 訓 くさ	대 **죽** / 音 ちく / 訓 たけ	벌레 **충** / 音 ちゅう / 訓 むし
33 白	**34** 青	**35** 赤	**36** 村
흰 **백** / 音 はく / 訓 しろ	푸를 **청** / 音 せい / 訓 あお	붉을 **적** / 音 せき / 訓 あか	마을 **촌** / 音 そん / 訓 むら
37 田	**38** 町	**39** 休	**40** 夕
밭 **전** / 音 でん / 訓 た	밭두둑 **정** / 音 ちょう / 訓 まち	쉴 **휴** / 音 きゅう / 訓 やす(む)	저녁 **석** / 音 せき / 訓 ゆう

0001 N5 □□□

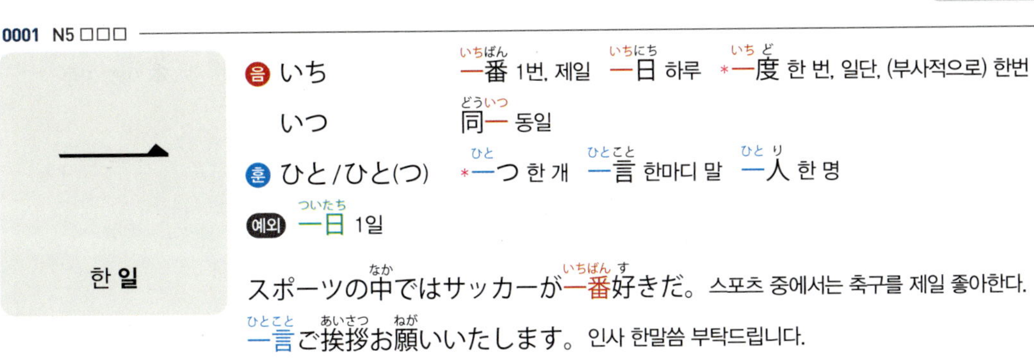

한 일

음	いち	一番 1번, 제일　一日 하루　*一度 한 번, 일단, (부사적으로) 한번
	いつ	同一 동일
훈	ひと / ひと(つ)	*一つ 한 개　一言 한마디 말　一人 한 명
예외		一日 1일

スポーツの中ではサッカーが一番好きだ。 스포츠 중에서는 축구를 제일 좋아한다.

一言ご挨拶お願いいたします。 인사 한말씀 부탁드립니다.

0002 N5 □□□

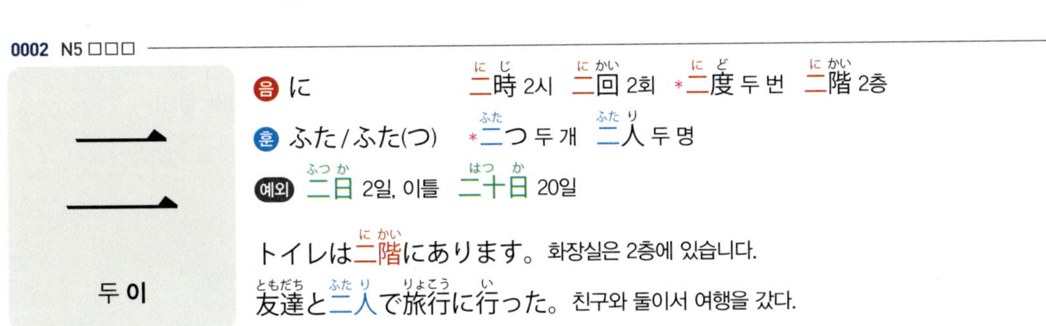

두 이

음	に	二時 2시　二回 2회　*二度 두 번　二階 2층
훈	ふた / ふた(つ)	*二つ 두 개　二人 두 명
예외		二日 2일, 이틀　二十日 20일

トイレは二階にあります。 화장실은 2층에 있습니다.

友達と二人で旅行に行った。 친구와 둘이서 여행을 갔다.

0003 N5 □□□

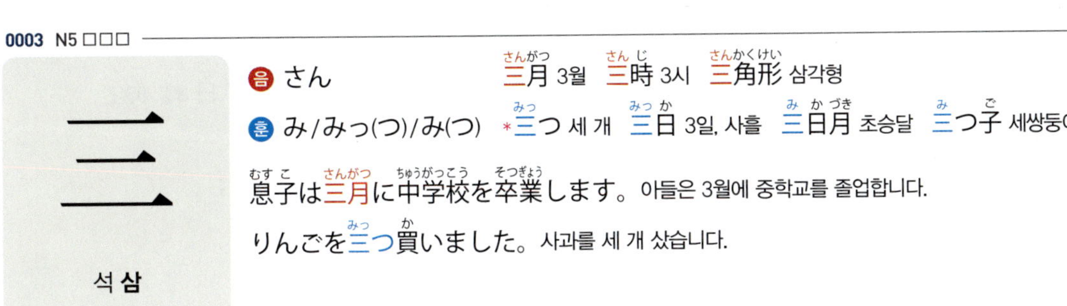

석 삼

| 음 | さん | 三月 3월　三時 3시　三角形 삼각형 |
| 훈 | み / みっ(つ) / み(つ) | *三つ 세 개　三日 3일, 사흘　三日月 초승달　三つ子 세쌍둥이 |

息子は三月に中学校を卒業します。 아들은 3월에 중학교를 졸업합니다.

りんごを三つ買いました。 사과를 세 개 샀습니다.

0004 N5 □□□

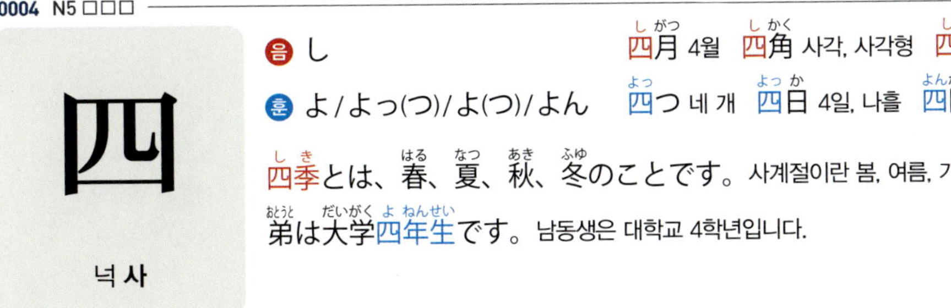

넉 사

| 음 | し | 四月 4월　四角 사각, 사각형　四季 사계, 사계절 |
| 훈 | よ / よっ(つ) / よ(つ) / よん | 四つ 네 개　四日 4일, 나흘　四回 4회　四年生 4학년 |

四季とは、春、夏、秋、冬のことです。 사계절이란 봄, 여름, 가을, 겨울을 말합니다.

弟は大学四年生です。 남동생은 대학교 4학년입니다.

0005 N5 □□□

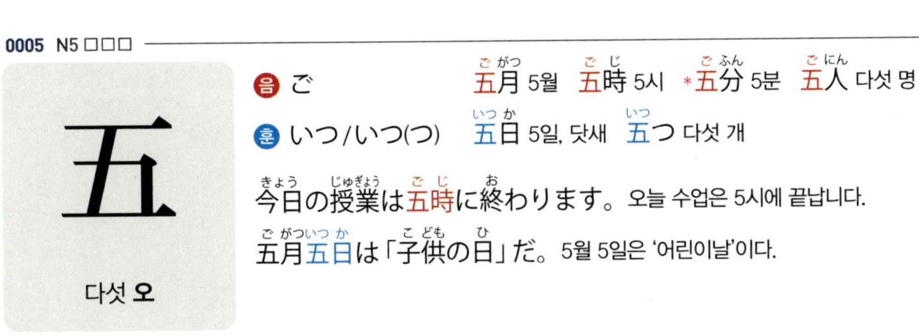

다섯 오

| 음 | ご | 五月 5월　五時 5시　*五分 5분　五人 다섯 명 |
| 훈 | いつ / いつ(つ) | 五日 5일, 닷새　五つ 다섯 개 |

今日の授業は五時に終わります。 오늘 수업은 5시에 끝납니다.

五月五日は「子供の日」だ。 5월 5일은 '어린이날'이다.

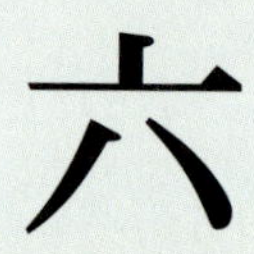

六

여섯 **육**

음 ろく

六月 6월　六時 6시　六人 여섯 명　*六本 여섯 자루

훈 む / むい / むっ(つ) / む(つ)

六日 6일, 엿새　六つ 여섯 개

友達から鉛筆を六本もらった。 친구에게서 연필을 여섯 자루 받았다.

私の誕生日は六月六日です。 제 생일은 6월 6일입니다.

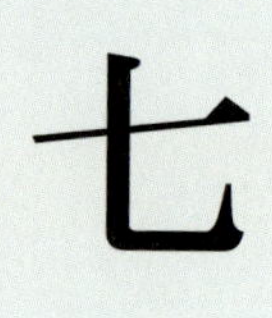

七

일곱 **칠**

음 しち

七月 7월　七時 7시　七人 일곱 명

七五三 시치고산 (아이들의 성장을 축하하는 행사)

훈 なな / なな(つ) / なの

七つ 일곱 개　*七千円 7천 엔　七日 7일, 7일간

七月に期末テストがある。 7월에 기말시험이 있다.

タクシー代で七千円払いました。 택시비로 7천 엔 지불했습니다.

八

여덟 **팔**

음 はち

八月 8월　八時 8시　八人 여덟 명

훈 や / や(つ) / やっ(つ) / よう

八つ 여덟 개　八百屋 채소 가게　八日 8일, 8일간

京都の八月はすごく暑いです。 교토의 8월은 굉장히 덥습니다.

八百屋でトマトを八つ買った。 채소 가게에서 토마토를 여덟 개 샀다.

九

아홉 **구**

음 きゅう / く

九人 아홉 명　*九万円 9만 엔　九月 9월　九時 9시

훈 ここの / ここの(つ)

九日 9일, 9일간　九つ 아홉 개

明日の会議は九時からです。 내일 회의는 9시부터입니다.

レポートは一月九日までに出してください。 리포트는 1월 9일까지 제출해 주세요.

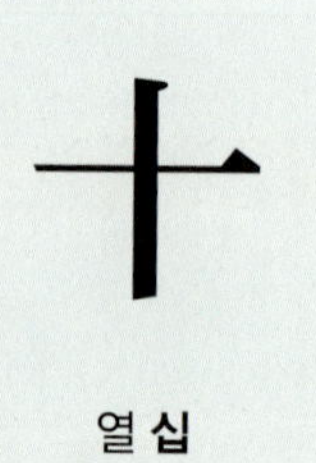

十

열 **십**

음 じゅう / じっ

十月 10월　*十分 충분함　十分 10분 (「じゅっぷん」이라고도 읽음)

훈 とお / と

十 열 개　十日 10일, 열흘, 10일간

日本への留学は私なりに十分考えた結果です。
일본으로의 유학은 제 나름대로 충분히 생각한 결과입니다.

娘は十月十日に生まれた。 딸은 10월 10일에 태어났다.

0011 N5 ☐☐☐

일백 **백**

- 음 ひゃく — *百人 백 명　百年 백 년　三百 삼 백　百貨店 백화점
- 훈 —

この老舗は百年前からだんごを売っているそうだ。
이 노포는 백 년 전부터 당고를 팔고 있다고 한다.

百貨店でお中元を買いました。 백화점에서 백중 선물을 샀습니다.

※お中元 : 백중 때의 선물

0012 N5 ☐☐☐

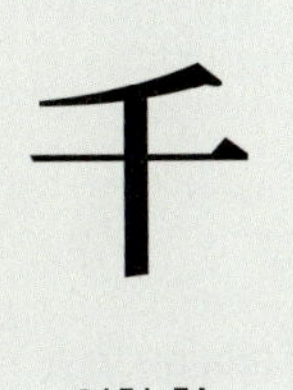

일천 **천**

- 음 せん　*千円 천 엔　千年 천 년　千人 천 명　千差万別 천차만별
- 훈 ち　千歳 천세, 천 년, 길고 긴 세월　千切る 손끝으로 잘게 찢다, 떼어내다

この店は千円で食べ放題です。 이 가게는 천 엔으로 무한 리필입니다.

子供は「七五三」に「千歳あめ」を食べる。
아이는 '시치고산'에 '치토세아메(천세 사탕)'를 먹는다.

※七五三 : 시치고산(일본에서 3세, 5세, 7세가 되는 아이들의 성장과 건강을 축하하고 기원하는 전통 통과 의례)

※千歳あめ : 치토세아메, 천세 사탕(시치고산 때 아이들의 장수를 기원하며 먹는 긴 막대 모양의 사탕)

0013 N5 ☐☐☐

해 **년**

- 음 ねん　*去年 작년　*来年 내년　年末 연말　新年 신년, 새해
- 훈 とし　*年 해, 나이　年下 연하　今年 올해, 금년　お年玉 세뱃돈
　蛇年 뱀띠

年末はどこに行っても人が多い。 연말은 어디에 가도 사람이 많다.

年を取ると髪の毛が薄くなる。 나이를 먹으면 머리숱이 적어진다.

0014 N5 ☐☐☐

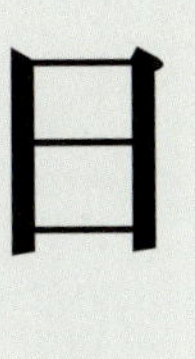

날 **일**

- 음 にち/じつ　*毎日 매일　日時 일시　*翌日 익일, 다음 날　休日 휴일
- 훈 ひ/か　日 날　日にち 날짜　朝日 아침 해　二日 2일, 이틀
- 예외 今日 오늘　日本 일본

子供の頃から、毎日日記をつけています。 어릴 때부터 매일 일기를 쓰고 있습니다.

会の日にちが決まったら、メールください。 모임 날짜가 정해지면 메일 주세요.

0015 N5 ☐☐☐

달 **월**

- 음 げつ/がつ　*月曜日 월요일　先月 지난달　*来月 다음 달　*正月 정월, 설
- 훈 つき　月 달　毎月 매월, 매달(「まいげつ」라고도 읽음)　月見 달 구경

お正月に国へ帰ります。 설에 고국에 돌아갑니다.

ここは毎月、第一月曜日が休みになっています。
이곳은 매월 첫째 월요일이 쉬는 날로 되어 있습니다.

火
불 화

음 か	*火事 화재, 불　*火曜日 화요일　*消火器 소화기　火山 화산
훈 ひ/ほ	*火 불　花火 불꽃놀이　弱火 약한 불

もし火事が起きたら、消火器を使って消しましょう。
만약 화재가 발생하면 소화기를 사용해서 끕시다.

花火大会の人出はすごかった。 불꽃놀이 대회의 인파는 대단했다.

水
물 수

음 すい	*水泳 수영　水道 수도　水曜日 수요일　*水族館 수족관
훈 みず	*水 물　水着 수영복　水色 물빛, 옅은 남빛

家の周りで水道工事をやっていてうるさい。
집 근처에서 수도 공사를 하고 있어서 시끄럽다.

風邪の時は、水をたくさん飲んでください。 감기에 걸렸을 때는 물을 많이 마시세요.

木
나무 목

음 もく/ぼく	*木曜日 목요일　*木材 목재　木造 목조　土木 토목
훈 き/こ	*木 나무　庭木 정원수　並木 가로수　木の葉 나뭇잎

日本は木造住宅が多い。 일본은 목조 주택이 많다.

美しい桜並木がたくさん並んでいる。 아름다운 벚꽃 가로수가 많이 늘어서 있다.

金
쇠 금

음 きん/こん	*金曜日 금요일　*現金 현금　*料金 요금　黄金 황금
훈 かね/かな	*お金 돈　お金持ち 부자　金具 쇠장식

現金やカードが入った財布を落としてしまった。
현금과 카드가 든 지갑을 잃어버리고 말았다.

お金は大切に使わなければならない。 돈은 소중하게 사용해야 한다.

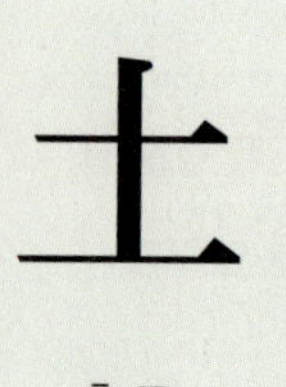

土
흙 토

음 ど/と	*土曜日 토요일　国土 국토　土地 토지　土台 토대
훈 つち	*土 흙　土遊び 흙장난　赤土 적토, 붉은 흙

国土が一番広い国はロシアです。 국토가 가장 넓은 나라는 러시아입니다.

うちの子は土遊びが大好きだ。 우리 애는 흙장난을 아주 좋아한다.

0021 N4 □□□

空
빌[하늘] 공

- 음 くう　*空港 공항　空席 공석　空気 공기　空車 공차, 빈 차
- 훈 そら / から　*空 하늘　青空 파란 하늘　夜空 밤하늘　空っぽ 텅 빔
　　あ(く) / あ(ける)　空く 비다　空き缶 빈 깡통　空ける 비우다
　　す(く)　空く (빈자리가) 나다, 비다, 배가 고프다

午後1時に成田空港に着きました。 오후 1시에 나리타 공항에 도착했습니다.

空いている席にお座りください。 비어 있는 자리에 앉아 주세요.

0022 N5 □□□

気
기운 기 (氣)

- 음 き / け　*元気 원기, 기운, 건강함, 활기참　*気分 기분　人気 인기
　　*気持ち 기분, 마음　気配 기척, 낌새　寒気 한기
- 훈 ―

このドラマは若い人に人気がある。 이 드라마는 젊은 사람에게 인기가 있다.
風邪を引いてしまったか、寒気がします。 감기에 걸렸는지 한기가 듭니다.

0023 N5 □□□

雨
비 우

- 음 う　雨天 우천, 비 오는 날　降雨 강우　雨量 우량, 강수량
　　梅雨 장마(「つゆ」라고도 읽음)
- 훈 あめ / あま　*雨 비　*大雨 큰비　雨雲 비구름　雨具 우비

雨天のため、野球の試合は中止になった。 우천으로 야구 경기는 중지되었다.
大雨の日は家にいた方がいい。 큰비가 내리는 날은 집에 있는 편이 좋다.

0024 N4 □□□

天
하늘 천

- 음 てん　*天気 날씨　天然 천연　天才 천재　天国 천국　雨天 우천, 비 오는 날
- 훈 あま / あめ　天の川 은하수　天下り (신의) 강림, (상부의) 일방적인 지시

彼女は天才と言っても過言ではない、素晴らしい選手だった。
그녀는 천재라고 해도 과언이 아닐 만큼 훌륭한 선수였다.
天の川を見るには、どこに行けばいいですか。 은하수를 보려면 어디에 가면 됩니까?

0025 N5 □□□

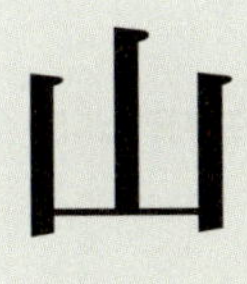

山
메 산

- 음 さん / ざん　富士山 후지산　山荘 산장　登山 등산　火山 화산
- 훈 やま　*山 산　山登り 등산　*山道 산길

私の趣味は登山です。 제 취미는 등산입니다.
山道は危ないから、気を付けてください。 산길은 위험하니까 조심하세요.

川
내 천

음 せん　　河川 하천　山川 산천
훈 かわ　　*川 강　川風 강바람　小川 작은 시내　川下 하류, 강 아래쪽

家の前に、河川が流れている。 집 앞에 하천이 흐르고 있다.
川に沿って、歩いてみましょう。 강을 따라서 걸어 봅시다.

森
수풀 삼

음 しん　　森林 삼림　森林浴 삼림욕
훈 もり　　*森 숲

森林浴は体にいいです。 삼림욕은 몸에 좋습니다.
森の中で鳥が鳴いている。 숲속에서 새가 울고 있다.

林
수풀 림[임]

음 りん　　山林 산림　森林 삼림　林業 임업
훈 はやし　　*林 숲, 수풀　松林 송림, 소나무 숲, 솔밭

山林で木の伐採作業をしている人かいます。
산림에서 나무 벌채 작업을 하고 있는 사람이 있습니다.
林の中で本を読むのは気持ちがいいです。 숲속에서 책을 읽는 것은 기분이 좋습니다.

花
꽃 화

음 か　　*花瓶 화병, 꽃병　花粉 화분, 꽃가루　開花 개화　*花壇 화단
훈 はな　　*花 꽃　花見 꽃구경　*花束 꽃다발　花屋 꽃집　生け花 꽃꽂이

花粉アレルギーで鼻水がひどい。 꽃가루 알레르기 때문에 콧물이 심하다.
明日、一緒に花見に行きませんか。 내일 같이 꽃구경하러 가지 않을래요?

草
풀 초

음 そう　　雑草 잡초　草原 초원(「くさはら」라고도 읽음)　薬草 약초
훈 くさ　　*草花 화초　草取り 제초, 풀 뽑기　草木 초목, 풀과 나무

毎週雑草を取っているが、また生えてきた。 매주 잡초를 뽑고 있는데, 또 자라났다.
父は庭で草取りをやっている。 아버지는 정원에서 풀 뽑기를 하고 있다.

0031 N2 □□□

竹 대 죽

- 음 ちく　　竹林 죽림, 대나무 숲　　竹馬の友 죽마고우
- 훈 たけ　　*竹 대나무　　竹の子 죽순

京都の嵐山には、有名な竹林がある。 교토 아라시야마에는 유명한 대나무 숲이 있다.

これは竹で作った工芸品です。 이것은 대나무로 만든 공예품입니다.

0032 N3 □□□

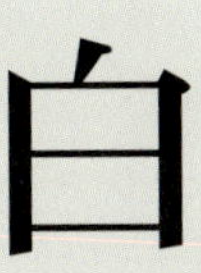

虫 벌레 충 (蟲)

- 음 ちゅう　　害虫 해충　　昆虫 곤충　　殺虫剤 살충제
- 훈 むし　　虫 벌레　　*虫歯 충치　　泣き虫 울보　　毛虫 송충이

この昆虫は日本各地に広く分布しています。
이 곤충은 일본 각지에 널리 분포하고 있습니다.

甘いものを食べすぎて虫歯になった。 단것을 너무 먹어서 충치가 생겼다.

0033 N5 □□□

白 흰 백

- 음 はく / びゃく　　告白 고백　　空白 공백　　白鳥 백조　　明白 명백
- 훈 しろ / しろ(い) / しら　　*白い 하얗다　　白色 흰색, 하얀색　　真っ白だ 새하얗다　　白髪 흰머리

今日こそ好きな人に告白して思いを伝えたい。
오늘이야말로 좋아하는 사람에게 고백해서 마음을 전하고 싶다.

新婦は真っ白なドレスを着ています。 신부는 새하얀 드레스를 입고 있습니다.

0034 N4 □□□

青 푸를 청 (靑)

- 음 せい / しょう　　青春 청춘　　青年 청년　　青少年 청소년
- 훈 あお / あお(い)　　*青い 파랗다　　青空 파란 하늘　　青葉 푸른 잎, 새잎

青少年は未来を担う大切な存在である。 청소년은 미래를 짊어질 소중한 존재이다.

雲一つない青空が広がっていた。 구름 한 점 없는 파란 하늘이 펼쳐져 있었다.

0035 N4 □□□

赤 붉을 적

- 음 せき　　赤飯 (찹쌀로 지은) 팥밥　　赤外線 적외선　　赤十字 적십자
- 훈 あか　　赤字 적자　　*赤ちゃん 아기　　赤信号 적신호, 빨간 신호
- あか(い)　　*赤い 빨갛다
- あか(らむ) / あか(らめる)　　赤らむ 붉은빛을 띠다, 붉어지다　　赤らめる 붉히다

鍋で赤飯を炊いた。 냄비로 팥밥을 지었다.

赤信号の時に、道を渡ってはいけない。 빨간 신호일 때 길을 건너서는 안 된다.

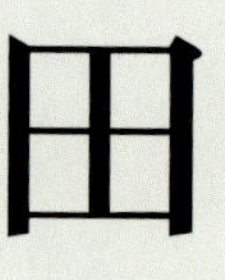

村
마을 촌

음 そん　山村 산촌　農村 농촌　村民 촌민　市町村 시초손(일본 행정 구역)
훈 むら　村 마을　村人 마을 사람

いつかは農村で暮らしたい。언젠가는 농촌에서 살고 싶다.
この村に引っ越したら、お金をくれるそうだ。이 마을로 이사하면 돈을 준다고 한다.

田
밭 전

음 でん　油田 유전　田園 전원, 시골　塩田 염전
훈 た　田植え 모내기　田んぼ 논　田畑 논밭

世界一大きい油田はサウジアラビアにある。
세계에서 제일 큰 유전은 사우디아라비아에 있다.
農村は5月頃になると、田植えの準備で忙しくなる。
농촌은 5월경이 되면 모내기 준비로 바빠진다.

町
밭두둑 정

음 ちょう　町内会 마을 주민 회의　町民 마을 주민
훈 まち　*町 마을, 동네, 시내, 소도시　*下町 (서민적 분위기의) 번화가
　　　　　*港町 항구 도시　町並み 시가지, 거리(의 모습)

月に一回町内会に参加している。월 1회 마을 주민 회의에 참가하고 있다.
横浜とインチョンは港町で、雰囲気が似ている。
요코하마와 인천은 항구 도시로 분위기가 비슷하다.

休
쉴 휴

음 きゅう　*休日 휴일　連休 연휴　定休日 정기 휴일　休暇 휴가
훈 やす(む)/やす(まる)　*休む 쉬다　夏休み 여름 방학, 여름 휴가　休まる 편안해지다
　　　　やす(める)　休める 쉬게 하다

連休が始まって、道が混んでいる。연휴가 시작돼서 길이 막히고 있다.
夏休みに家族で札幌に行くつもりだ。여름 휴가에 가족끼리 삿포로에 갈 생각이다.

夕
저녁 석

음 せき　今夕 오늘 저녁, 오늘 밤(「こんゆう」라고도 읽음)
훈 ゆう　*夕方 해질녘, 저녁때　*夕食 석식, 저녁 식사　夕日 석양
　　　　夕ご飯 저녁밥

今夕はいつもより暗くなるのが早い。오늘 저녁은 평소보다 빨리 어두워진다.
夕方7時にこの辺で約束がある。저녁 7시에 이 근처에서 약속이 있다.

연습문제

다음 한자의 발음과 뜻을 써 보세요.

01 七時 □じ		21 気持ち □もち
02 毎月 まい□		22 雨天 □てん
03 十分 □ぶん		23 山登り □のぼり
04 百年 □ねん		24 一つ □つ
05 千円 □えん		25 田園 □えん
06 朝日 あさ□		26 三月 □がつ
07 土曜日 □ようび		27 村 □
08 火事 □じ		28 六日 □か
09 五人 □にん		29 川風 □かぜ
10 庭木 にわ□		30 夕食 □しょく
11 天国 □ごく		31 森 □
12 去年 きょ□		32 花屋 □や
13 八つ □つ		33 雑草 ざっ□
14 料金 りょう□		34 赤字 □じ
15 竹林 □りん		35 四日 □か
16 夜空 よ□		36 虫歯 □ば
17 二度 □ど		37 真っ白だ まっ□だ
18 水泳 □えい		38 休日 □じつ
19 九人 □にん		39 青春 □しゅん
20 山林 さん□		40 町内会 □ないかい

41	42	43	44	45	46	47	48
男	女	子	王	口	目	耳	手
사내 **남**	여자 **녀**	아들 **자**	임금 **왕**	입 **구**	눈 **목**	귀 **이**	손 **수**
음 だん	음 じょ	음 し	음 おう	음 く	음 もく	음 じ	음 しゅ
훈 おとこ	훈 おんな	훈 こ	훈 ー	훈 くち	훈 め	훈 みみ	훈 て

49	50	51	52	53	54	55	56
足	上	下	左	右	大	中	小
발 **족**	윗 **상**	아래 **하**	왼 **좌**	오른쪽 **우**	큰 **대**	가운데 **중**	작을 **소**
음 そく	음 じょう	음 か	음 さ	음 う	음 だい	음 ちゅう	음 しょう
훈 あし	훈 うえ	훈 した	훈 ひだり	훈 みぎ	훈 おお	훈 なか	훈 ちい(さい)

57	58	59	60	61	62	63	64
学	校	先	生	文	字	本	名
배울 **학**	학교 **교**	먼저 **선**	날 **생**	글월 **문**	글자 **자**	근본 **본**	이름 **명**
음 がく	음 こう	음 せん	음 せい	음 ぶん	음 じ	음 ほん	음 めい
훈 まな(ぶ)	훈 ー	훈 さき	훈 なま	훈 ふみ	훈 あざ	훈 もと	훈 な

65	66	67	68	69	70	71	72
出	入	人	見	貝	玉	犬	円
날 **출**	들 **입**	사람 **인**	볼 **견**	조개 **패**	구슬 **옥**	개 **견**	둥글 **원**
음 しゅつ	음 にゅう	음 じん	음 けん	음 かい	음 ぎょく	음 けん	음 えん
훈 で(る)	훈 はい(る)	훈 ひと	훈 み(る)	훈 ー	훈 たま	훈 いぬ	훈 まる(い)

73	74	75	76	77	78	79	80
力	立	音	糸	正	石	早	車
힘 **력**	설 **립**	소리 **음**	실 **사**	바를 **정**	돌 **석**	이를 **조**	수레 **차**
음 りょく	음 りつ	음 おん	음 し	음 せい	음 せき	음 そう	음 しゃ
훈 ちから	훈 た(つ)	훈 おと	훈 いと	훈 ただ(しい)	훈 いし	훈 はや(い)	훈 くるま

0041 N5 ☐☐☐

男
사내 **남**

- 음 だん/なん — *男性 남성　男子 남자　男女 남녀　老若男女 남녀노소
- 훈 おとこ — 男 사나이, 남자, 남성　男の人 남자　男の子 남자아이
　男らしい 남자답다

男性用のトイレは一階にあります。 남성용 화장실은 1층에 있습니다.
山田さんに男の子が生まれたそうですよ。 야마다 씨에게 남자아이가 태어났대요.

0042 N5 ☐☐☐

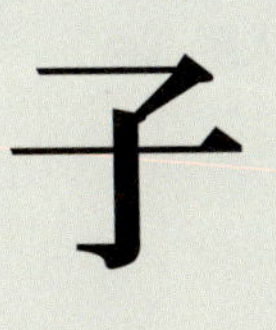

女
여자 **녀[여]**

- 음 じょ — *女性 여성　女子 여자　女優 여배우　少女 소녀　彼女 그녀, 여자친구
　にょ/にょう — 女房 처, 마누라, 아내(「にょうぼ」라고도 읽음)
- 훈 おんな/め — 女 여자, 여성　女の人 여자　女らしい 여자답다　女神 여신

大女優の彼女も、高校生の頃はごく普通の女の子だったそうだ。
대여배우인 그녀도 고등학생 때는 지극히 평범한 여자아이였다고 한다.
夜中に女一人で歩くと危ない。 밤중에 여자 혼자서 걸으면 위험하다.

0043 N5 ☐☐☐

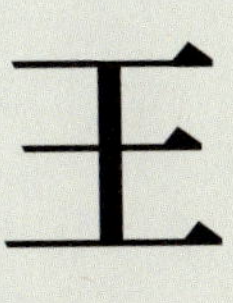

子
아들 **자**

- 음 し — 女子 여자　弟子 제자　調子 상태, 컨디션
　す — *様子 형태, 모양, 상태, 상황, (사람의) 모습
- 훈 こ — 子 아이, 자식　*子供 아이, 자식, 어린이　親子 부모와 자식　息子 아들

近頃、どうも体の調子が悪い。 요즘 아무래도 몸 상태가 좋지 않다.
親子が楽しそうに海の砂浜で遊んでいる。
부모와 자식이 즐거운 듯이 바닷가 모래사장에서 놀고 있다.

0044 N3 ☐☐☐

王
임금 **왕**

- 음 おう — *王様 임금님, 왕　王子 왕자　国王 국왕　女王 여왕
- 훈 ―

「王子と乞食」は、アメリカの作家マーク・トウェインの児童小説だ。
'왕자와 거지'는 미국의 작가 마크 트웨인의 아동 소설이다.

クレオパトラは古代エジプトの最後の女王です。
클레오파트라는 고대 이집트의 마지막 여왕입니다.

0045 N4 ☐☐☐

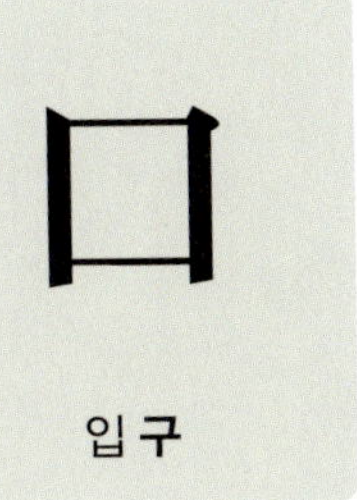

口
입 **구**

- 음 く/こう — 人口 인구　口調 말투, 어조　口論 말다툼, 언쟁　口実 구실
- 훈 くち — *口 입　*入り口 입구　悪口 욕　無口 과묵함, 말수가 적음

世界の人口はどんどん増えている。 세계 인구는 점점 늘고 있다.
人の悪口を言ってはいけない。 남의 욕을 해서는 안 된다.

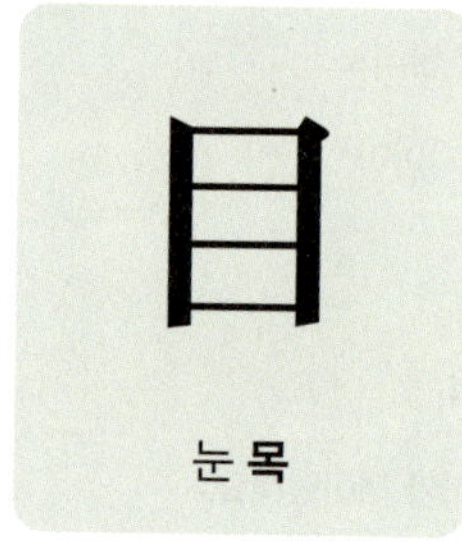

目　눈 목

음	もく/ぼく	*目的 목적　注目 주목　目標 목표　科目 과목
훈	め	目 눈　目立つ 눈에 띄다　目薬 안약
	ま	目の当たり 눈앞, 목전

日本語を学ぶ目的は何ですか。 일본어를 배우는 목적은 무엇입니까?
目が痛くて目薬を差しました。 눈이 아파서 안약을 넣었습니다.

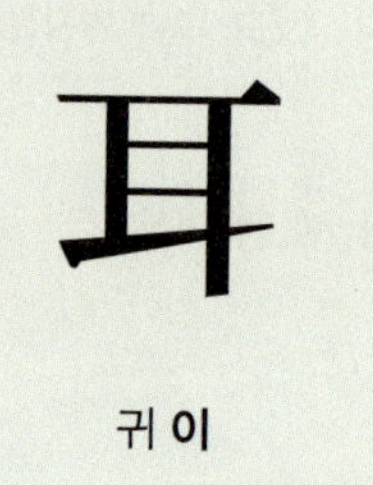

耳　귀 이

| 음 | じ | 耳鼻科 이비인후과　耳目 이목, 귀와 눈, 견문 |
| 훈 | みみ | *耳 귀　初耳 초문, 처음 들음　空耳 잘못 들음, 못 들은 체함 |

喉が腫れて耳鼻科に行って医者に診てもらった。
목이 부어서 이비인후과에 가서 의사에게 진찰을 받았다.

その話は初耳ですが。 그 이야기는 처음 듣습니다만.

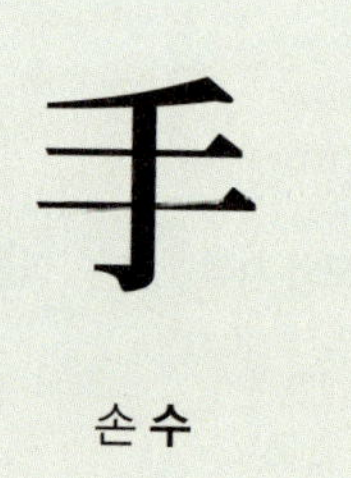

手　손 수

음	しゅ	*選手 선수　歌手 가수　投手 투수　手術 수술　手段 수단
훈	て	*手 손　*手紙 편지　*苦手だ 잘 못하다, 질색이다　人手 일손
	た	下手だ 서투르다, 잘 못하다
예외		上手だ 능숙하다, 잘하다

彼は日本代表チームの選手に選ばれた。 그는 일본 대표팀 선수로 뽑혔다.
大学の友達に手紙をもらった。 대학 친구에게서 편지를 받았다.

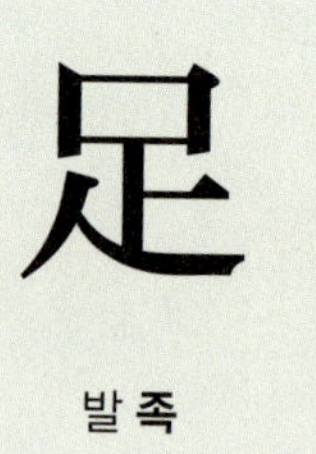

足　발 족

음	そく	不足 부족　*満足 만족　遠足 소풍　水不足 물 부족
훈	あし	*足 발　足音 발소리　手足 손발　足下 발밑, 발 주변
	た(りる)	*足りる 충분하다, 족하다
	た(る)	足る 만족하다
	た(す)	足す 더하다, 채우다

お金が不足していて靴が買えなかった。 돈이 부족해서 신발을 살 수 없었다.
家に帰ったら、手足をきれいに洗ってください。 집에 돌아오면 손발을 깨끗이 씻어 주세요.

0050 N5 ☐☐☐

음 じょう / しょう

＊以上 이상　上手だ 능숙하다, 잘하다　地上 지상　屋上 옥상

훈 うえ / うわ / かみ

上 위　年上 연상　＊上着 겉옷　上半期 상반기

あ(がる) / あ(げる)

上がる 오르다, 높아지다　＊上げる 올리다, 얹다　売り上げ 매상

のぼ(る) / のぼ(す)

上る 올라가다, 오르다, 이르다　上す 올리다, (지위를) 끌어올리다

のぼ(せる)

上せる 올리다, 오르게 하다, 상경시키다

윗 상

建物の屋上に木が植えられている。 건물 옥상에 나무가 심어져 있다.

クーラーの温度、少し上げてくれませんか。 냉방기 온도, 조금 올려 주지 않을래요?

0051 N5 ☐☐☐

음 か / げ

地下 지하　下線 밑줄　上下 상하　下車 하차

훈 した / しも / もと

＊下 아래, 밑　下着 속옷　下半期 하반기　足下 발밑, 발 주변

さ(がる) / さ(げる)

下がる 내려가다, 떨어지다, 물러서다　＊下げる 내리다, 늘어뜨리다

お(りる)

＊下りる (아래로) 내려오다, (탈것에서) 내리다, (직위 등을) 그만두다

お(ろす)

下ろす (아래로) 내리다, (돈을) 인출하다

くだ(る) / くだ(す)

下る (명령·판단·판정 등이) 내려지다　下す (명령·판단·판정 등을) 내리다

くだ(さる)

下さる 주시다

예외 下手だ 서투르다, 잘 못하다

아래 하

この椅子は地下の倉庫にお願いします。 이 의자는 지하 창고로 부탁드립니다.

解熱剤を飲んでも熱が下がらない。 해열제를 먹어도 열이 떨어지지 않는다.

0052 N5 ☐☐☐

음 さ

左折 좌회전　左右 좌우, 좌우함

훈 ひだり

＊左 왼쪽　左側 좌측, 왼쪽　左手 왼손　左利き 왼손잡이

왼 좌

次の信号で左折してください。 다음 신호에서 좌회전해 주세요.

駅の左側に公園があります。 역 왼쪽에 공원이 있습니다.

0053 N5 ☐☐☐

음 う / ゆう

＊右折 우회전　左右 좌우, 좌우함

훈 みぎ

＊右 오른쪽　右側 우측, 오른쪽　右手 오른손　右利き 오른손잡이

오른쪽 우

横断歩道を渡る時は左右をよく見なさい。 횡단보도를 건널 때는 좌우를 잘 보세요.

燃えないゴミは右側のゴミ箱に捨ててください。
타지 않는 쓰레기는 오른쪽 쓰레기통에 버려 주세요.

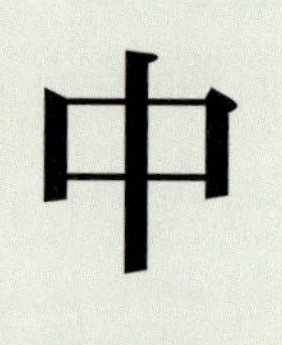

大 큰[클] 대 / 클 태

- 음 **だい**
  - 最**大** 최대　**大**学 대학, 대학교　**大**事だ 중요하다, 소중하다
  - **大**問題 큰 문제
- **たい**
  - **大**会 대회　***大**抵 대강, 대개　**大**切だ 소중하다, 중요하다
- 훈 **おお**
  - **大**雨 큰비　**大**声 큰 소리
- **おお(きい)**
  - ***大**きい 크다
- **おお(いに)**
  - **大**いに 대단히, 크게, 매우
- 예외 **大**人 어른

彼はマラソン**大会**で最後まで走り切った。　그는 마라톤 대회에서 끝까지 완주했다.

教室では、**大声**を出さないでください。　교실에서는 큰 소리를 내지 마세요.

中 가운데 중

- 음 **ちゅう**
  - **中**心 중심　***途中** 도중　**中**央 중앙　運転**中** 운전 중
- **じゅう**
  - 世界**中** 전 세계
- 훈 **なか**
  - **中** 안, 가운데　**中**身 속, 내용물　*真ん**中** 한가운데　夜**中** 밤중, 한밤중

バスに乗って家に帰る**途中**、少しずつ雨が降り出した。

버스를 타고 집에 돌아오는 도중, 조금씩 비가 오기 시작했다.

電車は満員で**中**に入ることができない。　전철은 만원으로 안에 들어갈 수 없다.

小 작을 소

- 음 **しょう**
  - **小**学校 초등학교　***小**説 소설　縮**小** 축소
- 훈 **ちい(さい)**
  - ***小**さい 작다
- **こ**
  - **小**声 작은 소리　***小**鳥 작은 새　**小**包 소포
- **お**
  - **小**川 작은 시내

日本の**小学校**は大抵8時半に始まります。　일본 초등학교는 대개 8시 반에 시작됩니다.

日本の友達から、**小包**が届いた。　일본 친구로부터 소포가 도착했다.

学 배울 학 (學)

- 음 **がく**
  - ***学**生 학생　***学**校 학교　文**学** 문학　***学**習 학습　**大学** 대학, 대학교
- 훈 **まな(ぶ)**
  - ***学**ぶ 배우다, 익히다

大学でフランス**文学**を勉強している。　대학에서 프랑스 문학을 공부하고 있다.

学校で色々なことを**学**ぶ。　학교에서 다양한 것을 배운다.

0058 N5 □□□

校

학교 교

음 こう　　*高校生 고등학생　登校 등교　校長 교장　転校 전교, 전학

훈 ―

この試験は高校生を対象にしている。 이 시험은 고등학생을 대상으로 하고 있다.

北海道から転校して来た学生です。 홋카이도에서 전학 온 학생입니다.

0059 N5 □□□

先

먼저 선

음 せん　　*先週 지난주　*先輩 선배　先日 일전, 요전, 전번　*先生 선생님

훈 さき　　先 끝, 선두, 앞쪽, 행선지, 먼저　連絡先 연락처　先立つ 앞서다, 앞장서다

先日は誠にありがとうございました。 일전에는 정말로 감사했습니다.

お先に失礼します。 먼저 실례하겠습니다[가 보겠습니다].

0060 N5 □□□

生

날 생

음 せい　　*生活 생활　生徒 (중·고교) 학생　発生 발생　人生 인생

　　　しょう　　一生 일생　誕生日 생일

훈 なま　　生ビール 생맥주　生ゴミ 음식물 쓰레기　生放送 생방송

　　　き　　生地 본바탕, 원단, 천

　　　うま(れる)/う(む)　　*生まれる 태어나다　生む 낳다, 만들어내다

　　　い(きる)　　生きる 살다, 생존하다

　　　い(かす)　　生かす 살리다, 활용하다

　　　い(ける)　　生ける (꽃을) 심다, 꽂다, 살리다　生け花 꽃꽂이

　　　は(える)　　生える 나다　芽生える 싹트다, 움트다

　　　は(やす)　　生やす 자라게 하다, 기르다

　　　お(う)　　生う 자라다　生い立ち 성장, 성장 과정

だんだん日本での生活に慣れてきた。 점차 일본에서의 생활에 익숙해졌다.

私は4月に生まれました。 저는 4월에 태어났습니다.

0061 N4 □□□

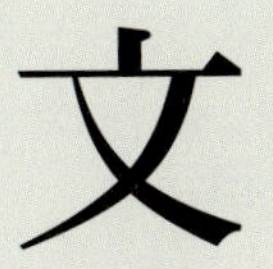

文

글월 문

음 ぶん/もん　　文化 문화　作文 작문　*注文 주문　文句 불평, 불만

훈 ふみ　　文 책, 문서　恋文 연문, 연애편지

예외 文字 문자

ご注文、お決まりでしょうか。 주문 결정되셨나요?

「恋文」とは、愛を告白する手紙のことです。 '연문'이란 사랑을 고백하는 편지를 말합니다.

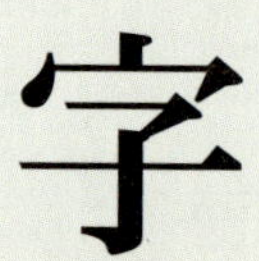

字 글자 자

- 음 じ　字 글자, 글씨　*文字 문자　漢字 한자　*赤字 적자
- 훈 あざ　大字 오아자(일본의 행정 구역)

毎日漢字を書く練習をしている。 매일 한자를 쓰는 연습을 하고 있다.

日本語には3種類の文字があります。ひらがなとカタカナと漢字です。
일본어에는 세 종류의 문자가 있습니다. 히라가나와 가타카나와 한자입니다.

本 근본 본

- 음 ほん　*本 책　*見本 견본　本当 정말, 진짜　絵本 그림책　根本 근본
- 훈 もと　本 근본　根本 뿌리, 밑, 근본

お待たせして本当に申し訳ありません。 기다리시게 해서 정말로 죄송합니다.

木の根本で子犬が眠っている。 나무 밑에 강아지가 잠들어 있다.

名 이름 명

- 음 めい/みょう　*有名だ 유명하다　姓名 성명　名字 성(姓), 성씨　本名 본명
- 훈 な　*名前 이름　名札 명찰　あだ名 별명

彼は世界的に有名な歌手です。 그는 세계적으로 유명한 가수입니다.

こちらにお名前をお書きください。 이쪽에 성함을 적어 주세요.

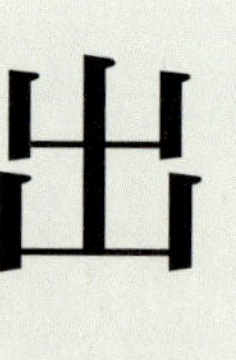

出 날 출

- 음 しゅつ/すい　*出発 출발　出席 출석, (회합 등의) 참석　外出 외출　出納 출납
- 훈 で(る)/だ(す)　*出る 나가다, 나오다　出口 출구　遠出 멀리 나감
  　*出す 내다, 제출하다, 내놓다, 부치다

記念式典には元大臣も出席した。 기념식에는 전 장관도 참석했다.

レポートは明日の午後6時までに出してください。
리포트는 내일 오후 6시까지 제출해 주세요.

入 들 입

- 음 にゅう　*入学 입학　入社 입사　入場 입장　記入 기입　入門 입문
- 훈 はい(る)　*入る 들어가다, 들어오다, 들다
  　い(れる)　入れる 넣다　手入れ 손질
  　い(る)　気に入る 마음에 들다　入り口 입구　出入り 출입, 드나듦

4月に入社した木村と申します。 4월에 입사한 기무라라고 합니다.

おかずは冷蔵庫に入れておいてください。 반찬은 냉장고에 넣어 두세요.

0067 N5 □□□

사람 인

음 じん/にん — 人生 인생　人物 인물　*人間 인간　他人 타인, 남, 다른 사람

훈 ひと — *人 사람, 남, 사람들　恋人 연인, 애인　人手 일손

예외 大人 어른

他人はどうか知らないが、私には非常に大切な品だ。
다른 사람은 어떨지 모르지만, 나에게는 매우 소중한 물건이다.

恋人から手紙の返事が来た。 애인한테서 편지 답장이 왔다.

0068 N5 □□□

볼 견

음 けん — *見学 견학　発見 발견　*意見 의견　外見 외관, 겉모습

훈 み(る) — *見る 보다　花見 꽃구경　*見本 견본　下見 예비 조사, 예습

み(える)/み(せる) — 見える 보이다　見せる 보이다, 보게 하다

この意見に反論のある方は手を挙げてください。
이 의견에 반론이 있는 분은 손을 들어 주세요.

飛行機から富士山が見えました。 비행기에서 후지산이 보였습니다.

0069 N3 □□□

조개 패

음 かい — *貝 조개　*貝殻 조개껍데기　貝類 패류, 조개류　魚介類 어패류

훈 一

海辺で拾った貝殻をきれいに洗った。 바닷가에서 주운 조개껍데기를 깨끗하게 씻었다.

私は貝類アレルギーがあります。 저는 패류 알레르기가 있습니다.

0070 N2 □□□

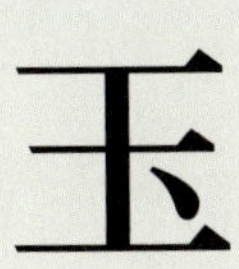

구슬 옥

음 ぎょく — 玉石 옥석, 좋은 것과 나쁜 것　珠玉 주옥, (비유적으로) 주옥같음

훈 たま — 玉 옥, 공, 구슬　お年玉 세뱃돈　玉ねぎ 양파　水玉 물방울

彼は珠玉の名曲を残しました。 그는 주옥같은 명곡을 남겼습니다.

もらったお年玉で買い物をしようとする子供が多い。
받은 세뱃돈으로 물건을 사려고 하는 아이가 많다.

0071 N4 □□□

개 견

음 けん — 愛犬 애견　名犬 명견　盲導犬 맹도견

훈 いぬ — *犬 개　*子犬 강아지

この犬は秋田の名犬、「秋田犬」です。 이 개는 아키타의 명견, '아키타견'입니다.

生まれたばかりの子犬は、本当にかわいい。 갓 태어난 강아지는 정말 귀엽다.

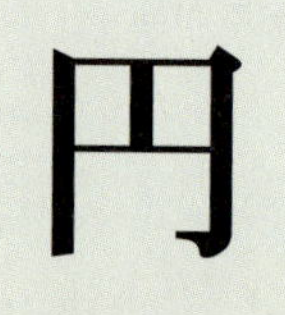

円
둥글 원 /
화폐 단위 엔 (圓)

- 음 えん　　円 엔(일본 화폐 단위)　*千円 천 엔　円形 원형　円満 원만
- 훈 まる(い)　　円い 둥글다

建物の屋根は円形になっています。 건물 지붕은 원형으로 되어 있습니다.

デパートで円いテーブルを買った。 백화점에서 둥근 테이블을 샀다.

力
힘 력[역]

- 음 りょく / りき　　*努力 노력　実力 실력　能力 능력　力説 역설　力作 역작
- 훈 ちから　　*力 힘, 실력, 능력　力持ち 힘이 셈, 장사

努力すれば、何でもできると思う。 노력하면 무엇이든 할 수 있다고 생각한다.

いつか世界の舞台に立って自分の力を試してみたい。
언젠가 세계 무대에 서서 자신의 힘을 시험해 보고 싶다.

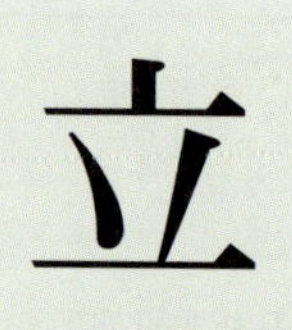

立
설 립

- 음 りつ / りゅう　　*成立 성립　*独立 독립　両立 양립　建立 건립
　　建立 (절·탑 등의) 건립
- 훈 た(つ) / た(てる)　　*立つ 서다, 일어서다, 일어나다　立てる 세우다　*立場 입장

家事と仕事の両立は難しい。 가사와 일의 양립은 어렵다.

私の立場も考えてみてください。 제 입장도 생각해 봐 주세요.

音
소리 음

- 음 おん / いん　　*音楽 음악　発音 발음　音声 음성　母音 모음
- 훈 おと / ね　　*音 소리　足音 발소리　音色 음색　本音 본심

彼は日本語の発音がきれいだ。 그는 일본어 발음이 좋다.

さっきから隣の部屋で変な音がする。 아까부터 옆방에서 이상한 소리가 난다.

糸
실 사 (絲)

- 음 し　　綿糸 면사, 무명실
- 훈 いと　　*糸 실　毛糸 털실　*糸口 실마리, 단서

「綿糸」は「木綿糸」とも呼ばれます。 '면사'는 '무명사'라고도 불립니다.

編み物が趣味でたくさんの毛糸を持っている。 뜨개질이 취미라서 털실을 많이 가지고 있다.

0077 N4 ☐☐☐

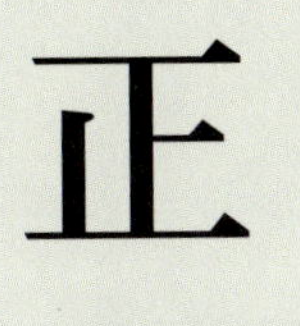

正
바를 정

- **음** せい　*正解 정답　正義 정의　正確 정확　改正 (법령·규칙 등의) 개정
- しょう　*正直 정직(함), 솔직(함)　*正月 정월, 설　正面 정면
- **훈** ただ(しい)/ただ(す)　*正しい 바르다, 옳다　正す 바르게 하다
- まさ　正に 바로, 틀림없이

正直に言えば、私は今の仕事が楽しくないです。
솔직히 말하면 저는 지금 일이 즐겁지 않습니다.

間違ったところを正しく直した。 틀린 곳을 바르게 고쳤다.

0078 N3 ☐☐☐

石
돌 석

- **음** せき/しゃく/こく　化石 화석　宝石 보석　石油 석유　磁石 자석
- **훈** いし　*石 돌　小石 작은 돌

日本でも恐竜の化石が見つかったことがある。 일본에서도 공룡 화석이 발견된 적이 있다.

道には小さい石がたくさん落ちている。 길에는 작은 돌이 많이 떨어져 있다.

0079 N4 ☐☐☐

早
이를 조

- **음** そう/さつ　*早退 조퇴　早朝 조조　*早速 즉시　*早急 조급, 매우 급함
- **훈** はや(い)　早い 이르다, 빠르다　*早寝 일찍 잠　早起き 일찍 일어남
- はや(まる)　早まる (시간이) 빨라지다, 앞당겨지다
- はや(める)　早める (예정보다) 앞당기다　*早めに 일찌감치, 빨리

体調が悪くて、早退した。 몸 상태가 좋지 않아서 조퇴했다.

早寝早起きは健康にいい。 일찍 자고 일찍 일어나는 것은 건강에 좋다.

0080 N5 ☐☐☐

車
수레 차[거]

- **음** しゃ　*電車 전철　*自転車 자전거　発車 발차　自動車 자동차
- **훈** くるま　*車 차　車椅子 휠체어

この電車は10分おきに発車する。 이 전철은 10분 간격으로 발차한다.

歩道は車椅子でも楽に通れるように設備が施されている。
보도는 휠체어라도 편하게 다닐 수 있도록 설비가 되어 있다.

연습문제

다음 한자의 발음과 뜻을 써 보세요.

01	学習 しゅう	________	21	生きる きる	________
02	王様 さま	________	22	作文 さく	________
03	正月 がつ	________	23	自転車 じてん	________
04	女性 せい	________	24	宝石 ほう	________
05	親子 おや	________	25	苦手だ にが だ	________
06	以上 い	________	26	登校 とう	________
07	耳	________	27	人間 げん	________
08	悪口 わる	________	28	文字 も	________
09	注目 ちゅう	________	29	名字 じ	________
10	男女 じょ	________	30	足りる りる	________
11	下がる がる	________	31	左側 がわ	________
12	左右 さ	________	32	毛糸 け	________
13	大切だ せつだ	________	33	能力 のう	________
14	途中 と	________	34	連絡先 れんらく	________
15	出発 ぱつ	________	35	貝類 るい	________
16	子犬 こ	________	36	早まる まる	________
17	小説 せつ	________	37	円い い	________
18	入り口 りぐち	________	38	音楽 がく	________
19	見本 み	________	39	玉石 せき	________
20	立てる てる	________	40	見せる せる	________

정답

01 がくしゅう 학습 02 おうさま 임금님, 왕 03 しょうがつ 정월, 설 04 じょせい 여성 05 おやこ 부모와 자식 06 いじょう 이상 07 みみ 귀
08 わるくち 욕 09 ちゅうもく 주목 10 だんじょ 남녀 11 さがる 내려가다, 떨어지다, 물러서다 12 さゆう 좌우, 좌우함
13 たいせつだ 소중하다, 중요하다 14 とちゅう 도중 15 しゅっぱつ 출발 16 こいぬ 강아지 17 しょうせつ 소설 18 いりぐち 입구
19 みほん 견본 20 たてる 세우다 21 いきる 살다, 생존하다 22 さくぶん 작문 23 じてんしゃ 자전거 24 ほうせき 보석
25 にがてだ 잘 못하다, 질색이다 26 とうこう 등교 27 にんげん 인간 28 もじ 문자 29 みょうじ 성(姓), 성씨 30 たりる 충분하다, 족하다
31 ひだりがわ 좌측, 왼쪽 32 けいと 털실 33 のうりょく 능력 34 れんらくさき 연락처 35 かいるい 패류, 조개류
36 はやまる (시간이) 빨라지다, 앞당겨지다 37 まるい 둥글다 38 おんがく 음악 39 ぎょくせき 옥석, 좋은 것과 나쁜 것 40 みせる 보이다, 보게 하다

정답&해석 → p.328

밑줄 친 한자의 올바른 발음을 고르세요.

1 <u>選手</u>たちはグラウンドに入場した。
① せんしゅう　　② せんしゅ　　③ えらて　　④ えらで

2 日本語のＡコースの<u>学習</u>期間は1年です。
① かくしゅう　　② がくしゅ　　③ がくしゅう　　④ かくじゅ

3 この辺は危ないので、<u>足元</u>にご注意ください。
① あしもと　　② そくげん　　③ あじもと　　④ ぞくけん

4 <u>上着</u>を忘れないようにしてください。
① うえき　　② うわき　　③ うえぎ　　④ うわぎ

5 最近、食料品の物価が<u>上</u>がっている。
① あがって　　② さがって　　③ かがって　　④ まがって

6 彼はうちのクラスに<u>転校</u>してきた。
① でんきょう　　② てんこう　　③ でんこう　　④ てんきょう

7 この部屋は学生が<u>出入り</u>することができない。
① だいり　　② ではいり　　③ でいり　　④ しゅついり

8 道を渡る時は<u>左右</u>をよく見てください。
① さう　　② さゆう　　③ しゃう　　④ しゃゆう

9 12月に日本語<u>能力</u>試験を受けるつもりだ。
① のりょく　　② のりき　　③ のうりき　　④ のうりょく

10 人手が<u>足</u>りなくて困っている。
① はいりなくて　　② たりなくて　　③ のりなくて　　④ ありなくて

초등학교 2학년

한자 총**160**자

81	82	83	84	85	86	87	88
東	西	南	北	春	夏	秋	冬
동녘 **동**	서녘 **서**	남녘 **남**	북녘 **북**	봄 **춘**	여름 **하**	가을 **추**	겨울 **동**
음 とう	음 せい	음 なん	음 ほく	음 しゅん	음 か	음 しゅう	음 とう
훈 ひがし	훈 にし	훈 みなみ	훈 きた	훈 はる	훈 なつ	훈 あき	훈 ふゆ

89	90	91	92	93	94	95	96
国	家	朝	昼	夜	午	前	後
나라 **국**	집 **가**	아침 **조**	낮 **주**	밤 **야**	낮 **오**	앞 **전**	뒤 **후**
음 こく	음 か	음 ちょう	음 ちゅう	음 や	음 ご	음 ぜん	음 ご
훈 くに	훈 いえ	훈 あさ	훈 ひる	훈 よる	훈 一	훈 まえ	훈 あと

97	98	99	100	101	102	103	104
多	少	強	弱	野	外	内	心
많을 **다**	적을 **소**	강할 **강**	약할 **약**	들 **야**	바깥 **외**	안 **내**	마음 **심**
음 た	음 しょう	음 きょう	음 じゃく	음 や	음 がい	음 ない	음 しん
훈 おお(い)	훈 すく(ない)	훈 つよ(い)	훈 よわ(い)	훈 の	훈 そと	훈 うち	훈 こころ

105	106	107	108	109	110	111	112
歌	声	海	風	首	道	頭	顔
노래 **가**	소리 **성**	바다 **해**	바람 **풍**	머리 **수**	길 **도**	머리 **두**	낯 **안**
음 か	음 せい	음 かい	음 ふう	음 しゅ	음 どう	음 とう	음 がん
훈 うた	훈 こえ	훈 うみ	훈 かぜ	훈 くび	훈 みち	훈 あたま	훈 かお

113	114	115	116	117	118	119	120
友	京	今	古	黄	黒	体	毛
벗 **우**	서울 **경**	이제 **금**	옛 **고**	누를 **황**	검을 **흑**	몸 **체**	터럭 **모**
음 ゆう	음 きょう	음 こん	음 こ	음 おう	음 こく	음 たい	음 もう
훈 とも	훈 一	훈 いま	훈 ふる(い)	훈 き	훈 くろ	훈 からだ	훈 け

Day 03
2학년 한자(1) 40자

0081 N5 ☐☐☐

東
동녘 **동**

음 とう ＊東京 도쿄(지명)　＊東北 동북, 동북쪽, 도호쿠[동북](지방)　東洋 동양
＊関東 관동, 간토[관동](지방)

훈 ひがし　＊東 동, 동쪽　＊東側 동쪽　東口 동쪽 출입구

東北地方で大きい地震が起きた。 도호쿠 지방에서 큰 지진이 발생했다.
駅の東口を出るとデパートがある。 역의 동쪽 출입구를 나오면 백화점이 있다.

0082 N5 ☐☐☐

西
서녘 **서**

음 せい / さい　西洋 서양　＊関西 간사이[관서](지방)　北西 북서
東西南北 동서남북

훈 にし　＊西 서, 서쪽　西側 서쪽　西口 서쪽 출입구

今年の夏に関西の方へ引っ越してきた。 올해 여름에 간사이 쪽으로 이사 왔다.
西の空が夕日に映えた。 서쪽 하늘이 석양에 빛났다.

0083 N5 ☐☐☐

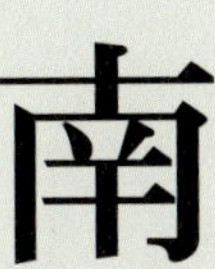

南
남녘 **남**

음 なん / な　南北 남북　南部 남부　南極 남극　南国 남국, 남쪽 나라
훈 みなみ　＊南 남, 남쪽　南向き 남향　南側 남쪽　南口 남쪽 출입구

南極と北極とどちらが寒いですか。 남극과 북극 중 어느 쪽이 더 춥습니까?
うちは南向きで、夏は涼しく冬は暖かい。
우리 집은 남향이라서 여름에는 선선하고 겨울에는 따뜻하다.

0084 N5 ☐☐☐

北
북녘 **북**/달아날 **배**

음 ほく　北部 북부　北極 북극　北海道 홋카이도(지명)　敗北 패배
훈 きた　＊北 북, 북쪽　＊北側 북쪽　北口 북쪽 출입구　北風 북풍

冬の北海道は魚が新鮮だし、街の景色も素敵だそうだ。
겨울의 홋카이도는 생선이 신선하고 거리 풍경도 멋지다고 한다.
北から吹いてくる風はとても冷たい。 북쪽에서 불어오는 바람은 매우 차갑다.

0085 N4 ☐☐☐

春
봄 **춘**

음 しゅん　青春 청춘　春分 춘분　立春 입춘
훈 はる　＊春 봄　春風 춘풍, 봄바람(「しゅんぷう」라고도 읽음)

今の青春を思う存分楽しんでください。 지금의 청춘을 마음껏 즐기세요.
春風がそよそよと吹く。 봄바람이 살랑살랑 분다.

夏
여름 하

음 か — 夏季 하계　初夏 초여름　冷夏 냉하, 기온이 낮은 여름
　　げ — 夏至 하지(일 년 중 낮이 가장 긴 날)
훈 なつ — *夏 여름　*夏休み 여름 방학, 여름 휴가　夏服 하복　真夏 한여름

冷夏で作物の生長が遅れている。 냉하로 작물 생장이 늦어지고 있다.
日本の夏は長くて、暑すぎる。 일본의 여름은 길고 너무 덥다.

秋
가을 추

음 しゅう — 秋分 추분　立秋 입추　中秋 중추, 가을의 한창때, 음력 8월
훈 あき — *秋 가을　*秋祭り 가을 축제　秋晴れ 가을의 맑은 날씨　秋雨 가을비

「秋分の日」は、日本の国民の祝日の一つである。 '추분의 날'은 일본의 국경일 중 하나이다.
木の葉の色がだんだん変わっていくのを見て、秋を感じる。
나뭇잎 색이 점점 변해 가는 것을 보고 가을을 느낀다.

冬
겨울 동 (冬)

음 とう — 冬季 동계　*冬至 동지　冬眠 동면, 겨울잠
훈 ふゆ — *冬 겨울　冬休み 겨울 방학　真冬 한겨울

寒い冬には、熊みたいに冬眠したい。 추운 겨울에는 곰처럼 동면하고 싶다.
真冬の寒さで水道が凍った。 한겨울 추위로 수도가 얼었다.

国
나라 국 (國)

음 こく — *国内 국내　国家 국가　*帰国 귀국　外国 외국　全国 전국
훈 くに — 国 나라, 국가　島国 섬나라　雪国 눈이 많이 오는 지방

来月の半ばには帰国できると思います。 다음 달 중순에는 귀국할 수 있을 거라고 생각합니다.
日本は周りがすべて海で囲まれている島国である。
일본은 주위가 모두 바다로 둘러싸여 있는 섬나라이다.

家
집 가

음 か/け — *家族 가족　*家具 가구　作家 작가　家来 가신, 부하
훈 いえ/や — *家 집　家出 가출　家賃 집세　大家 집주인

木村さんはドラマの作家です。 기무라 씨는 드라마 작가입니다.
この給料では、家賃が払えない。 이 급여로는 집세를 낼 수 없다.

Day 03
2학년 한자(1) 40자

0091 N4 □□□

朝
아침 조

음 ちょう *朝食 조식, 아침 식사, 아침밥　朝刊 조간　早朝 조조, 이른 아침

훈 あさ *朝 아침　*毎朝 매일 아침　*朝寝坊 늦잠을 잠, 늦잠꾸러기

朝日 아침 해　朝ご飯 아침밥

このホテルは朝食を入れて8,000円だ。 이 호텔은 조식을 포함해서 8,000엔이다.

毎朝、朝ご飯を食べて会社に行く。 매일 아침 아침밥을 먹고 회사에 간다.

0092 N4 □□□

昼
낮 주 (晝)

음 ちゅう *昼食 중식, 점심 식사, 점심밥　昼夜 주야, 낮과 밤　白昼 백주, 대낮

훈 ひる *昼 낮　昼寝 낮잠　昼ご飯 점심밥　昼休み 점심시간

この辺は昼夜を問わず交通量が多い。 이 주변은 낮과 밤을 가리지 않고 교통량이 많다.

日曜日はいつも昼寝をする。 일요일은 항상 낮잠을 잔다.

0093 N4 □□□

夜
밤 야

음 や *今夜 오늘 밤　昨夜 어제 저녁, 어젯밤(「ゆうべ」라고도 읽음)

*夜景 야경　夜食 야식

훈 よる / よ *夜 밤　夜空 밤하늘　夜道 밤길　夜中 밤중

長崎の夜景は素晴らしかった。 나가사키의 야경은 멋졌다.

夜空に星が輝いている。 밤하늘에 별이 빛나고 있다.

0094 N5 □□□

午
낮 오

음 ご *午前 오전　*午後 오후　正午 정오, 낮 12시　端午 단오

훈 ―

午前中はひどい雨でしたが、午後には止みました。
오전 중에는 비가 심하게 내렸지만, 오후에는 그쳤습니다.

今注文すれば、正午前には仕上がります。 지금 주문하면 정오 전에는 완성됩니다.

0095 N5 □□□

前
앞 전

음 ぜん *以前 이전, 전, 예전　*午前 오전　前後 전후　前半 전반

훈 まえ *前 앞, 전　*名前 이름

前向き 앞을 향함, (사고나 행동이) 적극적, 진취적, 긍정적

この案件は以前の会議で決まったことです。 이 안건은 이전 회의에서 결정된 것입니다.

大変な時こそ前向きに考えましょう。 힘들 때일수록 긍정적으로 생각합시다.

後 뒤 후

음	ご/こう	*午後 오후　*最後 최후　食後 식후　*後日 후일　後悔 후회　後輩 후배
훈	あと	*後 후, 뒤, 다음　後戻り 되돌아감, 후퇴, (시간을) 되돌림　後回し 뒤로 미룸
	うし(ろ)/のち	*後ろ 뒤, 뒤쪽　後ほど 나중에
	おく(れる)	後れる 뒤떨어지다, 뒤쳐지다, 여의다

この薬は食後に飲んでください。 이 약은 식후에 드세요.
人生は後戻りなんか、できませんよ。 인생은 되돌릴 수 없어요.

多 많을 다

| 음 | た | *多量 다량, 많은 양　多少 다소, 약간　多様 다양(함)　多数 다수 |
| 훈 | おお(い) | *多い 많다 |

最近の図書館は本の種類が多様になった。 요즘 도서관은 책의 종류가 다양해졌다.
去年に反して今年の冬は暖かい日が多い。 작년과 달리 올겨울은 따뜻한 날이 많다.

少 적을 소

음	しょう	*多少 다소, 약간　*減少 감소　少年 소년　少学生 초등학생
훈	すく(ない)	*少ない 적다
	すこ(し)	*少し 조금, 약간, 좀

生まれる子供の数は年々減少している。 태어나는 아이의 수는 해마다 감소하고 있다.
あの店はいつ見てもお客さんが少ない。 저 가게는 언제 봐도 손님이 적다.

強 강할 강 (強)

음	きょう	強力 강력　*勉強 공부　強要 강요　強風 강풍
	ごう	強盗 강도　強引 억지로 함　強情 고집, 고집이 셈
훈	つよ(い)/し(いる)	*強い 강하다　強がる 강한 체하다　強いる 강요하다
	つよ(まる)/つよ(める)	強まる 강해지다　強める 강화하다, 강하게 하다, 세게 하다

一生懸命勉強したのに成績が悪かった。 열심히 공부했는데 성적이 좋지 않았다.
風が強まっているので外に出なかった。 바람이 강해지고 있어서 밖에 나가지 않았다.

弱 약할 약 (弱)

음	じゃく	弱点 약점　弱小 약소, 연소　強弱 강약
훈	よわ(い)/よわ(る)	*弱い 약하다　弱火 약한 불　弱る 약해지다, 곤란해지다
	よわ(まる)/よわ(める)	弱まる 약해지다, 수그러지다　弱める 약하게 하다, 약화시키다

人の弱点を突くのはよくない。 남의 약점을 찌르는 것은 좋지 않다.
弱火でとろとろと煮込んでください。 약한 불에 뭉근히 끓여 주세요.

0101 N4 □□□

野

들 야

음 や
野球 야구　＊野菜 야채, 채소　＊分野 분야　野外 야외

훈 の
＊野原 들, 들판　野花 들꽃

健康のために野菜をたくさん食べるようにしている。
건강을 위해서 채소를 많이 먹도록 하고 있다.

野原にきれいな野花が咲いている。 들판에 예쁜 들꽃이 피어 있다.

0102 N5 □□□

外

바깥 외

음 がい／げ
＊外国 외국　＊外出 외출　海外 해외　以外 이외　外科 외과

훈 そと／ほか
＊外 바깥, 밖　＊外側 바깥쪽　外 다른 것, (범위) 밖　その外 그 외, 그 밖에

はず(れる)
外れる 빠지다, 벗겨지다

はず(す)
外す 떼다, 떼어내다, 벗어나다

コスト削減のために、海外の工場で商品を作っている。
경비 삭감을 위해서 해외 공장에서 상품을 만들고 있다.

田村さんはただ今席を外しております。 다무라 씨는 지금 자리를 비웠습니다.

0103 N3 □□□

内

안 내 (內)

음 ない／だい
＊内容 내용　＊国内 국내　案内 안내　境内 (신사·사찰의) 경내

훈 うち
＊内 안, 내부　＊内側 안쪽　内気 내성적임, 소심함

身内 가족, 집안, 온몸, 전신

もっと詳しい内容が知りたいですが。 더 자세한 내용을 알고 싶습니다만.

あんなに内気じゃ、人前に立てないね。 저렇게 내성적이면 사람들 앞에 설 수 없겠네.

0104 N4 □□□

心

마음 심

음 しん
＊安心 안심　＊心配 걱정　関心 관심　熱心 열심(임)

훈 こころ
心 마음　心当たり 짐작　真心 진심　親心 부모의 마음

一人でも大丈夫だから、心配しないで。 혼자서도 괜찮으니까 걱정하지 마.

花を見ていると心が安らかになる。 꽃을 보고 있으면 마음이 편안해진다.

0105 N4 □□□

歌

노래 가

음 か
＊歌手 가수　国歌 국가　歌詞 가사　＊歌舞伎 가부키(일본 전통극)

훈 うた／うた(う)
＊歌 노래　歌う (노래를) 부르다, 노래하다　歌声 노랫소리

人気歌手のコンサートの切符は発売と同時に売り切れた。
인기 가수의 콘서트 표는 발매와 동시에 매진되었다.

この歌は世界中の人に愛されている。 이 노래는 전 세계 사람들에게 사랑받고 있다.

声

소리 성 (聲)

음	せい / しょう	音声 음성　声優 성우　発声 발성　名声 명성　大音声 큰 소리
훈	こえ / こわ	*声 목소리　泣き声 우는 소리, 울음소리
		大声 큰 소리 (「たいせい」라고도 읽음)　声色 음색

あのことで彼の名声は大いに損なわれてしまった。
그 일로 그의 명성은 크게 손상되고 말았다.

風邪を引いて声が変わった。　감기에 걸려서 목소리가 변했다.

海

바다 해 (海)

음	かい	*海外 해외　海洋 해양　航海 항해　*海岸 해안, 해변
훈	うみ	*海 바다　*海辺 바닷가, 해변

海岸へ通じる道は海水浴に行く人たちで一杯だった。
해변으로 통하는 길은 해수욕하러 가는 사람들로 가득했다.

私たちが入ったレストランはとてもきれいで窓からは海が見えた。
우리가 들어간 레스토랑은 매우 깨끗하고 창문에서는 바다가 보였다.

風

바람 풍

음	ふう	台風 태풍　風景 풍경　*風習 풍습　和風 일본풍
	ふ	風情 풍정, 운치　*風呂 목욕
훈	かぜ / かざ	*風 바람　春風 춘풍, 봄바람　風車 풍차

池のある日本庭園の風景です。　연못이 있는 일본 정원의 풍경입니다.

台風が来ているので、風が強くなっている。　태풍이 오고 있어서 바람이 강해지고 있다.

首

머리 수

음	しゅ	*首都 수도　首相 수상, 총리　首脳 수뇌, 정상　首席 수석
훈	くび	*首 목, 모가지　手首 손목　足首 발목

日本の首都は東京です。　일본의 수도는 도쿄입니다.

ネックレスは首にかけるものです。　목걸이는 목에 거는 것입니다.

道

길 도 (道)

음	どう	*道路 도로　道具 도구　*報道 보도　茶道 다도(차를 끓이거나 마시는 예법)
	とう	神道 신도(일본의 전통 신앙)
훈	みち	*道 길　*片道 편도　帰り道 (집에) 돌아가는 길, 귀갓길　近道 지름길

道路工事で道が渋滞していた。　도로공사로 길이 정체되고 있었다.

帰り道にスーパーに寄るつもりです。　집에 돌아가는 길에 슈퍼에 들를 생각입니다.

Day 03

2학년 한자(1) 40자

0111 N3 ☐☐☐

頭

머리 두

음 とう 先頭 선두 店頭 점두, 가게 앞 頭部 두부, 머리 부분

ず/と *頭痛 두통 頭脳 두뇌 音頭 선창, 선도

훈 あたま/かしら *頭 머리 頭金 계약금 頭文字 머리글자

店頭には順番を待つ長い列ができている。 가게 앞에는 순서를 기다리는 긴 줄이 생겨 있다.

昨日は頭が痛くて、早く寝た。 어제는 머리가 아파서 일찍 잤다.

0112 N3 ☐☐☐

顔

낯 안 (顔)

음 がん 洗顔 세안 童顔 동안 顔面 안면

훈 かお *顔 얼굴 顔色 안색 笑顔 웃는 얼굴 素顔 맨얼굴

童顔の人は、顔の輪郭が丸い特徴がある。 동안인 사람은 얼굴 윤곽이 둥근 특징이 있다.

どうしたの? 顔色が悪いね。 무슨 일 있어? 안색이 안 좋네.

0113 N5 ☐☐☐

友

벗 우

음 ゆう *友人 우인, 친구, 벗 友情 우정 親友 친우, 친구, 벗 友好 우호

훈 とも 友 벗, 친구 友達 친구

デパートで10年ぶりに大学時代の友人に会った。
백화점에서 10년 만에 대학 시절 친구를 만났다.

友達が面白いと言った映画は、私には面白くなかった。
친구가 재미있다고 한 영화는 나에게는 재미없었다.

0114 N4 ☐☐☐

京

서울 경

음 きょう *京都 교토 (지명) 上京 상경 *東京 도쿄 (지명) 帰京 귀경

けい 京阪 게이한, 교토와 오사카 지역

훈 ―

京都は日本の古都です。 교토는 일본의 옛 수도입니다.

私は東京にいる兄を頼って上京した。 나는 도쿄에 있는 형을 의지하여 상경했다.

0115 N5 ☐☐☐

今

이제 금

음 こん/きん *今回 이번, 금번 *今度 이번, 이다음 今後 향후 古今 고금, 옛날과 지금

훈 いま *今 지금 今更 이제 와서, 새삼스럽게 今時 요즘

예외 今日 오늘 今年 올해, 금년

今回のことは、なかったことにしましょう。 이번 일은 없었던 일로 합시다.

今更謝ってもしょうがない。 이제 와서 사과해도 소용 없다.

0116 N5 □□□

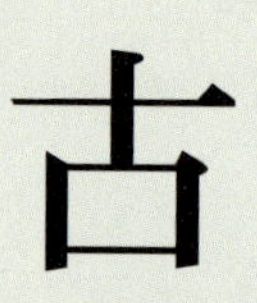

古
옛 고

- 음 こ ＊中古 중고　古代 고대　古典 고전　古都 고도, 옛 수도
- 훈 ふる(い)/ふる(す) ＊古い 오래되다, 낡다　古本 헌책　古着 헌 옷

  古す (동사의 ます형에 붙어서) (오래 써서) 낡아지다

ノートパソコンが壊れたので、中古を買おうとしている。
노트북이 고장 나서 중고를 사려고 하고 있다.

この建物は古いですが、きれいです。 이 건물은 오래되었지만 깨끗합니다.

0117 N2 □□□

黄
누를 황 (黃)

- 음 おう/こう 黄金 황금, 금　黄土 황토　黄砂 황사
- 훈 き/こ 黄色 황색, 노란색, 노랑　黄色い 노랗다　黄金 황금, 금

この国は昔、黄金の国だった。 이 나라는 옛날에 황금의 나라였다.

山全体が赤や黄色に色付き始めました。 산 전체가 빨강이랑 노랑으로 물들기 시작했습니다.

0118 N4 □□□

黒
검을 흑 (黑)

- 음 こく 黒板 흑판, 칠판　暗黒 암흑
- 훈 くろ/くろ(い) ＊黒 검정　＊黒い 검다　＊黒字 흑자　真っ黒 새까맘

黒板の字がよく見えない。 칠판 글씨가 잘 보이지 않는다.

我が社は2年連続で黒字です。 우리 회사는 2년 연속으로 흑자입니다.

0119 N4 □□□

体
몸 체 (體)

- 음 たい ＊体力 체력　体育 체육　体重 체중　＊大体 대략, 대개
- 　 てい 世間体 (남들에 대한) 체면, 이목　体裁 외관, 겉모습, 체면, 형식
- 훈 からだ ＊体 몸　体付き 몸매, 체격

50歳を過ぎた頃からめっきり体力が落ちた。 쉰 살을 넘긴 무렵부터 부쩍 체력이 떨어졌다.

子供の頃は体が弱かったが、大人になって丈夫になった。
어렸을 때는 몸이 약했지만, 어른이 되어 건강해졌다.

0120 N2 □□□

毛
터럭 모

- 음 もう ＊不毛 불모, 무익함, 성과가 없음　毛布 모포, 담요

  羊毛 양모　毛髪 모발
- 훈 け ＊毛 털　＊毛糸 털실　眉毛 눈썹

ここは昔は不毛の地だったという。 여기는 옛날에는 불모지였다고 한다.

毛糸でマフラーを編んだ。 털실로 목도리를 짰다.

연습문제

다음 한자의 발음과 뜻을 써 보세요.

01 南向き　　むき	___________	21 海外　　がい　___________
02 毎朝　まい	___________	22 多少　　しょう　___________
03 頭痛　　つう	___________	23 真っ黒　まっ　　___________
04 毛糸　　いと	___________	24 強力　　りょく　___________
05 東側　　がわ	___________	25 風呂　　ろ　___________
06 案内　あん	___________	26 冬季　　き　___________
07 昼寝　　ね	___________	27 弱火　　び　___________
08 心配　　ぱい	___________	28 古本　　ほん　___________
09 夏休み　　やすみ	___________	29 帰国　き　___________
10 首相　　しょう	___________	30 夜景　　けい　___________
11 西洋　　よう	___________	31 体重　　じゅう　___________
12 歌う　　う	___________	32 外す　　す　___________
13 家賃　　ちん	___________	33 帰京　き　___________
14 少し　　し	___________	34 友情　　じょう　___________
15 北部　　ぶ	___________	35 名前　な　___________
16 秋	___________	36 泣き声　なき　___________
17 今度　　ど	___________	37 最後　さい　___________
18 片道　かた	___________	38 黄色　　いろ　___________
19 午後　　ご	___________	39 野球　　きゅう　___________
20 青春　せい	___________	40 洗顔　せん　　___________

121 父	122 母	123 兄	124 弟	125 姉	126 妹	127 親	128 切
아비 **부**	어미 **모**	형 **형**	아우 **제**	윗누이 **자**	누이 **매**	친할 **친**	끊을 **절**
음 ふ	음 ぼ	음 きょう	음 だい	음 し	음 まい	음 しん	음 せつ
훈 ちち	훈 はは	훈 あに	훈 おとうと	훈 あね	훈 いもうと	훈 した(しい)	훈 き(る)

129 毎	130 週	131 時	132 間	133 遠	134 近	135 自	136 分
매양 **매**	주일 **주**	때 **시**	사이 **간**	멀 **원**	가까울 **근**	스스로 **자**	나눌 **분**
음 まい	음 しゅう	음 じ	음 かん	음 えん	음 きん	음 じ	음 ぶん
훈 —	훈 —	훈 とき	훈 あいだ	훈 とお(い)	훈 ちか(い)	훈 みずか(ら)	훈 わ(かる)

137 言	138 語	139 肉	140 食	141 電	142 話	143 万	144 歩
말씀 **언**	말씀 **어**	고기 **육**	먹을 **식**	번개 **전**	말씀 **화**	일만 **만**	걸음 **보**
음 げん	음 ご	음 にく	음 しょく	음 でん	음 わ	음 まん	음 ほ
훈 い(う)	훈 かた(る)	훈 —	훈 た(べる)	훈 —	훈 はな(す)	훈 —	훈 ある(く)

145 工	146 科	147 理	148 牛	149 角	150 馬	151 鳥	152 魚
장인 **공**	과목 **과**	다스릴 **리**	소 **우**	뿔 **각**	말 **마**	새 **조**	물고기 **어**
음 こう	음 か	음 り	음 ぎゅう	음 かく	음 ば	음 ちょう	음 ぎょ
훈 —	훈 —	훈 —	훈 うし	훈 つの	훈 うま	훈 とり	훈 さかな

153 雪	154 雲	155 岩	156 谷	157 高	158 台	159 鳴	160 里
눈 **설**	구름 **운**	바위 **암**	골 **곡**	높을 **고**	대 **대**	울 **명**	마을 **리**
음 せつ	음 うん	음 がん	음 こく	음 こう	음 だい	음 めい	음 り
훈 ゆき	훈 くも	훈 いわ	훈 たに	훈 たか(い)	훈 —	훈 な(る)	훈 さと

0121 N5 □□□

父 아비 부

음 ふ　　　*祖父 조부, 할아버지　父母 부모　神父 (종교) 신부

훈 ちち　　*父 아버지, 부친　父親 부친, 아버지　父の日 아버지의 날

祖父は高校の先生でした。 할아버지는 고등학교 선생님이었습니다.

入院している父のことが心配で気が重い。 입원해 있는 아버지가 걱정돼서 마음이 무겁다.

0122 N5 □□□

母 어미 모

음 ぼ　　　*祖母 조모, 할머니　母音 모음　母国 모국　母校 모교

훈 はは　　*母 어머니, 모친　母親 모친, 어머니　母の日 어머니의 날

祖母は 95 歳ですが、とても元気です。 할머니는 95세이지만, 매우 건강합니다.

母の手作り料理が一番おいしい。 어머니가 손수 만든 요리가 제일 맛있다.

0123 N4 □□□

兄 형 형

음 きょう / けい　　*兄弟 형제　父兄 아버지와 형, 학부형

훈 あに　　*兄 형, 오빠　兄貴 형님(존칭)

예외 お兄さん 형, 오빠(존칭)

田中さんは3人兄弟の長男です。 다나카 씨는 삼형제 중 장남입니다.

兄と私はそっくりで、知らない人は区別が付かない。
형과 나는 너무 닮아서 모르는 사람은 구별이 되지 않는다.

0124 N4 □□□

弟 아우 제

음 だい / で / てい　　*兄弟 형제　弟子 제자　子弟 자제, 젊은이

훈 おとうと　　*弟 남동생

松本先生は多くの優秀な弟子を育てています。
마쓰모토 선생님은 많은 우수한 제자를 키우고 있습니다.

円い眼鏡をかけたのが弟です。 둥근 안경을 쓴 사람이 남동생입니다.

0125 N4 □□□

姉 윗누이 자

음 し　　　姉妹 자매

훈 あね　　*姉 누나, 언니

예외 お姉さん 누나, 언니(존칭)

私は4人姉妹の末っ子です。 저는 네 자매 중 막내입니다.

姉は中学校で英語を教えている。 언니는 중학교에서 영어를 가르치고 있다.

妹 누이 매

음 まい　　　姉妹 자매　姉妹校 자매교, 자매학교

훈 いもうと　*妹 여동생

今週、日本の姉妹校と交流会がある。 이번 주에 일본의 자매학교와 교류회가 있다.

私は妹と10歳離れている。 나는 여동생과 열 살 차이가 난다.

親 친할 친

음 しん　　　*親切だ 친절하다　*両親 양친, 부모　親族 친족, 친척

　　　　　　親友 친우, 친구, 벗

훈 した(しい)/した(しむ)　*親しい 친하다　親しむ 친하게 지내다

　　おや　　　*親 어버이, 부모　親子 부모와 자식

彼女は親切で、心の温かい人だ。 그녀는 친절하고 마음이 따뜻한 사람이다.

子供にとって親は最良の教師だ。 아이에게 있어서 부모는 가장 좋은 교사이다.

切 끊을 절 / 온통 체

음 せつ　　　*大切だ 소중하다, 중요하다　*親切だ 친절하다　切断 절단

　　さい　　　一切 일체, 일절

훈 き(る)　　　*切る 자르다, 끊다　*締め切り 마감

　　き(れる)　　切れる 끊어지다, 잘리다　*売り切れ 다 팔림, 매진

大切にしていた花瓶を割ってしまった。 소중히 여기던 꽃병을 깨고 말았다.

肉を細かく切って子供に食べさせた。 고기를 잘게 잘라서 아이에게 먹였다.

毎 매양 매 (毎)

음 まい　　　*毎日 매일　毎朝 매일 아침　毎度 매번, 항상

훈 ―

毎朝、近くの公園でジョギングをしている。 매일 아침, 근처 공원에서 조깅을 하고 있다.

毎度お手数をおかけして申し訳ありません。 매번 번거롭게 해서 죄송합니다.

週 주일 주 (週)

음 しゅう　　　*今週 금주, 이번 주　一週間 일주일　*来週 다음 주　*週末 주말

훈 ―

来週のパーティー、楽しみですね。 다음 주 파티, 기대되네요.

週末は大抵家にいます。 주말은 대개 집에 있습니다.

Day 04 2학년 한자(2) 40자

0131 N5 □□□

時
때 시

- 음 じ — ＊時間 시간　＊時代 시대　当時 당시　時差 시차　時刻 시각
- 훈 とき — ＊時 때　＊時々 가끔, 때때로, 종종　一時 한때

韓国と日本との時差はありません。 한국과 일본과의 시차는 없습니다.
アメリカへは出張で時々行きました。 미국에는 출장으로 종종 갔습니다.

0132 N5 □□□

間
사이 간

- 음 かん — ＊間隔 간격　空間 공간　中間 중간　時間 시간
- けん — 世間 세간, 세상　＊人間 인간
- 훈 あいだ — ＊間 사이, 동안　間柄 관계, 사이
- ま — 間 사이, 간격　＊間違う 잘못되다, 틀리다　居間 거실　仲間 동료, 한패

居間は家族みんなで休める空間です。 거실은 가족 모두가 쉴 수 있는 공간입니다.
どこが間違っているのか分からない。 어디가 틀린 건지 모르겠다.

0133 N3 □□□

遠
멀 원 (遠)

- 음 えん — ＊永遠 영원　＊遠慮 삼감, 사양함　遠足 소풍　遠心力 원심력
- おん — 久遠 (불교 용어) 구원, 영원
- 훈 とお(い) — ＊遠い 멀다　遠回り 멀리 돌아서 감　遠出 멀리 나감　遠ざかる 멀어지다

禁煙席なので、おタバコはご遠慮ください。 금연석이므로 담배는 삼가 주세요.
遠い所まで、お越しいただきありがとうございます。 먼 곳까지 와 주셔서 감사합니다.

0134 N4 □□□

近
가까울 근 (近)

- 음 きん — ＊近所 근처　接近 접근　最近 최근, 요즘　近代 근대
- 훈 ちか(い) — ＊近い 가깝다　近道 지름길　近付く 다가오다, 다가서다　近頃 요즘

最近、ちょっと太った気がする。 요즘 조금 살이 찐 느낌이 든다.
沖縄に台風が近付いているそうだ。 오키나와에 태풍이 다가오고 있다고 한다.

0135 N4 □□□

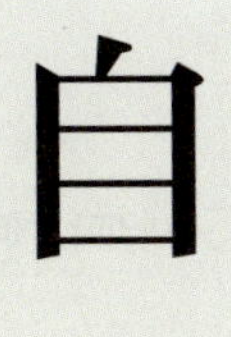

自
스스로 자

- 음 じ/し — ＊自分 자기, 자신, 나　＊自由 자유　自動 자동　各自 각자　自然 자연
- 훈 みずか(ら) — 自ら 스스로, 몸소
- おの(ずから) — 自ずから 저절로, 자연히

自分の意見をはっきり言ってください。 자신의 의견을 분명히 말해 주세요.
自ら辞めると決めたから、後悔はない。 스스로 그만두기로 결정했기 때문에 후회는 없다.

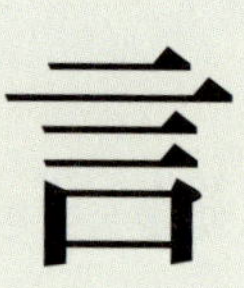

分 나눌 분

음 ぶん / ふん
*十分 충분함 気分 기분 分類 분류 分別 (생각·판단의) 분별, 철

ぶ
大分 꽤, 상당히 五分五分 어슷비슷함, 비등함 分厚い 두껍다

훈 わ(かる) / わ(ける)
*分かる 알다, 이해하다 分ける 나누다, 가르다 引き分け 무승부

わ(かれる) / わ(かつ)
分かれる 갈라지다, 나뉘다 分かつ 나누다, 떼어놓다

社内の書類を分類する方法を紹介します。 사내 서류를 분류하는 방법을 소개하겠습니다.

昨日のテニスの試合は引き分けに終わりました。 어제 테니스 시합은 무승부로 끝났습니다.

言 말씀 언

음 げん / ごん
言語 언어, 말 *発言 발언 *伝言 전언 無言 무언, 침묵 遺言 유언

훈 い(う)
*言う 말하다 *言い切る 단언하다

こと
*言葉 말, 낱말, 언어 寝言 잠꼬대 小言 잔소리 独り言 혼잣말

彼の発言は社会的に大きな問題を引き起こした。
그의 발언은 사회적으로 큰 문제를 일으켰다.

冷酷な言葉は人を傷付けるものだ。 냉혹한 말은 사람을 상처 입히는 법이다.

語 말씀 어

음 ご
*英語 영어 言語 언어, 말 *国語 국어 *語学 어학

훈 かた(る)
*語る 말하다, 이야기하다 物語 이야기, 전설

かた(らう)
語らう 이야기를 주고받다

語学研修に行くためにお金を貯めている。 어학 연수를 가기 위해서 돈을 모으고 있다.

彼女は将来の夢について語った。 그녀는 장래의 꿈에 대해서 이야기했다.

肉 고기 육

음 にく
*肉 고기 *焼肉 구운 고기, 불고기 筋肉 근육 牛肉 소고기

훈 —

私は肉より魚の方が好きです。 저는 고기보다 생선 쪽을 좋아합니다.

筋肉をつける方法を教えてほしい。 근육을 키우는 방법을 알려 줬으면 좋겠어.

食 먹을 식 (食)

음 しょく / じき
*食事 식사 *食堂 식당 給食 급식 断食 단식

훈 た(べる)
*食べる 먹다 *食べ物 음식, 먹을 것

く(う) / く(らう)
食う 먹다, 잡아먹다 大食い 많이 먹음, 대식가 食らう 처먹다, 처마시다

社員食堂は7階にあります。 사원 식당은 7층에 있습니다.

お腹空いてるけど、何か食べ物ない？ 배고픈데 뭔가 먹을 거 없어?

0141 N5 ☐☐☐

電 — 번개 전

음 でん — *電気 전기　*電話 전화　電力 전력　停電 정전

훈 —

電気工事の期間中、停電します。 전기 공사 기간 중, 정전됩니다.

日にちが決まったら、電話でお伝えします。 날짜가 정해지면 전화로 알려 드리겠습니다.

0142 N5 ☐☐☐

話 — 말씀 화

음 わ — *会話 회화, 대화　*話題 화제　世話 돌봄, 신세　童話 동화

훈 はな(す)/はなし — *話す 말하다, 이야기하다　話し合う 의논하다, 상의하다

話 이야기, 말, 상의, 소문　昔話 옛날이야기

これからお世話になります。よろしくお願いします。
앞으로 신세를 지겠습니다. 잘 부탁드립니다.

うるさくて話が聞こえませんね。 시끄러워서 말이 안 들리네요.

0143 N5 ☐☐☐

万 — 일만 만 (萬)

음 まん — 万 만　*一万円 만 엔　*万年筆 만년필　万一 만일

ばん — 万能 만능　万全 만전(조금도 허술함이 없이 아주 완전함)　万歳 만세

훈 —

これは父からもらった万年筆です。 이것은 아버지에게서 받은 만년필입니다.

安全管理に万全を期しています。 안전 관리에 만전을 기하고 있습니다.

0144 N4 ☐☐☐

歩 — 걸음 보 (步)

음 ほ — *歩道 보도　*散歩 산책　*進歩 진보　徒歩 도보　歩行 보행

ぶ/ふ — 歩合 비율, 수수료

훈 ある(く)/あゆ(む) — *歩く 걷다　歩む 걷다, 나아가다　歩み 걸음, 경과

ここはとても狭い歩道です。 여기는 매우 좁은 보도입니다.

食後は 30 分ずつ歩くようにしている。 식후에는 30분씩 걷도록 하고 있다.

0145 N4 ☐☐☐

工 — 장인 공

음 こう — *工場 공장　加工 가공　工事 공사　工業 공업

く — 大工 목수　工夫 궁리, 고안　細工 세공　*工面 (돈을) 변통함, 마련함

훈 —

道は工事中で通ることができません。 길은 공사 중이라 지나갈 수 없습니다.

頭を使って工夫する。 머리를 써서 궁리한다.

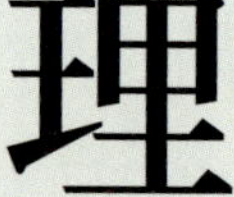

科
과목 과

음 か　　*科学 과학　科目 과목　教科書 교과서　*外科 외과

훈 ―

科学の発達でとても便利になった。 과학의 발달로 매우 편리해졌다.

教科書をよく読んで、要点をつかんでください。 교과서를 잘 읽고 요점을 파악하세요.

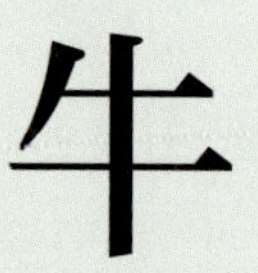

理
다스릴 리

음 り　　*理由 이유　*理解 이해　管理 관리　修理 수리　料理 요리

훈 ―

事情により開始時間が変更になりましたので、ご理解ください。
사정에 의해 시작 시간이 변경되었으니 이해해 주세요.

スマホが故障して修理を依頼した。 스마트폰이 고장 나서 수리를 의뢰했다.

牛
소 우

음 ぎゅう　　牛肉 소고기　牛乳 우유　和牛 와규(일본의 재래종 소)

　　　　　　牛丼 규동, 소고기 덮밥

훈 うし　　牛 소

神戸は和牛の産地として有名です。 고베는 와규의 산지로 유명합니다.

牛はインドでは神聖な動物とされている。 소는 인도에서는 신성한 동물로 여겨지고 있다.

角
뿔 각

음 かく　　*角度 각도　*三角形 삼각형　直角 직각　*方角 방위, 방향

훈 つの　　*角 뿔

　　　かど　　*角 모서리, 모퉁이, 구석　街角 길모퉁이, 거리　四つ角 사거리, 네 모퉁이

イタリアの「ピサの斜塔」は約3.97度の角度で傾いている。
이탈리아의 '피사의 사탑'은 약 3.97도의 각도로 기울어져 있다.

あの角を曲がると交番があります。 저 모퉁이를 돌면 파출소가 있습니다.

馬
말 마

음 ば　　乗馬 승마　競馬 경마　*出馬 출마　馬車 마차

훈 うま / ま　　*馬 말　絵馬 에마(신사나 절에서 그림이나 글을 써서 소원을 비는 나무판)

彼女は今度の総選挙への出馬を宣言した。 그녀는 이번 총선거에 출마를 선언했다.

神社に行って絵馬に願いを書いた。 신사에 가서 에마에 소원을 적었다.

0151 N4 ☐☐☐

鳥
새 조

- **음** ちょう
  鳥類 조류　白鳥 백조　野鳥 들새　一石二鳥 일석이조
- **훈** とり
  *鳥 새　*小鳥 작은 새　鳥居 도리이(신사 앞에 세워진 문)

鳥が大好きで鳥類学者になった。 새를 매우 좋아해서 조류학자가 되었다.
山の中でかわいい小鳥を見つけた。 산속에서 귀여운 작은 새를 발견했다.

0152 N4 ☐☐☐

魚
물고기 어

- **음** ぎょ
  金魚 금붕어　魚類 어류　人魚 인어　熱帯魚 열대어
- **훈** さかな
  *魚 물고기, 생선　焼き魚 구운 생선
  うお
  魚 물고기, 어류　魚市場 어시장

私は2年前から熱帯魚を飼っている。 나는 2년 전부터 열대어를 키우고 있다.
毎日、ご飯と焼き魚、納豆を食べている。 매일 밥과 구운 생선, 낫토를 먹고 있다.

0153 N3 ☐☐☐

雪
눈 설 (雪)

- **음** せつ
  降雪 강설(눈이 내림)　雪原 설원　積雪 적설(내려 쌓인 눈)　除雪 제설
- **훈** ゆき
  *雪 눈　*大雪 대설, 큰 눈　初雪 첫눈　雪解け 눈이 녹음, 해빙

午後から雪が降り出し、東京でも積雪が観察される。
오후부터 눈이 내리기 시작하여 도쿄에서도 적설이 관찰된다.

今日、初雪が降りました。 오늘 첫눈이 내렸습니다.

0154 N2 ☐☐☐

雲
구름 운

- **음** うん
  雲海 운해, 구름바다　星雲 성운(구름 모양으로 퍼져 보이는 천체)
  暗雲 암운, 먹구름
- **훈** くも
  *雲 구름　雨雲 비구름

山から見下ろした雲海はとてもきれいだった。 산에서 내려다본 운해는 매우 아름다웠다.
雲一つない青空が広がっている。 구름 한 점 없는 푸른 하늘이 펼쳐져 있다.

0155 N2 ☐☐☐

岩
바위 암 (巖)

- **음** がん
  岩石 암석　溶岩 용암　岩壁 암벽
- **훈** いわ
  *岩 바위　岩山 바위산　岩場 암석 지대

溶岩の温度は普通700度から1,200度ぐらいだ。
용암의 온도는 보통 700도에서 1,200도 정도이다.

岩の間から泉が湧き出ている。 바위 틈에서 샘이 솟아나고 있다.

음 こく　　渓谷 계곡　峡谷 협곡

훈 たに　　谷 (산)골짜기　谷間 (산)골짜기　谷風 골짜기 바람

夏になると家族と渓谷に水遊びに行きます。　여름이 되면 가족과 계곡으로 물놀이하러 갑니다.

人生は山あり谷ありですね。

인생은 골짜기도 있고 산도 있죠[인생은 좋을 때도 있고 나쁠 때도 있죠].

谷　골 곡

음 こう　　*高価 고가, 값이 비쌈　最高 최고　高級 고급

高低 고저, 높낮이, (가격의) 등락

훈 たか(い)/たか　　*高い 높다, 비싸다　高台 높은 지대　円高 엔고　残高 잔액

たか(まる)/たか(める)　　高まる 높아지다, 고조되다　高める 높이다

こんな高級な物はいただけません。　이런 고급스러운 물건은 받을 수 없습니다.

健康への関心が高まっている。　건강에 대한 관심이 높아지고 있다.

高　높을 고

음 だい　　*台所 부엌　灯台 등대　〜台 〜대　一台 한 대

たい　　台風 태풍　舞台 무대　屋台 포장마차

훈 ―

うちの台所は狭くて不便です。　우리 집 부엌은 좁아서 불편합니다.

道の両側には様々な屋台が立ち並んでいる。　길 양쪽에는 다양한 포장마차가 늘어서 있다.

台　대 대 (臺) / 태풍 태 (颱)

음 めい　　悲鳴 비명　共鳴 공명

훈 な(る)/な(らす)　　鳴る 울리다, 소리가 나다　耳鳴り 귀울림, 이명　鳴らす 울리다, 소리를 내다

な(く)　　鳴く (새·짐승 등이) 울다, 소리를 내다　鳴き声 (새·짐승 등의) 울음소리

今、どこからか人の悲鳴が聞こえたけど。　지금 어디선가 사람의 비명이 들렸는데.

山の近くに住んでいて、鳥の鳴き声に起こされる。

산 근처에 살고 있어서 새 우는 소리에 깬다.

鳴　울 명

음 り　　郷里 향리, 고향　千里 천리, 먼 길, 먼 곳

훈 さと　　里 마을, 시골　里帰り 첫 친정 나들이　村里 시골 동네, 마을

引退したら郷里に帰ってのんびりと過ごしたい。

은퇴하면 고향에 돌아가서 한가롭게 지내고 싶다.

子供を連れて久しぶりに里帰りするつもりだ。　아이를 데리고 오랜만에 친정에 갈 생각이다.

里　마을 리

연습문제

다음 한자의 발음과 뜻을 써 보세요.

01 祖母 そ □ ___________
02 最近 さい □ ___________
03 分かれる □かれる ___________
04 週末 □まつ ___________
05 世話 せ □ ___________
06 散歩 さん □ ___________
07 鳥 □ ___________
08 親しい □しい ___________
09 お姉さん お□さん ___________
10 兄弟 □だい ___________
11 鳴る □る ___________
12 万一 □いち ___________
13 牛乳 □にゅう ___________
14 自ら □ら ___________
15 出馬 しゅつ□ ___________
16 弟子 □し ___________
17 妹 □ ___________
18 街角 まち□ ___________
19 伝言 でん□ ___________
20 管理 かん□ ___________

21 筋肉 きん□ ___________
22 毎朝 □あさ ___________
23 雨雲 あま□ ___________
24 里帰り □がえり ___________
25 時々 □どき ___________
26 遠回り □まわり ___________
27 食事 □じ ___________
28 金魚 きん□ ___________
29 岩石 □せき ___________
30 科目 □もく ___________
31 台風 □ふう ___________
32 父の日 □のひ ___________
33 大切だ たい□だ ___________
34 言語 げん□ ___________
35 円高 えん□ ___________
36 大雪 おお□ ___________
37 間違う □ちがう ___________
38 電力 □りょく ___________
39 谷風 □かぜ ___________
40 大工 だい□ ___________

2학년 한자 (3) 40자

음원 5 | 동영상 5

161 教	162 室	163 交	164 通	165 同	166 行	167 当	168 番
가르칠 **교**	집 **실**	사귈 **교**	통할 **통**	한가지 **동**	다닐 **행**	마땅할 **당**	차례 **번**
음 きょう	음 しつ	음 こう	음 つう	음 どう	음 こう	음 とう	음 ばん
훈 おし(える)	훈 むろ	훈 まじ(わる)	훈 とお(る)	훈 おな(じ)	훈 い(く)	훈 あ(たる)	훈 —

169 売	170 買	171 読	172 書	173 新	174 聞	175 会	176 社
팔 **매**	살 **매**	읽을 **독**	글 **서**	새 **신**	들을 **문**	모일 **회**	모일 **사**
음 ばい	음 ばい	음 どく	음 しょ	음 しん	음 ぶん	음 かい	음 しゃ
훈 う(る)	훈 か(う)	훈 よ(む)	훈 か(く)	훈 あたら(しい)	훈 き(く)	훈 あ(う)	훈 やしろ

177 店	178 長	179 組	180 合	181 太	182 細	183 活	184 用
가게 **점**	길 **장**	짤 **조**	합할 **합**	클 **태**	가늘 **세**	살 **활**	쓸 **용**
음 てん	음 ちょう	음 そ	음 ごう	음 たい	음 さい	음 かつ	음 よう
훈 みせ	훈 なが(い)	훈 く(む)	훈 あ(う)	훈 ふと(い)	훈 ほそ(い)	훈 —	훈 もち(いる)

185 矢	186 知	187 弓	188 引	189 作	190 帰	191 明	192 半
화살 **시**	알 **지**	활 **궁**	당길 **인**	지을 **작**	돌아갈 **귀**	밝을 **명**	반 **반**
음 し	음 ち	음 きゅう	음 いん	음 さく	음 き	음 めい	음 はん
훈 や	훈 し(る)	훈 ゆみ	훈 ひ(く)	훈 つく(る)	훈 かえ(る)	훈 あか(るい)	훈 なか(ば)

193 絵	194 走	195 来	196 方	197 門	198 色	199 丸	200 形
그림 **회**	달릴 **주**	올 **래**	모 **방**	문 **문**	빛 **색**	둥글 **환**	모양 **형**
음 かい	음 そう	음 らい	음 ほう	음 もん	음 しょく	음 がん	음 けい
훈 —	훈 はし(る)	훈 く(る)	훈 かた	훈 かど	훈 いろ	훈 まる	훈 かたち

0161 N4 □□□

가르칠 교 (教)

음 きょう *教室 교실 *教育 교육 宗教 종교 教師 교사

훈 おし(える) 教える 가르치다, 알려 주다 教え子 제자

おそ(わる) 教わる 배우다

子供の教育に力を入れています。 아이의 교육에 힘을 쏟고 있습니다.

彼は大学でアジアの歴史を教えている。 그는 대학에서 아시아 역사를 가르치고 있다.

0162 N4 □□□

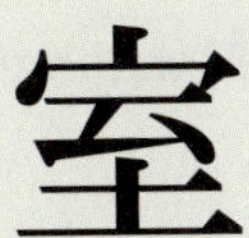

집 실

음 しつ *室内 실내 *会議室 회의실 和室 일본식 방, 다다미방 休憩室 휴게실

훈 むろ 室 실, 방, 암굴, 승방 室町時代 무로마치 시대 (1336년~1573년)

温泉旅館の和室で一泊する予定です。 온천 여관의 다다미방에서 일박할 예정입니다.

室町時代は 1336 年から 1573 年までである。

무로마치 시대는 1336년부터 1573년까지이다.

0163 N3 □□□

사귈 교

음 こう *交通 교통 *交流 교류 交番 파출소, 지구대 *交換 교환

交代 교대, 교체

훈 まじ(わる)/まじ(える) *交わる 교차하다, 사귀다 交える 섞다, 교차시키다

ま(じる)/ま(ざる) 交じる 섞이다, 사귀다 交ざる 뒤섞이다

ま(ぜる) 交ぜる 섞다

か(わす)/か(う) 交わす 주고받다, 교환하다, 나누다 飛び交う 어지러이 날다

交番で駅までの道を聞きました。 파출소에서 역까지 가는 길을 물었습니다.

君と交わした約束を一生忘れないよ。 너와 나눈 약속을 평생 잊지 않을게.

0164 N4 □□□

통할 통 (通)

음 つう 通行 통행 通学 통학 通じる 통하다

つ 通夜 (초상집에서의) 밤샘

훈 とお(る) *通る 통과하다, 지나가다 *通り道 다니는 길, 지나는 길, 통로

とお(す) *通す 통하게 하다, 뚫다

かよ(う) 通う 다니다, 왕래하다

ここは昼にも通行人が少なくて危ない。 여기는 낮에도 통행인이 적어서 위험하다.

学校には自転車で通っています。 학교에는 자전거로 다니고 있습니다.

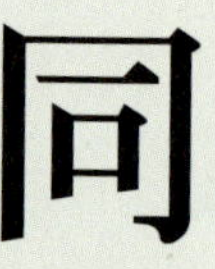

同 한가지 동

| 음 | どう | <ruby>同<rt>どう</rt></ruby><ruby>時<rt>じ</rt></ruby> 동시　*<ruby>同<rt>どう</rt></ruby><ruby>意<rt>い</rt></ruby> 동의　<ruby>同<rt>どう</rt></ruby><ruby>行<rt>こう</rt></ruby> 동행　<ruby>共<rt>きょう</rt></ruby><ruby>同<rt>どう</rt></ruby> 공동　<ruby>同<rt>どう</rt></ruby><ruby>様<rt>よう</rt></ruby> 같음, 마찬가지임 |
| 훈 | おな(じ) | *<ruby>同<rt>おな</rt></ruby>じだ 같다, 동일하다　<ruby>同<rt>おな</rt></ruby>い<ruby>年<rt>どし</rt></ruby> 동갑 |

<ruby>部長<rt>ぶちょう</rt></ruby>は<ruby>一<rt>いち</rt></ruby>も<ruby>二<rt>に</rt></ruby>もなくその<ruby>案<rt>あん</rt></ruby>に<ruby>同意<rt>どうい</rt></ruby>した。 부장은 두말없이 그 안에 동의했다.

<ruby>友達<rt>ともだち</rt></ruby>と<ruby>同<rt>おな</rt></ruby>じ<ruby>大学<rt>だいがく</rt></ruby>を<ruby>出<rt>で</rt></ruby>て、<ruby>同<rt>おな</rt></ruby>じ<ruby>会社<rt>かいしゃ</rt></ruby>に<ruby>就職<rt>しゅうしょく</rt></ruby>した。
친구와 같은 대학을 나와서 같은 회사에 취직했다.

行 다닐 행

음	こう	*<ruby>旅<rt>りょ</rt></ruby><ruby>行<rt>こう</rt></ruby> 여행　<ruby>行<rt>こう</rt></ruby><ruby>動<rt>どう</rt></ruby> 행동　<ruby>実<rt>じっ</rt></ruby><ruby>行<rt>こう</rt></ruby> 실행　<ruby>銀<rt>ぎん</rt></ruby><ruby>行<rt>こう</rt></ruby> 은행
	ぎょう/あん	<ruby>行<rt>ぎょう</rt></ruby><ruby>列<rt>れつ</rt></ruby> 행렬　<ruby>行<rt>ぎょう</rt></ruby><ruby>政<rt>せい</rt></ruby> 행정　<ruby>修<rt>しゅ</rt></ruby><ruby>行<rt>ぎょう</rt></ruby> 수행　<ruby>行<rt>ぎょう</rt></ruby><ruby>事<rt>じ</rt></ruby> 행사　<ruby>行<rt>あん</rt></ruby><ruby>脚<rt>ぎゃ</rt></ruby> (승려의) 행각
훈	い(く)/ゆ(く)	*<ruby>行<rt>い</rt></ruby>く 가다　<ruby>行<rt>ゆ</rt></ruby>く 가다
	おこな(う)	*<ruby>行<rt>おこな</rt></ruby>う 하다, 행하다, 실시하다

<ruby>日光<rt>にっこう</rt></ruby>なら<ruby>東京<rt>とうきょう</rt></ruby>から<ruby>日<rt>ひ</rt></ruby><ruby>帰<rt>がえ</rt></ruby>りで<ruby>旅行<rt>りょこう</rt></ruby>できる。 닛코라면 도쿄에서 당일치기로 여행할 수 있다.

<ruby>漢字<rt>かんじ</rt></ruby>の<ruby>書<rt>か</rt></ruby>き<ruby>取<rt>と</rt></ruby>りテストは<ruby>毎日<rt>まいにち</rt></ruby><ruby>行<rt>おこな</rt></ruby>われる。 한자 받아쓰기 시험은 매일 실시된다.

当 마땅할 당 (當)

음	とう	*<ruby>本<rt>ほん</rt></ruby><ruby>当<rt>とう</rt></ruby> 정말　*<ruby>当<rt>とう</rt></ruby><ruby>然<rt>ぜん</rt></ruby> 당연　<ruby>当<rt>とう</rt></ruby><ruby>日<rt>じつ</rt></ruby> 당일　<ruby>担<rt>たん</rt></ruby><ruby>当<rt>とう</rt></ruby> 담당　<ruby>当<rt>とう</rt></ruby><ruby>選<rt>せん</rt></ruby> 당선
훈	あ(たる)	*<ruby>当<rt>あ</rt></ruby>たる 맞다, 명중하다, 당첨되다　<ruby>当<rt>あ</rt></ruby>たり<ruby>前<rt>まえ</rt></ruby> 당연함, 마땅함
	あ(てる)	*<ruby>当<rt>あ</rt></ruby>てる 맞히다, 명중시키다　<ruby>手<rt>て</rt></ruby><ruby>当<rt>あ</rt></ruby>て 수당

<ruby>担当者<rt>たんとうしゃ</rt></ruby>にお<ruby>繋<rt>つな</rt></ruby>ぎいたしますので、<ruby>少々<rt>しょうしょう</rt></ruby>お<ruby>待<rt>ま</rt></ruby>ちください。
담당자에게 연결할 테니 잠시만 기다려 주세요.

<ruby>1<rt>いち</rt></ruby><ruby>億<rt>おく</rt></ruby><ruby>円<rt>えん</rt></ruby>の<ruby>宝<rt>たから</rt></ruby>くじに<ruby>当<rt>あ</rt></ruby>たりました。 1억 엔의 복권에 당첨되었습니다.

番 차례 번

| 음 | ばん | *<ruby>番<rt>ばん</rt></ruby><ruby>号<rt>ごう</rt></ruby> 번호　*<ruby>一<rt>いち</rt></ruby><ruby>番<rt>ばん</rt></ruby> 1번, 제일　*<ruby>順<rt>じゅん</rt></ruby><ruby>番<rt>ばん</rt></ruby> 순번, 순서, 차례　<ruby>当<rt>とう</rt></ruby><ruby>番<rt>ばん</rt></ruby> 당번 |
| 훈 | ― | |

<ruby>入力<rt>にゅうりょく</rt></ruby>データに<ruby>一連<rt>いちれん</rt></ruby><ruby>番号<rt>ばんごう</rt></ruby>を<ruby>付<rt>つ</rt></ruby>けてください。 입력 데이터에 일련번호를 붙여 주세요.

<ruby>順番<rt>じゅんばん</rt></ruby>を<ruby>守<rt>まも</rt></ruby>ってお<ruby>並<rt>なら</rt></ruby>びください。 차례를 지켜서 줄을 서 주세요.

売 팔 매 (賣)

| 음 | ばい | *<ruby>販<rt>はん</rt></ruby><ruby>売<rt>ばい</rt></ruby> 판매　<ruby>発<rt>はつ</rt></ruby><ruby>売<rt>ばい</rt></ruby> 발매　<ruby>商<rt>しょう</rt></ruby><ruby>売<rt>ばい</rt></ruby> 장사　<ruby>売<rt>ばい</rt></ruby><ruby>店<rt>てん</rt></ruby> 매점 |
| 훈 | う(る)/う(れる) | *<ruby>売<rt>う</rt></ruby>る 팔다　*<ruby>売<rt>う</rt></ruby>り<ruby>上<rt>あ</rt></ruby>げ 매상　<ruby>売<rt>う</rt></ruby>れる 팔리다 |

<ruby>人気<rt>にんき</rt></ruby><ruby>歌手<rt>かしゅ</rt></ruby>の<ruby>新<rt>あたら</rt></ruby>しいシングルアルバムが<ruby>発売<rt>はつばい</rt></ruby>されるそうだ。
인기 가수의 새로운 싱글 앨범이 발매된다고 한다.

コンサート<ruby>会場<rt>かいじょう</rt></ruby>の<ruby>入<rt>い</rt></ruby>り<ruby>口<rt>ぐち</rt></ruby>でグッズを<ruby>売<rt>う</rt></ruby>っている。 콘서트 회장 입구에서 굿즈를 팔고 있다.

0170 N4 □□□

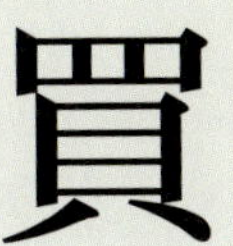

買
살 매

음 ばい　　売買 매매　購買 구매　買収 매수

훈 か(う)　　*買う 사다　*買い物 물건을 삼, 쇼핑, 장을 봄　買い得 싸게 사서 득을 봄

土地の売買の価格が上がった。 토지 매매 가격이 올랐다.

店の中は買い物客で賑わっている。 가게 안은 쇼핑객으로 붐비고 있다.

0171 N5 □□□

読
읽을 독 (讀)

음 どく / とく　　*読書 독서　*読者 독자　読解 독해　読本 독본, 입문서, 해설서

　　とう　　読点 쉼표　句読点 구두점

훈 よ(む)　　*読む 읽다　読み方 읽는 법　音読み 음독　訓読み 훈독

　　　　　　*立ち読み 서서 읽는 것

この小説は読者の心をつかむ。 이 소설은 독자의 마음을 사로잡는다.

漢字の読み方は音読みと訓読みがあります。 한자 읽는 법은 음독과 훈독이 있습니다.

0172 N5 □□□

書
글 서

음 しょ　　*図書館 도서관　書類 서류　*辞書 사전　文書 문서

훈 か(く)　　*書く (글씨·글을) 쓰다　手書き 손으로 씀

わからない単語があったら、辞書を引けばわかる。
모르는 단어가 있으면 사전을 찾으면 알 수 있다.

好きな俳優に手書きの手紙を書いた。 좋아하는 배우에게 손편지를 썼다.

0173 N4 □□□

新
새 신

음 しん　　新年 신년, 새해　*新聞 신문　*最新 최신　新型 신형

훈 あたら(しい)　　*新しい 새롭다

　　あら(た) / にい　　新ただ 새롭다　新潟 니가타 (지명)　新妻 새댁

スマホを最新バージョンにアップデートした。 스마트폰을 최신 버전으로 업데이트했다.

あなたの新たなスタートを応援します。 당신의 새로운 시작을 응원합니다.

0174 N5 □□□

聞
들을 문

음 ぶん / もん　　*新聞 신문　見聞 견문　伝聞 전문, 전해 들음　前代未聞 전대미문

훈 き(く) / き(こえる)　　*聞く 듣다　聞こえる 들리다

紙の新聞を読む人はだんだん減っている。 종이 신문을 읽는 사람은 점점 줄어들고 있다.

すみません、後ろの方が聞こえません。 죄송합니다, 뒤쪽이 안 들립니다.

会 모일 회 (會)

- 음 かい　*会社 회사　*大会 대회　会議 회의　会話 회화, 대화　会計 회계
- え　会釈 가벼운 인사　会得 터득
- 훈 あ(う)　*会う 만나다

時間を延長して会議をした。 시간을 연장해서 회의를 했다.
久しぶりに高校時代の友達に会って嬉しかった。
오랜만에 고등학교 시절의 친구를 만나서 기뻤다.

社 모일 사 (社)

- 음 しゃ　社会 사회　*社長 사장　入社 입사　*社員 사원　神社 신사
- 훈 やしろ　社 신을 모신 건물, 신사

社会人だから、行動に責任を持つべきだ。 사회인이니까 행동에 책임을 져야 한다.
社で静かに祈っている人がいる。 신사에서 조용히 기도하고 있는 사람이 있다.

店 가게 점

- 음 てん　*店員 점원　店長 점장　本店 본점　商店 상점
- 훈 みせ　*店 가게　店先 점두, 가게 앞　夜店 야시(夜市), 밤거리의 노점, 야시장

あの店の店員はみんな優しくて仕事が早い。 저 가게 점원은 모두 상냥하고 일이 빠르다.
準備中の店先で開店を待つ人たちが並んでいる。
준비 중인 가게 앞에서 개점을 기다리는 사람들이 줄 서 있다.

長 길 장

- 음 ちょう　*成長 성장　身長 신장, 키　部長 부장　長所 장점　長男 장남
- 훈 なが(い)　*長い 길다　長さ 길이　長生き 장수, 오래 삶
　　　　　　長引く 오래 끌다, 지연되다

これからも子供の成長を見守ってあげたい。 앞으로도 아이의 성장을 지켜봐 주고 싶다.
長い髪を切って、一気にイメージを変えた。 긴 머리를 잘라서 단번에 이미지를 바꿨다.

組 짤 조

- 음 そ　*組織 조직
- 훈 く(む)/くみ　組む 짜다, 편성하다　組み立て 조립　*組 반, 학급　番組 (방송) 프로그램

うちの会社は4つの組織に分かれている。 우리 회사는 네 개의 조직으로 나뉘어져 있다.
この番組はご覧のスポンサーの提供でお送りします。
이 프로그램은 보고 계신 스폰서의 제공으로 보내 드립니다.

0180 N3 □□□

합할 합

음 ごう
合格 합격　集合 집합　*合同 합동　合計 합계

がっ/かつ
合併 합병　合宿 합숙　合唱 합창　合戦 전투, 접전

훈 あ(う)
*合う 합쳐지다, 맞다　似合う 어울리다　*試合 시합, 경기　場合 경우

あ(わす)
合わす 합치다, 맞추다

あ(わせる)
*合わせる 모으다, 맞추다　*問い合わせる 문의하다

妹は一生懸命勉強して東京大学に合格した。 여동생은 열심히 공부해서 도쿄대학에 합격했다.

今度の試合は必ず勝ってみせる。 이번 시합은 반드시 이겨 보이겠다.

0181 N4 □□□

클 태

음 たい/た
太陽 태양, 해　太平洋 태평양　太鼓 북

훈 ふと(い)/ふと(る)
*太い 두껍다, 굵다　太る 살찌다

太陽光パネルを設置して、電気代を節約した。 태양광 패널을 설치해서 전기세를 절약했다.

彼女はいくら食べても太りません。 그녀는 아무리 먹어도 살찌지 않습니다.

0182 N2 □□□

가늘 세

음 さい
*詳細 상세, 자세한 내용　*細心 세심　細工 세공　細胞 세포

훈 ほそ(い)/ほそ(る)
*細い 가늘다, 좁다　細る 가늘어지다, 여위다

こま(か)/こま(かい)
細かだ 자세하다, 세세하다　細かい 잘다, 작다, 미세하다

詳細は、後ほどメールでお伝えします。 자세한 내용은 나중에 메일로 알려 드리겠습니다.

困ったな。細かいお金がないんだ。 곤란하네. 잔돈이 없어.

0183 N3 □□□

살 활

음 かつ
*生活 생활　活動 활동　活発 활발　*活用 활용

훈 ―

生活にゆとりが生じ、個人的に過ごす時間が増えた。
생활에 여유가 생기고 개인적으로 보내는 시간이 늘었다.

母は10年前からボランティア活動をしている。
어머니는 10년 전부터 봉사 활동을 하고 있다.

用 쓸 용

- **음** よう　*利**用** 이용　*使**用** 사용　**用**事 볼일, 용무　*費**用** 비용
- **훈** もち(いる)　**用**いる 쓰다, 사용하다, 이용하다

プライベートな**用**事があって、お先に失礼します。
개인적인 용무가 있어서 먼저 실례하겠습니다[가 보겠습니다].

何かを調べる時は、いつもネットを**用**いている。
무언가를 조사할 때는 항상 인터넷을 이용하고 있다.

矢 화살 시

- **음** し　一**矢** 일시, 화살 한 개
  - ※ 一**矢**を報いる 화살을 되쏘다, 적의 공격이나 남의 비난 따위에 대하여 반격하다
- **훈** や　**矢** 화살　**矢**印 화살표　弓**矢** 활과 화살　**矢**先 화살촉

今度こそ、一**矢**を報いるチャンスだと思う。 이번에야말로 반격할 찬스라고 생각한다.

矢印に沿ってお進みください。 화살표를 따라 가세요.

知 알 지

- **음** ち　*知識 지식　*無知 무지　*知人 지인　通知 통지
- **훈** し(る)　*知る 알다　*知り合い 아는 사람, 지인　物知り 박식함, 박식한 사람

読書のメリットは、知識や教養が身に付くことです。
독서의 장점은 지식과 교양이 몸에 배는 것입니다.

彼は顔が広いので色んな所に知り合いがいる。
그는 발이 넓어서 여러 곳에 아는 사람이 있다.

弓 활 궁

- **음** きゅう　弓道 궁도　弓術 궁술
- **훈** ゆみ　弓 활　弓矢 활과 화살

弓道は学校を中心とした教育現場で盛んである。
궁도는 학교를 중심으로 한 교육현장에서 활발하다.

的を狙って弓を引いた。 과녁을 겨냥해서 활을 당겼다.

引 당길 인

- **음** いん　引用 인용　*引退 은퇴　引力 인력　引率 인솔　強引 억지로 함
- **훈** ひ(く)/ひ(ける)　引く 끌다, 당기다　引ける 기가 죽다　割り引き 할인

あの選手は今日の試合で引退するそうだ。
저 선수는 오늘 경기에서 은퇴한다고 한다.

男の人は自転車を引いて坂道を登っている。 남자는 자전거를 끌고 언덕길을 오르고 있다.

Day 05

2학년 한자(3) 40자

0189 N4 □□□

作
지을 **작**

음	さく	＊**作**品 작품　**作**成 작성　**作**文 작문　制**作** 제작
	さ	＊**作**業 작업　**作**用 작용　動**作** 동작
훈	つく(る)	＊**作**る 만들다　**作**り方 만드는 법　手**作**り 수제, 손수 만듦

彼女は真心を込めてその**作品**を**作**った। 그녀는 정성을 다해 그 작품을 만들었다.

テレビの料理番組などを見て、**作り方**を覚えた।
TV 요리 프로그램 등을 보고 만드는 법을 익혔다.

0190 N4 □□□

帰
돌아갈 **귀** (歸)

음	き	＊**帰**国 귀국　＊**帰**宅 귀가　＊復**帰** 복귀　＊**帰**省 귀성
훈	かえ(る)	＊**帰**る 돌아가다, 돌아오다　**帰**り道 (집에) 돌아가는 길, 귀갓길
		日**帰**り 당일치기
	かえ(す)	**帰**す 돌려보내다, 돌아가게 하다

帰省ラッシュで高速道路が混んでいる। 귀성 정체로 고속도로가 막히고 있다.

日帰りでどこか近くに行こうか। 당일치기로 어딘가 근처에 갈까?

0191 N4 □□□

明
밝을 **명**

음	めい	＊説**明** 설명　発**明** 발명　**明**白 명백　照**明** 조명
	みょう	光**明** 광명
훈	あか(るい)/あ(かり)	＊**明**るい 밝다　**明**るさ 밝기　**明**かり 빛
	あか(るむ)/あか(らむ)	**明**るむ 밝아지다　**明**らむ (동이 터서) 훤해지다
	あき(らか)	＊**明**らかだ 분명하다, 뚜렷하다, 명백하다
	あ(く)/あ(ける)	**明**く 열리다　＊**明**ける (날이) 밝다, 새해가 되다
	あ(くる)/あ(かす)	**明**くる日 다음 날　**明**かす 밝히다, 털어놓다

小さな**発明**が人類の未来を変えることもある।
작은 발명이 인류의 미래를 바꾸는 경우도 있다.

目が悪くなるから、部屋を**明るく**した方がいいよ।
눈이 나빠지니까, 방을 밝게 하는 편이 좋아.

0192 N5 □□□

半
반 **반** (半)

| 음 | はん | **半** 반　＊**半**分 반, 절반　＊**半**年 반년　**半**日 반일, 한나절　後**半** 후반 |
| 훈 | なか(ば) | **半**ば 절반, 중간, 중앙, 중순, 도중 |

彼女は**半年**前に名古屋に移住した। 그녀는 반년 전에 나고야로 이주했다.

5月の**半ば**から急に暑くなった। 5월 중순부터 갑자기 더워졌다.

音 かい　　　　絵画 회화, 그림

え　　　　*絵 그림　*絵本 그림책　油絵 유화

訓 ―

このギャラリーでは新人画家の絵画展が開かれている。
이 갤러리에서는 신인 화가의 회화전이 열리고 있다.

将来絵本の作家になるのが夢です。　장래에 그림책 작가가 되는 것이 꿈입니다.

그림 회 (繪)

音 そう　　　　*走行 주행　競走 경주　滑走路 활주로　暴走 폭주

訓 はし(る)　　*走る 달리다

追い越し車線から走行車線に移ろうとした際、右側に横転した。
추월 차선에서 주행 차선으로 변경하려고 할 때 오른쪽으로 전복되었다.

駅から会社まで走って行ったが、遅刻してしまった。
역에서 회사까지 달려 갔지만 지각하고 말았다.

달릴 주

音 らい　　　　*来年 내년　*来週 다음 주　*将来 장래　*未来 미래

訓 く(る)　　　来る 오다

きた(る)/きた(す)　来る 오다, 다가오다　来す 초래하다

娘は将来、芸能人になりたいと言った。　딸은 장래에 연예인이 되고 싶다고 말했다.

森さんが来てこれで旅行に行く全員が揃った。
모리 씨가 와서 이로써 여행을 갈 모두가 모였다.

올 래 (來)

音 ほう　　　　*方向 방향　方法 방법　地方 지방　*片方 한쪽

訓 かた　　　　*方 쪽, 편, 분(사람을 가리키는 말)　味方 내편, 아군　*夕方 해질녘, 저녁때

読み方 읽는 법

私は方向音痴で、道に迷うことが多い。　나는 방향치라서 길을 잃는 경우가 많다.

夕方になるにつれて、気温が下がってきた。　저녁때가 되면서 기온이 내려갔다.

모[본뜰] 방

音 もん　　　　門 문, 출입문　専門 전문　*入門 입문　*部門 부문

訓 かど　　　　門 문, 집 앞　門松 가도마쓰(새해맞이 장식용 소나무)

門出 집을 나섬, 출발

アフリカの専門ガイドがご案内いたします。　아프리카 전문 가이드가 안내해 드립니다.

お正月には玄関の前に門松を飾る。　설날에는 현관 앞에 가도마쓰를 장식한다.

문 문

0198 N4 ☐☐☐

빛 색

음	しょく	特色 특색　染色 염색
	しき	景色 경치, 풍경　色彩 색채　色調 색조
훈	いろ	*色 색, 빛깔, 안색　*色々 여러 가지　顔色 얼굴색　緑色 녹색

望遠鏡を使って遠くの景色を眺めます。 망원경을 사용해서 먼 곳의 경치를 바라봅니다.

薄い色の服は汚れやすい。 옅은 색 옷은 더러워지기 쉽다.

0199 N2 ☐☐☐

둥글 환

음	がん	弾丸 탄환　砲丸 포환　一丸 한 덩어리
훈	まる	丸 동그라미, 원　丸ごと 통째, 통째로
	まる(い)	*丸い 둥글다
	まる(める)	*丸める 둥글게 하다

我がチームは一丸となり、相手チームに勝った。
우리 팀은 하나로 뭉쳐서 상대 팀에게 이겼다.

彼女はカフェを丸ごと借りて、誕生日パーティーを開いた。
그녀는 카페를 통째로 빌려서 생일 파티를 열었다.

0200 N3 ☐☐☐

모양 형

음	けい	形成 형성　形式 형식　図形 도형　*三角形 삼각형
	ぎょう	*人形 인형　形相 형상, (무서운) 표정
훈	かたち	*形 모양, 형태, 상태
	かた	形 모양, 무늬, 자국　手形 어음　形見 유물, 유품, (과거의) 추억거리

ファイルの形式が合わなくて開けない。 파일 형식이 맞지 않아서 열 수 없다.

愛の形は色々あると思う。 사랑의 형태는 여러 가지가 있다고 생각한다.

연습문제

다음 한자의 발음과 뜻을 써 보세요.

01	交番 □ばん	__________	21	使用 し□	__________
02	教える □える	__________	22	売れる □れる	__________
03	活動 □どう	__________	23	入社 にゅう□	__________
04	身長 しん□	__________	24	番組 ばん□	__________
05	引用 □よう	__________	25	方法 □ほう	__________
06	大会 たい□	__________	26	景色 け□	__________
07	弓道 □どう	__________	27	順番 じゅん□	__________
08	買い物 □いもの	__________	28	通う □う	__________
09	行列 □れつ	__________	29	新ただ □ただ	__________
10	矢印 □じるし	__________	30	細かい □かい	__________
11	日帰り ひ□り	__________	31	明らかだ □らかだ	__________
12	会議室 かいぎ□	__________	32	聞こえる □こえる	__________
13	作業 □ぎょう	__________	33	人形 にん□	__________
14	店 □	__________	34	絵本 □ほん	__________
15	読解 □かい	__________	35	丸める □める	__________
16	同時 □じ	__________	36	当然 □ぜん	__________
17	知る □る	__________	37	書類 □るい	__________
18	専門 せん□	__________	38	太る □る	__________
19	試合 し□	__________	39	半分 □ぶん	__________
20	未来 み□	__________	40	競走 きょう□	__________

일본어 한자 부수 알아보기 1

● 사람 · 신체 관련 부수

부수	뜻	사용 한자
人 · 亻 (사람 인)	사람, 행동	休(쉴 휴), 住(살 주), 体(몸 체), 作(지을 작), 信(믿을 신)
女 (여자 여)	여자, 감정, 집안	妹(누이 매), 好(좋을 호), 始(처음 시), 妻(아내 처)
口 (입 구)	말, 소리, 입	呼(부를 호), 味(맛 미), 吸(마실 흡), 告(고할 고)
目 (눈 목)	눈, 시간, 관찰	眼(눈 안), 相(서로 상), 省(살필 성)
手 · 扌 (손 수)	손, 행동, 잡다	持(가질 지), 打(칠 타), 投(던질 투), 操(잡을 조)
足 · 𧾷 (발 족)	발(다리), 길, 움직임	路(길 로)

● 인간 · 동물의 행동 및 사고 관련 부수

부수	뜻	사용 한자
見 (볼 견)	시각, 관찰, 판단	視(볼 시), 覚(깨달을 각), 観(볼 관), 親(친할 친), 覧(볼 람)
言 (말씀 언)	언어, 기록, 설명	語(말씀 어), 話(말씀 화), 説(말씀 설), 記(기록할 기), 読(읽을 독)
立 (설 립)	세우다, 독립, 위치	音(소리 음), 位(자리 위), 章(글 장), 童(아이 동), 競(다툴 경)
食 · 𩙿 (먹을 식)	음식, 먹다, 영양	飲(마실 음), 飯(밥 반), 館(집 관), 養(기를 양)
彳 (걸을 척)	걷다, 길, 왕래	行(다닐 행), 役(부릴 역), 待(기다릴 대), 往(갈 왕), 復(회복할 복)
走 (달릴 주)	달리다, 움직임, 행동	起(일어날 기)

2학년 한자 (4) 40자

201	202	203	204	205	206	207	208
公	園	市	場	広	計	算	数
공평할 **공**	동산 **원**	저자 **시**	마당 **장**	넓을 **광**	셀 **계**	셈할 **산**	셀 **수**
음 こう	음 えん	음 し	음 じょう	음 こう	음 けい	음 さん	음 すう
훈 おおやけ	훈 その	훈 いち	훈 ば	훈 ひろ(い)	훈 はか(る)	훈 ―	훈 かず

209	210	211	212	213	214	215	216
思	考	汽	船	回	線	光	米
생각 **사**	생각할 **고**	물 끓는 김 **기**	배 **선**	돌아올 **회**	줄 **선**	빛 **광**	쌀 **미**
음 し	음 こう	음 き	음 せん	음 かい	음 せん	음 こう	음 まい
훈 おも(う)	훈 かんが(える)	훈 ―	훈 ふね	훈 まわ(る)	훈 ―	훈 ひか(る)	훈 こめ

217	218	219	220	221	222	223	224
麦	茶	地	図	画	紙	原	点
보리 **맥**	차 **다**	땅 **지**	그림 **도**	그림 **화**	종이 **지**	언덕 **원**	점 **점**
음 ばく	음 ちゃ	음 ち	음 ず	음 が	음 し	음 げん	음 てん
훈 むぎ	훈 ―	훈 ―	훈 はか(る)	훈 ―	훈 かみ	훈 はら	훈 ―

225	226	227	228	229	230	231	232
記	才	止	直	晴	何	元	羽
기록할 **기**	재주 **재**	그칠 **지**	곧을 **직**	갤 **청**	어찌 **하**	으뜸 **원**	깃 **우**
음 き	음 さい	음 し	음 じき	음 せい	음 か	음 げん	음 う
훈 しる(す)	훈 ―	훈 と(まる)	훈 なお(る)	훈 は(れる)	훈 なん	훈 もと	훈 はね

233	234	235	236	237	238	239	240
池	星	曜	答	楽	寺	刀	戸
못 **지**	별 **성**	빛날 **요**	대답 **답**	즐거울 **락**	절 **사**	칼 **도**	집 **호**
음 ち	음 せい	음 よう	음 とう	음 らく	음 じ	음 とう	음 こ
훈 いけ	훈 ほし	훈 ―	훈 こた(える)	훈 たの(しい)	훈 てら	훈 かたな	훈 と

Day 06

2학년 한자(4) 40자

0201 N1 □□□

公

공평할 **공** (公)

음 こう ＊公共 공공　＊公開 공개　非公式 비공식　主人公 주인공

훈 おおやけ　公 국가, 공공 단체, 공적, 공공, 공개　公の場 공적인 자리

外相がアメリカを非公式に訪問した。 외무부 장관이 미국을 비공식적으로 방문했다.

公の場で言ったことは、守らなければならない。
공적인 자리에서 말한 것은 지키지 않으면 안 된다.

0202 N3 □□□

園

동산 **원**

음 えん　＊公園 공원　動物園 동물원　庭園 정원　＊遊園地 유원지　園芸 원예

훈 その　園 동산　花園 화원, 꽃동산, 꽃밭

この動物園にはパンダが5匹もいる。 이 동물원에는 판다가 다섯 마리나 있다.
花園にきれいな花がたくさん咲いている。 꽃밭에 예쁜 꽃이 많이 피어 있다.

0203 N3 □□□

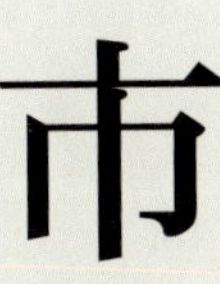

市

저자 **시**

음 し　＊市民 시민　都市 도시　市長 시장　市場 (큰 규모의) 시장, (경제) 시장

훈 いち　市 저자, 시장, 장　市場 시장　朝市 아침장, 저자

市民に信頼される市長になりたいです。 시민에게 신뢰받는 시장이 되고 싶습니다.
ここは日本で最も有名な魚市場です。 이곳은 일본에서 가장 유명한 어시장입니다.

0204 N4 □□□

場

마당 **장**

음 じょう　＊工場 공장　＊会場 회장, 행사장　登場 등장　入場 입장

훈 ば　場 장소, 곳　＊場所 장소, 곳　＊場合 경우　＊本場 본고장, 주산지

会場利用後の後始末は、きれいに行ってください。
행사장 이용 후, 뒤처리는 깨끗이 해 주세요.

痒みはお肌の乾燥が原因の場合が多い。 가려움은 피부 건조가 원인인 경우가 많다.

0205 N4 □□□

広

넓을 **광** (廣)

음 こう　＊広告 광고　＊広大 광대, 넓고 큼　広報 홍보

훈 ひろ(い)　＊広い 넓다

ひろ(がる)/ひろ(げる)　広がる 넓어지다, 퍼지다, 펼쳐지다　＊広げる 넓히다, 확장하다

ひろ(まる)/ひろ(める)　広まる 넓어지다, 널리 퍼지다　広める 넓히다, 널리 알리다

この広告、すごく目に付くね。 이 광고, 굉장히 눈에 띄네.
最近、社内に変な噂が広がっている。 요즘 사내에 이상한 소문이 퍼지고 있다.

計 셀 계

- 음 けい　*計画 계획　会計 회계　設計 설계　合計 합계　統計 통계
- 훈 はか(る)　*計る 재다, 헤아리다
- はか(らう)　計らう (적절히) 조처하다, 상의하다　見計らう 가늠하다

経営不振が続き、やむを得ず計画を中止することにした。
경영 부진이 계속되어 어쩔 수 없이 계획을 중지하기로 했다.

食後に体重を計ったら、2キロも増えていた。 식후에 체중을 쟀더니 2kg이나 늘어 있었다.

算 셈할 산

- 음 さん　*計算 (수학적인) 계산, 고려함　*予算 예산　算数 산수　暗算 암산
- 훈 ─

彼は暗算で難しい計算ができる能力を持っている。
그는 암산으로 어려운 계산을 할 수 있는 능력을 가지고 있다.

本日の委員会で来年度の予算が決まった。 오늘 위원회에서 내년도 예산이 결정되었다.

数 셀 수 (數)

- 음 すう　*数学 수학　数字 숫자　数量 수량　点数 점수
- す　人数 인수, 인원수 (「にんずう」라고도 읽음)
- 훈 かず　数 수　口数 말수　数々 다수의, 갖가지, 가지각색, 여러 가지
- かぞ(える)　*数える 세다, 열거하다　数え年 세는 나이, 달력 나이

私の得意な科目は数学です。 제가 자신 있는 과목은 수학입니다.

本は一冊、犬は一匹と数えます。 책은 한 권, 개는 한 마리로 셉니다.

思 생각 사

- 음 し　思考 사고, 생각　思想 사상　意思 의사
- 훈 おも(う)　*思う 생각하다, 여기다　思い出 추억　思い出す 생각해 내다, 떠올리다
- *思い切る 단념하다, 결심하다

これは、自分の意思で決めたことです。 이것은 제 의사로 결정한 것입니다.

彼は勝算のある投手だと思う。 그는 승산이 있는 투수라고 생각한다.

考 생각할 고

- 음 こう　*参考 참고　考慮 고려　考察 고찰　選考 전형
- 훈 かんが(える)　*考える 생각하다　考え 사고, 판단　*考え方 사고방식

この本を参考にして論文を書いている。 이 책을 참고해서 논문을 쓰고 있다.

最近の若者は、必ずしも結婚はしなくてもいいと考えているらしい。
요즘 젊은 사람은 반드시 결혼은 하지 않아도 된다고 생각하고 있는 것 같다.

0211 N1 □□□

물 끓는 김 **기**

음 き | 汽車 기차　汽船 기선

훈 ―

汽車に乗って全国を回る。 기차를 타고 전국을 돌아다닌다.

湖でフェリーなどの汽船に乗る観光客が多い。
호수에서 페리 등의 기선을 타는 관광객이 많다.

0212 N2 □□□

배 **선**(船)

음 せん | 船舶 선박　乗船 승선　漁船 어선　風船 풍선

훈 ふね / ふな | *船 배　大船 큰 배　船便 선편, 배편　船酔い 뱃멀미

ターミナルの窓口で乗船手続きを行ってください。
터미널 창구에서 승선 수속을 해 주세요.

私は船酔いがひどくて船に乗れない。 나는 뱃멀미가 심해서 배를 못 탄다.

0213 N4 □□□

돌아올 **회**

음 かい / え | 回転 회전　回答 회답　回収 회수　数回 수회, 수차례

훈 まわ(る) | *回る 돌다, 회전하다　遠回り 멀리 돌아서 감　回り道 (길을) 돌아감

　　まわ(す) | *回す 돌리다, 회전시키다　手回し 준비, (돈의) 변통, 손으로 돌림, 수동

最近、エレベーターや回転ドアの事故が多いですね。
요즘 엘리베이터나 회전문 사고가 많네요.

くるくる回るアトラクションは目眩がして乗れない。
빙글빙글 도는 놀이기구는 현기증이 나서 못 탄다.

0214 N3 □□□

줄 **선**

음 せん | *線 선, 줄　*線路 선로　車線 차선　直線 직선　点線 점선

훈 ―

列車の写真を撮影する際は、危ないですので線路に近付かないでください。
열차 사진을 촬영할 때는 위험하므로 선로에 가까이 가지 마세요.

路面に車線を引く作業をしている人がいる。
노면에 차선을 긋는 작업을 하고 있는 사람이 있다.

0215 N3 □□□

빛 **광**

음 こう | *観光 관광　光栄 영광　光景 광경　光線 광선

훈 ひか(る) / ひかり | *光る 빛나다, 빛을 내다　光 빛

観光名所を回りながら、郷土料理を楽しむ。 관광 명소를 돌며 향토 음식을 즐긴다.

夜空に星がきらきら光っている。 밤하늘에 별이 반짝반짝 빛나고 있다.

米

쌀 **미**

- 음 まい — 白米 백미　新米 햅쌀, 신참　精米 정미
- べい — *欧米 구미, 유럽과 미국　米国 미국　日米 일미, 일본과 미국
- 훈 こめ — *米 쌀　もち米 찹쌀　米粒 미립, 쌀알

白米で作ったご飯は美味しいけど、体にはよくない。
백미로 지은 밥은 맛있지만, 몸에는 좋지 않다.

日本と韓国はお米が主食である。 일본과 한국은 쌀이 주식이다.

麦

보리 **맥** (麥)

- 음 ばく — 麦芽 맥아
- 훈 むぎ — 麦 보리　麦茶 보리차　*小麦 소맥, 밀　麦飯 보리밥

ビールの主な原料は麦芽だ。 맥주의 주된 원료는 맥아이다.

水分補給には麦茶がいいそうだ。 수분 섭취에는 보리차가 좋다고 한다.

茶

차 **다[차]**

- 음 ちゃ — お茶 차　茶色 갈색　茶室 다실　緑茶 녹차
- さ — 茶道 다도(차를 끓이거나 마시는 예법)　喫茶店 찻집, 카페
- 훈 —

ロビーで、お茶を無料で提供しております。 로비에서 차를 무료로 제공하고 있습니다.

日本で茶道を習ってみたいです。 일본에서 다도를 배워 보고 싶습니다.

地

땅 **지**

- 음 ち — *土地 토지　*地下 지하　地方 지방　*地球 지구　地域 지역
- じ — *地震 지진　地面 지면, 땅, 토지　地元 그 고장, 그 지방, 현지, 근거지
- 훈 —

一般に地方では商店の閉店時間が早い。 일반적으로 지방에서는 상점 폐점 시간이 이르다.

地震によって地面が持ち上がったり、ずれができたりする。
지진에 의해 지면이 들려 올라가거나 어긋남이 생기기도 한다.

図

그림 **도** (圖)

- 음 ず — *図 그림, 도면, 도형　地図 지도　図面 도면　図形 도형
- と — 図書 도서, 책　*図書館 도서관　*意図 의도
- 훈 はか(る) — 図る 꾀하다, 도모하다

スマホの地図さえあればどこにでも行ける。 스마트폰의 지도만 있으면 어디에라도 갈 수 있다.

みんなで話し合って問題の解決を図った。 모두 함께 의논하여 문제 해결을 도모했다.

0221 N4 □□□

画
그림 화 /
그을 획 (畫)

음 が
*映画 영화　漫画 만화　*画家 화가　画面 화면

かく
*計画 계획　企画 기획　画期的 획기적

훈 —

私が描いた夢は、日本一の画家になることだった。
내가 그린 꿈은 일본 최고의 화가가 되는 것이었다.

その企画が成功するとは思ってもみなかった。 그 기획이 성공할 거라고는 생각지도 못했다.

0222 N4 □□□

紙
종이 지

음 し
*用紙 용지　表紙 표지　紙面 지면　白紙 백지

훈 かみ
*紙 종이　*手紙 편지　折り紙 종이접기　紙袋 종이봉투

コピー機の用紙が無くなったので、新しい用紙を入れた。
복사기 용지가 떨어져서 새 용지를 넣었다.

はさみは紙を切るのに使います。 가위는 종이를 자르는 데 사용합니다.

0223 N3 □□□

原
언덕 원

음 げん
*原因 원인　*原料 원료　原作 원작　高原 고원

훈 はら
原 들, 벌판　*野原 들, 들판　草原 초원(「そうげん」이라고도 읽음)

この映画は漫画が原作です。 이 영화는 만화가 원작입니다.

踏み切りの向こうには野原が広がっている。 건널목 너머에는 들판이 펼쳐져 있다.

0224 N3 □□□

点
점 점 (點)

음 てん
要点 요점　*問題点 문제점　重点 중점　点線 점선　得点 득점

훈 —

講義の要点を書き取った。 강의의 요점을 받아 적었다.

この学校は外国語教育に重点を置いている。 이 학교는 외국어 교육에 중점을 두고 있다.

0225 N2 □□□

記
기록할 기

음 き
*記録 기록　*記入 기입　記事 기사　*記憶 기억　記念 기념

훈 しる(す)
記す 적다, 기록하다, 저술하다

これは新聞記事で見つけた内容だ。 이것은 신문 기사에서 찾은 내용이다.

彼は細かいことも忘れないように手帳に記す。
그는 사소한 것도 잊지 않도록 수첩에 적는다.

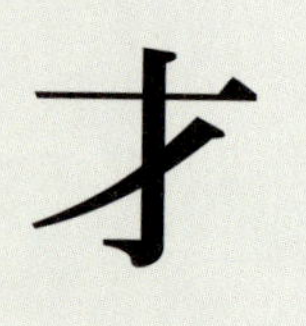

음 さい　*才能 재능　天才 천재　秀才 수재　多才 다재, 재능이 많음

훈 ―

息子は音楽に才能があるようだ。 아들은 음악에 재능이 있는 것 같다.

レオナルド・ダ・ビンチは多くの分野で天才だった。
레오나르도 다빈치는 많은 분야에서 천재였다.

재주 **재**

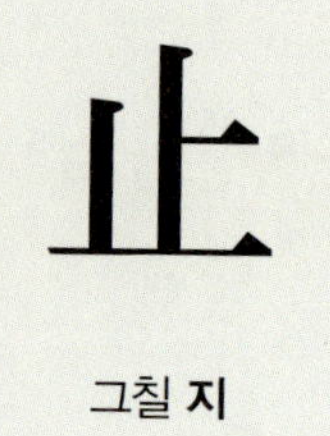

음 し　*中止 중지　*禁止 금지　停止 정지　*防止 방지

훈 と(まる)　*止まる 멎다, 서다　行き止まり 막다름, (사물의) 종말

　　と(める)　*止める 멈추다, 세우다　通行止め 통행금지　口止め 입막음

美術館で写真を撮るのは禁止されている。 미술관에서 사진을 찍는 것은 금지되어 있다.

横断歩道の近くに車を止めてはいけない。 횡단보도 근처에 차를 세워서는 안 된다.

그칠 **지**

음 じき　*正直 정직(함), 솔직(함)　直筆 직필, 자필

　　ちょく　直接 직접　直前 직전　直面 직면

훈 なお(る)　直る 고쳐지다, 바로잡히다　仲直り 화해

　　なお(す)　*直す 고치다, 바로잡다

　　ただ(ちに)　直ちに 곧, 즉각

一度御社に伺って、直接お話ししたいんですが。
한번 귀사에 방문하여 직접 말씀드리고 싶습니다만.

漢字が間違っているので正しく直してください。 한자가 틀렸으니 바르게 고쳐 주세요.

곧을 **직**

음 せい　快晴 쾌청, 매우 맑게 갠 날씨　*晴天 청천, 맑게 갠 하늘

훈 は(れる)　*晴れる (하늘이) 개다, (날씨가) 맑아지다, (괴로움이) 사라지다, (의심이) 풀리다

　　は(らす)　晴らす (불쾌한 기분을) 풀다, (의심·불쾌감 등을) 해소시키다

　　　　　　　気晴らし 기분 전환

さっき晴天の下でテニスをした。 아까 맑은 하늘 아래에서 테니스를 쳤다.

しばらくは晴れる日が続く見込みです。 한동안은 맑은 날씨가 계속될 전망입니다.

갤 **청** (晴)

0230 N5 □□□

何 어찌 하

- 음 か | 幾何学 기하학　六何の原則 육하원칙
- 훈 なん | *何度 몇 번, 여러 번, 몇 도　何時 몇 시　何月 몇 월　何日 며칠
- なに | *何 무엇　何事 무슨 일, 별일, 만사　何者 어떤 사람, 누구

新聞記事の文章は六何の原則が含まれなければならない。
신문 기사의 문장은 육하원칙이 포함되어야 한다.

あなたは何月生まれですか。 당신은 몇 월생입니까?

0231 N4 □□□

元 으뜸 원

- 음 げん | *元気 원기, 기운, 건강함, 활기참　元素 (화학) 원소　紀元 기원
- がん | 元祖 원조, 시조　元日 설날, 1월 1일　元旦 설날 아침　元来 원래, 본시
- 훈 もと | *元 전, 이전, 원래　*元々 원래, 본디　手元 손이 닿는 곳, 가까운 곳

おかげ様でみんな元気です。 덕분에 모두 건강합니다.

手元においてある書類を見てください。 앞에 놓여 있는 서류를 봐 주세요.

0232 N3 □□□

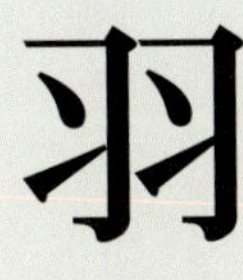

羽 깃 우

- 음 う | 羽毛 깃털, 새털
- 훈 はね | 羽 날개, 깃털　羽飾り 깃털 장식
- は | 羽衣 날개옷(선녀가 입고 하늘을 나는 옷)
- わ | ～羽 ～마리(새·토끼 등을 세는 단위)　一羽 한 마리

孔雀は美しい羽毛を持っています。 공작은 아름다운 깃털을 가지고 있습니다.

鳥が飛び立つために、羽を広げている。 새가 날아오르기 위해 날개를 펼치고 있다.

0233 N3 □□□

池 못 지

- 음 ち | 電池 전지　*乾電池 건전지　貯水池 저수지
- 훈 いけ | *池 연못

スマートキーの電池が切れていて、車のエンジンがかからない。
스마트 키의 전지가 다 되어서 차 시동이 걸리지 않는다.

池の近くに鳥がいます。 연못 근처에 새가 있습니다.

星 별 성

음 せい — 流星 유성, 별똥별　星座 별자리　衛星 위성　北極星 북극성

しょう — 明星 금성, 샛별

훈 ほし — 星 별　星空 별이 총총한 하늘　流れ星 유성, 별똥별　図星 정곡, 핵심

人工衛星が写した台風の目です。 인공위성이 찍은 태풍의 눈입니다.

最近、夜空の星を見上げることがない。 요즘 밤하늘의 별을 올려다본 적이 없다.

曜 빛날 요 (曜)

음 よう — *曜日 요일　何曜日 무슨 요일　月曜日 월요일　火曜日 화요일

훈 —

曜日の名前は太陽・月・惑星の名前に由来する。
요일의 이름은 태양·달·행성의 이름에서 유래한다.

今日は何曜日ですか。 오늘은 무슨 요일입니까?

答 대답 답

음 とう — *回答 회답　解答 해답　*応答 응답　答案 답안

훈 こた(える) — *答える 대답하다, 답하다

こた(え) — 答え 답, 대답　口答え 말대답

文書での回答をお願いします。 문서로 회답을 부탁드립니다.

質問にもっと正確に答えるようにしてください。
질문에 더 정확하게 대답하도록 해 주세요.

楽 즐거울 락[낙] / 노래 악 (樂)

음 らく — *楽だ 편하다　気楽だ 마음 편하다, 홀가분하다, 태평하다
楽園 낙원　安楽 안락

がく — 音楽 음악　楽器 악기

훈 たの(しい) — 楽しい 즐겁다

たの(しむ) — *楽しむ 즐기다　*楽しみ 기다려짐, 즐거움

彼は色んな楽器を弾くことができる。 그는 여러 가지 악기를 연주할 수 있다.

屋外のプールで若者たちが日光浴を楽しんでいる。
옥외 수영장에서 젊은이들이 일광욕을 즐기고 있다.

Day 06

2학년 한자4(4) 40자

0238 N3 ☐☐☐

寺
절 **사**

- **음** じ　　寺院 사원, 사찰, 절　　浅草寺 센소지(도쿄에서 가장 오래된 절)
- **훈** てら　　*お寺 절
　　清水寺 청수사, 기요미즈데라(교토에 있는 절로, 유네스코 세계유산임)

日本最古の寺院は飛鳥寺です。 일본에서 가장 오래된 사찰은 아스카데라입니다.

清水寺は長い歴史を持つお寺だ。 기요미즈데라는 오랜 역사를 가진 절이다.

0239 N1 ☐☐☐

刀
칼 **도**

- **음** とう　　刀剣 도검　　短刀 단도, 단검　　日本刀 일본도　　木刀 목검
- **훈** かたな　　*刀 칼, 큰 칼, 도검류

日本刀は日本固有の方法で作られたものだ。 일본도는 일본 고유의 방법으로 만들어진 것이다.

刀はよく見ると少し曲がっている。 칼은 잘 보면 조금 휘어져 있다.

0240 N2 ☐☐☐

戸
집 **호** (戸)

- **음** こ　　一戸建て 단독 주택　　戸籍 호적
- **훈** と　　戸 문, 대문　　戸締り 문단속　　雨戸 덧문　　*井戸 우물

私は一戸建てよりマンションを好む。 나는 단독 주택보다 아파트를 선호한다.

外出する前に、戸締まりをする。 외출하기 전에 문단속을 한다.

77

연습문제

다음 한자의 발음과 뜻을 써 보세요.

01 広い 　い 　　／　02 予算 よ 　　／
03 公共 　きょう 　　／　04 場所 　しょ 　　／
05 解答 かい 　　／　06 公園 こう 　　／
07 遠回り とお 　り 　　／　08 思い出 　いで 　　／
09 原料 　りょう 　　／　10 直前 　ぜん 　　／
11 刀剣 　けん 　　／　12 小麦 こ 　　／
13 気楽だ き 　だ 　　／　14 米国 　こく 　　／
15 会計 かい 　　／　16 お寺 お 　　／
17 流れ星 ながれ 　　／　18 汽車 　しゃ 　　／
19 数学 　がく 　　／　20 緑茶 りょく 　

21 戸締り 　じまり
22 才能 　のう
23 乾電池 かんでん
24 計画 けい
25 問題点 もんだい
26 船便 　びん
27 光景 　けい
28 気晴らし き 　らし
29 止まる 　まる
30 月曜日 げつ 　び
31 羽
32 都市 と
33 考え方 　えかた
34 図る 　る
35 直線 ちょく
36 元日 　じつ
37 記録 　ろく
38 表紙 ひょう
39 地方 　ほう
40 何度 　ど

정답&해석 → p.328

밑줄 친 한자의 올바른 발음을 고르세요.

1 ここは滑るから、走らないで。
① ある　　　② はし　　　③ はい　　　④ きり

2 人に強引にお酒を飲ませてはいけない。
① きょういん　　② ごういん　　③ こういん　　④ ぎょういん

3 通り道に荷物を置かないでください。
① かよりみち　　② のりみち　　③ とおりみち　　④ かえりみち

4 こんなすばらしい舞台に立たせていただいたことを光栄に思います。
① きょうえい　　② こうえい　　③ えいこう　　④ えいきょう

5 ちょっと暗いようですが、明かりをつけましょうか。
① あかり　　② つかり　　③ かかり　　④ ひかり

6 日本人はお正月に神社に行く人が多い。
① しんしゃ　　② かみじゃ　　③ かみしゃ　　④ じんじゃ

7 大人だから行動には十分注意してください。
① きょうどう　　② ぎょうとう　　③ こうどう　　④ ごうとう

8 公共マナーを守りましょう。
① こうこう　　② きょうこう　　③ きょうごう　　④ こうきょう

9 彼女の笑顔が大好きでたまらない。
① えかお　　② わらいかお　　③ えがお　　④ わらかお

10 弟は外科医で、大学病院で働いている。
① がか　　② げか　　③ げいか　　④ がいけ

초등학교 3학년

한자 총 200자

241	242	243	244	245	246	247	248
感	想	開	業	乗	客	旅	館
느낄 **감**	생각 **상**	열 **개**	업 **업**	탈 **승**	손 **객**	나그네 **려**	집 **관**
음 かん	음 そう	음 かい	음 ぎょう	음 じょう	음 きゃく	음 りょ	음 かん
훈 ―	훈 ―	훈 あ(く)	훈 わざ	훈 の(る)	훈 ―	훈 たび	훈 やかた

249	250	251	252	253	254	255	256
消	化	決	定	世	界	相	談
사라질 **소**	될 **화**	결단할 **결**	정할 **정**	인간 **세**	지경 **계**	서로 **상**	말씀 **담**
음 しょう	음 か	음 けつ	음 てい	음 せ	음 かい	음 そう	음 だん
훈 き(える)	훈 ば(ける)	훈 き(まる)	훈 さだ(まる)	훈 よ	훈 ―	훈 あい	훈 ―

257	258	259	260	261	262	263	264
全	部	放	送	写	真	速	度
온전할 **전**	나눌 **부**	놓을 **방**	보낼 **송**	베낄 **사**	참 **진**	빠를 **속**	법도 **도**
음 ぜん	음 ぶ	음 ほう	음 そう	음 しゃ	음 しん	음 そく	음 ど
훈 すべ(て)	훈 ―	훈 はな(れる)	훈 おく(る)	훈 うつ(る)	훈 ま	훈 はや(い)	훈 たび

265	266	267	268	269	270	271	272
君	主	住	注	柱	陽	湯	温
임금 **군**	임금 **주**	살 **주**	부을 **주**	기둥 **주**	볕 **양**	끓일 **탕**	따뜻할 **온**
음 くん	음 しゅ	음 じゅう	음 ちゅう	음 ちゅう	음 よう	음 とう	음 おん
훈 きみ	훈 ぬし	훈 す(む)	훈 そそ(ぐ)	훈 はしら	훈 ―	훈 ゆ	훈 あたた(か)

273	274
氷	泳
얼음 **빙**	헤엄칠 **영**
음 ひょう	음 えい
훈 こおり	훈 およ(ぐ)

0241 N3 □□□

음 かん　　*感動 감동　*感覚 감각　感情 감정　感じる 느끼다

훈 —

寒すぎて、顔の感覚がありません。 너무 추워서 얼굴의 감각이 없습니다.

この件について、責任を感じている。 이 건에 대해서 책임을 느끼고 있다.

느낄 **감**

0242 N2 □□□

음 そう　　*感想 감상　*想像 상상　発想 발상　*理想 이상

　　そ　　愛想 붙임성, 정(나미)

훈 —

自分の未来のことを想像してみた。 자신의 미래를 상상해 봤다.

彼は愛想がいい。 그는 붙임성이 있다.

생각 **상**

0243 N4 □□□

音 かい　　*開店 개점　開始 개시, 시작　*開発 개발　*展開 전개

훈 あ(く)/あ(ける)　　開く 열리다　開ける 열다

　　ひら(く)/ひら(ける)　　*開く 열다, 열리다, 시작되다　*開ける 열리다, 트이다

日曜日の開店時間をお知らせします。 일요일 개점 시간을 알려 드리겠습니다.

ドアが開きます。ご注意ください。 문이 열립니다. 주의해 주세요.

열 **개**

0244 N4 □□□

음 ぎょう　　*残業 잔업　*卒業 졸업　授業 수업　職業 직업　業界 업계

　　ごう　　自業自得 자업자득

훈 わざ　　業 행위, 일　*仕業 소행, 짓　至難の業 지극히 어려운 기술[일]

「異文化コミュニケーション」という授業を取っている。
'이문화 커뮤니케이션'이라는 수업을 듣고 있다.

恐らく彼の仕業でしょう。 아마 그의 소행일 거예요.

업 **업**

0245 N3 □□□

음 じょう　　*乗車 승차　*乗客 승객　搭乗 탑승　乗馬 승마

훈 の(る)　　*乗る (탈것에) 타다　乗り物 탈것　乗り換え 갈아탐, 환승　乗り場 승차장

　　の(せる)　　乗せる 태우다, 싣다

駆け込み乗車は危ないですので、お止めください。
뛰어들어 승차하기는 위험하므로 삼가 주세요.

子供は車の後ろに乗せないといけない。 아이는 차 뒷좌석에 태워야 한다.

탈 **승** (乗)

客
손 객

음	きゃく	お客 손님 *観客 관객 客室 객실 客席 객석
	かく	旅客 여객(「りょきゃく」라고도 읽음)
훈	—	

店の入り口でスタッフがお客さんを迎える。 가게 입구에서 직원이 손님을 맞이한다.

彼女は飛行機の客室乗務員です。 그녀는 비행기의 객실 승무원입니다.

旅
나그네 려[여] (旅)

| 음 | りょ | *旅行 여행 *旅館 여관, 료칸(일본의 전통 숙박 시설) *旅費 여비 旅券 여권 |
| 훈 | たび | *旅 여행 旅先 여행지 船旅 선박 여행 旅立つ 여행을 떠나다, 새출발하다 |

仕事で旅行に行けなくなりました。 일 때문에 여행을 갈 수 없게 되었습니다.

旅先で親切にされることほど、嬉しいことはない。
여행지에서 친절을 받는 것만큼 기쁜 일은 없다.

館
집 관 (館)

| 음 | かん | *図書館 도서관 *映画館 영화관 館内 관내 会館 회관 |
| 훈 | やかた | 館 (귀족들의) 저택 |

週末はいつも図書館で時間を過ごす。 주말은 항상 도서관에서 시간을 보낸다.

京都には古い館がたくさんある。 교토에는 오래된 저택이 많이 있다.

消
사라질 소 (消)

음	しょう	*消費 소비 *解消 해소 消火 소화, 불을 끔 消防署 소방서
훈	き(える)	*消える 꺼지다, 사라지다
	け(す)	*消す 끄다, 없애다 *消しゴム 지우개 *取り消す 취소하다

散歩はストレス解消にいい。 산책은 스트레스 해소에 좋다.

パソコンのデータが突然消えてしまった。 컴퓨터의 데이터가 갑자기 사라져 버렸다.

0250 N3 □□□

化

될 화

- **음** か ＊変化 변화　文化 문화　化学 화학　進化 진화
- け 化粧 화장
- **훈** ば(ける) 化ける 둔갑하다, 변신하다　お化け 도깨비
- ば(かす) 化かす (정신을) 흐리다, 속이다

彼は世界に日本の文化を紹介する仕事をしている。
그는 세계에 일본 문화를 소개하는 일을 하고 있다.

地味だった彼女が、化粧で見事に化けた。 수수했던 그녀가 화장으로 멋지게 변신했다.

0251 N3 □□□

決

결단할 결

- **음** けつ 決定 결정　決意 결의　＊解決 해결　＊決心 결심　決勝 결승
- **훈** き(まる) 決まる 정해지다, 결정되다　決まり文句 판에 박힌 말, 상투적인 말
- き(める) 決める 정하다, 결정하다　取り決め 결정, 약속

お客様からのクレームが無事に解決した。 고객으로부터의 클레임이 무사히 해결되었다.
会社のロゴのデザインを決めた。 회사의 로고 디자인을 정했다.

0252 N3 □□□

定

정할 정

- **음** てい ＊予定 예정　＊決定 결정　定時 정시　安定 안정　設定 설정
- じょう 勘定 계산, 셈　＊案の定 예상한 대로, 아니나 다를까　定規 자
- **훈** さだ(まる) 定まる 정해지다, 결정되다
- さだ(める) ＊定める 정하다, 결정하다　定め 규정, 규칙, 운명, 숙명
- さだ(か) 定かだ 확실하다, 분명하다

みんな来なくても定時に出発します。 모두 오지 않아도 정시에 출발합니다.
労働時間は法律で定められている。 노동 시간은 법률로 정해져 있다.

0253 N4 □□□

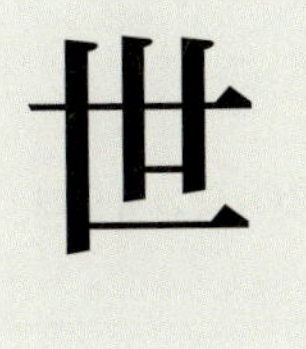

世

인간 세

- **음** せ ＊世界 세계　＊世話 돌봄, 신세　＊世間 세간, 세상　＊出世 출세
  世間話 세상 이야기, 잡담
- せい 世紀 세기　近世 근세, 근대　中世 중세　後世 후세
- **훈** よ 世 세상　＊世の中 세상, 사회, 시대　世論 여론 (「せろん」이라고도 읽음)

いつもお世話になっております。 늘 신세를 지고 있습니다.
世の中は常に変化している。 세상은 항상 변화하고 있다.

界

지경 **계**

음 かい　業**界** 업계　*世**界** 세계　限**界** 한계　境**界** 경계

훈 ―

彼は世界一周の旅に出た。 그는 세계 일주 여행을 떠났다.

自分の限界を決めるのは自分自身だ。 자신의 한계를 정하는 것은 자기 자신이다.

相

서로 **상**

음 そう　*相**談** 상담, 상의, 의논　*相**当** 상당, 해당, 상응, 상당히　相**互** 상호　真**相** 진상

　　しょう　首**相** 수상, 총리　外**相** 외상, 외무장관

훈 あい　*相**手** 상대　*相**変わらず** 변함없이

海外での売り上げは、全体の４０％に相当する。
해외에서의 매출은 전체의 40%에 해당한다.

今日の試合の相手はかなり強いチームだ。 오늘 시합 상대는 꽤 강한 팀이다.

談

말씀 **담**

음 だん　*冗**談** 농담　相**談** 상담, 상의, 의논　会**談** 회담　雑**談** 잡담

훈 ―

彼はいつも冗談を言って、みんなを笑わせる。 그는 항상 농담을 해서 모두를 웃게 한다.

困った時は、先生に相談してみてください。 곤란할 때는 선생님에게 상담해 보세요.

全

온전할 **전** (全)

음 ぜん　*全**部** 전부　全**国** 전국　*全**然** 전혀　安**全** 안전

훈 すべ(て)　全**て** 모두, 전부, 모든 것

　　まった(く)　全**く** 완전히, 전혀

こんな結果になるなんて、全然予想していなかった。
이런 결과가 되다니 전혀 예상하지 못했다.

この作品には、彼の全てが込められている。 이 작품에는 그의 모든 것이 담겨져 있다.

部

나눌 **부**

음 ぶ　部**長** 부장　*全**部** 전부　*部**分** 부분　*部**品** 부품

훈 ―

예외 部**屋** 방

この店の商品は全部手作りです。 이 가게의 상품은 전부 수제입니다.

部屋の雰囲気を変えたい。 방 분위기를 바꾸고 싶다.

0259 N2 □□□

放

놓을 **방**

음 ほう　*放送 방송　開放 개방　放置 방치　追放 추방　放課後 방과후

훈 はな(れる)　放れる 풀리다, (화살·총알이) 발사되다

　はな(つ)　放つ 놓아주다, 쏘다

　はな(す)　放す 놓다, 놓아주다　手放す 손을 놓다, 남의 손에 넘기다

　ほう(る)　放る 던지다, 내던지다

この試合は明日テレビで放送される。 이 시합은 내일 TV에서 방송된다.

犬のリードを放したら、すぐに走って行った。 개의 목줄을 놓았더니 바로 달려갔다.

0260 N4 □□□

送

보낼 **송** (送)

음 そう　*運送 운송　*放送 방송　郵送 우송, 우편으로 보냄　送信 송신

훈 おく(る)　送る 보내다, 부치다, 데려다주다, 지내다　見送り 배웅, 보류

　　仕送り 생활비나 학비를 보내 줌

契約書を郵送しましたので、ご確認ください。 계약서를 우송했으니, 확인해 주세요.

先生、私が駅までお送りします。 선생님, 제가 역까지 모셔다 드리겠습니다.

0261 N4 □□□

写

베낄 **사** (寫)

음 しゃ　*写真 사진　試写会 시사회　複写 복사

훈 うつ(る)　写る (사진에) 찍히다

　うつ(す)　*写す 베끼다, (사진을) 찍다

　　書き写す (글씨·그림 등을) 베껴 쓰다[그리다], 모사하다

思い出の写真をアルバムにまとめた。 추억의 사진을 앨범에 정리했다.

彼は人のデザインを写したらしい。 그는 다른 사람의 디자인을 베낀 것 같다.

0262 N4 □□□

真

참 **진** (眞)

음 しん　真実 진실　真剣 진검, 진짜 칼, 진지　真相 진상　*写真 사진

훈 ま　*真ん中 한가운데　真っ白だ 새하얗다　*真面目だ 진지하다, 성실하다

　真夏 한여름

子供達は真剣な表情で先生の話を聞いていた。
아이들은 진지한 표정으로 선생님의 이야기를 듣고 있었다.

まるで真夏のような暑さだ。 마치 한여름과 같은 더위이다.

速

빠를 속 (速)

음	そく	速度 속도　*時速 시속　減速 감속　*早速 즉시
훈	はや(い)	*速い (속도가) 빠르다　速さ 속도, 빠르기
	はや(まる)	速まる (시일 등이) 빨라지다
	はや(める)	速める (기일 등을) 앞당기다, 빠르게 하다
	すみ(やか)	速やかだ 신속하다, 빠르다

雨の時は減速しないといけない。 비가 올 때는 감속하지 않으면 안 된다.

車が風のような速さで通り過ぎた。 차가 바람과 같은 속도로 지나갔다.

度

법도 도

음	ど	*今度 이번, 이다음　*制度 제도　*一度 한 번, 일단, (부사적으로) 한번
		態度 태도
	と	法度 법령, 금령, 금지 사항
	たく	支度 준비, 채비
훈	たび	度 때, 번　*この度 이번, 금번　度々 여러 번, 자주

もっと柔軟な態度を取った方がいいと思う。
좀 더 유연한 태도를 취하는 편이 좋다고 생각한다.

この度はお問い合わせいただき、誠にありがとうございます。
이번에는 문의해 주셔서 진심으로 감사합니다.

君

임금 군

| 음 | くん | 君主 군주　主君 주군　諸君 제군, 여러분 |
| 훈 | きみ | *君 너, 그대, 자네 |

「君主論」という本を読んだことがある。 '군주론'이라는 책을 읽은 적이 있다.

いつも君のそばにいるから心配しないで。 항상 네 곁에 있을 테니까 걱정하지 마.

主

임금[주인] 주

음	しゅ	*主張 주장　主婦 주부　*主人 남편, 주인　主役 주역
	す	坊主 주지, 승려　三日坊主 작심삼일
훈	ぬし	主 주인, 임자　家主 집주인　持ち主 소유자, 소유주　株主 주주
	おも	主に 주로　主な 주된

彼はいつも自分の考えを強く主張する。 그는 항상 자신의 생각을 강하게 주장한다.

会議の主な内容をまとめてみた。 회의의 주된 내용을 정리해 봤다.

0267 N4 □□□

住
살 주

음 じゅう   *住所 주소   *住宅 주택   住居 주거   衣食住 의식주

훈 す(む)   *住む 살다, 거주하다

す(まう)   住まう 계속 살다, 거주하다   住まい 생활, 살이, 주거, 집

引っ越したので、住所が変わりました。 이사해서 주소가 바뀌었습니다.

子供の時は、港町に住んでいた。 어렸을 때는 항구 도시에 살았었다.

0268 N4 □□□

注
부을 주

음 ちゅう   *注文 주문   *注意 주의, 조심   注入 주입   注射 주사   注目 주목

훈 そそ(ぐ)/つ(ぐ)   注ぐ 붓다, 따르다, 쏟다   注ぐ 붓다, 따르다

ご注文お決まりでしたら、お呼びください。 주문 결정되시면 불러 주세요.

日本では、グラスにお酒が残っていても注ぐ。 일본에서는 잔에 술이 남아 있어도 따른다.

0269 N2 □□□

柱
기둥 주

음 ちゅう   *電柱 전주, 전신주, 전봇대   鉄柱 쇠기둥   円柱 원주, 원기둥, 둥근 기둥

훈 はしら   柱 기둥   電信柱 전신주, 전주, 전봇대   帆柱 돛대

大黒柱 (집채의) 가장 큰 기둥, (집안·단체·나라 등의) 큰 기둥, 대들보

台風で電柱が倒れた。 태풍으로 전신주가 쓰러졌다.

柱がしっかりしている家は、地震に強い。 기둥이 튼튼한 집은 지진에 강하다.

0270 N2 □□□

陽
볕 양

음 よう   太陽 태양, 해   *陽気 계절, 날씨, 양기, 쾌활함

夕陽 석양 (「ゆうひ」라고도 읽음)

훈 ―

水平線の上に太陽が昇っている。 수평선 위로 해가 떠오르고 있다.

今日は春らしい陽気で、気持ちがいい。 오늘은 봄다운 날씨라 기분이 좋다.

0271 N2 □□□

湯
끓일 탕

음 とう   熱湯 열탕   銭湯 대중 목욕탕

훈 ゆ   お湯 뜨거운 물, 데운 목욕물   湯気 김, 수증기   湯船 욕조   湯飲み 찻잔

銭湯では、体を洗ってから湯船に入るのがマナーです。
대중 목욕탕에서는 몸을 씻고 나서 욕조에 들어가는 것이 매너입니다.

温泉のお湯がちょうどいい温度でした。 온천 물이 딱 좋은 온도였습니다.

温
따뜻할 **온** (溫)

음 おん
*気**温** 기온 ***温**泉 온천 ***温**暖 온난 体**温** 체온

훈 あたた(か)/あたた(かい)
温かだ 따뜻하다 **温**かい 따뜻하다

あたた(まる)/あたた(める)
***温**まる 따뜻해지다 ***温**める 따뜻하게 하다, 데우다

温暖な気候のため、植物がよく育ちます。 온난한 기후 때문에 식물이 잘 자랍니다.

スープを**温**めましょうか。 국을 데울까요?

氷
얼음 **빙**

음 ひょう
氷山 빙산 **氷**河 빙하 **氷**点 빙점

훈 こおり
***氷** 얼음 かき**氷** 빙수

ひ
氷雨 우박, 진눈깨비

この問題は**氷**山の一角にすぎない。 이 문제는 빙산의 일각에 지나지 않는다.

コップに**氷**を入れてお茶を冷やした。 컵에 얼음을 넣어서 차를 차갑게 했다.

泳
헤엄칠 **영**

음 えい
*水**泳** 수영 背**泳** 배영 遊**泳** 유영, 헤엄침, 처세

훈 およ(ぐ)
***泳**ぐ 헤엄치다, 수영하다 平**泳**ぎ 평영

高校生の時は、水**泳**選手として活躍した。 고등학생 때는 수영 선수로서 활약했다.

泳ぐ前には、必ず準備運動をしましょう。 수영하기 전에는 반드시 준비 운동을 합시다.

연습문제

다음 한자의 발음과 뜻을 써 보세요.

01 決まる [　]まる ______	21 真面目だ [　]じめだ ______
02 残業 ざん[　] ______	22 注意 [　]い ______
03 取り消す とり[　]す ______	23 映画館 えいが[　] ______
04 持ち主 もち[　] ______	24 世紀 [　]き ______
05 真実 [　]じつ ______	25 太陽 たい[　] ______
06 相談 [　]だん ______	26 感想 かん[　] ______
07 感覚 [　]かく ______	27 氷河 [　]が ______
08 開ける [　]ける ______	28 諸君 しょ[　] ______
09 水泳 すい[　] ______	29 部品 [　]ひん ______
10 住宅 [　]たく ______	30 湯気 [　]げ ______
11 決定 けっ[　] ______	31 制度 せい[　] ______
12 速さ [　]さ ______	32 観客 かん[　] ______
13 業界 ぎょう[　] ______	33 見送り み[　]り ______
14 乗り換え [　]りかえ ______	34 時速 じ[　] ______
15 電柱 でん[　] ______	35 旅立つ [　]だつ ______
16 変化 へん[　] ______	36 会談 かい[　] ______
17 消費 [　]ひ ______	37 安全 あん[　] ______
18 首相 しゅ[　] ______	38 写る [　]る ______
19 温まる [　]まる ______	39 開放 かい[　] ______
20 乗せる [　]せる ______	40 支度 し[　] ______

정답

01 きまる 정해지다, 결정되다　02 ざんぎょう 잔업　03 とりけす 취소하다　04 もちぬし 소유자, 소유주　05 しんじつ 진실　06 そうだん 상담, 상의, 의논
07 かんかく 감각　08 あける 열다　09 すいえい 수영　10 じゅうたく 주택　11 けってい 결정　12 はやさ 속도, 빠르기　13 ぎょうかい 업계
14 のりかえ 갈아탐, 환승　15 でんちゅう 전주, 전신주, 전봇대　16 へんか 변화　17 しょうひ 소비　18 しゅしょう 수상, 총리　19 あたたまる 따뜻해지다
20 のせる 태우다, 싣다　21 まじめだ 진지하다, 성실하다　22 ちゅうい 주의, 조심　23 えいがかん 영화관　24 せいき 세기　25 たいよう 태양, 해
26 かんそう 감상　27 ひょうが 빙하　28 しょくん 제군, 여러분　29 ぶひん 부품　30 ゆげ 김, 수증기　31 せいど 제도　32 かんきゃく 관객
33 みおくり 배웅, 보류　34 じそく 시속　35 たびだつ 여행을 떠나다, 새출발하다　36 かいだん 회담　37 あんぜん 안전　38 うつる (사진에) 찍히다
39 かいほう 개방　40 したく 준비, 채비

275 運	276 動	277 練	278 習	279 意	280 味	281 薬	282 局
옮길 운	움직일 동	익힐 련	익힐 습	뜻 의	맛 미	약 약	판 국
음 うん	음 どう	음 れん	음 しゅう	음 い	음 み	음 やく	음 きょく
훈 はこ(ぶ)	훈 うご(く)	훈 ね(る)	훈 なら(う)	훈 ―	훈 あじ	훈 くすり	훈 ―

283 転	284 向	285 宿	286 題	287 急	288 流	289 飲	290 酒
구를 전	향할 향	잘 숙	제목 제	급할 급	흐를 류	마실 음	술 주
음 てん	음 こう	음 しゅく	음 だい	음 きゅう	음 りゅう	음 いん	음 しゅ
훈 ころ(ぶ)	훈 む(く)	훈 やど	훈 ―	훈 いそ(ぐ)	훈 なが(れる)	훈 の(む)	훈 さけ

291 表	292 面	293 使	294 命	295 発	296 皿	297 血	298 着
겉 표	낯 면	부릴 사	목숨 명	필 발	그릇 명	피 혈	붙을 착
음 ひょう	음 めん	음 し	음 めい	음 はつ	음 ―	음 けつ	음 ちゃく
훈 あらわ(れる)	훈 おも	훈 つか(う)	훈 いのち	훈 ―	훈 さら	훈 ち	훈 き(る)

299 羊	300 洋	301 豆	302 登	303 由	304 油	305 申	306 神
양 양	큰바다 양	콩 두	오를 등	말미암을 유	기름 유	납 신	신 신
음 よう	음 よう	음 とう	음 とう	음 ゆう	음 ゆ	음 しん	음 しん
훈 ひつじ	훈 ―	훈 まめ	훈 のぼ(る)	훈 よし	훈 あぶら	훈 もう(す)	훈 かみ

307 坂	308 板
고개 판	널 판
음 はん	음 ばん
훈 さか	훈 いた

0275 N4 □□□

運

옮길 운 (運)

- **음** うん　　*運動 운동　*運転 운전　*運命 운명　運休 운휴, 운전[운항]을 쉼
- **훈** はこ(ぶ)　　*運ぶ 옮기다, 나르다

健康を保つためには適度の運動が必要だ。
건강을 유지하기 위해서는 적당한 운동이 필요하다.

この箱は重すぎて、一人では運べない。 이 상자는 너무 무거워서 혼자서는 옮길 수 없다.

0276 N4 □□□

動

움직일 동

- **음** どう　　行動 행동　動物 동물　活動 활동　動作 동작
- **훈** うご(く)/うご(かす)　　*動く 움직이다, 작동하다　*動き 움직임　動かす 움직이게 하다

自然破壊を防ぐための活動をしている。 자연 파괴를 막기 위한 활동을 하고 있다.

道路上で突然車が動かなくなった。 도로 위에서 갑자기 차가 움직이지 않게 되었다.

0277 N2 □□□

練

익힐 련[연] (練)

- **음** れん　　*練習 연습　*訓練 훈련　試練 시련　未練 미련
- **훈** ね(る)　　*練る 반죽하다, (시문 등을) 다듬다, (수양을) 쌓다

毎日練習した結果、一人で泳げるようになった。
매일 연습한 결과, 혼자서 수영할 수 있게 되었다.

ドーナツを作るために、小麦粉を練った。 도넛을 만들기 위해서 밀가루를 반죽했다.

0278 N4 □□□

習

익힐 습 (習)

- **음** しゅう　　*習慣 습관, 관습, 풍습　学習 학습　*予習 예습　*復習 복습　習得 습득
- **훈** なら(う)　　*習う 배우다, 익히다　見習う 본받다, 보고 배우다
  　　習い事 (무용·다도 등을 스승으로부터) 배우는 일

習慣が変われば、人生が変わる。 습관이 바뀌면 인생이 바뀐다.

彼女の腰の低さを見習いなさい。 그녀의 겸손함을 본받으세요.

0279 N4 □□□

意

뜻 의

- **음** い　　*意見 의견　*注意 주의, 조심　用意 용의, 준비, 채비, 대비
  　　意外 의외, 뜻밖, 예상외
- **훈** ―

みんなの意見が違ってなかなかまとまらない。
모두의 의견이 달라서 좀처럼 하나로 모아지지 않는다.

フロントデスクで傘を用意しています。 프런트 데스크에서 우산을 준비하고 있습니다.

味 맛 미

- 음 み ─ *趣味 취미 *意味 의미 *興味 흥미 味覚 미각 地味だ 수수하다
- 훈 あじ ─ *味 맛 味見 맛을 봄 塩味 짠맛
- あじ(わう) ─ 味わう 맛보다, 음미하다 味わい 맛, 정취, 멋

このマークは何を意味していますか。 이 마크는 무엇을 의미하고 있습니까?

辛い味が好きな人にはピッタリの料理です。
매운 맛을 좋아하는 사람에게는 딱 맞는 요리입니다.

薬 약 약 (藥)

- 음 やく ─ 薬品 약품 *薬局 약국 *医薬品 의약품 薬剤師 약제사, 약사
- 훈 くすり ─ *薬 약 粉薬 가루약 胃薬 위약

薬品の保管には十分な注意が必要だ。 약품 보관에는 충분한 주의가 필요하다.

この薬は食後に服用してください。 이 약은 식후에 복용해 주세요.

局 판 국

- 음 きょく ─ *結局 결국 事務局 사무국 局地的 국지적 放送局 방송국
- 훈 ─

結局雪でイベントは延期された。 결국 눈 때문에 이벤트는 연기되었다.

局地的に大雨が降っている。 국지적으로 큰비가 내리고 있다.

転 구를 전 (轉)

- 음 てん ─ *運転 운전 回転 회전 転校 전교, 전학 移転 이전 転勤 전근
- 훈 ころ(ぶ) ─ *転ぶ 넘어지다, 구르다
- ころ(がる) ─ 転がる 구르다, 넘어지다
- ころ(げる) ─ 転げる 구르다, 넘어지다
- ころ(がす) ─ 転がす 굴리다, 넘어뜨리다

父の転勤で仙台の学校に転校することになった。
아버지의 전근으로 센다이에 있는 학교로 전학하게 되었다.

後ろから誰かに押されて、階段で転んで怪我をしてしまった。
뒤에서 누군가에게 떠밀려서 계단에서 굴러 부상을 입고 말았다.

0284 N3 □□□

向

향할 **향**

| 음 | こう | *向上 향상　*方向 방향　*傾向 경향　意向 의향 |

훈	む(く)	向く 향하다, (얼굴을) 돌리다, 보다
		前向き 앞을 향함, (사고나 행동이) 적극적, 진취적, 긍정적
		向き 방향, 적합함, 알맞음, 경향
	む(ける)	向ける 향하다, 향하게 하다
	む(かう)	*向かう 향하다, 향해 가다　向かい 마주 봄, 맞은편
	む(こう)	向こう 맞은편, 건너편, 저쪽, 상대편

品質の向上を図らないと、ますます客離れが進むだろう。
품질 향상을 도모하지 않으면 더욱더 고객 이탈이 진행될 것이다.

子供達はカメラに向かってポーズを取っている。
아이들은 카메라를 향해서 포즈를 취하고 있다.

0285 N3 □□□

宿

잘[묵을] **숙**

| 음 | しゅく | *宿題 숙제　*宿泊 숙박　*下宿 하숙　合宿 합숙 |

훈	やど	宿 숙소, 거처
	やど(る)	*宿る 머무르다, 묵다, 깃들다　雨宿り 비를 피함
	やど(す)	宿す 잉태하다, 품다

田舎の温泉旅館に宿泊する予定です。 시골의 온천 여관에 숙박할 예정입니다.

この作品には時代の精神が宿っている。 이 작품에는 시대 정신이 깃들어 있다.

0286 N4 □□□

題

제목 **제**

| 음 | だい | *問題 문제　*話題 화제　課題 과제　出題 출제 |

| 훈 | — | |

これは、最近SNSで話題になっている動画です。
이것은 최근 SNS에서 화제가 되고 있는 동영상입니다.

日本の工業は今、大きな課題に直面しています。
일본의 공업은 지금 큰 과제에 직면해 있습니다.

0287 N4 □□□

急

급할 **급** (急)

| 음 | きゅう | *急行 급행　急用 급용, 급한 용무　*特急 특급　急に 갑자기 |

| 훈 | いそ(ぐ) | 急ぐ 서두르다　取り急ぎ 우선, 급한 대로 |

特急電車に乗れば、会議に間に合うと思います。
특급전철을 타면 회의 시간에 맞출 수 있을 것이라고 생각합니다.

ご注文の商品は急いで手配いたします。 주문하신 상품은 서둘러서 준비하겠습니다.

流 흐를 류[유]

- 음 りゅう — *流行 유행　*交流 교류　*合流 합류　急流 급류
- る — 流布 유포　流浪 유랑
- 훈 なが(れる) — *流れる 흐르다, 흘러가다, 흘러나오다　流れ星 유성, 별똥별
- なが(す) — *流す 흘리다, 흐르게 하다
- 예외 流行る 유행하다

SNSを使えば、世界中の人と交流できる。
SNS를 사용하면 전 세계 사람과 교류할 수 있다.

私の家の後ろには川が流れています。 우리 집 뒤로는 강이 흐르고 있습니다.

飲 마실 음 (飮)

- 음 いん — 飲酒 음주　飲食 음식　飲料水 음료수
- 훈 の(む) — *飲む 마시다　*飲み物 마실 것, 음료　飲み会 술자리, 회식

未成年の飲酒は法律で禁止されている。 미성년의 음주는 법률로 금지되어 있다.

寝る前にお湯を一杯飲みます。 자기 전에 따뜻한 물을 한 잔 마십니다.

酒 술 주

- 음 しゅ — 禁酒 금주　飲酒 음주　日本酒 니혼슈(일본 술), 청주
- 훈 さけ/さか — *酒 술　酒屋 주류 판매점　*居酒屋 선술집　酒場 술집, 바

彼の若さの秘訣は、運動と禁酒・禁煙だそうだ。
그의 젊음의 비결은 운동과 금주・금연이라고 한다.

一滴でもお酒を飲んだら、運転はしてはいけない。
한 방울이라도 술을 마시면 운전은 해서는 안 된다.

表 겉 표

- 음 ひょう — *表面 표면　表情 표정　代表 대표　*発表 발표
- 훈 あらわ(れる) — 表れる 나타나다
- あらわ(す) — *表す 나타내다, 표현하다
- おもて — 表 겉, (건물의) 앞

それでは、私から発表させていただきます。 그럼, 저부터 발표하겠습니다.

私は自分の考えを言葉で表すことが苦手だ。
나는 내 생각을 말로 표현하는 것을 잘 못한다.

Day 08 · 3학년 한자(2) 34자

0292 N3 □□□

낯 면

음 めん
*面接 면접　方面 방면　正面 정면　場面 장면　面倒だ 귀찮다, 성가시다

훈 おも / おもて
*面白い 재미있다　面 얼굴

つら
面 (속어) 얼굴, 낯짝　横っ面 따귀, 귀싸대기, 측면, 옆쪽
泣き面 우는 얼굴, 울상

明日、会社の面接を受ける予定です。 내일 회사 면접을 볼 예정입니다.

林さんは、ユーモアがあって面白い。 하야시 씨는 유머가 있어서 재미있다.

0293 N4 □□□

부릴 사

음 し
*使用 사용　使役 사역　大使館 대사관　天使 천사

훈 つか(う)
*使う 쓰다, 사용하다　使い道 사용법, 용도

赤ちゃんは天使のように笑っていた。 아기는 천사처럼 웃고 있었다.

このはさみはよく切れて使いやすい。 이 가위는 잘 잘려서 쓰기 편하다.

0294 N3 □□□

목숨 명

음 めい
生命 생명, 목숨　*命令 명령　*運命 운명　使命 사명

みょう
寿命 수명

훈 いのち
命 목숨, 생명　命がけ 목숨을 걺, 필사적임

彼女の命令のような言い方に腹が立った。 그녀의 명령 같은 말투에 화가 났다.

彼は命がけで人を助けた。 그는 목숨을 걸고 사람을 구했다.

0295 N4 □□□

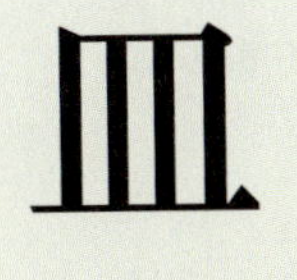
필 발 (發)

음 はつ
発明 발명　*出発 출발　反発 반발　発音 발음　発見 발견

ほつ
発作 발작　発端 발단　発足 발족

훈 —

そろそろ出発した方がいいかも知れませんね。
이제 슬슬 출발하는 편이 좋을지도 모르겠네요.

新しいプロジェクトチームが今月発足した。 새로운 프로젝트 팀이 이번 달에 발족했다.

0296 N3 □□□

그릇 명

음 —

훈 さら
*皿 접시　小皿 작은 접시　取り皿 앞접시　皿洗い 설거지

取り皿に少しずつ取り分けて食べてください。 앞접시에 조금씩 덜어서 드세요.

子供にも皿洗いを手伝わせています。 아이에게도 설거지를 돕게 하고 있습니다.

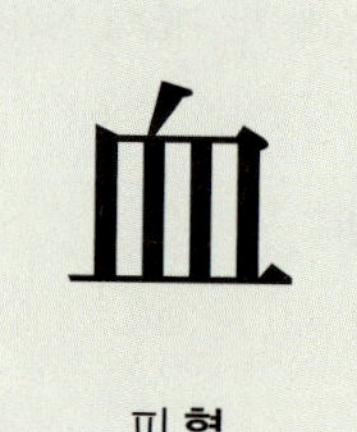

血
피 혈

음 けつ

*血圧 혈압 *血液 혈액 *血液型 혈액형 出血 출혈

훈 ち

血 피 鼻血 코피

朝は血圧が低くて、なかなか起きられません。
아침에는 혈압이 낮아서 좀처럼 못 일어납니다.

働きすぎて、鼻血が出てしまった。 과로해서 코피가 나고 말았다.

着
붙을 착

음 ちゃく

*到着 도착 着用 착용 着陸 착륙 *愛着 애착

試着 시착, (옷이 맞는지) 입어 봄

じゃく

無頓着 무관심, 무심함(「むとんちゃく」라고도 읽음)

훈 き(る)

*着る (옷 등을) 입다 *上着 겉옷 下着 속옷

着物 기모노(일본 전통 의상)

き(せる)

着せる (옷을) 입히다

つ(く)

着く 도착하다, 닿다

つ(ける)

着ける 대다, 갖다 붙이다

当機は間もなく羽田空港に着陸いたします。
본 항공기는 잠시 후 하네다 공항에 착륙하겠습니다.

新幹線が遅れて、予定より遅く着いた。 신칸센이 늦어져서 예정보다 늦게 도착했다.

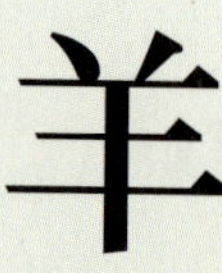

羊
양 양

음 よう

羊毛 양모, 양털 羊肉 양고기 牧羊 목양, 양을 침

훈 ひつじ

羊 양 羊の毛 양털 羊飼い 양치기 羊年 양띠

オーストラリアは羊毛の生産で有名です。 호주는 양모 생산으로 유명합니다.

羊の毛で作った服は陰干ししなければならない。 양털로 만든 옷은 그늘에 말려야 한다.

洋
큰바다 양

음 よう

大平洋 태평양 東洋 동양 海洋 해양 西洋式 서양식

훈 ―

ハワイは大平洋の真ん中に位置する。 하와이는 태평양 한가운데에 위치한다.

娘は大学で海洋生物の研究をしている。 딸은 대학에서 해양 생물을 연구하고 있다.

Day 08

3학년 한자(2) 34자

0301 N1 □□□

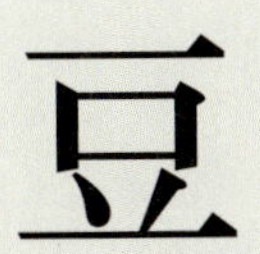

豆 — 콩 두

- **음** とう — 豆腐 두부　豆乳 두유　納豆 낫토
- **ず** — 大豆 대두, 콩
- **훈** まめ — ＊豆 콩　豆粒 콩알　枝豆 (가지째로 꺾은) 풋콩, 삶은 풋콩　黒豆 검정콩, 흑태

このハンバーガーのパティは肉の代わりに豆腐を使った。
이 햄버거 패티는 고기 대신에 두부를 사용했다.

黒豆は体にいいそうだ。 검정콩은 몸에 좋다고 한다.

0302 N3 □□□

登 — 오를 등

- **음** とう — 登場 등장　＊登録 등록　登校 등교
- **と** — ＊登山 등산
- **훈** のぼ(る) — 登る (높은 곳에) 오르다　山登り 등산

AIの登場で働き方が大きく変わった。 AI의 등장으로 일하는 방식이 크게 변했다.

僕は登山が好きで、毎週山に登っている。
나는 등산을 좋아해서 매주 산에 오르고 있다.

0303 N3 □□□

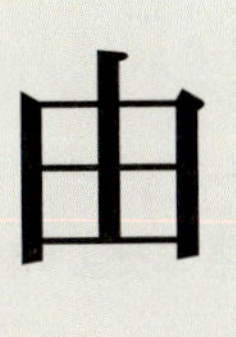

由 — 말미암을 유

- **음** ゆう — ＊理由 이유　＊自由 자유　不自由 부자유, (신체가) 불편함
- **ゆ** — 由来 유래　＊経由 경유
- **ゆい** — ＊由緒 유서, 유래, (훌륭한) 내력
- **훈** よし — 由 유래, 연유, 사정, 까닭, 방법, 수

「東京」の名前の由来は、「東の都」という意味だ。
'도쿄'의 이름의 유래는 '동쪽의 수도'라는 의미이다.

未来がどうなるか、私には知る由もない。 미래가 어떻게 될지 나로서는 알 방법이 없다.

0304 N3 □□□

油 — 기름 유

- **음** ゆ — ＊石油 석유　油田 유전　＊油断 방심
- **훈** あぶら — ＊油 기름　油気 기름기　＊油絵 유화

試合が終わるまで、油断してはいけない。 시합이 끝날 때까지 방심하면 안 된다.

ダイエットのために、できるだけ油を使わないレシピで料理する。
다이어트를 위해 되도록 기름을 쓰지 않는 레시피로 요리한다.

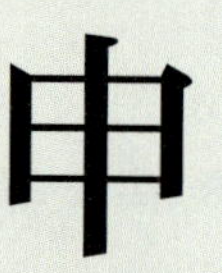

음	しん	申告 신고　申請 신청
훈	もう(す)	*申す 말씀드리다, 말하다(겸양어)　*申し込む 신청하다
		申し上げる 말씀드리다(겸양어)

납[거듭] 신

ビザを申請するために、必要な書類を準備した。
비자를 신청하기 위해서 필요한 서류를 준비했다.

日本語能力試験(JLPT)は国籍を問わず申し込むことができる。
일본어 능력시험(JLPT)은 국적을 불문하고 신청할 수 있다.

음	しん	神経 신경　神父 (종교) 신부　精神 정신　神話 신화
	じん	神社 신사　神宮 신궁
훈	かみ	神 신　神様 신(「神」(신)의 높임말)
	かん	神主 (신사의) 신관
	こう	神々しい 성스럽다

신 신 (神)

健全な精神は、健全な肉体に宿る。 건전한 정신은 건전한 육체에 깃든다.

日本では、山など自然を神として祭る神社が多い。
일본에서는 산 등 자연을 신으로 모시는 신사가 많다.

음	はん	急坂 급경사의 고개　登坂 (차량이) 비탈길을 오름　坂路 고갯길, 비탈길
훈	さか	坂 고개, 비탈(길)　坂道 비탈길, 언덕길　上り坂 오르막, 상승 기세
		下り坂 내리막, 사양길

고개 판

この急坂を登るのはかなりきつい。 이 급경사의 고갯길을 오르는 것은 상당히 힘들다.

この先、100メートルほど坂道が続く。 앞으로 100m 정도 비탈길이 이어진다.

음	ばん	*看板 간판　*掲示板 게시판　黒板 칠판
	はん	鉄板 철판
훈	いた	板 판자, 널빤지　まな板 도마　板前 (요릿집의) 요리사, 숙수

널 판

お知らせは掲示板に貼ってある。 공지는 게시판에 붙어 있다.

板前が寿司を握っている。 요리사가 초밥을 만들고 있다.

연습문제

다음 한자의 발음과 뜻을 써 보세요.

01	意外 ___がい	___________	21	正面 しょう___	___________
02	急に ___に	___________	22	発音 ___おん	___________
03	味わう ___わう	___________	23	石油 せき___	___________
04	運転 ___てん	___________	24	看板 かん___	___________
05	習う ___う	___________	25	東洋 とう___	___________
06	下宿 げ___	___________	26	医薬品 い___ひん	___________
07	神経 ___けい	___________	27	禁酒 きん___	___________
08	事務局 じむ___	___________	28	使い道 ___いみち	___________
09	飲み会 ___みかい	___________	29	小皿 こ___	___________
10	血液 ___えき	___________	30	流行る ___る	___________
11	訓練 くん___	___________	31	不自由 ふじ___	___________
12	上着 うわ___	___________	32	転がる ___がる	___________
13	申す ___す	___________	33	登録 ___ろく	___________
14	動かす ___かす	___________	34	発表 はっ___	___________
15	大豆 だい___	___________	35	上り坂 のぼり___	___________
16	傾向 けい___	___________	36	運休 ___きゅう	___________
17	居酒屋 い___や	___________	37	向こう ___こう	___________
18	寿命 じゅ___	___________	38	命 ___	___________
19	羊年 ___どし	___________	39	宿 ___	___________
20	課題 か___	___________	40	復習 ふく___	___________

정답

01 いがい 의외, 뜻밖, 예상외 02 きゅうに 갑자기 03 あじわう 맛보다, 음미하다 04 うんてん 운전 05 ならう 배우다, 익히다 06 げしゅく 하숙
07 しんけい 신경 08 じむきょく 사무국 09 のみかい 술자리, 회식 10 けつえき 혈액 11 くんれん 훈련 12 うわぎ 겉옷
13 もうす 말씀드리다, 말하다(겸양어) 14 うごかす 움직이게 하다 15 だいず 대두, 콩 16 けいこう 경향 17 いざかや 선술집 18 じゅみょう 수명
19 ひつじどし 양띠 20 かだい 과제 21 しょうめん 정면 22 はつおん 발음 23 せきゆ 석유 24 かんばん 간판 25 とうよう 동양
26 いやくひん 의약품 27 きんしゅ 금주 28 つかいみち 사용법, 용도 29 こざら 작은 접시 30 はやる 유행하다 31 ふじゆう 부자유, (신체가) 불편함
32 ころがる 구르다, 넘어지다 33 とうろく 등록 34 はっぴょう 발표 35 のぼりざか 오르막, 상승 기세 36 うんきゅう 운휴, 운전[운항]을 쉼
37 むこう 맞은편, 건너편, 저쪽, 상대편 38 いのち 목숨, 생명 39 やど 숙소, 거처 40 ふくしゅう 복습

309 反	310 対	311 進	312 級	313 短	314 期	315 列	316 島
돌이킬 **반**	대할 **대**	나아갈 **진**	등급 **급**	짧을 **단**	기약할 **기**	벌릴 **렬**	섬 **도**
음 はん	음 たい	음 しん	음 きゅう	음 たん	음 き	음 れつ	음 とう
훈 そ(る)	훈 ―	훈 すす(む)	훈 ―	훈 みじか(い)	훈 ―	훈 ―	훈 しま

317 平	318 等	319 植	320 物	321 研	322 究	323 幸	324 福
평평할 **평**	등급 **등**	심을 **식**	물건 **물**	갈 **연**	연구할 **구**	다행 **행**	복 **복**
음 へい	음 とう	음 しょく	음 ぶつ	음 けん	음 きゅう	음 こう	음 ふく
훈 たい(ら)	훈 ひと(しい)	훈 う(える)	훈 もの	훈 と(ぐ)	훈 きわ(める)	훈 しあわ(せ)	훈 ―

325 勝	326 負	327 始	328 終	329 曲	330 去	331 苦	332 区
이길 **승**	질 **부**	비로소 **시**	마칠 **종**	굽을 **곡**	갈 **거**	쓸 **고**	구분할 **구**
음 しょう	음 ふ	음 し	음 しゅう	음 きょく	음 きょ	음 く	음 く
훈 か(つ)	훈 ま(ける)	훈 はじ(まる)	훈 お(わる)	훈 ま(がる)	훈 さ(る)	훈 くる(しい)	훈 ―

333 起	334 都	335 両	336 緑	337 勉	338 問	339 美	340 返
일어날 **기**	도읍 **도**	두 **량**	초록빛 **록**	힘쓸 **면**	물을 **문**	아름다울 **미**	돌이킬 **반**
음 き	음 と	음 りょう	음 りょく	음 べん	음 もん	음 び	음 へん
훈 お(きる)	훈 みやこ	훈 ―	훈 みどり	훈 ―	훈 と(う)	훈 うつく(しい)	훈 かえ(る)

341 倍
곱 **배**
음 ばい
훈 ―

0309 N3 □□□

反
돌이킬 반

- 음 はん   ＊反対 반대   ＊違反 위반   反応 반응   反省 반성   反映 반영
- ほん/たん   謀反 모반, 반역   反物 옷감, 포목
- 훈 そ(る)/そ(らす)   反る 휘다, 젖혀지다   反らす (뒤로) 젖히다, 휘게 하다

私はカフェインに敏感に反応する。 나는 카페인에 민감하게 반응한다.

背中を後ろに反らすストレッチをした。 등을 뒤로 젖히는 스트레칭을 했다.

0310 N3 □□□

対
대할 대 (對)

- 음 たい   対応 대응   ＊絶対 절대   対象 대상   対立 대립
- つい   〜対 〜쌍, 〜벌   一対 한 쌍, 한 벌
- 훈 —

トラブル発生時には、冷静に対応することが大事だ。
문제가 발생했을 때는 침착하게 대응하는 것이 중요하다.

この調査は12歳から19歳までの人を対象に行われた。
이 조사는 12세에서 19세까지의 사람을 대상으로 실시되었다.

0311 N3 □□□

進
나아갈 진 (進)

- 음 しん   進学 진학   ＊進歩 진보   進化 진화   昇進 승진
- 훈 すす(む)   進む 진행되다, 나아가다
- すす(める)   進める 진행하다, 나아가게 하다

進学のことでご相談したいのですが。 진학 문제로 상담드리고 싶은데요.

中小ビルの空室化が進んでいる。 중소 빌딩의 공실화가 진행되고 있다.

0312 N2 □□□

級
등급 급

- 음 きゅう   ＊同級生 동급생   初級 초급   中級 중급   高級 고급   進級 진급
- 훈 —

昨日道で、高校時代の同級生にばったり会った。
어제 길에서 고등학교 시절의 동급생을 딱 만났다.

英会話の初級クラスを受講している。 영어 회화의 초급반을 수강하고 있다.

0313 N3 □□□

短
짧을 단

- 음 たん   短期 단기   ＊短気 성미가 급함   短縮 단축   短所 단점
- 훈 みじか(い)   ＊短い 짧다, 성급하다

彼は短気なので、ちょっとしたことでも怒り出す。
그는 성미가 급해서 사소한 일에도 화를 낸다.

気が短いのが、私の短所です。 성급한 것이 저의 단점입니다.

期 기약할 기

- 음　き　*期待 기대　期間 기간　時期 시기　*延期 연기
- 　　ご　最期 최후, 명이 다하는 때, 임종
- 훈　—

両親は私に大きな期待をかけている。 부모님은 나에게 큰 기대를 걸고 있다.
自宅で安らかな最期を迎えたい。 집에서 평온한 임종을 맞이하고 싶다.

列 벌릴 렬[열]

- 음　れつ　*列車 열차　列島 열도　*行列 행렬　整列 정렬
- 훈　—

朝の通勤列車はとても混雑している。 아침 통근 열차는 매우 혼잡하다.
祭りの行列が旗を振りながら行進している。 축제 행렬이 깃발을 흔들면서 행진하고 있다.

島 섬 도

- 음　とう　列島 열도　半島 반도　無人島 무인도　諸島 제도, 여러 섬
- 훈　しま　*島 섬　島国 섬나라

日本は多くの島から成る列島だ。 일본은 많은 섬으로 이루어진 열도이다.
韓国には済州島という観光地で有名な島がある。
한국에는 제주도라는 관광지로 유명한 섬이 있다.

平 평평할 평 (平)

- 음　へい　*平日 평일　*平均 평균　平和 평화　公平 공평
- 　　びょう　*平等 평등
- 훈　たい(ら)　平らだ 평평하다, 고르다　平らげる 평정하다, 다 먹어 치우다
- 　　ひら　平たい 평평하다　平社員 평사원　平泳ぎ 평영

平日なら予約なしでも入れます。 평일이라면 예약 없이도 들어갈 수 있습니다.
彼は入社3年目に平社員から課長に昇進した。
그는 입사 3년차에 평사원에서 과장으로 승진했다.

等 등급 등

- 음　とう　*同等 동등　*平等 평등　等級 등급　対等 대등
- 훈　ひと(しい)　等しい 같다, 동일하다, 다름없다

すべての国民は、法の下に平等である。 모든 국민은 법 앞에 평등하다.
背丈が等しい子供二人が歩いている。 키가 같은 아이 두 명이 걷고 있다.

0319 N2 □□□

植

심을 **식**

음 しょく ＊植物 식물　移植 이식　植民地 식민지

훈 う(える) ＊植える 심다　植木 정원수, 분재　田植え 모내기

う(わる) 植わる 심어지다

毎日植物に水をやるのが日課です。 매일 식물에 물을 주는 것이 일과입니다.

庭に桜の木が植えてある。 정원에 벚나무가 심어져 있다.

0320 N4 □□□

物

물건 **물**

음 ぶつ ＊動物 동물　人物 인물　＊物価 물가　物理 물리

もつ 食物 음식, 식품　荷物 짐, 화물　＊禁物 금물

훈 もの 物 (어떤 형태를 갖춘) 것, 물건　本物 진품　偽物 가짜, 위조품

品物 물건, 물품, 상품　食べ物 음식, 먹을 것　建物 건물

この物語の主人公はどんな人物ですか。 이 이야기의 주인공은 어떤 인물입니까?

このバッグは本物に見えるけど、偽物です。 이 가방은 진품으로 보이지만 가짜입니다.

0321 N4 □□□

研

갈 **연** (研)

음 けん ＊研修 연수　＊研究 연구　研磨 연마

훈 と(ぐ) 研ぐ (칼 등을) 갈다, (닦아서) 윤을 내다

新入社員はまず1か月の研修を受けます。 신입사원은 먼저 한 달간의 연수를 받습니다.

ナイフを研いだら、切れ味がよくなった。 칼을 갈았더니 잘 들게 되었다.

0322 N4 □□□

究

연구할 **구**

음 きゅう ＊研究 연구　＊究明 규명　探究 탐구　究極 궁극

훈 きわ(める) 究める 깊이 연구하다, 끝까지 밝히다

企業の究極の目的は、「利益」を追求することだ。
기업의 궁극의 목적은 '이익'을 추구하는 것이다.

彼女は料理を究めて、有名なシェフになった。
그녀는 요리를 깊이 연구하여 유명한 셰프가 되었다.

0323 N3 □□□

幸

다행 **행**

음 こう 幸福 행복　幸運 행운　不幸 불행

훈 しあわ(せ) ＊幸せだ 행복하다

さいわ(い)/さち 幸い 다행, 다행히　幸 행운, 자연의 산물　海の幸山の幸 산해진미

幸福は日々の感謝から始まります。 행복은 매일의 감사에서 시작됩니다.

赤ちゃんの笑顔を見ていると幸せになる。 아기의 웃는 얼굴을 보고 있으면 행복해진다.

福
복 복 (福)

🔴 음 ふく

福 복 *福祉 복지 幸福 행복 祝福 축복

福袋 복주머니(정초 등에 여러 가지 물건을 넣고 봉하여 싸게 파는 주머니), 럭키백

🔵 훈 ―

市は高齢者の福祉に力を入れている。 시(市)는 고령자 복지에 힘을 쏟고 있다.

お正月になると、色々な店で福袋が売り出される。
설날이 되면 여러 가게에서 럭키백이 판매된다.

勝
이길 승

🔴 음 しょう

*優勝 우승 決勝 결승 勝負 승부 *圧勝 압승 勝利 승리

🔵 훈 か(つ)/まさ(る)

*勝つ 이기다 *勝手だ 제멋대로이다 勝る 낫다, 우수하다, 뛰어나다

強いチームに勝って優勝できたなんて、本当に嬉しい。
강한 팀을 이기고 우승할 수 있었다니, 정말 기쁘다.

中国語にかけては、妹の方が私より勝っている。
중국어에 관해서는 여동생 쪽이 나보다 낫다.

負
질 부

🔴 음 ふ

*負担 부담 *負債 부채, 빚 負傷 부상 *勝負 승부

🔵 훈 ま(ける)/ま(かす)

*負ける 지다, 패하다 負かす 지게 하다, 이기다

お(う)

負う 업다, 지다, (상처 등을) 입다 *背負う 짊어지다

重大な仕事を言いつけられて負担に感じている。
중대한 일을 맡게 되어서 부담을 느끼고 있다.

決勝戦で負けてしまって悔しい。 결승전에서 져 버려서 분하다.

始
비로소[처음] 시

🔴 음 し

*開始 개시 年始 연시, 연초 始発 (열차 등의) 첫차 始動 시동

🔵 훈 はじ(まる)/はじ(める)

*始まる 시작되다 *始める 시작하다

明日は早いので、始発に乗ります。 내일은 일찍 나가야 해서 첫차를 탈 겁니다.

外国の企業と提携を結んで、事業を始めた。 외국 기업과 제휴를 맺고 사업을 시작했다.

終
마칠 종

🔴 음 しゅう

*終了 종료 *最終 최종, 마지막 終日 종일 終電 (전철의) 막차

🔵 훈 お(わる)/お(える)

*終わる 끝나다 *終える 마치다, 끝내다

本日の営業は9時に終了します。 금일 영업은 9시에 종료됩니다.

重要な仕事が無事に終わり、ほっとした。 중요한 일이 무사히 끝나서 안심했다.

0329 N3 □□□

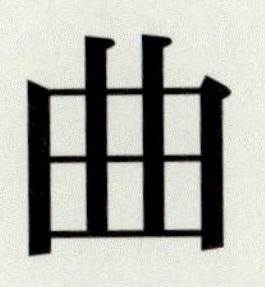
曲
굽을 곡

음 きょく *曲 곡, 악곡 名曲 명곡 作曲 작곡 曲線 곡선
훈 ま(がる)/ま(げる) *曲がる 구부러지다, 굽다 曲げる 구부리다, 굽히다

この歌は時代を超えて愛される名曲です。 이 노래는 시대를 초월해서 사랑받는 명곡입니다.
駅はあの角を右に曲がるとすぐです。 역은 저 모퉁이를 오른쪽으로 돌면 바로입니다.

0330 N4 □□□

去
갈 거

음 きょ *去年 작년 消去 소거 除去 제거 死去 사거, 사망, 죽음
　　こ *過去 과거
훈 さ(る) 去る 떠나다, 때가 지나가다, 경과하다 消え去る 사라져서 없어지다

過去のことは水に流そう。 과거 일은 물에 흘려보내자[잊어버리자].
彼は何も言わずにその場を去った。 그는 아무 말도 없이 그 자리를 떠났다.

0331 N3 □□□

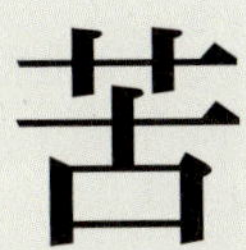
苦
쓸 고

음 く *苦労 노고, 고생, 애씀 苦痛 고통 苦心 고심
훈 くる(しい)/くる(しむ) *苦しい 괴롭다, 힘들다 苦しむ 괴로워하다
　　くる(しめる)/にが(る) 苦しめる 괴롭히다 *苦る 불쾌한 표정을 짓다
　　にが(い) *苦い 쓰다 苦手だ 서투르다, 질색이다

漢字を覚えるのに苦労している。 한자를 외우는 데 고생하고 있다.
彼は苦しい状況でも諦めなかった。 그는 힘든 상황에서도 단념하지 않았다.

0332 N3 □□□

区
구분할 구 (區)

음 く *区別 구별 区分 구분 区役所 구청 *区切る 구분하다, 단락 짓다
훈 ―

この仕事では公私の区別をちゃんとしてください。
이 일에서는 공사 구별을 확실히 해 주세요.
弟は東京の港区の区役所で働いている。 남동생은 도쿄 미나토구 구청에서 일하고 있다.

0333 N4 □□□

起
일어날 기

음 き *起用 기용 起床 기상 起立 기립 *提起 제기
훈 お(きる)/お(こる) *起きる 일어나다, 기상하다 *起こる 일어나다, 발생하다
　　お(こす) 起こす 일으키다, 깨우다

彼は若くしてチームのリーダーに起用された。 그는 젊은 나이에 팀의 리더로 기용되었다.
彼女は会社で問題ばかり起こしている。 그녀는 회사에서 문제만 일으키고 있다.

都 도읍 도 (都)

- 음 と
  - 都心 도심　*首都 수도　都内 (도쿄) 도내　*都会 도회지, 도시
- つ
  - *都合 형편, 사정　都度 그때마다
- 훈 みやこ
  - 都 수도, 도시, 가장 살기 좋은 곳

都内に引っ越してから通勤が便利になった。　(도쿄) 도내로 이사하고 나서 통근이 편리해졌다.

日本では「住めば都」ということわざがある。　일본에는 '정들면 고향'이라는 속담이 있다.

両 두 량[양] (兩)

- 음 りょう
  - *両親 양친, 부모　両方 양쪽　両立 양립　*両替 돈을 바꿈, 환전
- 훈 ―

3年ぶりの帰国ですか。ご両親もさぞ喜ぶでしょうね。
3년 만의 귀국입니까? 부모님도 필시 기뻐하시겠지요.

一万円札を500円玉に両替してください。　만 엔짜리 지폐를 500엔짜리 동전으로 바꿔 주세요.

緑 초록빛 록[녹] (綠)

- 음 りょく / ろく
  - 緑茶 녹차　緑地 녹지　新緑 신록　緑青 녹청, 동록, 푸른 녹, 녹청색
- 훈 みどり
  - *緑 초록, 녹색, 신록의 초목　緑色 초록색, 녹색(「りょくしょく」라고노 읽음)

お土産に京都の高級な緑茶を買って来た。　선물로 교토의 고급 녹차를 사 왔다.

夏になると、山の緑が一段と美しくなる。　여름이 되면 산의 초록이 한층 아름다워진다.

勉 힘쓸 면

- 음 べん
  - *勉強 공부　勤勉 근면　勉学 면학
- 훈 ―

今止めてしまったら、勉強した甲斐がないですよ。
지금 그만둬 버리면 공부한 보람이 없어요.

勤勉は成功の母です。　근면은 성공의 어머니입니다.

問 물을 문

- 음 もん
  - *問題 문제　*質問 질문　*訪問 방문　疑問 의문
- 훈 と(う) / と(い) / とん
  - 問う 묻다　問い合わせる 문의하다　問い 물음　問屋 도매상

地球温暖化やエネルギー問題は、子供たちの未来にも影響する。
지구 온난화와 에너지 문제는 아이들의 미래에도 영향을 준다.

明日のチケットがあるかどうか、一応問い合わせてみよう。
내일 티켓이 있는지 어떤지 일단 문의해 보자.

0339 N3 □□□

美
아름다울 미

음 び　美人 미인　美術 미술　美容 미용　美化 미화　美肌 아름다운 피부

훈 うつく(しい)　*美しい 아름답다　美しさ 아름다움

肌美人になるには毎日のケアが大切です。 피부 미인이 되려면 매일의 관리가 중요합니다.

美しい海に真っ白い砂浜が広がっている。 아름다운 바다에 새하얀 모래사장이 펼쳐져 있다.

0340 N3 □□□

返
돌이킬 반 (返)

음 へん　*返事 대답, 답장　*返品 반품　*返却 반납　返信 회신, 답신

훈 かえ(る)　返る (원상태로) 되돌아가[오]다

　　かえ(す)　*返す (제자리로) 갖다 놓다, 돌려주다, (빚 등을) 갚다　仕返し 복수

商品の返品は購入後7日以内にお願いいたします。
상품 반품은 구입 후 7일 이내에 부탁드립니다.

本を返すのを忘れたため、貸出が停止されてしまった。
책을 반납하는 것을 잊었기 때문에 대출이 정지되어 버렸다.

0341 N2 □□□

倍
곱 배

음 ばい　*〜倍 〜배　*二倍 두 배　倍数 배수　倍率 배율, (시험 등의) 경쟁률

人一倍 남보다 갑절이나, 보통 사람 이상

훈 ―

今年の大学入試の倍率は5倍でした。 올해 대학 입시 경쟁률은 5배였습니다.

彼女は人一倍努力して成功した。 그녀는 남보다 갑절 노력해서 성공했다.

연습문제

다음 한자의 발음과 뜻을 써 보세요.

01	初級 しょ◻◻	_____________
02	幸い ◻い	_____________
03	同等 どう◻	_____________
04	去年 ◻ねん	_____________
05	問う ◻う	_____________
06	行列 ぎょう◻	_____________
07	研究 けん◻	_____________
08	曲げる ◻げる	_____________
09	幸福 こう◻	_____________
10	勉強 ◻きょう	_____________
11	勝つ ◻つ	_____________
12	違反 い◻	_____________
13	起きる ◻きる	_____________
14	苦しむ ◻しむ	_____________
15	進む ◻む	_____________
16	美術 ◻じゅつ	_____________
17	絶対 ぜっ◻	_____________
18	最終 さい◻	_____________
19	区分 ◻ぶん	_____________
20	荷物 に◻	_____________
21	緑色 ◻いろ	_____________
22	島国 ◻ぐに	_____________
23	進歩 ◻ぽ	_____________
24	都心 ◻しん	_____________
25	年始 ねん◻	_____________
26	勝負 ◻ぶ	_____________
27	平均 ◻きん	_____________
28	訪問 ほう◻	_____________
29	研ぐ ◻ぐ	_____________
30	返事 ◻じ	_____________
31	植える ◻える	_____________
32	短所 ◻しょ	_____________
33	物価 ◻か	_____________
34	平らだ ◻らだ	_____________
35	作曲 さっ◻	_____________
36	倍数 ◻すう	_____________
37	背負う せ◻う	_____________
38	延期 えん◻	_____________
39	苦手だ ◻てだ	_____________
40	両方 ◻ほう	_____________

일본어 한자 부수 알아보기 2

자연 관련 부수

부수	뜻	사용 한자
木(나무 목)	나무, 식물	林(수풀 림), 森(수풀 삼), 根(뿌리 근), 校(학교 교), 村(마을 촌)
山(산 산)	산, 높음, 자연 지형	岩(바위 암), 島(섬 도), 岸(언덕 안)
水·氵(물 수)	물, 흐름, 유동성	海(바다 해), 泳(헤엄칠 영), 洗(씻을 세), 河(물 하), 深(깊을 심)
火·灬(불 화)	불, 열, 에너지	焼(탈 연), 灯(등잔 등), 熱(더울 열)
土(흙 토)	땅, 지형, 장소	地(땅 지), 坂(언덕 판), 城(성 성), 場(마당 장), 増(더할 증)
石(돌 석)	돌, 광물, 단단함	研(갈 연), 砂(모래 사), 破(깨트릴 파)
竹(대나무 죽)	대나무, 도구, 관	笑(웃음 소), 筆(붓 필), 筋(힘줄 근), 節(마디 절), 箱(상자 상)
草·艹(풀 초)	식물, 자연, 성장	花(꽃 화), 草(풀 초), 茶(차 다), 苦(쓸 고), 薬(약 약)

동물·생물 관련 부수

부수	뜻	사용 한자
犬·犭(개 견)	동물, 사납다, 야생	独(홀로 독), 犯(범할 범)
牛(소 우)	짐승, 힘, 인내	物(물건 물), 牧(칠 목), 特(특별할 특)
馬(말 마)	말, 빠름, 교통	駅(정거장 역), 験(시험할 험)
貝(조개 패)	돈, 재물, 가치	買(살 매), 費(쓸 비), 貸(빌릴 대), 資(재물 자), 貧(가난할 빈)

천체 관련 부수

부수	뜻	사용 한자
日(날 일)	날, 시간, 빛, 계절	明(밝을 명), 昨(어제 작), 時(때 시), 晴(갤 청), 暗(어두울 암)
月(달 월)	달, 밤, 날짜, 시간	朝(아침 조), 期(기약할 기), 望(바랄 망)

342 調	343 整	344 医	345 院	346 所	347 持	348 様	349 式
고를 **조**	가지런할 **정**	의원 **의**	집 **원**	바 **소**	가질 **지**	모양 **양**	법 **식**
음 ちょう	음 せい	음 い	음 いん	음 しょ	음 じ	음 よう	음 しき
훈 しら(べる)	훈 ととの(う)	훈 ―	훈 ―	훈 ところ	훈 も(つ)	훈 さま	훈 ―

350 投	351 球	352 詩	353 集	354 委	355 員	356 祭	357 礼
던질 **투**	공 **구**	시 **시**	모을 **집**	맡길 **위**	인원 **원**	제사 **제**	예절 **례**
음 とう	음 きゅう	음 し	음 しゅう	음 い	음 いん	음 さい	음 れい
훈 な(げる)	훈 たま	훈 ―	훈 あつ(まる)	훈 ゆだ(ねる)	훈 ―	훈 まつ(り)	훈 ―

358 病	359 死	360 農	361 具	362 荷	363 役	364 待	365 代
병 **병**	죽을 **사**	농사 **농**	갖출 **구**	멜 **하**	부릴 **역**	기다릴 **대**	대신할 **대**
음 びょう	음 し	음 のう	음 ぐ	음 か	음 やく	음 たい	음 だい
훈 や(む)	훈 し(ぬ)	훈 ―	훈 ―	훈 に	훈 ―	훈 ま(つ)	훈 か(わる)

366 配	367 服	368 悲	369 仕	370 暑	371 昔	372 守	373 受
나눌 **배**	옷 **복**	슬플 **비**	섬길 **사**	더울 **서**	예 **석**	지킬 **수**	받을 **수**
음 はい	음 ふく	음 ひ	음 し	음 しょ	음 せき	음 しゅ	음 じゅ
훈 くば(る)	훈 ―	훈 かな(しい)	훈 つか(える)	훈 あつ(い)	훈 むかし	훈 まも(る)	훈 う(かる)

374 身
몸 **신**
음 しん
훈 み

Day 10
3학년 한자(4) 33자

0342 N2 ☐☐☐

음 ちょう ＊調査 조사　＊調整 조정　調子 상태, 컨디션　＊順調 순조, 순조로움

훈 しら(べる)　＊調べる 조사하다, 찾다

ととの(う)　調う 정돈되다, 갖추어지다

ととの(える)　調える 정돈하다, 갖추다

調

고를 조

この調子だと試合での優勝は難しい。 이 상태라면 시합에서의 우승은 어렵다.

少々お待ちください。同じものがあるかどうか調べてみます。
잠시 기다려 주세요. 같은 것이 있는지 어떤지 찾아보겠습니다.

0343 N1 ☐☐☐

음 せい　＊整理 정리　＊調整 조정　整備 정비　整形 성형, 정형

훈 ととの(う)　整う 정돈되다, 갖추어지다

ととの(える)　整える 정돈하다, 조정하다

整

가지런할 정

スケジュールを調整して、連絡します。 스케줄을 조정하고 연락드리겠습니다.

会場の手配はすべて整っていますか。 행사장 준비는 모두 갖추어져 있습니까?

0344 N4 ☐☐☐

음 い　＊医者 의사　医師 의사　＊医療 의료　医学 의학

훈 ―

医

의원 의 (醫)

医者からタバコを止めるように注意された。 의사에게서 담배를 끊으라는 주의를 받았다.

医療の現場ではチームワークが大切です。 의료 현장에서는 팀워크가 중요합니다.

0345 N4 ☐☐☐

음 いん　＊入院 입원　病院 병원　院長 원장　寺院 사원, 사찰, 절

훈 ―

院

집 원

友達が入院したというので、お見舞いに行った。 친구가 입원했다고 해서 병문안을 갔다.

この地域は歴史の深い寺院が多い。 이 지역은 역사가 깊은 사원이 많다.

0346 N3 ☐☐☐

음 しょ　場所 장소, 곳　＊住所 주소　＊近所 근처　事務所 사무소

훈 ところ　所 곳, 장소　＊台所 부엌　見所 볼만한 장면[곳], 장래성

所

바 소

初めて訪れる場所なので、少しわくわくします。 처음 방문하는 곳이라서 조금 설렙니다.

銀座はとても賑やかな所でした。 긴자는 매우 번화한 곳이었습니다.

持

가질 지

- 🔴 음 じ　　*支持 지지　*維持 유지　所持 소지　持参 지참
- 🔵 훈 も(つ)　　*持つ 가지다, 들다　*気持ち 기분, 마음　持ち物 소지품, 소유물
　　　　　　金持ち 부자

彼は国民から多くの共感と支持を得た。 그는 국민으로부터 많은 공감과 지지를 얻었다.
海外旅行に必要な持ち物リストを教えてください。
해외여행에 필요한 소지품 리스트를 알려 주세요.

様

모양 양 (様)

- 🔴 음 よう　　*様子 형편, 모양, 상태, 상황, (사람의) 모습　様式 양식　多様 다양(함)
　　　　　　模様 무늬, 모양, 상황, 형편, 낌새
- 🔵 훈 さま　　*様 모양, 모습　*様々 여러 가지, 다양함　お客様 손님

まだ余裕があるから、もう少し様子を見てからにしましょう。
아직 여유가 있으니까 좀 더 상황을 보고 나서 합시다.
様々な意見が出て、会議が長引いた。 다양한 의견이 나와서 회의가 길어졌다.

式

법 식

- 🔴 음 しき　　*公式 공식　正式 정식　*入学式 입학식　形式 형식
- 🔵 훈 ―

展示会の詳細は弊社の公式ホームページをご覧ください。
전시회에 대한 자세한 내용은 저희 회사 홈페이지를 봐 주십시오.
二人は正式に結婚を発表した。 두 사람은 정식으로 결혼을 발표했다.

投

던질 투

- 🔴 음 とう　　*投票 투표　投入 투입　投資 투자　投手 투수
- 🔵 훈 な(げる)　　*投げる 던지다

投票する前に、身分証明書を提示してください。 투표하기 전에 신분증을 제시해 주세요.
あの投手は変化球をうまく投げる。 저 투수는 변화구를 잘 던진다.

球

공 구

- 🔴 음 きゅう　　*地球 지구　*野球 야구　球場 구장　電球 전구
- 🔵 훈 たま　　球 공, 둥근 것

宇宙から見た地球は本当に青くて美しい。 우주에서 본 지구는 정말 푸르고 아름답다.
子供たちが公園で球を投げて遊んでいる。 아이들이 공원에서 공을 던지며 놀고 있다.

Day 10
3학년 한자(4) 33자

0352 N1 ☐☐☐

詩

시 시

음 し 　　詩人 시인　詩集 시집　漢詩 한시　詩情 시정, 시적인 정취

훈 ―

詩人は自然の美しさを言葉で表現する。 시인은 자연의 아름다움을 말로 표현한다.

彼女は先月初めての詩集を出した。 그녀는 지난달에 첫 시집을 냈다.

0353 N4 ☐☐☐

集

모을 집

음 しゅう 　　＊集中 집중　＊集合 집합　＊募集 모집　集会 집회　特集 특집

훈 あつ(まる) 　　＊集まる 모이다　集まり 모임

　あつ(める) 　　＊集める 모으다　集め 모으기, 수집

　つど(う) 　　集う 모이다, 회합하다　集い 모임, 회합

スマホのせいで、勉強に集中できない。 스마트폰 때문에 공부에 집중할 수 없다.

参加者はみんな時間通りに集まりました。 참가자는 모두 제시간에 모였습니다.

0354 N2 ☐☐☐

委

맡길 위

음 い 　　委員 위원　委任 위임　委託 위탁

훈 ゆだ(ねる) 　　委ねる 맡기다, 위임하다

この委員会は次の12名の委員で構成する。 이 위원회는 다음 12명의 위원으로 구성된다.

このプロジェクトの最終決定は、責任者である彼に委ねることにした。
이 프로젝트의 최종 결정은 책임자인 그에게 맡기기로 했다.

0355 N3 ☐☐☐

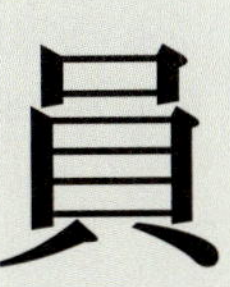

員

인원 원

음 いん 　　＊社員 사원　＊店員 점원　係員 담당자　＊満員 만원

훈 ―

今年は新規社員の募集は見送る予定です。 올해는 신규 사원 모집은 보류할 예정입니다.

係員の指示に従って駐車してください。 담당자의 지시에 따라서 주차해 주세요.

祭
제사 제

음	さい	*祭日 제일, 제삿날, 국경일　祭礼 제례　文化祭 문화제
훈	まつ(り)	*祭り 제사, 축제　雪祭り 눈 축제
	まつ(る)	祭る 제사 지내다

当図書館は月曜日及び祭日は休館となっております。
본 도서관은 월요일 및 국경일은 휴관입니다.

夏になると、各地で様々な祭りが開かれる。
여름이 되면 각지에서 다양한 축제가 열린다.

礼
예절 례[예] (禮)

음	れい	*失礼 실례　*お礼 사례, 감사의 말　*礼儀 예의　無礼 무례
	らい	礼賛 예찬
훈	―	

失礼ですが、お名前を伺ってもよろしいでしょうか。
실례입니다만, 성함을 여쭤봐도 될까요?

まずは、お世話になった方々にお礼を言いたいと思います。
우선은 신세 진 분들께 감사의 말씀을 드리고 싶습니다.

病
병 병

음	びょう	*病気 병, 질병　*病院 병원　看病 간병, 간호　急病 급병, 급환
	へい	疾病 질병
훈	や(む)	病む 앓다, 병들다　病み付き 병이 듦, (취미·나쁜 버릇 등에) 빠짐
	やまい	病 병, 나쁜 버릇, 걱정거리

病気を治すためには、しっかり食べてぐっすり寝ることが大事だ。
병을 낫게 하기 위해서는 잘 먹고 푹 자는 것이 중요하다.

「病は気から」とは、「病気は気持ち次第でよくもなれば悪くもなる」という意味だ。
'병은 마음으로부터 온다'라는 것은 '병은 기분에 따라 좋아지기도 하거니와 나빠지기도 한다'라는 의미이다.

死
죽을 사

| 음 | し | *必死 필사, 필사적　死亡 사망　病死 병사　死刑 사형 |
| 훈 | し(ぬ) | 死ぬ 죽다 |

彼は夢を叶えるために、寝る時間も惜しんで必死に頑張っている。
그는 꿈을 이루기 위해 자는 시간도 아끼며 필사적으로 노력하고 있다.

暑すぎて死にそうだ。너무 더워서 죽을 것 같다.

0360 N2 □□□

농사 **농**

음 のう　　*農業 농업　*農家 농가　農具 농구, 농기구　農村 농촌

훈 ―

この地域は農業が盛んである。 이 지역은 농업이 성하다.
壊れた農具を修理して、また使えるようになった。
고장 난 농기구를 수리해서 다시 쓸 수 있게 되었다.

0361 N3 □□□

갖출 **구** (具)

음 ぐ　　*道具 도구　*家具 가구　*具合 (사물의 진행 및 건강) 상태, 형편
　　　*具体的 구체적

훈 ―

料理には色々な調理道具が必要です。 요리에는 여러 가지 조리 도구가 필요합니다.
体の具合が悪くて、会社を休んだ。 몸 상태가 안 좋아서 회사를 쉬었다.

0362 N2 □□□

멜 **하**

음 か　　入荷 입하　*出荷 출하　負荷 부하　荷重 하중

훈 に　　*荷 짐　*荷物 짐, 화물　重荷 무거운 짐, 과중한 부담[책임]
　　　荷造り 짐을 쌈

今日入荷したワインです。お試しください。 오늘 입하한 와인입니다. 시음해 보세요.
荷物を軽くしたいから、不要なものは置いて行こう。
짐을 가볍게 하고 싶으니까, 필요 없는 것은 두고 가자.

0363 N3 □□□

부릴 **역**

음 やく　　役割 역할　役員 임원　*役目 임무, 직무, 역할　役立つ 도움이 되다
　　えき　　現役 현역　使役 사역　懲役 징역

훈 ―

チームの中で自分の役割を果たすことが大切です。
팀 내에서 자신의 역할을 다하는 것이 중요합니다.
夫は現役消防士で色々なボランティア活動をしています。
남편은 현역 소방관으로 다양한 봉사 활동을 하고 있습니다.

待 기다릴 대

음 たい — *期待 기대　*招待 초대　接待 접대　待機 대기

훈 ま(つ) — *待つ 기다리다　*待たす 기다리게 하다

*待ち合わせる (정한 시간·장소에서) 만나기로 하다　待合室 대합실

ご招待いただきありがとうございます。 초대해 주셔서 감사합니다.

寝坊して待ち合わせの時間に遅れてしまった。 늦잠을 자서 약속 시간에 늦고 말았다.

代 대신할 대

음 だい — 代表 대표　代金 대금　現代 현대　世代 세대　時代 시대

　　たい — *交代 교대, 교체　代謝 (물질) 대사

훈 か(わる) — 代わる 대리하다, 대신하다　*代わり 대리, 대신, 대용

　　か(える) — 代える 대신하다, 대리하게 하다

　　よ — 代 세상, 사회, (역사상의) 시대

　　しろ — 代 재료[기초]가 되는 것, 대용물　代物 상품, 물건

仕事が忙しくて交代で休暇を取った。 일이 바빠서 교대로 휴가를 냈다.

お菓子を食事の代わりにするのは体に悪い。

과자를 식사 대용으로 하는 것은 몸에 좋지 않다.

配 나눌 배

음 はい — *配達 배달　宅配 택배, 가정 배달　*心配 걱정　配置 배치

훈 くば(る) — *配る 나누어 주다, (신경을) 쓰다　気配り 배려함

この店は宅配サービスもやっている。 이 가게는 배달 서비스도 하고 있다.

監督の先生が問題用紙や解答用紙を配り始めました。

감독 선생님이 문제지와 답안지를 나눠 주기 시작했습니다.

服 옷 복

음 ふく — *制服 교복, 제복, 유니폼　*服装 복장　洋服 (서양식) 옷　服用 복용

훈 —

制服のデザインが変わって、学生たちに好評だ。

교복 디자인이 바뀌어 학생들에게 좋은 평을 받고 있다.

歩いている人の服装もずいぶん軽装になりましたね。

걷고 있는 사람의 복장도 상당히 가벼운 차림이 되었네요.

0368 N3 □□□

悲 — 슬플 비

- **음** ひ
  悲鳴 비명　悲劇 비극　悲観的 비관적　慈悲 자비
- **훈** かな(しい)
  *悲しい 슬프다　悲しさ 슬픔, 설움
  かな(しむ)
  悲しむ 슬퍼하다, 한탄하다　悲しみ 슬픔, 비애

この店は注文が殺到し、嬉しい悲鳴を上げている。
이 가게는 주문이 쇄도하여 즐거운 비명을 지르고 있다.

この歌は、聞くたびに悲しい気持ちになる。 이 노래는 들을 때마다 슬픈 기분이 든다.

0369 N4 □□□

仕 — 섬길 사

- **음** し
  *仕事 일, 업무, 직업　*仕方 방법, 수단
  仕方ない 할 수 없다, 하는 수 없다, 어쩔 수 없다, 견딜 수 없다
  仕組み 구조, 시스템, 장치
  じ
  給仕 급사
- **훈** つか(える)
  仕える 섬기다, 모시다, 시중들다

気が進まないけど、仕方ないですね。 내키지 않지만 어쩔 수 없네요.

神に仕える修道士として生きていく。 신을 섬기는 수도사로서 살아간다.

0370 N3 □□□

暑 — 더울 서 (暑)

- **음** しょ
  残暑 잔서, 늦더위　猛暑 맹서, 혹서, 심한 더위　避暑 피서
  酷暑 혹서(심한 더위)
- **훈** あつ(い)
  *暑い 덥다　*暑さ 더위

残暑が厳しいので、体調管理に気を付けてください。
늦더위가 심하니 건강 관리에 유의하세요.

暑い時は無理をせずに休みましょう。 더울 때는 무리하지 말고 쉽시다.

0371 N3 □□□

昔 — 예 석

- **음** せき
  昔日 옛날
  しゃく
  今昔 금석, 옛날과 지금, 과거와 현재
- **훈** むかし
  *昔 옛날, 예전　昔々 옛날 옛적에　昔話 옛날 이야기

今昔の風景をテーマにした展示会が開かれた。
과거와 현재의 풍경을 주제로 한 전시회가 열렸다.

最近は昔と違って親の家業を継ぐ人が減っている。
요즘은 예전과 달리 부모의 가업을 잇는 사람이 줄고 있다.

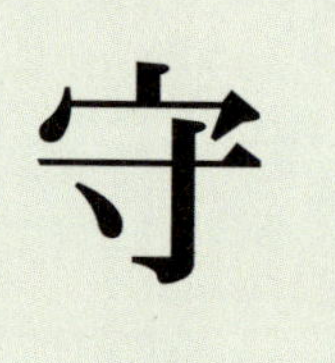

守 지킬 수

음	しゅ	守備 수비　*厳守 엄수　保守 보수
	す	留守 외출하고 집에 없음, 부재중
훈	まも(る)	*守る 지키다, 보호하다　守り 지킴　お守り 부적
	も(り)	子守 아이를 봄, 아이 보는 사람

サッカーでは守備と攻撃のバランスが重要だ。축구에서는 수비와 공격의 균형이 중요하다.

環境を守るためにできることを考えよう。환경을 지키기 위해서 할 수 있는 일을 생각하자.

受 받을 수

음	じゅ	*受験 수험, 입시　受賞 수상, 상을 받음　受信 수신　受容 수용
훈	う(かる)	受かる 붙다, 합격하다
	う(ける)	受ける 받다, 응하다, 치르다, 호평을 받다　受付 접수
		受け取る 받다, 수취하다

大学受験に備えて予備校に通っている。대학 입시에 대비하여 입시 학원에 다니고 있다.

この映画は若い世代に注目を受けている。이 영화는 젊은 세대에게 주목을 받고 있다.

身 몸 신

| 음 | しん | *身長 신장, 키　身体 신체　*独身 독신　単身 단신, 홀몸 |
| 훈 | み | 身 몸　*中身 속, 내용물　身元 신원, 신분　身分 신분 |

中学生の時、急に15cmも身長が伸びた。중학생 때 갑자기 15cm나 키가 컸다.

人は見た目より中身が大事だと思う。사람은 겉모습보다 속이 더 중요하다고 생각한다.

연습문제

다음 한자의 발음과 뜻을 써 보세요.

01	仕事 [　] ごと	____________	21	出荷 しゅっ [　]	____________
02	寺院 じ [　]	____________	22	服装 [　] そう	____________
03	礼儀 [　] ぎ	____________	23	集める [　] める	____________
04	お客様 おきゃく [　]	____________	24	気持ち き [　] ち	____________
05	昔話 [　] ばなし	____________	25	投資 [　] し	____________
06	台所 だい [　]	____________	26	独身 どく [　]	____________
07	調査 [　] さ	____________	27	役立つ [　] だつ	____________
08	死亡 [　] ぼう	____________	28	店員 てん [　]	____________
09	医学 [　] がく	____________	29	具体的 [　] たいてき	____________
10	悲しむ [　] しむ	____________	30	整理 [　] り	____________
11	心配 しん [　]	____________	31	公式 こう [　]	____________
12	雪祭り ゆき [　] り	____________	32	詩集 [　] しゅう	____________
13	委任 [　] にん	____________	33	待たす [　] たす	____________
14	留守 る [　]	____________	34	身分 [　] ぶん	____________
15	病 [　]	____________	35	猛暑 もう [　]	____________
16	農家 [　] か	____________	36	荷造り [　] づくり	____________
17	現代 げん [　]	____________	37	近所 きん [　]	____________
18	暑さ [　] さ	____________	38	募集 ぼ [　]	____________
19	野球 や [　]	____________	39	役目 [　] め	____________
20	受け取る [　] けとる	____________	40	持参 [　] さん	____________

375	376	377	378	379	380	381	382
軽	重	商	事	打	者	落	葉
가벼울 **경**	무거울 **중**	장사 **상**	일 **사**	칠 **타**	놈 **자**	떨어질 **락**	잎 **엽**
음 けい	음 じゅう	음 しょう	음 じ	음 だ	음 しゃ	음 らく	음 よう
훈 かる(い)	훈 おも(い)	훈 あきな(う)	훈 こと	훈 う(つ)	훈 もの	훈 お(ちる)	훈 は

383	384	385	386	387	388	389	390
寒	波	昭	和	実	深	安	悪
찰 **한**	물결 **파**	밝을 **소**	화할 **화**	열매 **실**	깊을 **심**	편안 **안**	악할 **악**
음 かん	음 は	음 しょう	음 わ	음 じつ	음 しん	음 あん	음 あく
훈 さむ(い)	훈 なみ	훈 ―	훈 やわ(らぐ)	훈 み	훈 ふか(い)	훈 やす(い)	훈 わる(い)

391	392	393	394	395	396	397	398
暗	駅	予	有	遊	屋	庭	助
어두울 **암**	정거장 **역**	미리 **예**	있을 **유**	놀 **유**	집 **옥**	뜰 **정**	도울 **조**
음 あん	음 えき	음 よ	음 ゆう	음 ゆう	음 おく	음 てい	음 じょ
훈 くら(い)	훈 ―	훈 ―	훈 あ(る)	훈 あそ(ぶ)	훈 や	훈 にわ	훈 たす(かる)

399	400	401	402	403	404	405	406
取	品	係	階	庫	橋	宮	根
가질 **취**	물건 **품**	맬 **계**	섬돌 **계**	곳집 **고**	다리 **교**	집 **궁**	뿌리 **근**
음 しゅ	음 ひん	음 けい	음 かい	음 こ	음 きょう	음 きゅう	음 こん
훈 と(る)	훈 しな	훈 かか(る)	훈 ―	훈 ―	훈 はし	훈 みや	훈 ね

407
童
아이 **동**
음 どう
훈 わらべ

0375 N3 □□□

軽 가벼울 경 (軽)

- 음 けい | *軽傷 경상 軽率 경솔 軽量 경량 軽視 경시
- 훈 かる(い) | *軽い 가볍다 *手軽だ 손쉽다, 간단하다 気軽だ 부담 없다
- かろ(やか) | 軽やかだ 가뿐하다, 경쾌하다

被害者は軽傷で、命に別状はない。 피해자는 경상으로 생명에 이상은 없다.

誰でも手軽に始められる運動をご紹介します。
누구나 손쉽게 시작할 수 있는 운동을 소개해 드리겠습니다.

0376 N4 □□□

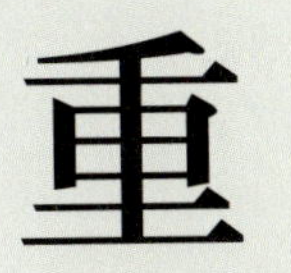

重 무거울 중

- 음 じゅう | 重要 중요 *重大 중대 体重 체중 重量 중량
- ちょう | *慎重 신중 *貴重 귀중 尊重 존중
- 훈 おも(い) | *重い 무겁다 重たい 묵직하다 重さ 무게
- | 重荷 무거운 짐, 과중한 부담[책임]
- かさ(なる) | 重なる 겹치다, 포개어지다
- かさ(ねる) | 重ねる 겹치다, 포개다
- え | 一重 한 겹 二重 두 겹, 이중

仕事の上では、疑問や不安を残さないよう、細かい点まで話し合うことが重要だ。
일에서는 의문이나 불안을 남기지 않도록 세세한 부분까지 논의하는 것이 중요하다.

予定が重ならないように、スケジュールを確認しておこう。
예정이 겹치지 않도록 스케줄을 확인해 두자.

0377 N2 □□□

商 장사 상

- 음 しょう | *商品 상품 *商売 장사 商店 상점 *商業 상업
- 훈 あきな(う) | 商う 장사하다, 매매하다 商い 장사, 매상고

商売はお客様との信頼関係が大事です。 장사는 손님과의 신뢰 관계가 중요합니다.

代々この地で和菓子を商ってきました。 대대로 이 지역에서 화과자 장사를 해 왔습니다.

0378 N4 □□□

事 일 사

- 음 じ | *事情 사정 事件 사건 *返事 대답, 답장 *無事 무사 事実 사실
- ず | 好事家 호사가(일을 벌이기를 좋아하는 사람)
- 훈 こと | *事 일, 것, 사실, 사정 *仕事 일, 직업 出来事 일어난 일, 사건, 사고

お手数ですが、ご確認の上お返事いただくと幸いです。
번거로우시겠지만, 확인 후 답장 주시면 감사하겠습니다.

知らない事があったら、いつでも気軽に聞いてください。
모르는 게 있으면 언제든지 부담 없이 물어보세요.

打
칠 타

- 음 だ　打者 타자　安打 안타　打撃 타격　*打開 타개
- 훈 う(つ)　打つ 치다, 때리다　*打ち消す 부정하다
　　　　　打ち合わせ 미리 상의함, 협의, 미팅

あの打者は試合の最後にホームランを打った。 저 타자는 경기 마지막에 홈런을 쳤다.
次の打ち合わせはいつにしましょうか。 다음 미팅은 언제로 할까요?

者
놈 자 (者)

- 음 しゃ　*読者 독자　学者 학자　記者 기자　筆者 필자　医者 의사　患者 환자
- 훈 もの　者 자, 사람　若者 젊은이, 청년　悪者 나쁜 놈, 악한, 악인
　　　　人気者 인기가 있는 사람

読者からの意見や反応をとても大切にしている。
독자로부터의 의견이나 반응을 매우 중요시하고 있다.
政治に関心を持つ若者が増えてきた。 정치에 관심을 가지는 젊은이가 늘어났다.

落
떨어질 락[낙]

- 음 らく　下落 하락, 떨어짐　落下 낙하　転落 전락　*落胆 낙담
- 훈 お(ちる)　*落ちる 떨어지다　落ち着く 안정되다, 침착해지다
　　お(とす)　*落とす 떨어뜨리다, 분실하다　*落とし物 분실물

供給過剰になると、商品の価格は下落する。 공급 과잉이 되면 상품 가격은 하락한다.
新しい家は静かでとても落ち着きます。 새 집은 조용해서 매우 안정됩니다.

葉
잎 엽

- 음 よう　*紅葉 홍엽, 단풍이 듦, 단풍(「もみじ」라고도 읽음)　落葉 낙엽
　　　　葉緑素 엽록소
- 훈 は　葉 잎　葉っぱ 잎, 잎사귀　*葉書 엽서　*言葉 말, 언어

例年に比べて10日以上は早い紅葉ですね。 예년에 비해서 10일 이상은 빠른 단풍이네요.
秋になると葉っぱが赤や黄色に色づく。 가을이 되면 잎사귀가 빨강이나 노랑으로 물든다.

寒
찰 한 (寒)

- 음 かん　寒気 한기　寒波 한파　悪寒 오한, 한기
- 훈 さむ(い)　*寒い 춥다　寒さ 추위　寒気 추운 기운, 오한, 한기

寒波の中での屋外作業は、十分な注意が必要です。
한파 속에서의 야외 작업은 충분한 주의가 필요합니다.
寒いからヒーターを付けましょう。 추우니 히터를 틉시다.

0384 N3 ☐☐☐

波

물결 **파**

음 は   波及 파급   *余波 여파   電波 전파

훈 なみ   *波 파도   津波 (지진) 해일, 쓰나미   高波 높은 파도   人波 인파

大きな地震はその余波が10年も続くそうだ。
큰 지진은 그 여파가 10년이나 계속된다고 한다.

この町は過去津波の被害を受けたことがある。
이 마을은 과거에 쓰나미 피해를 입은 적이 있다.

0385 N1 ☐☐☐

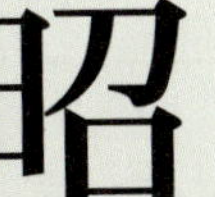

昭

밝을 **소**

음 しょう   昭和 쇼와(1926년 12월 25일부터 1989년 1월 7일까지의 일본 연호)

훈 —

ゴールデンウィーク初日の4月29日は「昭和の日」です。
황금연휴 첫날인 4월 29일은 '쇼와의 날'입니다.

この映画は昭和時代の日本を舞台にしている。
이 영화는 쇼와 시대의 일본을 배경으로 하고 있다.

0386 N3 ☐☐☐

和

화할 **화**

음 わ   *和風 일본풍, 일본식   和室 일본식 방, 다다미방   平和 평화   和解 화해

   お   和尚 스님

훈 やわ(らぐ)   *和らぐ 누그러지다, 완화되다

   やわ(らげる)   和らげる 누그러뜨리다, 완화하다

   なご(む)   和む 누그러지다, 온화해지다

   なご(やか)   *和やかだ 부드럽다, 화기애애하다

私の部屋は寮の4階にあって、部屋は6畳の和室です。
제 방은 기숙사 4층에 있고, 방은 다다미 6장짜리 일본식 방입니다.

二人は和やかな雰囲気で話している。 두 사람은 화기애애한 분위기에서 이야기하고 있다.

0387 N3 ☐☐☐

実

열매 **실** (實)

음 じつ   *実力 실력   実現 실현   事実 사실   実行 실행

훈 み   実 열매, 씨

   みの(る)   実る 열매를 맺다, 성과를 거두다   実り 결실, 성과

長年の夢が実現されて、涙が止まらなかった。 오랜 꿈이 실현되어 눈물이 멈추지 않았다.

この柿の木は毎年たくさんの実を実らせる。 이 감나무는 매년 많은 열매를 맺는다.

深 깊을 심

- **음** しん — *深刻 심각　深夜 심야　深海 심해　深呼吸 심호흡
- **훈** ふか(い) — *深い 깊다　深さ 깊이　深み 깊은 맛　欲深い 욕심이 많다
- ふか(まる) — 深まる 깊어지다
- ふか(める) — *深める 깊게 하다

地方の病院では産婦人科医不足が深刻な社会問題になっている。
지방 병원에서는 산부인과 의사 부족이 심각한 사회 문제가 되고 있다.

誇らしいことでも恥ずかしいことでも歴史を深く学びたい。
자랑스러운 일이든 부끄러운 일이든 역사를 깊이 배우고 싶다.

安 편안 안

- **음** あん — *安全 안전　*不安 불안　安心 안심　安定 안정
- **훈** やす(い) — *安い 싸다, 편하다　安らかだ 편안하다, 평온하다　目安 목표, 기준　安物 싸구려 물건

経営が軌道に乗り出して安心できる状態だ。
경영이 궤도에 오르기 시작해서 안심할 수 있는 상태이다.

安いからといって、品質が悪いとは限らない。 싸다고 해서 품질이 나쁘다고는 할 수 없다.

悪 악할 악 / 미워할 오 (惡)

- **음** あく — *最悪 최악　*悪化 악화　悪意 악의　悪魔 악마
- お — 憎悪 증오　嫌悪 혐오　悪寒 오한, 한기
- **훈** わる(い) — *悪い 나쁘다, 좋지 않다, 미안하다　悪口 욕　悪者 나쁜 놈, 악한, 악인

このままでは状況が悪化する一方です。 이대로라면 상황이 악화될 뿐입니다.

今日は都合が悪くて行けません。 오늘은 사정이 좋지 않아서 갈 수 없습니다.

暗 어두울 암

- **음** あん — *暗記 암기　明暗 명암　暗号 암호　暗示 암시
- **훈** くら(い) — *暗い 어둡다　真っ暗だ 캄캄하다　暗闇 어둠, 어두운 곳

反復練習は暗記の基本です。 반복 연습은 암기의 기본입니다.

玄関の電球が切れて真っ暗だ。 현관의 전구가 나가서 캄캄하다.

Day 11 · 3학년 한자(5) 33자

0392 N4 □□□

駅

정거장[역] **역** (驛)

음 えき — ＊駅 역　＊駅員 역무원　駅弁 역에서 파는 도시락　駅前 역 앞

훈 ―

この電車はその駅には止まりません。 이 전철은 그 역에는 정차하지 않습니다.

駅員が乗客に注意を促しています。 역무원이 승객에게 주의를 촉구하고 있습니다.

0393 N3 □□□

予

미리 **예** (豫)

음 よ — ＊予定 예정　予約 예약　＊予想 예상　予習 예습

훈 ―

旅行の準備は予定通り着々と進んでいる。 여행 준비는 예정대로 착착 진행되고 있다.

渋滞は予想していたよりもひどかった。 교통 정체는 예상했던 것보다도 심했다.

0394 N4 □□□

有

있을 **유**

음 ゆう　有料 유료　＊有名 유명　特有 특유　有利 유리　所有 소유
う　有無 유무　有頂天 기뻐서 어쩔 줄 모름
未曾有 미증유(지금까지 일어난 적이 없는 일)

훈 あ(る)　有る (사물·식물 등이) 있다　有難い 고맙다

動画のダウンロード機能は有料サービスとなっております。
동영상 다운로드 기능은 유료 서비스로 되어 있습니다.

そうしていただけると有難いです。 그렇게 해 주시면 고맙겠습니다.

0395 N2 □□□

遊

놀 **유** (遊)

음 ゆう/ゆ　＊遊園地 유원지　遊覧船 유람선　遊泳 유영, 헤엄침　遊牧民 유목민

훈 あそ(ぶ)　＊遊ぶ 놀다　遊び 놀이

遊園地は家族連れやカップルで賑わっている。 유원지는 가족 동반이나 커플로 붐비고 있다.

私が子供の頃は、よく木に登って遊んだものだ。
내가 어릴 때는 자주 나무에 올라가 놀곤 했다.

0396 N4 □□□

屋

집 **옥**

음 おく　＊屋上 옥상　家屋 가옥　屋外 옥외

훈 や　本屋 서점　花屋 꽃집　屋台 포장마차　八百屋 채소 가게

ビルの屋上からきれいな夜景が見える。 빌딩 옥상에서 아름다운 야경이 보인다.

本屋の店員が本の整理をしている。 서점 점원이 책 정리를 하고 있다.

庭

뜰 정

| 음 | てい | *家庭 가정　庭園 정원　*校庭 교정, 학교 마당 |
| 훈 | にわ | *庭 뜰, 마당, 정원　裏庭 뒤뜰 |

両親のおかげで、温かい家庭で育ちました。 부모님 덕분에 따뜻한 가정에서 자랐습니다.

庭に木がたくさん植えてあります。 정원에 나무가 많이 심어져 있습니다.

助

도울 조

음	じょ	救助 구조　援助 원조　助手 조수　*補助 보조
훈	たす(かる)	*助かる 살아나다, 도움이 되다
	たす(ける)	*助ける 구조하다, 살리다, 돕다　手助け 도움, 거듦
	すけ	助っ人 조력자

育児援助政策が、結婚や出産を後押ししている。
육아 원조 정책이 결혼이나 출산을 후원하고 있다.

本当に助かりましたよ。 정말로 도움이 되었어요.

取

가질 취

음	しゅ	*取材 취재　取得 취득　採取 채취　聴取 청취
훈	と(る)	*取る (손에) 들다, 집다, 잡다, 취득하다, 따다　取り引き 거래
		*取り消す 취소하다　聞き取り 듣기, 청취

是非取材をお願いしたく、ご連絡いたしました。
꼭 취재를 부탁드리고 싶어서 연락드렸습니다.

何かの資格を取っておけば、いざという時に安心というわけである。
뭔가 자격을 따 두면 만일의 경우에 안심이 되는 것이다.

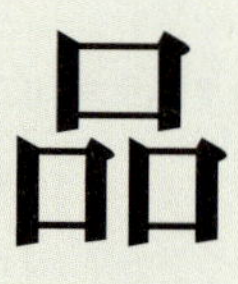

品

물건 품

음	ひん	*作品 작품　*商品 상품　品質 품질　*返品 반품　食品 식품
훈	しな	品 물건, 상품, 품질　*品物 물건, 물품, 상품　品切れ 품절
		手品 마술, 요술, 속임수

同じ商品をみんなでまとめて買えば安くなる。 같은 상품을 여럿이 함께 사면 싸진다.

ご注文いただいた品物は現在品切れとなっております。
주문하신 상품은 현재 품절되었습니다.

0401　N3 □□□

係　맬 계

음　けい　＊関係 관계　連係 연계

훈　かか(る)　係る 관계되다

　　かかり　＊係 담당, 계　係長 계장　係員 담당자　会計係 회계 담당

年齢に関係なく、誰でも応募できます。 연령에 관계없이 누구나 지원할 수 있습니다.

非常時には、係員の案内に従って行動するようお願いします。
비상시에는 담당자의 안내에 따라 행동하도록 부탁드립니다.

0402　N2 □□□

階　섬돌 계

음　かい　階 (건물의) 층계, 계단, 층　＊階段 계단　階級 계급
　　　　最上階 최상층, 맨 위의 층

훈　―

エレベーターは不安なので階段を使うようにしている。
엘리베이터는 불안하기 때문에 계단을 이용하도록 하고 있다.

最上階にある高級なレストランで食事をした。
최상층에 있는 고급 레스토랑에서 식사를 했다.

0403　N2 □□□

庫　곳집 고

음　こ　車庫 차고　＊冷蔵庫 냉장고　在庫 재고　＊倉庫 창고
　　く　庫裏 절의 부엌

훈　―

古い冷蔵庫が故障して買い替えようと思っている。
오래된 냉장고가 고장 나서 새로 사려고 생각하고 있다.

申し訳ありませんが、あいにく在庫が切れております。
죄송합니다만, 공교롭게도 재고가 없습니다.

0404　N2 □□□

橋　다리 교

음　きょう　歩道橋 육교　鉄橋 철교

훈　はし　＊橋 다리　石橋 돌다리　吊り橋 조교, 현수교, 출렁다리

歩道橋から夕日を眺めた。 육교에서 석양을 바라보았다.

大きな川に橋が架かっている。 큰 강에 다리가 놓여 있다.

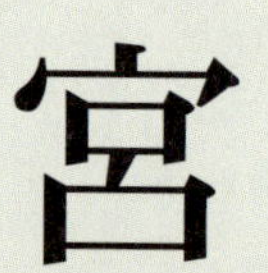

宮 집 궁

음 きゅう	王**宮** 왕궁　**宮**殿 궁전　**宮**廷 궁정, 궁중	
ぐう	神**宮** 신궁(격이 높은 신사)	
く	**宮**内庁 궁내청(황실에 관한 사무를 맡아 보는 관청)	
훈 みや	**宮** 신사, 궁　お**宮**参り 아기가 태어난 후 처음으로 신사에 참배함	

宮殿は、王が住んでいる家や王室の大邸宅を差す。
궁전은 왕이 살고 있는 집이나 왕실의 대저택을 가리킨다.

初孫のお**宮**参りに、家族全員で参加しました。
첫손자의 첫 신사 참배에 가족 모두가 참가했습니다.

根 뿌리 근

음 こん	*根拠 근거　根性 근성　根本的 근본적　大根 무
훈 ね	*根 뿌리　根本 뿌리, 밑　根強い 뿌리 깊다, 굳건하다, 여전하다
	*屋根 지붕

彼の主張には明確な**根**拠がある。 그의 주장에는 명확한 근거가 있다.

あの選手は引退しても、**根**強い人気を誇る。 저 선수는 은퇴하고도 여전한 인기를 자랑한다.

童 아이 동

음 どう	児**童** 아동, 어린이, (특히) 초등학생　**童**話 동화　**童**顔 동안　**童**謡 동요
훈 わらべ	**童** 동자, 어린애　**童**歌 동요

児**童**の安全を守るためにパトロールを強化した。
아동의 안전을 지키기 위해 순찰을 강화했다.

昔の**童**歌には地域の特色が表れている。 옛날 동요에는 지역의 특색이 나타나 있다.

연습문제

다음 한자의 발음과 뜻을 써 보세요.

01 気軽だ　き　　　だ	＿＿＿＿＿	21 倉庫　そう	＿＿＿＿＿	
02 高波　たか	＿＿＿＿＿	22 実る　　　る	＿＿＿＿＿	
03 悪者　わる	＿＿＿＿＿	23 打つ　　　つ	＿＿＿＿＿	
04 童話　　　わ	＿＿＿＿＿	24 和風　　　ふう	＿＿＿＿＿	
05 根本的　　　ぽんてき	＿＿＿＿＿	25 明暗　めい	＿＿＿＿＿	
06 重たい　　　たい	＿＿＿＿＿	26 落とす　　　とす	＿＿＿＿＿	
07 屋台　　　たい	＿＿＿＿＿	27 実力　　　りょく	＿＿＿＿＿	
08 王宮　おう	＿＿＿＿＿	28 階段　　　だん	＿＿＿＿＿	
09 取得　　　とく	＿＿＿＿＿	29 商品　　　ひん	＿＿＿＿＿	
10 昭和　　　わ	＿＿＿＿＿	30 取り引き　　　りひき	＿＿＿＿＿	
11 遊覧船　　　らんせん	＿＿＿＿＿	31 有無　　　む	＿＿＿＿＿	
12 石橋　いし	＿＿＿＿＿	32 作品　さく	＿＿＿＿＿	
13 不安　ふ	＿＿＿＿＿	33 安らかだ　　　らかだ	＿＿＿＿＿	
14 和らぐ　　　らぐ	＿＿＿＿＿	34 駅員　　　いん	＿＿＿＿＿	
15 最悪　さい	＿＿＿＿＿	35 寒さ　　　さ	＿＿＿＿＿	
16 出来事　でき	＿＿＿＿＿	36 深刻　　　こく	＿＿＿＿＿	
17 事情　　　じょう	＿＿＿＿＿	37 言葉　こと	＿＿＿＿＿	
18 体重　たい	＿＿＿＿＿	38 予定　　　てい	＿＿＿＿＿	
19 庭	＿＿＿＿＿	39 助ける　　　ける	＿＿＿＿＿	
20 係	＿＿＿＿＿	40 深まる　　　まる	＿＿＿＿＿	

정답

01 きがるだ 부담 없다　02 たかなみ 높은 파도　03 わるもの 나쁜 놈, 악한, 악인　04 どうわ 동화　05 こんぽんてき 근본적　06 おもたい 묵직하다
07 やたい 포장마차　08 おうきゅう 왕궁　09 しゅとく 취득　10 しょうわ 쇼와(1926년 12월 25일부터 1989년 1월 7일까지의 일본 연호)
11 ゆうらんせん 유람선　12 いしばし 돌다리　13 ふあん 불안　14 やわらぐ 누그러지다, 완화되다　15 さいあく 최악　16 できごと 일어난 일, 사건, 사고
17 じじょう 사정　18 たいじゅう 체중　19 にわ 뜰, 마당, 정원　20 かかり 담당, 계　21 そうこ 창고　22 みのる 열매를 맺다, 성과를 거두다
23 うつ 치다, 때리다　24 わふう 일본풍, 일본식　25 めいあん 명암　26 おとす 떨어뜨리다, 분실하다　27 じつりょく 실력　28 かいだん 계단
29 しょうひん 상품　30 とりひき 거래　31 うむ 유무　32 さくひん 작품　33 やすらかだ 편안하다, 평온하다　34 えきいん 역무원　35 さむさ 추위
36 しんこく 심각　37 ことば 말, 언어　38 よてい 예정　39 たすける 구조하다, 살리다, 돕다　40 ふかまる 깊어지다

3학년 한자 (6) 33자

음원 12 | 동영상 12

408	409	410	411	412	413	414	415
路	鼻	箱	拾	息	岸	央	育
길 **로**	코 **비**	상자 **상**	주울 **습**	쉴 **식**	언덕 **안**	가운데 **앙**	기를 **육**
음 ろ	음 び	음 ―	음 しゅう	음 そく	음 がん	음 おう	음 いく
훈 じ	훈 はな	훈 はこ	훈 ひろ(う)	훈 いき	훈 きし	훈 ―	훈 そだ(つ)

416	417	418	419	420	421	422	423
銀	章	帳	笛	畑	丁	第	族
은 **은**	글 **장**	장막 **장**	피리 **적**	화전 **전**	고무래 **정**	차례 **제**	겨레 **족**
음 ぎん	음 しょう	음 ちょう	음 てき	음 ―	음 ちょう	음 だい	음 ぞく
훈 ―	훈 ―	훈 ―	훈 ふえ	훈 はたけ	훈 ―	훈 ―	훈 ―

424	425	426	427	428	429	430	431
州	指	次	鉄	秒	追	歯	他
고을 **주**	가리킬 **지**	버금 **차**	쇠 **철**	분초 **초**	쫓을 **추**	이 **치**	다를 **타**
음 しゅう	음 し	음 じ	음 てつ	음 びょう	음 つい	음 し	음 た
훈 す	훈 さ(す)	훈 つぎ	훈 ―	훈 ―	훈 お(う)	훈 は	훈 ほか

432	433	434	435	436	437	438	439
炭	皮	筆	漢	港	県	号	湖
숯 **탄**	가죽 **피**	붓 **필**	한수 **한**	항구 **항**	매달 **현**	부르짖을 **호**	호수 **호**
음 たん	음 ひ	음 ひつ	음 かん	음 こう	음 けん	음 ごう	음 こ
훈 すみ	훈 かわ	훈 ふで	훈 ―	훈 みなと	훈 ―	훈 ―	훈 みずうみ

440
横
가로 **횡**
음 おう
훈 よこ

Day 12 / 3학년 한자(6) 33자

0408 N3 □□□

路 길 로[노]

- 음 ろ — *道路 도로　*通路 통로　路上 노상, 길가　路線 노선
- 훈 じ — 家路 집에 가는 길　旅路 여로, 여행길

通路が狭いので、一列になって進んでください。
통로가 좁으니, 한 줄로 서서 앞으로 가 주세요.

人生という旅路には、様々な出会いと別れがある。
인생이라는 여행길에는 다양한 만남과 헤어짐이 있다.

0409 N2 □□□

鼻 코 비

- 음 び — 鼻炎 비염　耳鼻科 이비인후과　鼻音 비음
- 훈 はな — *鼻 코　鼻水 콧물　鼻血 코피　鼻歌 콧노래

鼻炎がひどくて耳鼻科に通っている。　비염이 심해서 이비인후과에 다니고 있다.

花粉症で鼻水が止まりません。　꽃가루 알레르기 때문에 콧물이 멈추지 않습니다.

0410 N3 □□□

箱 상자 상

- 음 —
- 훈 はこ — *箱 상자　ゴミ箱 쓰레기통　本箱 책장

箱を開けると、手紙が入っていました。　상자를 열자, 편지가 들어 있었습니다.

公園にゴミ箱が設置されている。　공원에 쓰레기통이 설치되어 있다.

0411 N2 □□□

拾 주울 습

- 음 しゅう / じゅう — 拾得 습득　収拾 수습
- 훈 ひろ(う) — *拾う 줍다, 습득하다　拾い物 습득물

拾得した現金はすぐに警察に届けるべきだ。　습득한 현금은 바로 경찰에 신고해야 한다.

みんなで海岸のゴミを拾い、とてもきれいになった。
모두 함께 해변의 쓰레기를 주워서 아주 깨끗해졌다.

0412 N3 □□□

息 쉴 식

- 음 そく — 休息 휴식　終息 종식　生息 생존, 번식, 서식　消息 소식
- 훈 いき — *息 숨, 호흡　一息 단숨, 한숨 돌림, 잠시 쉼　ため息 한숨
　　　　　*息抜き 잠시 쉼, 한숨 돌림
- 예외 息子 아들

健康のためには十分な休息が大切だ。　건강을 위해서는 충분한 휴식이 중요하다.

一息ついてから議論を続けましょう。　잠시 쉬었다가 논의를 계속합시다.

岸 언덕 안

- 음 がん … 海岸 해안, 해변　沿岸 연안
- 훈 きし … *岸 물가, 벼랑　川岸 강가, 강기슭, 냇가, 강변　岸辺 물가, 강가, 바닷가

海岸に沿ってレストランが並んでいる。 해안을 따라 레스토랑이 늘어서 있다.
川岸にボートが止まっていた。 강가에 보트가 정박해 있었다.

央 가운데 앙

- 음 おう … *中央 중앙　震央 진앙, 진원지
- 훈 ―

日本列島の中央部は山地が多い。 일본 열도의 중앙부는 산지가 많다.
今回の地震では、震央に近い地域の被害が大きかった。
이번 지진에서는 진앙에 가까운 지역의 피해가 컸다.

育 기를 육

- 음 いく … *教育 교육　育児 육아　体育 체육　保育園 보육원, 어린이집
- 훈 そだ(つ)／そだ(てる) … 育つ 자라다, 성장하다　*育てる 키우다, 기르다, 양육하다, 양성하다
- はぐく(む) … 育む 기르다, 양육하다

来月から育児休暇を取るつもりです。 다음 달부터 육아 휴직을 낼 생각입니다.
彼は東京で生まれ育ったので、都会に慣れている。
그는 도쿄에서 태어나고 자라서 도시에 익숙하다.

銀 은 은

- 음 ぎん … *銀行 은행　銀色 은색　銀河 은하　水銀 수은
- 훈 ―

銀行でローンの相談を受けました。 은행에서 대출 상담을 받았습니다.
彼は銀色の髪を肩まで伸ばしている。 그는 은발을 어깨까지 기르고 있다.

章 글 장

- 음 しょう … *文章 문장, 글　腕章 완장　楽章 악장　勲章 훈장
- 훈 ―

彼の文章は分かりやすくて説得力がある。 그의 글은 이해하기 쉽고 설득력이 있다.
この曲は四つの楽章で構成されている。 이 곡은 네 개의 악장으로 구성되어 있다.

0418 N1 □□□

帳
장막 **장**

🔴 음 ちょう

通**帳** 통장　手**帳** 수첩　*几**帳**面だ 꼼꼼하다　**帳**簿 장부

🔵 훈 —

手帳に毎日の日程を書き込んでいる。 수첩에 매일 일정을 기입하고 있다.

彼は**几帳面**で、細かいことによく気が付く性格です。
그는 꼼꼼해서 세세한 데에 두루 주의가 미치는 성격입니다.

0419 N1 □□□

笛
피리 **적**

🔴 음 てき

汽**笛** 기적　警**笛** 경적　鼓**笛** 고적, 북과 피리

🔵 훈 ふえ

笛 피리, 호각　口**笛** 휘파람　草**笛** 풀피리

古い汽車の**汽笛**の音が懐かしい。 옛 기차의 기적 소리가 그립다.

彼は歩きながら**口笛**を吹いていた。 그는 걸으면서 휘파람을 불고 있었다.

0420 N3 □□□

畑
화전 **전**

🔴 음 —

🔵 훈 はたけ

畑 밭, 전문 분야　茶**畑** 차밭　**畑**違い 전문 분야가 다름　花**畑** 꽃밭

はた

畑 밭　田**畑** 논밭　**畑**作 밭농사, 밭작물

静岡には、日本最大級の**茶畑**が広がっている。
시즈오카에는 일본 최대 규모의 차밭이 펼쳐져 있다.

強い風と大雨の影響で**田畑**が大きな被害を受けた。
강한 바람과 큰비의 영향으로 논밭이 큰 피해를 입었다.

0421 N1 □□□

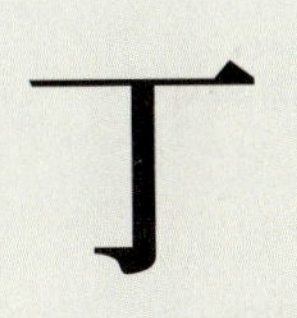

丁
고무래[장정] **정**

🔴 음 ちょう

三**丁**目 3(번)가　*包**丁** 부엌칼, 식칼　**丁**度 꼭, 딱, 정확히

てい

*丁寧だ 정중하다, 신중하다, 공손하다

🔵 훈 —

新宿**三丁目**の商店街にはおしゃれな店が多い。
신주쿠 3번가의 상점가에는 멋진 가게가 많다.

電話は最後まで**丁寧**に応対するように心がけてください。
전화는 끝까지 정중하게 응대하도록 유념해 주세요.

第 차례 제

음 だい
*第一 제일, 첫 번째, 최고, 주요, 무엇보다도　第一印象 첫인상
第三者 제삼자　第一位 제1위

훈 ―

安全第一で作業してください。 안전 제일로 작업해 주십시오.
面接では第一印象が大切です。 면접에서는 첫인상이 중요합니다.

族 겨레 족

음 ぞく
*家族 가족　*水族館 수족관　貴族 귀족　親族 친족

훈 ―

改めて、家族と過ごす時間の大切さを実感した。
새삼 가족과 보내는 시간의 소중함을 실감했다.

ここは昔、貴族が住んでいたお城です。 이곳은 옛날에 귀족이 살았던 성입니다.

州 고을 주

음 しゅう
州 주(연방 국가의 행정 구역의 하나)　州立 주립

훈 す
州 주, 모래톱, 모래섬　三角州 삼각주

アメリカには五十の州があります。 미국에는 50개의 주가 있습니다.
ナイル川には大きな三角州があります。 나일강에는 큰 삼각주가 있습니다.

指 가리킬 지

음 し
*指示 지시　*指導 지도　指定 지정　指摘 지적　指名 지명

훈 さ(す)
*指す 가리키다　*指図 지시, 명령, 지정

ゆび
指 손가락, 발가락　指先 손끝, 발끝　指輪 반지　薬指 약지

指定席は自由席より料金が高い。 지정석은 자유석보다 요금이 비싸다.
彼女は薬指に結婚指輪をはめている。 그녀는 약지에 결혼 반지를 끼고 있다.

次 버금 차

음 じ
次回 차회, 다음 번　次男 차남　目次 목차　二次会 2차 모임

し
*次第 순서, 사정

훈 つぎ
*次 다음　*次々と 차례차례로　次に 다음에

つ(ぐ)
次ぐ 뒤를 잇다, 잇따르다　相次ぐ 잇따르다, 연달다　次いで 뒤이어

次回の会議で、詳しくご説明します。 다음 회의에서 자세히 설명드리겠습니다.
大雨のため、高速道路で相次いで事故が発生した。
큰비 때문에 고속도로에서 잇따라 사고가 발생했다.

0427 N2 ☐☐☐

鉄
쇠 철 (鐵)

- **음** てつ
  - 鉄道 철도　*電鉄 전철, 전기 철도　鉄板 철판　鉄鋼 철강
- **훈** —

彼は鉄道の歴史に詳しい。 그는 철도 역사에 대해 잘 안다.

野菜と肉を鉄板で焼いて食べました。 채소와 고기를 철판에 구워서 먹었습니다.

0428 N2 ☐☐☐

秒
분초 초

- **음** びょう
  - 秒 초(시간의 단위)　秒速 초속　秒針 초침　秒読み 초읽기
- **훈** —

秒速10メートルの風はかなり強いです。 초속 10m의 바람은 상당히 셉니다.

新店舗のオープンが秒読みに入っている。 새 점포 오픈이 초읽기에 들어갔다.

0429 N2 ☐☐☐

追
쫓을 추 (追)

- **음** つい
  - *追加 추가　追求 추구　追放 추방　追突 추돌　追及 추적, 추궁
- **훈** お(う)
  - *追う 쫓다, 따르다　追い越す 앞지르다, 추월하다
  - 追い付く 따라붙다, 따라잡다　追い風 순풍

自分らしい自由な生き方を追求したい。 나다운 자유로운 삶의 방식을 추구하고 싶다.

時間に追われる毎日でストレスが溜まっている。
시간에 쫓기는 매일이라 스트레스가 쌓이고 있다.

0430 N2 ☐☐☐

歯
이 치 (齒)

- **음** し
  - 歯科 치과　歯石 치석　乳歯 유치　歯痛 치통
- **훈** は
  - *歯 이　歯医者 치과, 치과 의사　*虫歯 충치　歯並び 치열

歯科で虫歯の治療を受けています。 치과에서 충치 치료를 받고 있습니다.

アプリを利用して歯医者の予約をした。 앱을 이용해서 치과 예약을 했다.

0431 N3 ☐☐☐

他
다를 타

- **음** た
  - *他人 타인, 남, 다른 사람　*他社 타사, 다른 회사　他国 타국, 외국
  - 他動詞 타동사
- **훈** ほか
  - *他 다른 (것), 이외, 그 밖

他人の目は気にしないでください。 다른 사람의 시선은 신경 쓰지 마세요.

他の国の文化を学ぶのは楽しい。 다른 나라의 문화를 배우는 것은 즐겁다.

炭 숯 탄

- 음 たん　石炭 석탄　炭素 탄소　炭鉱 탄광　木炭 목탄
- 훈 すみ　炭 숯　炭火 숯불

石炭は安いエネルギー源として使われてきた。 석탄은 저렴한 에너지원으로 사용되어 왔다.
炭火で魚を焼くと、とてもおいしいです。 숯불에 생선을 구우면 매우 맛있습니다.

皮 가죽 피

- 음 ひ　皮膚 피부　*皮肉 빈정거림, 비꼼　表皮 표피　皮革 피혁, 가죽
- 훈 かわ　皮 가죽, 껍질, (안의 것을 싸는) 껍데기, 피　毛皮 모피

冬になると皮膚が乾燥します。 겨울이 되면 피부가 건조합니다.
りんごの皮はむかないで食べた方がいい。 사과 껍질은 벗기지 말고 먹는 편이 좋다.

筆 붓 필

- 음 ひつ　*鉛筆 연필　筆記 필기　筆者 필자　*執筆 집필
- 훈 ふで　*筆 붓　筆先 붓끝, 붓을 다루는 솜씨　筆箱 필통

講義内容をタブレットに筆記しておいた。 강의 내용을 태블릿에 필기해 두었다.
筆を使って習字の練習をしている。 붓을 사용해서 서예 연습을 하고 있다.

漢 한수[한나라] 한 (漢)

- 음 かん　*漢字 한자　漢方薬 한방약, 한약　漢文 한문
- 훈 ―

漢字の習得には時間がかかるものだ。 한자 습득에는 시간이 걸리는 법이다.
漢方薬は自然の成分で作られる。 한약은 자연 성분으로 만들어진다.

港 항구 항 (港)

- 음 こう　*空港 공항　入港 입항　開港 개항　出港 출항
- 훈 みなと　*港 항구　港町 항구 도시

朝になると、空港には続々と飛行機が到着する。
아침이 되면 공항에는 속속 비행기가 도착한다.
船が何隻も港に入っている。 배가 몇 척이나 항구에 들어와 있다.

0437 N3 ☐☐☐

県

매달[고을] **현** (縣)

음 けん

*県 현(일본의 행정 구역의 하나)　県庁 현청　県民 현민

都道府県 도도부현(일본의 행정 구역)

훈 ―

香川県は日本で一番面積の小さい県である。 가가와현은 일본에서 가장 면적이 작은 현이다.

県庁に災害対策本部を設けることにした。 현청에 재해 대책 본부를 설치하기로 했다.

0438 N3 ☐☐☐

号

부르짖을[이름] **호** (號)

음 ごう

*信号 신호　*番号 번호　記号 기호　号泣 호읍, 엉엉 욺

훈 ―

入力データに一連番号を付けた。 입력 데이터에 일련 번호를 붙였다.

その映画を見て号泣してしまった。 그 영화를 보고 엉엉 울어 버렸다.

0439 N2 ☐☐☐

湖

호수 **호**

음 こ

湖水 호수　湖畔 호반, 호숫가　〜湖 〜호

훈 みずうみ

*湖 호수

先週末、湖畔でキャンプをしました。 지난 주말 호숫가에서 캠핑을 했습니다.

この湖には巨大な生き物がいるという。 이 호수에는 거대한 생명체가 있다고 한다.

0440 N2 ☐☐☐

横

가로 **횡** (橫)

음 おう

*横断 횡단　横領 횡령　横暴 횡포

훈 よこ

*横 가로, 옆, 곁, (「〜になる」의 형태로) 눕다　横顔 옆얼굴

横切る 가로지르다, 횡단하다

彼は自転車でアメリカ大陸を横断した。 그는 자전거로 미국 대륙을 횡단했다.

夫は一日中横になってテレビを見ている。 남편은 하루 종일 누워서 TV를 보고 있다.

연습문제

다음 한자의 발음과 뜻을 써 보세요.

01	中央 ちゅう◻	＿＿＿＿	21	湖 ◻	＿＿＿＿
02	拾い物 ◻いもの	＿＿＿＿	22	県庁 ◻ちょう	＿＿＿＿
03	漢字 ◻じ	＿＿＿＿	23	銀河 ◻が	＿＿＿＿
04	秒速 ◻そく	＿＿＿＿	24	包丁 ほう◻	＿＿＿＿
05	水族館 すい◻かん	＿＿＿＿	25	他社 ◻しゃ	＿＿＿＿
06	追加 ◻か	＿＿＿＿	26	教育 きょう◻	＿＿＿＿
07	沿岸 えん◻	＿＿＿＿	27	鉛筆 えん◻	＿＿＿＿
08	炭素 ◻そ	＿＿＿＿	28	通帳 つう◻	＿＿＿＿
09	路線 ◻せん	＿＿＿＿	29	追い越す ◻いこす	＿＿＿＿
10	警笛 けい◻	＿＿＿＿	30	指示 ◻じ	＿＿＿＿
11	信号 しん◻	＿＿＿＿	31	ゴミ箱 ゴミ◻	＿＿＿＿
12	電鉄 でん◻	＿＿＿＿	32	鼻血 ◻ぢ	＿＿＿＿
13	州立 ◻りつ	＿＿＿＿	33	横顔 ◻がお	＿＿＿＿
14	港町 ◻まち	＿＿＿＿	34	畑違い ◻ちがい	＿＿＿＿
15	歯石 ◻せき	＿＿＿＿	35	文章 ぶん◻	＿＿＿＿
16	育てる ◻てる	＿＿＿＿	36	旅路 たび◻	＿＿＿＿
17	ため息 ため◻	＿＿＿＿	37	息子 ◻こ	＿＿＿＿
18	皮肉 ◻にく	＿＿＿＿	38	指す ◻す	＿＿＿＿
19	開港 かい◻	＿＿＿＿	39	第三者 ◻さんしゃ	＿＿＿＿
20	目次 もく◻	＿＿＿＿	40	丁寧だ ◻ねいだ	＿＿＿＿

정답

01 ちゅうおう 중앙 02 ひろいもの 습득물 03 かんじ 한자 04 びょうそく 초속 05 すいぞくかん 수족관 06 ついか 추가 07 えんがん 연안
08 たんそ 탄소 09 ろせん 노선 10 けいてき 경적 11 しんごう 신호 12 でんてつ 전철, 전기 철도 13 しゅうりつ 주립 14 みなとまち 항구 도시
15 しせき 치석 16 そだてる 키우다, 기르다, 양육하다, 양성하다 17 ためいき 한숨 18 ひにく 빈정거림, 비꼼 19 かいこう 개항 20 もくじ 목차
21 みずうみ 호수 22 けんちょう 현청 23 ぎんが 은하 24 ほうちょう 부엌칼, 식칼 25 たしゃ 타사, 다른 회사 26 きょういく 교육
27 えんぴつ 연필 28 つうちょう 통장 29 おいこす 앞지르다, 추월하다 30 しじ 지시 31 ゴミばこ 쓰레기통 32 はなぢ 코피 33 よこがお 옆얼굴
34 はたけちがい 전문 분야가 다름 35 ぶんしょう 문장, 글 36 たびじ 여로, 여행길 37 むすこ 아들 38 さす 가리키다 39 だいさんしゃ 제삼자
40 ていねいだ 정중하다, 신중하다, 공손하다

정답&해석 → p.328

밑줄 친 한자의 올바른 발음을 고르세요.

1 世界中の人々が平和を願っている。
① せいかいちゅう　② せいかいじゅう　③ せかいじゅう　④ せかいちゅう

2 重要な内容なので、慎重に考えてから返事をください。
① へんし　② はんじ　③ へんじ　④ はんし

3 都市部では住宅の価格が上がっている。
① ちゅうたく　② じゅうたく　③ しゅたく　⑤ しゅうたく

4 この度はご協力いただき、誠にありがとうございました。
① ほど　② ど　③ ごろ　④ たび

5 このロボットは人が近づくと動くようになっている。
① はたらく　② うごく　③ えがく　④ かわく

6 気軽に相談できる先生がいるのはありがたい。
① きがるに　② きかるに　③ けがるに　④ けかるに

7 彼は周囲に気を配る優しい人です。
① とおる　② くばる　③ うえる　④ さだめる

8 会場の入り口で係員がチケットを拝見します。
① かかりいん　② かかりえん　③ けいいん　④ けいえん

9 事件の真相はまだ明らかになっていない。
① しんぞう　② しんしょう　③ じんぞう　④ しんそう

10 教育の機会はすべての人に平等でなければならない。
① へいとう　② びょうとう　③ へいどう　④ びょうどう

초등학교 4학년

한자 총202자

441	442	443	444	445	446	447	448
参	加	改	良	選	挙	欠	席
참여할 **참**	더할 **가**	고칠 **개**	어질 **량**	가릴 **선**	들 **거**	이지러질 **결**	자리 **석**
음 さん	음 か	음 かい	음 りょう	음 せん	음 きょ	음 けつ	음 せき
훈 まい(る)	훈 くわ(わる)	훈 あらた(まる)	훈 よ(い)	훈 えら(ぶ)	훈 あ(がる)	훈 か(く)	훈 ―

449	450	451	452	453	454	455	456
成	果	結	末	戦	争	競	城
이룰 **성**	열매 **과**	맺을 **결**	끝 **말**	싸움 **전**	다툴 **쟁**	다툴 **경**	성 **성**
음 せい	음 か	음 けつ	음 まつ	음 せん	음 そう	음 きょう	음 じょう
훈 な(る)	훈 は(たす)	훈 むす(ぶ)	훈 すえ	훈 たたか(う)	훈 あらそ(う)	훈 きそ(う)	훈 しろ

457	458	459	460	461	462	463	464
官	管	郡	群	街	各	覚	岡
벼슬 **관**	대롱 **관**	고을 **군**	무리 **군**	거리 **가**	각각 **각**	깨달을 **각**	언덕 **강**
음 かん	음 かん	음 ぐん	음 ぐん	음 がい	음 かく	음 かく	음 ―
훈 ―	훈 くだ	훈 ―	훈 む(れる)	훈 まち	훈 おのおの	훈 おぼ(える)	훈 おか

465	466	467	468	469	470	471	472
径	鏡	固	共	極	旗	奈	念
지름길 **경**	거울 **경**	굳을 **고**	함께 **공**	다할 **극**	기 **기**	어찌 **나**	생각 **념**
음 けい	음 きょう	음 こ	음 きょう	음 きょく	음 き	음 な	음 ねん
훈 ―	훈 かがみ	훈 かた(い)	훈 とも	훈 きわ(まる)	훈 はた	훈 ―	훈 ―

473	474
努	単
힘쓸 **노**	홑 **단**
음 ど	음 たん
훈 つと(める)	훈 ―

0441 N3 ☐☐☐

参

참여할 참 (参)

- 음 さん — *参加 참가　*参考 참고　参照 참조　持参 지참　参戦 참전
- 훈 まい(る) — 参る 가다, 오다(겸양어)　お参り (신사·절·무덤에) 참배하러 감
　墓参り 성묘

年齢・性別を問わず、どなたでも参加できます。
연령·성별을 불문하고 누구나 참가할 수 있습니다.

新年に神社へお参りして、家族の健康を祈った。
새해에 신사에 참배하러 가서 가족의 건강을 빌었다.

0442 N3 ☐☐☐

加

더할 가

- 음 か — *追加 추가　*増加 증가　*参加 참가　加入 가입　加速 가속
- 훈 くわ(わる) — *加わる 더해지다, 참가하다, 가담하다, 합류하다, 가해지다
　くわ(える) — *加える 더하다, 보태다, 가입시키다

飲み放題ですが、アルコールは追加料金がかかります。
음료는 무제한이지만, 주류는 추가 요금이 붙습니다.

新しいメンバーが加わって、歓迎会をやることにした。
새로운 멤버가 합류해서 환영회를 하기로 했다.

0443 N2 ☐☐☐

改

고칠 개

- 음 かい — *改正 (법령·규칙 등의) 개정　*改訂 (서적·문서 등의) 개정　*改善 개선
　*改札 개찰　改造 개조
- 훈 あらた(まる) — 改まる 새로워지다, 바뀌다, 개선되다
　あらた(める) — *改める 고치다, 바꾸다, 바로하다　改めて 딴 기회에, 다시, 새삼스럽게

働き方を改善し、残業を減らした。 근무 방식을 개선하여 잔업을 줄였다.
日程が決まってから改めてご連絡いたします。 일정이 정해진 후에 다시 연락드리겠습니다.

0444 N3 ☐☐☐

良

어질 량[양]

- 음 りょう — 良好 양호, 원만함　良心 양심　改良 개량　優良 우량
　良品 양품, 좋은 물건
- 훈 よ(い) — 良い 좋다

彼とは常に良好な関係を保っています。 그와는 항상 원만한 관계를 유지하고 있습니다.
いつか、空気の良い所で暮らしたいです。 언젠가 공기가 좋은 곳에서 살고 싶습니다.

選
가릴 선 (選)

음 せん　*選手 선수　*選択 선택　*選挙 선거　当選 당선　落選 낙선

훈 えら(ぶ)　選ぶ 고르다, 택하다, 뽑다, 선발하다

人生は選択と決断の積み重ねである。 인생은 선택과 결단의 축적이다.

彼はサッカーの国家代表選手に選ばれた。 그는 축구 국가대표 선수로 선발됐다.

挙
들 거 (擧)

음 きょ　*選挙 선거　挙式 거식, 결혼식을 올림　挙手 거수
*一挙に 일거에, 단번에　列挙 열거

훈 あ(がる)　挙がる 오르다, 올라가다, 잡히다, 검거되다

あ(げる)　挙げる (손을) 들다, (예식 등을) 거행하다, (예로서) 들다

挙げて 모두, 전부

今回の選挙は国民の関心が高く、候補者の演説に多くの市民が耳を傾けていた。
이번 선거는 국민의 관심이 높아, 후보자 연설에 많은 시민이 귀를 기울이고 있었다.

具体的な例を挙げて説明してください。 구체적인 예를 들어서 설명해 주세요.

欠
이지러질 결 (缺)

음 けつ　*欠席 결석　*欠点 결점　欠勤 결근　欠乏 결핍

훈 か(く)　欠く 없다, 부수다

か(ける)　*欠ける 빠지다, 모자라다, (달이) 이지러지다

か(かす)　欠かす 빠뜨리다, 거르다

授業に欠席する場合は、事前に知らせてください。
수업에 결석할 경우에는 사전에 알려 주세요.

私は朝食を欠かすと、集中力が下がる。 나는 아침밥을 거르면 집중력이 떨어진다.

席
자리 석

음 せき　*席 자리, 좌석　*出席 출석, (회합 등의) 참석　*座席 좌석, 자리
*空席 공석, 빈자리　自由席 자유석

훈 ―

もうすぐ会議が始まるので、席についてください。
곧 회의가 시작되니 자리에 앉아 주세요.

飛行機の空席状況をネットで調べた。 비행기 공석 상황을 인터넷으로 조사했다.

0449 N3 ☐☐☐

음 せい　*成功 성공　成長 성장　*完成 완성　*賛成 찬성　*成績 성적

　　じょう　成就 성취　成仏 성불, 죽음

훈 な(る)　成る 완성되다, 이루어지다

　　　　成り立つ 성립하다, 구성되다, (장사 등이) 유지되다

　　な(す)　成す 이루다, 성취하다　成し遂げる 완수하다, 이룩하다, 성취하다

成

이룰 **성**

マイホームがやっと完成して、引っ越しの準備をしている。
내 집이 드디어 완성되어 이사 준비를 하고 있다.

その国の経済は観光業によって成り立っている。
그 나라의 경제는 관광업에 의해 유지되고 있다.

0450 N3 ☐☐☐

음 か　*成果 성과　*効果 효과　*結果 결과　*果実 과실, 과일

훈 は(たす)　*果たす 다하다, 완수하다, 해내다

　　は(てる)　果てる 끝나다, 죽다　果て (사물의) 한, 끝, (산·들·바다·하늘의) 끝

果

열매 **과**

SNSを使った宣伝の効果は徐々に現れている。
SNS를 이용한 선전 효과는 서서히 나타나고 있다.

引き受けたからには、責任を果たすべきだ。 맡은 이상에는 책임을 다해야 한다.

0451 N1 ☐☐☐

음 けつ　*結婚 결혼　*結果 결과　*結論 결론　*完結 완결　結成 결성

훈 むす(ぶ)　*結ぶ 매다, 묶다, 잇다

　　ゆ(う)　結う 매다, (머리를) 빗다, 묶다

　　ゆ(わえる)　結わえる 매다, 묶다

예외 結納 약혼 예물을 교환함

結

맺을 **결**

彼らは長い時間議論した末、同じ結論に到達した。
그들은 오랜 시간 논의한 끝에 같은 결론에 도달했다.

両国は友好条約を結んだ。 양국은 우호 조약을 맺었다.

0452 N3 ☐☐☐

음 まつ　結末 결말　年末 연말　週末 주말　粉末 분말, 가루　期末 기말

　　ばつ　末子 말자, 막내둥이

훈 すえ　末 끝, (기간의) 말　末っ子 막내

末

끝 **말**

予想外の結末を迎えて、観客は驚いた。 예상 밖의 결말을 맞이해서 관객은 놀랐다.

彼女は4人姉妹の末っ子です。 그녀는 네 자매 중 막내입니다.

戦

싸움 전 (戰)

| 음 | せん | *戦争 전쟁 *挑戦 도전 *決勝戦 결승전 終戦 종전 苦戦 고전 |

| 훈 | たたか(う) | *戦う 싸우다, 전쟁하다, 겨루다 戦い 싸움, 전쟁, 시합 |
| | いくさ | 戦 전쟁, 싸움, 군대 勝ち戦 승전, 전승 負け戦 진 싸움, 패전 |

新しいことに挑戦するのは勇気が要る。 새로운 일에 도전하는 것은 용기가 필요하다.

彼らは決勝戦で強敵と戦った。 그들은 결승전에서 강적과 싸웠다.

争

다툴 쟁 (爭)

| 음 | そう | *競争 경쟁 戦争 전쟁 *論争 논쟁 紛争 분쟁 争点 쟁점 |

| 훈 | あらそ(う) | *争う 다투다, 싸우다, 경쟁하다 争い 다툼, 싸움, 분쟁 |

戦争より悲惨な災害はないと思う。 전쟁보다 비참한 재해는 없다고 생각한다.

彼らは土地の所有権を巡って争いをしている。
그들은 토지 소유권을 둘러싸고 분쟁을 벌이고 있다.

競

다툴 경

음	きょう	競技 경기 *競争 경쟁 競売 경매 競合 경합
	けい	競馬 경마 競輪 경륜
훈	きそ(う)	*競う 다투다, 겨루다 *競い合う 서로 지지 않으려고 경쟁하다, 겨루다
	せ(る)	競る 다투다, 경쟁하다

二人の選手は最後の1秒まで激しく競争した。
두 선수는 마지막 1초까지 치열하게 경쟁했다.

学生たちはスピーチコンテストで実力を競い合っている。
학생들은 스피치 콘테스트에서 실력을 겨루고 있다.

城

성 성

| 음 | じょう | 城門 성문 城内 성내, 성 안 城下町 성시, 성으로 둘러싸인 시가 名城 명성, 훌륭하고 이름난 성 |

| 훈 | しろ | 城 성 城跡 성지, 성터 |

城下町には昔の風情が残っている。 성으로 둘러싸인 시가에는 옛 정취가 남아 있다.

姫路城は日本で最も美しい城の一つだ。 히메지 성은 일본에서 가장 아름다운 성 중 하나이다.

0457 N3 □□□

官 / 벼슬 관

음 かん
官庁 관청　官僚 관료　警察官 경찰관　教官 교관

훈 —

あのビルにはいくつかの官庁が入っている。 저 빌딩에는 여러 관청이 들어가 있다.

警察官の一番の任務は、市民の安全を守ることです。
경찰관의 최우선 임무는 시민의 안전을 지키는 것입니다.

0458 N2 □□□

管 / 대롱 관

음 かん
*管理 관리　*保管 보관　血管 혈관　水道管 수도관

훈 くだ
管 관, 대롱

個人情報は厳格に管理しておりますので、ご安心ください。
개인정보는 엄격하게 관리하고 있으므로 안심하세요.

ガスの管に異常がないか点検してください。 가스관에 이상이 없는지 점검해 주세요.

0459 N1 □□□

郡 / 고을 군

음 ぐん
郡 군(행정 구역 이름)　郡部 군부(「郡」(군)에 속하는 지역)

西多摩郡 니시타마군(지명)

훈 —

郡は日本の行政区画の一つで、合計307の郡がある。
군(郡)은 일본의 행정 구획 중 하나로 총 307개의 군이 있다.

西多摩郡は東京都に属している。 니시타마군은 도쿄도에 속해 있다.

0460 N2 □□□

群 / 무리 군

음 ぐん
*群集 군집, 운집　*抜群 발군, 뛰어남　群衆 군중　大群 대군, 큰 떼

훈 む(れる)/む(れ)
群れる 떼를 짓다, 군집하다, 무리를 짓다　群れ 떼, 무리

　　むら
群がる 떼 지어 모이다, 군집하다

市役所の前には大勢の群衆が集まっていた。 시청 앞에는 많은 군중이 모여 있었다.

人々は広場に群がっていた。 사람들은 광장에 군집해 있었다.

0461 N1 □□□

街 / 거리 가

음 がい
*商店街 상점가　*住宅街 주택가　街路樹 가로수　市街 시가, 거리

　　かい
街道 가도, 큰길

훈 まち
街 거리, 번화가　*街角 길모퉁이

地元の商店街を応援しようと、様々なイベントが行われている。
지역 상점가를 응원하고자 다양한 이벤트가 개최되고 있다.

この街には昔ながらの風景が残っている。 이 거리에는 옛 모습 그대로의 풍경이 남아 있다.

各
각각 **각**

🔴 **음** かく　　*各自 각자　*各地 각지　*各国 각국　*各駅 각역　各位 각위, 여러분

🔵 **훈** おのおの　　各 각각, 제각기, 각자

現地集合なので、各自出発してください。 현지 집합이므로 각자 출발해 주세요.
各の意見を出し合って、解決策を見つけましょう。
각자 의견을 내서 해결책을 찾읍시다.

覚
깨달을 **각** (覺)

🔴 **음** かく　　*感覚 감각　覚悟 각오　自覚 자각　*錯覚 착각

🔵 **훈** おぼ(える)　　*覚える 기억하다, 배우다, 익히다, 느끼다

さ(める)　　*覚める (잠 등이) 깨다, 제정신이 들다

さ(ます)　　覚ます (잠을) 깨우다, 깨우치다　*目覚ましい 눈부시다

時差ボケで時間の感覚がおかしい。 시차증으로 시간 감각이 이상하다.
鳥の鳴き声で目が覚めた。 새 우는 소리에 잠이 깼다.

岡
언덕 **강**

🔴 **음** ―

🔵 **훈** おか　　福岡 후쿠오카 (지명)　静岡 시즈오카 (지명)　岡山 오카야마 (지명)

福岡から釜山までは約200キロ離れています。
후쿠오카에서 부산까지는 약 200km 떨어져 있습니다.
静岡は自然に恵まれた、きれいな町です。 시즈오카는 자연이 풍부한 아름다운 도시입니다.

径
지름길 **경** (徑)

🔴 **음** けい　　径路 경로, 좁은 길　直径 직경, 지름　半径 반경, 반지름

🔵 **훈** ―

この円の半径は5センチなので、直径は10センチになります。
이 원의 반지름은 5cm이므로, 지름은 10cm가 됩니다.
電流の流れる径路を図に示しなさい。 전류가 흐르는 경로를 그림으로 나타내시오.

鏡
거울 **경**

🔴 **음** きょう　　望遠鏡 망원경　内視鏡 내시경　顕微鏡 현미경　鏡台 경대

🔵 **훈** かがみ　　*鏡 거울　手鏡 손거울

彼は望遠鏡で星を観察するのが趣味です。 그는 망원경으로 별을 관찰하는 것이 취미입니다.
この鏡は割れにくい素材でできている。 이 거울은 잘 깨지지 않는 소재로 만들어졌다.

0467 N2 ☐☐☐

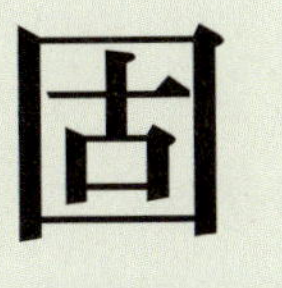

固 굳을 고

- **음** こ　　＊固定 고정　固有 고유　固体 고체　＊頑固 완고, 고집스러움
- **훈** かた(い)　　＊固い 딱딱하다, 단단하다, 굳다
  - かた(まる) / かた(める)　　固まる 굳어지다　固める 굳히다

シートベルトを着用して、体をしっかり固定してください。
안전벨트를 착용해서 몸을 잘 고정해 주세요.

このパンは固くて食べにくいです。 이 빵은 딱딱해서 먹기 힘듭니다.

0468 N3 ☐☐☐

共 함께 공

- **음** きょう　　＊共通 공통　＊公共 공공　共同 공동　共感 공감
- **훈** とも　　共に 함께, 같이　共働き 맞벌이　＊私共 저희들

この建物は公共の安全のために取り壊されました。
이 건물은 공공의 안전을 위해 철거되었습니다.

私たちは喜びも悲しみも共にしてきた。 우리는 기쁨도 슬픔도 함께 해 왔다.

0469 N2 ☐☐☐

極 다할 극

- **음** きょく　　＊積極的 적극적　消極的 소극적　＊極力 극력, 힘껏
  - ＊極端 극단, 극단적임　北極 북극
  - ごく　　極上 극상, 최상　至極 짝이 없음, 지극히, 더없이　極秘 극비
- **훈** きわ(まる)　　極まる 극도에 달하다, ～하기 짝이 없다, 최상이다, 그만이다
  - 極まり 끝, 마지막, 궁극　極まりない 끝없다, ～하기 짝이 없다
  - きわ(める)　　＊極める 다하다, 극하다, 더할 나위 없이 ～하다　＊極めて 극히, 매우
  - きわ(み)　　極み 끝, 극도, 지극함

彼は何事にも積極的に取り組む性格です。 그는 무슨 일이든 적극적으로 임하는 성격입니다.

真夜中に訪問するなんて非常識極まりない。 한밤중에 방문하다니 몰상식하기 짝이 없다.

0470 N1 ☐☐☐

旗 기 기

- **음** き　　国旗 국기　旗手 기수
- **훈** はた　　＊旗 기, 깃발　白旗 백기

国旗を掲げ、厳かに式典が始まった。 국기를 게양하고 엄숙하게 식이 시작되었다.

子供たちが運動会で旗を振りながら応援している。
아이들이 운동회에서 깃발을 흔들면서 응원하고 있다.

奈 어찌 나

음 な

奈良 나라 (지명)　神奈川 가나가와 (지명)　奈落 나락, 지옥, 밑바닥

훈 ―

大阪へ行くついでに奈良も回ってみたい。 오사카에 가는 김에 나라도 돌아보고 싶다.

神奈川県の県庁所在地は横浜市である。 가나가와현의 현청 소재지는 요코하마시이다.

念 생각 념[염]

음 ねん

*念頭 염두　残念 유감스러움, 아쉬움　信念 신념　*断念 단념

丹念 정성들임, 꼼꼼함　念 생각, 마음　念のため 만약을 위해

훈 ―

安全を念頭に置いた設計が必要です。 안전을 염두해 둔 설계가 필요합니다.

念のため、もう一度確認してください。 만약을 위해 한 번 더 확인해 주세요.

努 힘쓸 노

음 ど

*努力 노력　努力家 노력가

훈 つと(める)

*努める 힘쓰다, 노력하다　努めて 애써, 되도록

何事も誠意を持って、最大限の努力をすることが大切だ。
무슨 일이든 성의를 가지고 최대한의 노력을 하는 것이 중요하다.

誰もが安心して暮らせる環境づくりに努めたい。
누구나가 안심하고 살 수 있는 환경 만들기에 힘쓰고 싶다.

単 홀 단 (単)

음 たん

*単語 단어　*簡単 간단　単独 단독　単純 단순　単体 단체

훈 ―

日本語の単語は漢字とひらがなが混ざっている。
일본어 단어는 한자와 히라가나가 섞여 있다.

このレシピは簡単に作れるからお勧めです。
이 레시피는 간단하게 만들 수 있어서 추천합니다.

연습문제

다음 한자의 발음과 뜻을 써 보세요.

01	選挙 せん［　］	＿＿＿＿	21	当選 とう［　］	＿＿＿＿
02	競技 ［　］ぎ	＿＿＿＿	22	極める ［　］める	＿＿＿＿
03	直径 ちょっ［　］	＿＿＿＿	23	官僚 ［　］りょう	＿＿＿＿
04	争う ［　］う	＿＿＿＿	24	各駅 ［　］えき	＿＿＿＿
05	感覚 かん［　］	＿＿＿＿	25	残念 ざん［　］	＿＿＿＿
06	城内 ［　］ない	＿＿＿＿	26	加える ［　］える	＿＿＿＿
07	固まる ［　］まる	＿＿＿＿	27	出席 しゅっ［　］	＿＿＿＿
08	成る ［　］る	＿＿＿＿	28	改正 ［　］せい	＿＿＿＿
09	末っ子 ［　］っこ	＿＿＿＿	29	結ぶ ［　］ぶ	＿＿＿＿
10	結論 ［　］ろん	＿＿＿＿	30	奈良 ［　］ら	＿＿＿＿
11	参考 ［　］こう	＿＿＿＿	31	成績 ［　］せき	＿＿＿＿
12	頑固 がん［　］	＿＿＿＿	32	郡部 ［　］ぶ	＿＿＿＿
13	保管 ほ［　］	＿＿＿＿	33	街角 ［　］かど	＿＿＿＿
14	鏡 ［　］	＿＿＿＿	34	結果 けっ［　］	＿＿＿＿
15	福岡 ふく［　］	＿＿＿＿	35	単純 ［　］じゅん	＿＿＿＿
16	共通 ［　］つう	＿＿＿＿	36	増加 ぞう［　］	＿＿＿＿
17	挑戦 ちょう［　］	＿＿＿＿	37	良い ［　］い	＿＿＿＿
18	欠ける ［　］ける	＿＿＿＿	38	果たす ［　］たす	＿＿＿＿
19	抜群 ばつ［　］	＿＿＿＿	39	国旗 こっ［　］	＿＿＿＿
20	覚める ［　］める	＿＿＿＿	40	努める ［　］める	＿＿＿＿

4학년 한자 (2) 34자

475	476	477	478	479	480	481	482
健	康	季	節	機	械	関	連
튼튼할 건	편안할 강	계절 계	마디 절	틀 기	기계 계	관계할 관	이을 련
음 けん	음 こう	음 き	음 せつ	음 き	음 き	음 かん	음 れん
훈 すこ(やか)	훈 ―	훈 ―	훈 ふし	훈 はた	훈 ―	훈 かか(わる)	훈 つら(なる)

483	484	485	486	487	488	489	490
功	労	働	陸	軍	隊	冷	熱
공 공	일할 로	일할 동	뭍 륙	군사 군	무리 대	찰 랭	더울 열
음 こう	음 ろう	음 どう	음 りく	음 ぐん	음 たい	음 れい	음 ねつ
훈 ―	훈 ―	훈 はたら(く)	훈 ―	훈 ―	훈 ―	훈 ひ(える)	훈 あつ(い)

491	492	493	494	495	496	497	498
無	料	給	材	建	帯	徳	徒
없을 무	헤아릴 료	줄 급	재목 재	세울 건	띠 대	덕 덕	무리 도
음 む	음 りょう	음 きゅう	음 ざい	음 けん	음 たい	음 とく	음 と
훈 な(い)	훈 ―	훈 ―	훈 ―	훈 た(つ)	훈 おび	훈 ―	훈 ―

499	500	501	502	503	504	505	506
灯	例	老	鹿	輪	満	梅	牧
등잔 등	비슷할 례	늙을 로	사슴 록	바퀴 륜	찰 만	매화 매	칠 목
음 とう	음 れい	음 ろう	음 ―	음 りん	음 まん	음 ばい	음 ぼく
훈 ひ	훈 たと(える)	훈 ふ(ける)	훈 しか	훈 わ	훈 み(ちる)	훈 うめ	훈 まき

507	508
民	博
백성 민	넓을 박
음 みん	음 はく
훈 たみ	훈 ―

0475 N1 □□□

健 튼튼할 건

- **음** けん　保**健** 보건　***健**康 건강　**健**全 건전　**健**在 건재
- **훈** すこ(やか)　**健**やかだ 튼튼하다, 건전하다, 건강하다

熱があるようなので、まず保**健**室で体温を測ってきます。
열이 있는 것 같아서 우선 보건실에서 체온을 재고 오겠습니다.

子供に**健**やかに育ってほしい。 아이가 건강하게 자라길 바란다.

0476 N1 □□□

康 편안할 강

- **음** こう　***健**康 건강
- **훈** ―

バランスの取れた食事は健**康**にいい。 균형 잡힌 식사는 건강에 좋다.

ストレスは健**康**に悪影響を与える。 스트레스는 건강에 나쁜 영향을 준다.

0477 N3 □□□

季 계절 계

- **음** き　***季**節 계절　四**季** 사계, 사계절　夏**季** 하계, 여름철
  冬**季** 동계, 겨울철　雨**季** 우기
- **훈** ―

季節の変わり目は風邪を引きやすい。 계절이 바뀔 때는 감기에 걸리기 쉽다.
冬**季**オリンピックは4年ごとに開催されます。 동계 올림픽은 4년마다 개최됩니다.

0478 N1 □□□

節 마디 절(節)

- **음** せつ　***節**約 절약　*調**節** 조절　関**節** 관절　**節**電 절전　音**節** 음절
  せち　お**節**料理 오세치 요리 (명절 음식, 주로 설음식)
- **훈** ふし　**節** 마디, 단락　**節**々 마디마디
  節目 (나무·대의) 옹이, 마디, (비유적으로) 단락을 짓는 시점, 전환점

電気代を**節**約するために、LED電球に取り替えた。
전기세를 절약하기 위해서 LED 전구로 교체했다.

就職と結婚は人生の大きな**節**目だ。 취직과 결혼은 인생의 큰 전환점이다.

0479 N2 □□□

機 틀[기계] 기

- **음** き　**機**会 기회　***機**能 기능　飛行**機** 비행기　*動**機** 동기　***機**嫌 기분
- **훈** はた　**機** 베틀　**機**織り 직조, 베틀로 베를 짬

この**機**会に是非挑戦してみてください。 이 기회에 꼭 도전해 보세요.
子供たちは**機**織り体験でコースターを作った。
아이들은 직조 체험으로 컵 받침을 만들었다.

械
기계 **계**

음 き　　*機械 기계　*器械 (장치가 있는) 기구, 기계 장치

훈 ―

新しい機械が工場に導入された。 새로운 기계가 공장에 도입되었다.

この器械は筋力トレーニングに使われるものだ。
이 기구는 근력 트레이닝에 사용되는 것이다.

関
관계할 관 (關)

음 かん　　*関係 관계　*関心 관심　税関 세관　*玄関 현관

　　　　関する 관하다, 관계하다

훈 かか(わる)　　関わる 관계되다, 상관하다, 관계하다, 구애되다　関わり 관계, 상관

　　せき　　関 관문, 가로막는 것　関所 관문, 난관　関取 상위 씨름꾼

　　　　下関 시모노세키(지명)

関係者以外、立ち入り禁止です。 관계자 외 출입 금지입니다.

この事件に関わった人物はすでに逮捕された。 이 사건에 관계된 인물은 이미 체포되었다.

連
이을 련[연] (連)

음 れん　　*連休 연휴　連絡 연락　関連 관련　連続 연속　連結 연결

훈 つら(なる)　　連なる (한 줄로) 늘어서다, 이어지다

　　つら(ねる)　　連ねる 늘어놓다, 늘어세우다

　　つ(れる)　　連れる 데리고 오[가]다, 동반하다, 따르다

3連休の初日は高速道路が非常に混雑する。
삼일 연휴의 첫날은 고속도로가 매우 혼잡하다.

毎朝、犬を散歩に連れて行くのが日課です。
매일 아침 개를 산책에 데리고 가는 것이 일과입니다.

功
공 공

음 こう　　*成功 성공　功績 공적　功労 공로

훈 ―

彼女の成功の裏には多くの努力が積み重なっている。
그녀의 성공 뒤에는 많은 노력이 쌓여 있다.

彼は会社に大きな功績を残した。 그는 회사에 큰 공적을 남겼다.

0484 N3 □□□

음 ろう

*苦労 노고, 고생, 애씀　労働 노동　疲労 피로　勤労 근로

労力 노력, 수고, 일손, 노동력

훈 —

労 일할 로[노] (勞)

親の苦労を考えると、頭が下がる。 부모님의 노고를 생각하면 고개가 숙여진다.

ビタミンCは疲労回復に効果があると言われている。

비타민 C는 피로 회복에 효과가 있다고 알려져 있다.

0485 N3 □□□

음 どう

労働 노동　*稼働 가동

훈 はたら(く)

働く 일하다, 움직이다, 작용하다, (문법) 활용하다

働き 일, 노동, 공적, 노고, 작용, 기능, 효과, 재능, 능력, (문법) 활용

働 일할 동

この工場は24時間体制で稼働している。 이 공장은 24시간 체제로 가동되고 있다.

この成分には、肌の老化を防ぐ働きがある。 이 성분에는 피부 노화를 막는 작용이 있다.

0486 N2 □□□

음 りく

着陸 착륙　大陸 대륙　*離陸 이륙　陸上 육상

훈 —

陸 뭍 륙[육]

悪天候のため、飛行機の着陸が遅れた。 악천후 때문에 비행기 착륙이 지연되었다.

ユーラシア大陸は世界で最も広い大陸です。 유라시아 대륙은 세계에서 가장 넓은 대륙입니다.

0487 N2 □□□

음 ぐん

軍人 군인　軍事 군사　軍備 군비　海軍 해군

将軍 장군, 쇼군(일본 도쿠가와 막부의 우두머리)

훈 —

軍 군사 군

多くの軍人が国のために命をかけて戦った。 많은 군인이 나라를 위해 목숨을 걸고 싸웠다.

江戸幕府の初代将軍は徳川家康である。 에도 막부의 초대 쇼군은 도쿠가와 이에야스이다.

0488 N1 □□□

음 たい

軍隊 군대　部隊 부대　隊員 대원　救助隊 구조대

훈 —

隊 무리 대 (隊)

その国は強力な軍隊を持っている。 그 나라는 강력한 군대를 가지고 있다.

大きな地震が発生し、救助隊が被災地に向かった。

큰 지진이 발생해 구조대가 피해 지역으로 향했다.

冷 · 찰 랭[냉]

음 れい
*冷静 냉정　*冷凍 냉동　冷房 냉방　冷却 냉각　冷淡 냉담

훈 ひ(える)
*冷える 차가워지다, 식다, 냉담해지다

ひ(やす)
冷やす 차게 하다, 식히다, (간담을) 서늘하게 하다

ひ(や)
冷ややかだ 싸늘하다, 냉정하다, 냉담하다　冷や汗 식은땀

ひ(やかす)
冷やかす 차게 하다, 놀리다

さ(める)
*冷める 식다

さ(ます)
冷ます 식히다

つめ(たい)
*冷たい 차갑다, 차다, 냉정하다, 쌀쌀하다　冷たさ 차가움, 냉정함

彼女の冷静な判断が問題を解決した。 그녀의 냉정한 판단이 문제를 해결했다.
冷たい風が吹いて、手先まで冷えた。 찬바람이 불어서 손끝까지 차가워졌다.

熱 · 더울 열

음 ねつ
*熱 열　*熱心 열심　熱中 열중　発熱 발열　熱湯 열탕, 끓는 물

훈 あつ(い)
*熱い 뜨겁다　熱さ 뜨거움

監督の熱心な指導のおかげで、チームは成績が上がった。
감독의 열성적인 지도 덕분에 팀은 성적이 올랐다.

夏の日差しが熱くて日焼け止めクリームが必要だ。
여름 햇살이 뜨거워서 자외선 차단제가 필요하다.

無 · 없을 무

음 む
無料 무료　*無理 무리　*無口 과묵함　無駄だ 쓸데없다, 헛되다

ぶ
無事 무사　無礼 무례

훈 な(い)
無い 없다　*無くなる 없어지다　*無くす 잃다, 분실하다, 없애다

息子が旅行から無事に帰ってきて、安心した。 아들이 여행에서 무사히 돌아와서 안심했다.
信頼を無くすのは簡単だが、取り戻すのは難しい。
신뢰를 잃는 것은 쉽지만, 되찾는 것은 어렵다.

料 · 헤아릴 료[요]

음 りょう
*料金 요금　*料理 요리　*資料 자료　*原料 원료　送料 배송료, 배송비

훈 —

インターネットの料金プランを新しいものに変更した。
인터넷 요금제를 새것으로 변경했다.

ここではすべての資料を自由に閲覧できます。
여기서는 모든 자료를 자유롭게 열람할 수 있습니다.

0493 N2 ☐☐☐

給 줄 급

- 음 きゅう ＊給料 급료, 급여, 월급 ＊時給 시급 給食 급식 ＊支給 지급
- 훈 ―

家を買うために、給料の一部を貯金している。
집을 사기 위해서 급여의 일부를 저금하고 있다.

学校の給食には、地元の食材が使われている。
학교 급식에는 현지 식재료가 사용되고 있다.

0494 N3 ☐☐☐

材 재목 재

- 음 ざい ＊材料 재료 ＊素材 소재 ＊取材 취재 ＊人材 인재 食材 식자재
- 훈 ―

料理の材料は季節によって変わることが多い。
요리 재료는 계절에 따라 바뀌는 경우가 많다.

取材した情報を基に記事を書きます。 취재한 정보를 토대로 기사를 씁니다.

0495 N4 ☐☐☐

建 세울 건

- 음 けん ＊建設 건설 ＊建築 건축 建国 건국
- こん 建立 (절·탑 등의) 건립
- 훈 た(つ) 建つ (건물이) 서다, 세워지다
- た(てる) 建てる (집을) 짓다, 세우다 建物 건물 一戸建て 단독주택

都市の発展にはインフラの建設が欠かせない。 도시 발전에는 인프라 건설을 빼놓을 수 없다.

あの建物は和様建築の典型と言える。 저 건물은 일본식 건축의 전형이라고 할 수 있다.

0496 N2 ☐☐☐

帯 띠 대 (帶)

- 음 たい ＊携帯 휴대, 휴대전화 世帯 세대 地帯 지대 熱帯夜 열대야
- 훈 おび 帯 띠 帯状 띠 모양 (「たいじょう」라고도 읽음)
- お(びる) ＊帯びる (몸에) 차다, 띠다, 머금다

携帯できるサイズのノートパソコンを探している。
휴대할 수 있는 크기의 노트북을 찾고 있다.

空に雲が帯状に広がっている。 하늘에 구름이 띠 모양으로 퍼져 있다.

0497 N1 ☐☐☐

德 덕 덕 (德)

- 음 とく 道徳 도덕 人徳 인덕 美徳 미덕 悪徳 악덕
- 훈 ―

彼は道徳的に正しい判断をしたと思う。 그는 도덕적으로 올바른 판단을 했다고 생각한다.

人徳のあるリーダーはチームをまとめる力が強い。
인덕이 있는 리더는 팀을 통합하는 힘이 강하다.

徒
무리 도

음 と　　*生徒 (중·고교) 학생　徒歩 도보　信徒 신도, 신자

훈 ―

この学校には約300人の生徒がいます。 이 학교에는 약 300명의 학생이 있습니다.

私は毎日、徒歩で通勤しています。 저는 매일 도보로 출근하고 있습니다.

灯
등잔[등] 등 (燈)

음 とう　　電灯 전등　点灯 점등, 불을 켬　街灯 가로등　灯台 등대

훈 ひ　　灯 불(빛), 등불

　　あかり　　灯 등불

　　とも(る)/とも(す)　　灯る (불이) 켜지다　灯す (불을) 켜다

午後6時になると、街灯が自動的に点灯する。
오후 6시가 되면 가로등이 자동적으로 점등된다.

ろうそくの灯がゆらゆらと揺れていた。 촛불이 흔들흔들 흔들리고 있었다.

例
비슷할 례[예]

음 れい　　例文 예문　例年 예년　*比例 비례　例外 예외　事例 사례

훈 たと(える)　　例える 예를 들다, 비유하다　例えば 예를 들면

この例文は日常会話でよく使われる表現です。
이 예문은 일상 회화에서 자주 쓰이는 표현입니다.

人々は人生を旅やマラソンにしばしば例える。
사람들은 인생을 여행이나 마라톤에 곧잘 비유한다.

老
늙을 로[노]

음 ろう　　老人 노인　長老 장로

훈 ふ(ける)/お(いる)　　老ける 나이를 먹다, 늙다　老いる 늙다, 노쇠하다

老人の場合、ちょっと転んだだけで大怪我をすることがあります。
노인의 경우 조금 넘어진 것만으로 큰 부상을 입는 경우가 있습니다.

髪型一つで老けて見えることもある。 헤어스타일 하나로 늙어 보일 수도 있다.

0502 N1 ☐☐☐

鹿

사슴 록[녹]

음 ―

훈 しか 　　鹿 사슴

　　か 　　馬鹿 바보

公園で鹿がのんびりと草を食っている。 공원에서 사슴이 한가로이 풀을 뜯고 있다.

彼の馬鹿な行動がみんなを困らせた。 그의 바보 같은 행동이 모두를 곤란하게 했다.

0503 N2 ☐☐☐

輪

바퀴 륜[윤]

음 りん 　　＊車輪 차륜, 바퀴　競輪 경륜　前輪 전륜, 앞바퀴　駐輪場 자전거 보관소

훈 わ 　　＊輪 고리, 바퀴, 테　＊指輪 반지　輪ゴム 고무밴드

自転車の車輪が壊れて修理してもらった。 자전거 바퀴가 고장 나서 수리를 받았다.

この指輪は、母から譲り受けたものです。 이 반지는 어머니께 물려받은 것입니다.

0504 N3 ☐☐☐

満

찰 만 (滿)

음 まん 　　満足 만족　＊満席 만석　＊不満 불만　満室 만실　＊充満 충만, 가득참

훈 み(ちる) 　　満ちる 차다, 가득차다, 만월이 되다

　　み(たす) 　　満たす 채우다, 충족시키다

満席の場合は、少々お待ちいただくことがございます。
만석일 경우에는 잠시 기다리시게 되는 경우가 있습니다.

当社の製品は国内外の安全基準をしっかりと満たしています。
당사 제품은 국내외 안전 기준을 확실히 충족시키고 있습니다.

0505 N1 ☐☐☐

梅

매화 매 (梅)

음 ばい 　　梅花 매화　梅雨 장마(「つゆ」라고도 읽음)

훈 うめ 　　梅 매화나무, 매실　梅酒 매실주

　　　　梅干し 우메보시(소금에 절인 매실을 말려서 만든 일본의 전통적인 저장 식품)

梅雨前線が北上し、関東地方にも雨が降り始めた。
장마 전선이 북상해서 간토 지방에도 비가 내리기 시작했다.

梅干しは日本の伝統的な保存食品だ。 우메보시는 일본의 전통적인 저장 식품이다.

牧

칠 목

音 ぼく 牧場 목장 放牧 방목 遊牧民 유목민 牧師 목사

訓 まき 牧場 목장

私はモンゴルで、遊牧民のゲルに泊まったことがある。
나는 몽골에서 유목민의 게르에서 묵은 적이 있다.

「牧場の朝」は、日本の小学校で習う有名な曲の一つです。
'목장의 아침'은 일본 초등학교에서 배우는 유명한 곡 중 하나입니다.

民

백성 민

音 みん *市民 시민 *住民 주민 国民 국민 民間 민간 民族 민족

訓 たみ 民 백성, 국민

市民の安全を守ることが行政の役割です。 시민의 안전을 지키는 것이 행정의 역할입니다.

民主主義は民の意志によって支えられている。
민주주의는 국민의 의지에 의해 지탱되고 있다.

博

넓을 박 (博)

音 はく *博物館 박물관 博覧会 박람회 博士号 박사 학위

ばく 賭博 도박

訓 ―

예외 博士 박사

この博物館には古代の遺物が展示されています。
이 박물관에는 고대 유물이 전시되어 있습니다.

彼は物理学博士として、多くの研究論文を発表している。
그는 물리학 박사로서 많은 연구 논문을 발표하고 있다.

연습문제

다음 한자의 발음과 뜻을 써 보세요.

01	関わる　　　わる	__________	21	功績　　　せき	__________
02	調節　ちょう	__________	22	老いる　　いる	__________
03	軍事　　　じ	__________	23	隊員　　　いん	__________
04	電灯　でん	__________	24	熱中　　　ちゅう	__________
05	時給　じ	__________	25	建立　　　りゅう	__________
06	梅酒　　　しゅ	__________	26	鹿	__________
07	連絡　　　らく	__________	27	離陸　り	__________
08	健やかだ　　　やかだ	__________	28	熱帯夜　ねっ　　や	__________
09	機械　き	__________	29	徒歩　　　ほ	__________
10	冷める　　　める	__________	30	無理　　　り	__________
11	資料　し	__________	31	建てる　　　てる	__________
12	放牧　ほう	__________	32	機能　　　のう	__________
13	働き　　　き	__________	33	労働　　　どう	__________
14	不満　ふ	__________	34	人徳　じん	__________
15	比例　ひ	__________	35	車輪　しゃ	__________
16	住民　じゅう	__________	36	給食　　　しょく	__________
17	夏季　か	__________	37	冷や汗　　　やあせ	__________
18	博覧会　　　らんかい	__________	38	健全　　　ぜん	__________
19	健康　けん	__________	39	無くなる　　　くなる	__________
20	素材　そ	__________	40	玄関　げん	__________

509 種	510 類	511 周	512 辺	513 辞	514 典	515 印	516 刷
씨 **종**	무리 **류**	두루 **주**	가 **변**	말씀 **사**	법 **전**	도장 **인**	인쇄할 **쇄**
음 しゅ	음 るい	음 しゅう	음 へん	음 じ	음 てん	음 いん	음 さつ
훈 たね	훈 たぐ(い)	훈 まわ(り)	훈 あた(り)	훈 や(める)	훈 —	훈 しるし	훈 す(る)

517 試	518 験	519 法	520 治	521 約	522 束	523 祝	524 賀
시험할 **시**	시험할 **험**	법 **법**	다스릴 **치**	맺을 **약**	묶을 **속**	빌 **축**	하례할 **하**
음 し	음 けん	음 ほう	음 ち	음 やく	음 そく	음 しゅく	음 が
훈 ため(す)	훈 —	훈 —	훈 な(おる)	훈 —	훈 たば	훈 いわ(う)	훈 —

525 岐	526 阜	527 崎	528 埼	529 沖	530 縄	531 滋	532 兵
갈림길 **기**	언덕 **부**	험할 **기**	갑 **기**	화할 **충**	밧줄 **승**	붙을 **자**	병사 **병**
음 き	음 ふ	음 さき	음 さい	음 ちゅう	음 じょう	음 じ	음 へい
훈 —	훈 —	훈 —	훈 —	훈 おき	훈 なわ	훈 —	훈 —

533 変	534 夫	535 司	536 産	537 潟	538 省	539 笑	540 巣
변할 **변**	지아비 **부**	맡을 **사**	낳을 **산**	개펄 **석**	살필 **성**	웃음 **소**	새집 **소**
음 へん	음 ふう	음 し	음 さん	음 かた	음 せい	음 しょう	음 そう
훈 か(わる)	훈 おっと	훈 つかさど(る)	훈 う(まれる)	훈 —	훈 はぶ(く)	훈 わら(う)	훈 す

541 焼	542 続
불사를 **소**	이을 **속**
음 しょう	음 ぞく
훈 や(く)	훈 つづ(く)

0509 N2 ☐☐☐

種 씨 종

- **음** しゅ — ＊種類 종류　人種 인종　品種 품종　種目 종목
　種 종(생물 분류상의 최하 단위)
- **훈** たね — 種 씨, 씨앗, 종자　種まき 파종, 씨뿌리기　火種 불씨

このカフェでは約20種類のコーヒー豆を扱っている。
이 카페에서는 약 20종류의 원두를 취급하고 있다.

庭にまいた朝顔の種から芽が出てきた。 마당에 뿌린 나팔꽃 씨에서 싹이 나왔다.

0510 N2 ☐☐☐

類 무리 류[유] (類)

- **음** るい — ＊書類 서류　＊分類 분류　人類 인류　類似 유사, 비슷함　＊衣類 의류
- **훈** たぐ(い) — 類い 유례, (같은) 종류　類いない 유례없다, 비할 데 없다

書類の不備があったので、審査が遅れています。
서류에 미비한 점이 있어 심사가 늦어지고 있습니다.

この作品は類いない名作として多くの人々に愛され続けている。
이 작품은 비할 데 없는 명작으로 많은 사람들에게 계속 사랑받고 있다.

0511 N2 ☐☐☐

周 두루 주

- **음** しゅう — ＊周囲 주위　周辺 주변　周期 주기　一周 일주, 한 바퀴 돎　円周 원주
- **훈** まわ(り) — ＊周り (사물의) 둘레, 주위, 주변

彼は周囲の期待に応えようと努力している。 그는 주위의 기대에 부응하려고 노력하고 있다.

公園の周りにきれいな花が植えてある。 공원 주변에 예쁜 꽃이 심어져 있다.

0512 N2 ☐☐☐

辺 가 변 (邊)

- **음** へん — 周辺 주변　身辺 신변　この辺 이 근처
- **훈** あた(り) — ＊辺り 부근, 근처, 주위, (명사에 붙어) ~쯤, ~정도, ~같은 곳
　べ — ＊海辺 바닷가, 해변　浜辺 바닷가, 해변　川辺 강변, 냇가
　岸辺 물가, 강가, 바닷가

この辺は人通りが少なくて静かだ。 이 근처는 사람의 왕래가 적어서 조용하다.

海辺に座って寄せては返す波を何時間も見つめていた。
바닷가에 앉아서 밀려왔다 밀려가는 파도를 몇 시간이나 지켜보고 있었다.

辞 말씀[사퇴할] **사** (辭)

음 じ

*辞書 사전　辞職 사직　*辞退 사퇴　*辞任 사임

お辞儀 (머리 숙여) 절함, 인사함

훈 や(める)

辞める (일자리를) 그만두다, 사직하다, 사임하다

スマホのアプリに便利な辞書がある。 스마트폰 앱에 편리한 사전이 있다.

急に会社を辞めたのには、それなりの理由がある。

갑자기 회사를 그만둔 것에는 그 나름의 이유가 있다.

典 법 **전**

음 てん

辞典 사전　古典 고전　式典 식전, 식　典型的 전형적

훈 ―

辞典で言葉の意味を調べるのが楽しい。 사전에서 단어 뜻을 찾는 것이 즐겁다.

駅から出て細い路地に入ると、典型的な日本の町並みが広がっていた。

역에서 나와 좁은 골목으로 들어서자, 전형적인 일본의 시가지가 펼쳐져 있었다.

印 도장 **인**

음 いん

*印象 인상　印刷 인쇄　印税 인세

훈 しるし

*印 표, 표시, 휘장, 증표, 조짐　矢印 화살표

目印 (다른 것과 구별하기 위한 특징으로 삼는) 안표, 표적, 표지

彼女の明るい笑顔が印象に強く残っている。 그녀의 밝은 미소가 인상에 강하게 남아 있다.

矢印に従って行けば、道に迷うことはありません。

화살표를 따라서 가면 길을 잃을 일은 없습니다.

刷 인쇄할 **쇄**

음 さつ

印刷 인쇄　増刷 증쇄

훈 す(る)

刷る 찍다, 박아내다, 인쇄하다, 날염하다

印刷が終わったら、資料を会議室に持って来てください。

인쇄가 끝나면 자료를 회의실로 가져와 주세요.

印刷機が大量のチラシを刷っている。 인쇄기가 대량의 전단지를 찍고 있다.

Day 15
4획년 한자(3) 34자

0517 N4 □□□

試
시험할 시

음 し   ＊試合 시합, 경기   試験 시험   試着 시착, (옷이 맞는지) 입어 봄

         入試 입시

훈 ため(す)   ＊試す 시험하다, 시험해 보다

     こころ(みる)   試みる (실제로) 해 보다, 시도해 보다

次の試合に向けて練習を頑張っている。 다음 시합을 위해 연습을 열심히 하고 있다.

このソフトは7日間無料で試すことができる。
이 소프트웨어는 7일 동안 무료로 시험해 볼 수 있다.

0518 N4 □□□

験
시험할 험 (験)

음 けん   ＊経験 경험   ＊体験 체험   ＊実験 실험   ＊受験 수험, 입시, 시험을 치름

    げん   霊験 영험, 영검

훈 —

海外での経験が人生の色んな場面に役立っている。
해외에서의 경험이 인생의 여러 방면에 도움이 되고 있다.

娘は大学受験のために塾に通っている。 딸은 대학 입시를 위해 학원에 다니고 있다.

0519 N3 □□□

法
법 법

음 ほう   法 법   ＊方法 방법   ＊法律 법률   文法 문법   法則 법칙

    はっ   法度 법도, 법령, 법률, 금령, 금지 사항

    ほっ   法体 법체, 승려의 모습   法界 법계, 불교도의 사회

훈 —

これから、機械の操作方法を説明します。 이제부터 기계 조작 방법을 설명하겠습니다.

政府は労働に関する法律を改正した。 정부는 노동에 관한 법률을 개정했다.

0520 N3 □□□

治
다스릴 치

음 ち   ＊治療 치료   ＊治癒 치유   統治 통치   自治体 자치체, 자치 단체

      治安 치안

   じ   ＊政治 정치   退治 퇴치

훈 な(おる)   ＊治る 낫다, 치료되다

    な(おす)   治す 고치다, 치료하다

    おさ(まる)   治まる 수습되다, (관계 등이) 원만해지다

    おさ(める)   治める 수습하다, 다스리다

足に怪我をしたので、病院で治療を受けた。 다리에 부상을 입어서 병원에서 치료를 받았다.

時間が経てば、心の傷もきっと治ります。 시간이 지나면 마음의 상처도 분명 나을 것입니다.

約 맺을 약

- **음** やく　*予約 예약　*約束 약속　*契約 계약　節約 절약　婚約 약혼
- **훈** —

このお店は予約しないと入れないほど人気だ。
이 가게는 예약하지 않으면 들어갈 수 없을 정도로 인기이다.

契約の内容をよく確認してからサインしてください。
계약 내용을 잘 확인하고 나서 사인해 주세요.

束 묶을 속

- **음** そく　*約束 약속　*結束 결속　拘束 구속　束縛 속박
- **훈** たば　束 다발　*花束 꽃다발　*束ねる (다발로) 묶다, 통솔하다
- **예외** 束の間 잠깐 동안, 순간

私は彼が約束を破ったので、頭に来た。 나는 그가 약속을 어겨서 화가 났다.
仕事柄、いつも髪を束ねている。 직업상 늘 머리를 묶고 있다.

祝 빌 축 (祝)

- **음** しゅく　*祝日 경축일, 공휴일　祝賀 축하　祝福 축복　祝辞 축사
- しゅう　祝儀 축의, 죽하 의식, 축하의 말
- **훈** いわ(う)　*祝う 축하하다, 축복하다　お祝い 축하, 축하 선물, 축하 인사

日本には「春分の日」や「敬老の日」などの祝日がある。
일본에는 '춘분의 날'이나 '경로의 날' 등의 공휴일이 있다.

友達が新しい家に引っ越したのでお祝いを渡した。
친구가 새집으로 이사해서 축하 선물을 건넸다.

賀 하례할 하

- **음** が　祝賀 축하　年賀状 연하장　賀詞 하사, 축사　賀する 축하하다
- **훈** —

妹の結婚を祝賀してパーティーを開いた。 여동생의 결혼을 축하하며 파티를 열었다.
最近はメールで年賀状を送る人がかなり多い。
최근에는 메일로 연하장을 보내는 사람이 상당히 많다.

岐 갈림길 기

- **음** き　*多岐 다기, 여러 갈래로 갈라짐, 다방면　岐路 기로　分岐 분기, 갈라짐
- **훈** —

彼の趣味はスポーツから芸術まで多岐に渡っている。
그의 취미는 스포츠부터 예술까지 다방면에 걸쳐 있다.

人生の重要な選択の岐路に立たされている。 인생의 중요한 선택의 기로에 서 있다.

Day 15 · 4학년 한자(3) 34자

0526 N1 ☐☐☐

阜
언덕 부

음 ふ　　　　岐阜 기후 (지명)

훈 ―

岐阜県には世界遺産の白川郷がある。　기후현에는 세계유산인 시라카와고가 있다.

※白川郷 : 시라카와고, 일본 기후현에 있는 마을로, 독특한 전통 가옥인 「合掌造り」(건축 재목을 합각
　　　　　 으로 어긋매낀 건축 양식)로 유명함

0527 N1 ☐☐☐

崎
험할 기

음 さき　　　　崎 곶(바다로 돌출되어 나온 뾰족한 모양의 땅)　長崎 나가사키 (지명)

훈 ―

海に突き出した崎は絶景の撮影スポットとして人気がある。
바다로 돌출된 곶은 절경 촬영 명소로 인기가 있다.

長崎は早くから西洋の文化が伝わった所だ。
나가사키는 일찍부터 서양 문화가 전해진 곳이다.

0528 N1 ☐☐☐

埼
갑 기

음 さい　　　　埼玉 사이타마 (지명)

훈 ―

埼玉県は東京の北の方に位置している。　사이타마현은 도쿄의 북쪽에 위치하고 있다.

0529 N1 ☐☐☐

沖
화할[찌를] 충

음 ちゅう　　　沖積 충적(흐르는 물에 의하여 토사가 쌓임)　沖する 높이 올라가다

훈 おき　　　　＊沖 앞바다, 난바다, 먼바다　沖縄 오키나와 (지명)

この地域の地盤は沖積層だ。　이 지역의 지반은 충적층이다.

沖に出ると波が高くなった。　먼바다로 나가니, 파도가 높아졌다.

0530 N1 ☐☐☐

繩
밧줄 승 (縄)

음 じょう　　　縄文 승문, 새끼줄 모양의 무늬　縄文時代 조몬 시대(일본 선사 시대)

훈 なわ　　　　縄 새끼, 새끼줄, 포승, 밧줄, 끈　沖縄 오키나와 (지명)

　　　　　　　縄張り 줄을 쳐서 경계를 정함, (어느 사람의) 세력권, (동물의) 영역

博物館で縄文時代の土器を見学した。　박물관에서 조몬 시대의 토기를 견학했다.

猫同士で縄張り争いが起きた。　고양이들끼리 영역 다툼이 일어났다.

滋

붙을 **자**

- 🔴 음 じ
  - 滋養 자양, 영양　　滋養強壮 자양강장
- 🔵 훈 ―
- 예외 滋賀 시가(지명)

この食堂は滋養豊富な食材をたっぷり使っている。
이 식당은 영양이 풍부한 식재료를 듬뿍 사용하고 있다.

滋賀県には日本一大きな 湖 の琵琶湖がある。
시가현에는 일본에서 가장 큰 호수인 비와호가 있다.

兵

병사 **병**

- 🔴 음 へい
  - 兵士 병사　　兵力 병력　　兵器 병기, 무기　　兵隊 군대, 병사
- ひょう
  - 兵庫 효고(지명)　　兵糧 군량, (일반적으로) 식량
- 🔵 훈 ―

兵士たちは命をかけて国境を守っている。　병사들은 목숨을 걸고 국경을 지키고 있다.
甲子園の球場は兵庫県にある。　고시엔 구장은 효고현에 있다.

変

변할 **변** (變)

- 🔴 음 へん
  - *変化 변화　　*変更 변경　　*大変だ 큰일이다, 힘들다　　急変 급변
- 🔵 훈 か(わる)
  - *変わる 바뀌다, 변하다　　*相変わらず 여전히, 변함없이
- か(える)
  - *変える 바꾸다, 변경하다

気温の変化が激しいので、体調に注意してください。
기온 변화가 심하니, 건강에 유의하세요.

世界情勢が変わりつつある。　세계 정세가 변하고 있다.

夫

지아비 **부**

- 🔴 음 ふう
  - *工夫 궁리, 고안　　*夫婦 부부
- ふ
  - 夫妻 부처, 부부, 내외　　夫人 부인　　大丈夫だ 괜찮다　　農夫 농부
- 🔵 훈 おっと
  - *夫 남편

夫婦喧嘩に他人が口を挟むべきではない。　부부싸움에 남이 끼어들어서는 안 된다.
夫とヨーロッパを旅行する計画を立てている。　남편과 유럽을 여행할 계획을 세우고 있다.

Day 15

4학년 한자(3) 34자

0535 N1 □□□

司 맡을 사

음 し
＊上司 상사　＊司会 사회　司法 사법　行司 (스모의) 심판
司令 사령, 사령관

훈 つかさど(る)
司る 담당하다, 관장하다, 주관하다, 총괄하다

仕事の進め方について上司に相談した。 일 진행 방식에 대해 상사에게 상담했다.

彼女は祭りの運営全体を司っている。 그녀는 축제 운영 전체를 주관하고 있다.

0536 N3 □□□

産 낳을 산

음 さん
＊生産 생산　出産 출산　産業 산업　財産 재산　特産品 특산품

훈 う(まれる)
＊産まれる 태어나다

う(む)
産む 낳다

うぶ
産声 갓난아이의 첫 울음소리　産毛 배냇머리

예외 お土産 선물, 기념품, 토산품

この工場では電気自動車を生産している。 이 공장에서는 전기자동차를 생산하고 있다.

動物園でパンダが双子を産んだ。 동물원에서 판다가 쌍둥이를 낳았다.

0537 N1 □□□

潟 개펄 석

음 かた
干潟 간석지, 갯벌　新潟 니가타 (지명)

훈 ―

干潟には多くの生き物が生息している。 갯벌에는 많은 생물이 서식하고 있다.

新潟は米の産地として有名です。 니가타는 쌀 생산지로 유명합니다.

0538 N2 □□□

省 살필 성 / 덜 생

음 せい
＊反省 반성　＊帰省 귀성

しょう
＊省略 생략　外務省 외무성 (일본의 정부 기관)

훈 はぶ(く)
＊省く 없애다, 줄이다, 생략하다

かえり(みる)
省みる 돌이켜 보다, 반성하다

自分の態度を反省して、先輩に謝った。 자신의 태도를 반성하고 선배에게 사과했다.

もっと時間が省ける方法を考えてみよう。 좀 더 시간을 줄일 수 있는 방법을 생각해 보자.

0539 N3 □□□

笑
웃음 소

음 しょう　微笑 미소　談笑 담소　爆笑 폭소　苦笑 고소, 쓴웃음

훈 わら(う)　*笑う 웃다　大笑い 대소, 큰 소리로 웃음, 웃음거리가 됨

え(む)　笑む 미소짓다　*微笑み 미소　笑顔 웃는 얼굴

彼は優しい微笑を浮かべながら話し始めた。
그는 다정한 미소를 띠면서 이야기하기 시작했다.

大笑いしたおかげでストレスが解消された。 크게 웃은 덕분에 스트레스가 해소되었다.

0540 N1 □□□

巣
새집 소 (巢)

음 そう　卵巣 난소　病巣 병소(생체 조직에 병적 변화를 일으키는 자리)　巣窟 소굴

훈 す　巣 둥지, 보금자리, 소굴　空き巣 빈 둥지, 빈집, 빈집털이

巣立つ 보금자리를 떠나다, 자립하다

女性の卵巣は子宮の両脇に位置している。 여성의 난소는 자궁의 양옆에 위치해 있다.

空き巣対策として防犯カメラを設置した。 빈집털이 대책으로 방범 카메라를 설치했다.

0541 N2 □□□

焼
불사를 소 (燒)

음 しょう　焼却 소각　燃焼 연소, (열정 등을) 쏟음, 불사름　焼酎 소주　全焼 전소

훈 や(く)　*焼く (불에) 태우다, (음식을) 굽다　*焼肉 야키니쿠, 구운 고기, 불고기

や(ける)　*焼ける 타다, 구워지다, 뜨거워지다　夕焼け 저녁노을

日焼け (햇볕에) 살결이 검게 탐, (옷 등이) 볕에 바램, (가뭄으로) 논물 등이 마름

酸素がなければ燃焼は起きない。 산소가 없으면 연소는 일어나지 않는다.

海辺で見た夕焼けが忘れられない。 해변에서 본 저녁노을이 잊혀지지 않는다.

0542 N2 □□□

続
이을[계속] 속 (續)

음 ぞく　連続 연속　*継続 계속　*続出 속출　接続 접속　持続 지속

훈 つづ(く)　*続く 계속되다, 이어지다, 잇따르다　*手続き 수속

つづ(ける)　*続ける 계속하다, 잇따라 하다

三日連続で大雨が降り、各地で多くの被害が出ている。
사흘 연속으로 큰비가 내려 각지에서 많은 피해가 발생하고 있다.

木を枯らす日照りが続いている。 나무를 말라 죽게 하는 가뭄이 계속되고 있다.

연습문제

다음 한자의 발음과 뜻을 써 보세요.

01 矢印 や⬜	＿＿＿＿＿	21 微笑み ほほ⬜み	＿＿＿＿＿
02 周辺 ⬜へん	＿＿＿＿＿	22 夫婦 ⬜ふ	＿＿＿＿＿
03 古典 こ⬜	＿＿＿＿＿	23 埼玉 ⬜たま	＿＿＿＿＿
04 焼却 ⬜きゃく	＿＿＿＿＿	24 干潟 ひ⬜	＿＿＿＿＿
05 滋養 ⬜よう	＿＿＿＿＿	25 沖縄 おき⬜	＿＿＿＿＿
06 岐阜 ぎ⬜	＿＿＿＿＿	26 祝賀 しゅく⬜	＿＿＿＿＿
07 政治 せい⬜	＿＿＿＿＿	27 辞退 ⬜たい	＿＿＿＿＿
08 祝う ⬜う	＿＿＿＿＿	28 浜辺 はま⬜	＿＿＿＿＿
09 崎 ⬜	＿＿＿＿＿	29 体験 たい⬜	＿＿＿＿＿
10 兵力 ⬜りょく	＿＿＿＿＿	30 司会 ⬜かい	＿＿＿＿＿
11 巣立つ ⬜だつ	＿＿＿＿＿	31 省略 ⬜りゃく	＿＿＿＿＿
12 品種 ひん⬜	＿＿＿＿＿	32 契約 けい⬜	＿＿＿＿＿
13 花束 はな⬜	＿＿＿＿＿	33 沖 ⬜	＿＿＿＿＿
14 法律 ⬜りつ	＿＿＿＿＿	34 産業 ⬜ぎょう	＿＿＿＿＿
15 分岐 ぶん⬜	＿＿＿＿＿	35 手続き て⬜き	＿＿＿＿＿
16 変える ⬜える	＿＿＿＿＿	36 変更 ⬜こう	＿＿＿＿＿
17 接続 せつ⬜	＿＿＿＿＿	37 試着 ⬜ちゃく	＿＿＿＿＿
18 印刷 いん⬜	＿＿＿＿＿	38 治す ⬜す	＿＿＿＿＿
19 試みる ⬜みる	＿＿＿＿＿	39 文法 ぶん⬜	＿＿＿＿＿
20 類似 ⬜じ	＿＿＿＿＿	40 省みる ⬜みる	＿＿＿＿＿

정답

01 やじるし 화살표 02 しゅうへん 주변 03 こてん 고전 04 しょうきゃく 소각 05 じよう 자양, 영양 06 ぎふ 기후(지명) 07 せいじ 정치
08 いわう 축하하다, 축복하다 09 さき 곶(바다로 돌출되어 나온 뾰족한 모양의 땅) 10 へいりょく 병력 11 すだつ 보금자리를 떠나다, 자립하다
12 ひんしゅ 품종 13 はなたば 꽃다발 14 ほうりつ 법률 15 ぶんき 분기, 갈라짐 16 かえる 바꾸다, 변경하다 17 せつぞく 접속 18 いんさつ 인쇄
19 こころみる (실제로) 해 보다, 시도해 보다 20 るいじ 유사, 비슷함 21 ほほえみ 미소 22 ふうふ 부부 23 さいたま 사이타마(지명)
24 ひがた 간석지, 갯벌 25 おきなわ 오키나와(지명) 26 しゅくが 축하 27 じたい 사퇴 28 はまべ 바닷가, 해변 29 たいけん 체험 30 しかい 사회
31 しょうりゃく 생략 32 けいやく 계약 33 おき 앞바다, 난바다, 먼바다 34 さんぎょう 산업 35 てつづき 수속 36 へんこう 변경
37 しちゃく 시착, (옷이 맞는지) 입어 봄 38 なおす 고치다, 치료하다 39 ぶんぽう 문법 40 かえりみる 돌이켜 보다, 반성하다

543	544	545	546	547	548	549	550
要	求	必	然	位	置	残	飯
요긴할 **요**	구할 **구**	반드시 **필**	그럴 **연**	자리 **위**	둘 **치**	남을 **잔**	밥 **반**
음 よう	음 きゅう	음 ひつ	음 ぜん	음 い	음 ち	음 ざん	음 はん
훈 い(る)	훈 もと(める)	훈 かなら(ず)	훈 —	훈 くらい	훈 お(く)	훈 のこ(る)	훈 めし

551	552	553	554	555	556	557	558
差	別	特	希	望	失	願	泣
다를 **차**	나눌 **별**	특별할 **특**	바랄 **희**	바랄 **망**	잃을 **실**	원할 **원**	울 **읍**
음 さ	음 べつ	음 とく	음 き	음 ぼう	음 しつ	음 がん	음 きゅう
훈 さ(す)	훈 わか(れる)	훈 —	훈 —	훈 のぞ(む)	훈 うしな(う)	훈 ねが(う)	훈 な(く)

559	560	561	562	563	564	565	566
副	富	孫	松	順	臣	信	氏
버금 **부**	부유할 **부**	손자 **손**	소나무 **송**	순할 **순**	신하 **신**	믿을 **신**	성씨 **씨**
음 ふく	음 ふ	음 そん	음 しょう	음 じゅん	음 じん	음 しん	음 し
훈 —	훈 と(む)	훈 まご	훈 まつ	훈 —	훈 —	훈 —	훈 うじ

567	568	569	570	571	572	573	574
児	芽	案	養	漁	億	塩	英
아이 **아**	싹 **아**	책상 **안**	기를 **양**	고기 잡을 **어**	억 **억**	소금 **염**	뛰어날 **영**
음 じ	음 が	음 あん	음 よう	음 ぎょ	음 おく	음 えん	음 えい
훈 —	훈 め	훈 —	훈 やしな(う)	훈 —	훈 —	훈 しお	훈 —

575	576
栄	芸
영화로울 **영**	재주 **예**
음 えい	음 げい
훈 さか(える)	훈 —

0543 N3 ☐☐☐

要

요긴할 요

- 음 よう　*重**要** 중요　*必**要** 필요　*需**要** 수요　**要**点 요점　*主**要** 주요
- 훈 い(る) / かなめ　***要**る 들다, 필요하다　**要** 가장 중요한 것, 요점

旅は事前に情報を収集することが何よりも重要だ。
여행은 사전에 정보를 수집하는 것이 무엇보다도 중요하다.

当店の会員になるには、500円の入会金が要ります。
저희 가게의 회원이 되려면 500엔의 입회금이 필요합니다.

0544 N3 ☐☐☐

求

구할 구

- 음 きゅう　*要**求** 요구　***求**人 구인　**求**職 구직　請**求** 청구
- 훈 もと(める)　**求**める 구하다, 바라다, 청하다

この仕事は高い専門知識が要求される。 이 일은 높은 전문 지식이 요구된다.

それは報酬を求めてやったわけではありません。 그것은 보수를 바라고 한 것은 아닙니다.

0545 N3 ☐☐☐

必

반드시 필

- 음 ひつ　***必**要 필요　**必**然 필연　***必**死 필사　**必**需品 필수품
- 훈 かなら(ず)　**必**ず 반드시　**必**ずしも 반드시 ~한 것은 (아니다)

最後のチャンスをつかもうと、彼は必死に頑張った。
마지막 기회를 잡으려고 그는 필사적으로 노력했다.

旅行の前に、パスポートの有効期限を必ず確認してください。
여행 전에 여권 유효 기간을 반드시 확인해 주세요.

0546 N2 ☐☐☐

然

그럴 연

- 음 ぜん　*自**然** 자연　*突**然** 돌연, 갑자기　*当**然** 당연　全**然** 전혀　*偶**然** 우연
- 　　ねん　天**然** 천연
- 훈 ―

アフリカ旅行で美しい自然に触れることができた。
아프리카 여행에서 아름다운 자연을 접할 수 있었다.

天然の塩はミネラルが豊富だ。 천연 소금은 미네랄이 풍부하다.

0547 N3 ☐☐☐

位

자리 위

- 음 い　***位**置 위치　地**位** 지위　*単**位** 단위　順**位** 순위　首**位** 수위
- 훈 くらい　**位** 지위, 계급, 품격, 품위, (숫자의) 자릿수, 정도, 만큼

使い終わったものは元の位置に戻してください。
다 사용한 것은 원래 위치로 돌려 놓아 주세요.

彼は社長という位にふさわしい人物だと思う。
그는 사장이라는 지위에 걸맞은 인물이라고 생각한다.

置
둘 치

음 ち — 設置 설치　放置 방치　*装置 장치　配置 배치　*処置 처치

훈 お(く) — *置く 놓다, 두다　物置 헛간, 곳간, 광

監視カメラが駅のあちこちに設置されている。
감시 카메라가 역 여기저기에 설치되어 있다.

このお皿は後で使うから、そのまま置いておいてください。
이 접시는 나중에 쓸 거니까, 그대로 놔 둬 주세요.

残
남을 잔 (殘)

음 ざん — *残念だ 유감스럽다, 아쉽다　*残業 잔업　残留 잔류　残高 잔고, 잔액

훈 のこ(る) — 残る 남다

のこ(す) — *残す 남기다, 남겨 두다　食べ残し (음식을) 먹다가 남기는 것

今週は毎日残業で帰りが遅い。 이번 주는 매일 잔업으로 귀가가 늦다.

彼との思い出は、一生記憶に残るだろう。 그와의 추억은 평생 기억에 남을 것이다.

飯
밥 반 (飯)

음 はん — *ご飯 밥, 식사　夕飯 저녁밥　*赤飯 (찹쌀로 지은) 팥밥　炊飯器 밥솥

훈 めし — 飯 밥, 식사　朝飯 아침밥　飯粒 밥알

炊き立てのご飯が食べたい。 갓 지은 밥을 먹고 싶다.

朝飯をしっかり食べると元気が出る。 아침밥을 제대로 먹으면 기운이 난다.

差
다를 차

음 さ — 差別 차별　*交差 교차　時差 시차　差異 차이　格差 격차

훈 さ(す) — 差す 꽂다, (우산 등을) 쓰다　差し引き 차감, 공제

差し支える 지장이 있다　日差し 햇살, 햇볕

差別のない社会を作るための努力が続けられている。
차별 없는 사회를 만들기 위한 노력이 계속되고 있다.

日差しが強い日は必ず日傘を差す。 햇볕이 강한 날은 반드시 양산을 쓴다.

0552 N4 □□□

別

나눌 **별**

음 べつ

*特**別** 특별　***別**々 따로따로　*区**別** 구별　差**別** 차별

別人 별인, 딴사람　**別**に 별로, 특별히

훈 わか(れる)

***別**れる 헤어지다, 갈라서다, 이별하다

このカードを使えば特**別**割引が受けられる。 이 카드를 사용하면 특별 할인을 받을 수 있다.

そんな彼と**別**れたら、気持ちが楽になると思います。
그런 그와 헤어지면 마음이 편해질 것 같습니다.

0553 N4 □□□

特

특별할 **특**

음 とく

***特**徴 특징　***特**急 특급　***特**色 특색　**特**技 특기　**特**定 특정

훈 ―

この町の建物は、赤い屋根が**特**徴です。 이 마을의 건물은 빨간 지붕이 특징입니다.

彼にああいう**特**技があるとは意外だ。 그에게 저런 특기가 있다니 의외이다.

0554 N2 □□□

希

바랄 **희**

음 き

***希**望 희망　**希**薄 희박　**希**少 희소, 희귀

훈 ―

新しい**希**望が胸に湧いてきました。 새로운 희망이 가슴에 솟아났습니다.

希少動物を守るための法律がもっと厳しくなるべきです。
희귀 동물을 보호하기 위한 법률이 더 엄격해져야 합니다.

0555 N2 □□□

望

바랄 **망**

음 ぼう

失**望** 실망　*要**望** 요망　展**望** 전망　**望**遠鏡 망원경

もう

大**望** 대망, 큰 희망(「たいぼう」라고도 읽음)

훈 のぞ(む)

***望**む 바라다, 원하다　**望**み 희망, 소망, 기대　***望**ましい 바람직하다

展**望**台から町全体を眺めることができる。 전망대에서 마을 전체를 바라볼 수 있다.

若いうちに多くの経験をするのが**望**ましい。 젊을 때 많은 경험을 하는 것이 바람직하다.

失
잃을 실

🔴음 しつ ＊失敗 실패, 실수　失礼 실례　＊失業 실업　紛失 분실　消失 소실

🔵훈 うしな(う)　失う 잃다　見失う 보던 것을 (시야에서) 놓치다, 잃다

一回の失敗ですべてを諦めてはいけない。 한 번의 실패로 모든 것을 단념해서는 안 된다.

チームは集中力を失って逆転負けしてしまった。 팀은 집중력을 잃어 역전패하고 말았다.

願
원할 원

🔴음 がん　＊願望 원망, 원하고 바람, 소원　＊念願 염원　祈願 기원　願書 원서

志願 지원

🔵훈 ねが(う)　＊願う 원하다, 바라다, 기원하다, 빌다　願い 바람, 소원, 기원함, 원서

願わしい 바람직하다

家を買うのは、家族全員の願望だった。 집을 사는 것은 가족 모두의 소원이었다.

世界の平和を心から願う。 세계 평화를 진심으로 기원한다.

泣
울 읍

🔴음 きゅう　号泣 호읍, 엉엉 욺　感泣 감읍, 감격하여 눈물을 흘림

🔵훈 な(く)　＊泣く 울다　泣き出す 울기 시작하다　泣き虫 울보

私は恩師の温かい一言に感泣した。 나는 은사님의 따뜻한 한마디에 감격하여 눈물을 흘렸다.

赤ちゃんが突然大きな声で泣き出した。 아기가 갑자기 큰 소리로 울기 시작했다.

副
버금 부

🔴음 ふく　＊副社長 부사장　副作用 부작용　副詞 부사　＊副業 부업

🔵훈 —

副社長は社長の代わりに海外出張に行った。 부사장은 사장을 대신해 해외 출장을 갔다.

この薬の副作用は眠気です。 이 약의 부작용은 졸음입니다.

富
부유할 부

🔴음 ふ/ふう　＊豊富 풍부　貧富 빈부　富裕 부유　富貴 부귀

🔵훈 と(む)/とみ　富む 부유하다, 풍부하다　富 부, 재산, 자원

不況により、貧富の格差が一層拡大している。
불황으로 인해 빈부 격차가 더욱 확대되고 있다.

彼女は想像力に富んだ画家だ。 그녀는 상상력이 풍부한 화가이다.

0561 N2 □□□

음 そん 子孫 자손

훈 まご ＊孫 손자 初孫 첫손자(「ういまご」라고도 읽음) 孫娘 손녀
孫の手 효자손

손자 **孫**

文化財を大切に守って、子孫に伝えましょう。 문화재를 소중히 지켜서 자손에게 전합시다.

初孫はかわいくて目に入れても痛くないという。
첫손자는 귀여워서 눈에 넣어도 아프지 않다고 한다.

0562 N1 □□□

음 しょう 松竹梅 송죽매, 솔·대·매화나무

훈 まつ 松 소나무 松林 송림, 소나무 숲, 솔밭
門松 가도마쓰(새해에 문 앞에 세우는 소나무 장식)

소나무 **松**

お正月に松竹梅の柄の入った着物を着た。 설에 송죽매 무늬가 들어간 기모노를 입었다.

海岸にうっそうとした松林が広がっている。 바닷가에 울창한 소나무 숲이 펼쳐져 있다.

0563 N2 □□□

음 じゅん ＊順調 순조, 순조로움 ＊順番 순번, 차례 ＊順位 순위 ＊順序 순서

훈 ―

순할 **順**

計画していたプロジェクトは順調に進んでいる。
계획했던 프로젝트는 순조롭게 진행되고 있다.

ファイルの順序が逆立ちになっている。 파일의 순서가 거꾸로 되어 있다.

0564 N2 □□□

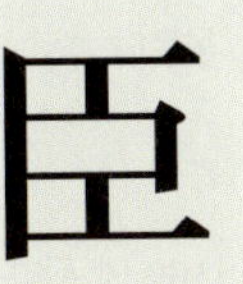

음 じん ＊大臣 대신, 장관 総理大臣 총리대신, 총리(일본의 수상)
＊副大臣 부대신, 부장관(차관급 정무직)

しん 臣下 신하, 부하 忠臣 충신 君臣 군신, 군주와 신하

훈 ―

신하 **臣**

彼は、とうとう夢だった大臣に就任した。 그는 마침내 꿈이었던 장관에 취임했다.

このゲームは臣下たちの知略と権力との戦いをテーマにしている。
이 게임은 신하들의 지략과 권력과의 싸움을 주제로 하고 있다.

信 믿을 신

- 음 しん — *信用 신용　信頼 신뢰　通信 통신　*自信 자신, 자신감　*信じる 믿다
- 훈 —

お客さんとの信用を第一に考えなければならない。
고객과의 신용을 최우선으로 생각해야 한다.

自分の可能性を信じることが大切だ。 자신의 가능성을 믿는 것이 중요하다.

氏 성씨 씨

- 음 し 氏名 성명, 이름　彼氏 남자친구, 그이, 그 남자
- 훈 うじ 氏 성, 성씨, 가문, 집안　氏神 수호신, 조상신

申込書には氏名と住所を書いてください。 신청서에는 성명과 주소를 적어 주세요.

日本では、新年に地元の氏神に参拝する習慣があります。
일본에서는 새해에 지역 수호신에게 참배하는 풍습이 있습니다.

児 아이 아 (兒)

- 음 じ 育児 육아　児童 아동, 어린이, (특히) 초등학생　幼児 유아　園児 원아
- に 小児科 소아과
- 훈 —

育児と仕事の両立は非常に大変です。 육아와 일의 양립은 매우 힘듭니다.

子供が熱を出したので、小児科に連れて行った。 아이가 열이 나서 소아과에 데려갔다.

芽 싹 아

- 음 が 発芽 발아, 싹이 틈　麦芽 맥아, 엿기름
- 훈 め 芽 싹, 움　芽生える 싹트다, 움트다　芽吹く 싹트다, 움트다
　　　若芽 새싹　新芽 새싹

植物の発芽には、水と光が欠かせない。 식물의 발아에는 물과 빛이 없어서는 안 된다.

雪解けとともに、大地から命が芽吹いた。 해빙과 함께 대지에서 생명이 움텄다.

0569 N1 □□□

음 あん

*案内 안내　*案 안, 생각, 계획, 예상　*提案 제안　案件 안건

*企画案 기획안

훈 —

ご来場のお客様にご案内申し上げます。 방문하신 고객님께 안내 말씀드립니다.

彼らは私の提案を取り上げなかった。 그들은 나의 제안을 받아들이지 않았다.

책상[생각] 안

0570 N1 □□□

음 よう

養成 양성　*休養 휴양　養育 양육　栄養 영양　教養 교양

훈 やしな(う)

養う 기르다, 부양하다, 양육하다

政府はIT研究者の養成に力を入れている。 정부는 IT 연구자 양성에 힘을 쏟고 있다.

読書は想像力を養うのに役立つ。 독서는 상상력을 기르는 데 도움이 된다.

기를 양

0571 N2 □□□

음 ぎょ

漁業 어업　漁船 어선　漁村 어촌　漁港 어항

りょう

漁師 어부　大漁 대어, 풍어(물고기가 많이 잡힘)

훈 —

台風で漁業に大きな被害が出た。 태풍으로 어업에 큰 피해가 발생했다.

祖父は漁師として40年間働いてきた。 할아버지는 어부로서 40년간 일해 왔다.

고기 잡을 어

0572 N2 □□□

음 おく

億 억　数億 수억　億万長者 억만장자

훈 —

彼は宝くじに当たって、一億円を手に入れた。
그는 복권에 당첨되어 1억 엔을 손에 넣었다.

世界には多くの億万長者が存在している。 세계에는 많은 억만장자가 존재하고 있다.

억 억

塩 소금 염 (鹽)

음 えん　　塩分 염분, 소금기　食塩 식염　食塩水 식염수　塩田 염전

훈 しお　　*塩 소금　塩辛い 짜다

汗をかいた後は、水分と塩分を取りましょう。 땀을 흘린 후에는 수분과 염분을 섭취합시다.

パスタを茹でる時は、塩を少し入れるといい。 파스타를 삶을 때는 소금을 조금 넣으면 좋다.

英 뛰어날 영

음 えい　　*英語 영어　英雄 영웅　英才 영재　英国 영국　英文 영문

훈 ―

英語の基本語彙を毎日50個ずつ覚えています。
영어 기본 어휘를 매일 50개씩 외우고 있습니다.

火事から子供を助けた消防士は、町の英雄だ。
화재로부터 아이를 구한 소방관은 마을의 영웅이다.

栄 영화로울 영 (榮)

음 えい　　*栄養 영양　栄光 영광　光栄 광영, 영광　繁栄 번영

훈 さか(える)　　栄える 번성하다, 번영하다, 번창하다　栄え 번성, 번영, 번창

　　は(える)　　栄える 돋보이다

　　は(え)　　栄え 영광, 명예　栄えある 명예롭다　見栄え 돋보임, 좋게 보임

好きなものばかり食べていると、栄養が偏りがちになる。
좋아하는 것만 먹으면 영양이 한쪽으로 치우치기 쉬워진다.

昔、この町は貿易でとても栄えていた。 옛날에 이 마을은 무역으로 매우 번성했었다.

芸 재주 예 (藝)

음 げい　　*芸能 예능, 연예　*園芸 원예　*芸術 예술　工芸 공예

훈 ―

日本の伝統芸能には歌舞伎や能などがある。 일본의 전통 예능에는 가부키와 노 등이 있다.

園芸が趣味で、花や野菜を育てています。 원예가 취미라서 꽃이나 채소를 기르고 있습니다.

연습문제

다음 한자의 발음과 뜻을 써 보세요.

01	夕飯 ゆう ___	_______________	21	装置 そう ___	_______________
02	泣き虫 ___きむし	_______________	22	大臣 だい ___	_______________
03	休養 きゅう ___	_______________	23	求人 ___じん	_______________
04	数億 すう ___	_______________	24	紛失 ふん ___	_______________
05	必要 ひつ ___	_______________	25	芸術 ___じゅつ	_______________
06	英雄 ___ゆう	_______________	26	幼児 よう ___	_______________
07	区別 く ___	_______________	27	松林 ___ばやし	_______________
08	残す ___す	_______________	28	当然 とう ___	_______________
09	特色 ___しょく	_______________	29	順番 ___ばん	_______________
10	漁船 ___せん	_______________	30	別れる ___れる	_______________
11	副詞 ___し	_______________	31	光栄 こう ___	_______________
12	必然 ___ぜん	_______________	32	信じる ___じる	_______________
13	食塩 しょく ___	_______________	33	交差 こう ___	_______________
14	念願 ねん ___	_______________	34	芽生える ___ばえる	_______________
15	貧富 ひん ___	_______________	35	希望 ___ぼう	_______________
16	地位 ち ___	_______________	36	養う ___う	_______________
17	初孫 はつ ___	_______________	37	展望 てん ___	_______________
18	企画案 きかく ___	_______________	38	信頼 ___らい	_______________
19	望ましい ___ましい	_______________	39	栄え ___え	_______________
20	氏名 ___めい	_______________	40	要る ___る	_______________

4학년 한자 (5) 33자

음원 17 | 동영상 17

577 協	578 議	579 伝	580 説	581 達	582 最	583 初	584 低
화합할 **협**	의논할 **의**	전할 **전**	말씀 **설**	통달할 **달**	가장 **최**	처음 **초**	낮을 **저**
음 きょう	음 ぎ	음 でん	음 せつ	음 たつ	음 さい	음 しょ	음 てい
훈 ―	훈 ―	훈 つた(わる)	훈 と(く)	훈 ―	훈 もっと(も)	훈 はじ(め)	훈 ひく(い)

585 訓	586 令	587 不	588 便	589 利	590 器	591 量	592 底
가르칠 **훈**	하여금 **령**	아닐 **부**	편할 **편**	이로울 **리**	그릇 **기**	헤아릴 **량**	밑 **저**
음 くん	음 れい	음 ふ	음 べん	음 り	음 き	음 りょう	음 てい
훈 ―	훈 ―	훈 ―	훈 たよ(り)	훈 き(く)	훈 うつわ	훈 はか(る)	훈 そこ

593 梨	594 静	595 清	596 浴	597 勇	598 熊	599 媛	600 衣
배나무 **리**	고요할 **정**	맑을 **청**	목욕할 **욕**	날랠 **용**	곰 **웅**	여자 **원**	옷 **의**
음 ―	음 せい	음 せい	음 よく	음 ゆう	음 ―	음 えん	음 い
훈 なし	훈 しず(か)	훈 きよ(い)	훈 あ(びる)	훈 いさ(む)	훈 くま	훈 ひめ	훈 ころも

601 以	602 茨	603 昨	604 積	605 折	606 井	607 兆	608 照
써 **이**	가시나무 **자**	어제 **작**	쌓을 **적**	꺾을 **절**	우물 **정**	조짐 **조**	비칠 **조**
음 い	음 ―	음 さく	음 せき	음 せつ	음 しょう	음 ちょう	음 しょう
훈 ―	훈 いばら	훈 ―	훈 つ(む)	훈 お(る)	훈 い	훈 きざ(す)	훈 て(れる)

609 卒
마칠 **졸**
음 そつ
훈 ―

0577 N2 □□□

음 きょう

*<ruby>協<rt>きょう</rt></ruby><ruby>力<rt>りょく</rt></ruby> 협력　*<ruby>妥<rt>だ</rt></ruby><ruby>協<rt>きょう</rt></ruby> 타협　<ruby>協<rt>きょう</rt></ruby><ruby>同<rt>どう</rt></ruby> 협동　<ruby>協<rt>きょう</rt></ruby><ruby>会<rt>かい</rt></ruby> 협회

훈 ―

<ruby>文<rt>ぶん</rt></ruby><ruby>化<rt>か</rt></ruby><ruby>祭<rt>さい</rt></ruby>の<ruby>準<rt>じゅん</rt></ruby><ruby>備<rt>び</rt></ruby>には、みんなの<ruby>協<rt>きょう</rt></ruby><ruby>力<rt>りょく</rt></ruby>が<ruby>必<rt>ひつ</rt></ruby><ruby>要<rt>よう</rt></ruby>です。 문화제 준비에는 모두의 협력이 필요합니다.

<ruby>彼<rt>かれ</rt></ruby>は<ruby>自<rt>じ</rt></ruby><ruby>分<rt>ぶん</rt></ruby>の<ruby>信<rt>しん</rt></ruby><ruby>念<rt>ねん</rt></ruby>には<ruby>妥<rt>だ</rt></ruby><ruby>協<rt>きょう</rt></ruby>しない<ruby>人<rt>ひと</rt></ruby>だ。 그는 자신의 신념에는 타협하지 않는 사람이다.

協 화합할 **협**

0578 N2 □□□

음 ぎ

*<ruby>会<rt>かい</rt></ruby><ruby>議<rt>ぎ</rt></ruby> 회의　*<ruby>議<rt>ぎ</rt></ruby><ruby>論<rt>ろん</rt></ruby> 의논, 논의, 토론　*<ruby>議<rt>ぎ</rt></ruby><ruby>員<rt>いん</rt></ruby> 의원　<ruby>協<rt>きょう</rt></ruby><ruby>議<rt>ぎ</rt></ruby> 협의　<ruby>抗<rt>こう</rt></ruby><ruby>議<rt>ぎ</rt></ruby> 항의

훈 ―

<ruby>寝<rt>ね</rt></ruby><ruby>不<rt>ぶ</rt></ruby><ruby>足<rt>そく</rt></ruby>で<ruby>会<rt>かい</rt></ruby><ruby>議<rt>ぎ</rt></ruby><ruby>中<rt>ちゅう</rt></ruby>、ついうとうとしてしまった。
수면 부족으로 회의 중에 그만 꾸벅꾸벅 졸고 말았다.

<ruby>監<rt>かん</rt></ruby><ruby>督<rt>とく</rt></ruby>は<ruby>審<rt>しん</rt></ruby><ruby>判<rt>ぱん</rt></ruby>の<ruby>判<rt>はん</rt></ruby><ruby>定<rt>てい</rt></ruby>に<ruby>猛<rt>もう</rt></ruby><ruby>烈<rt>れつ</rt></ruby>に<ruby>抗<rt>こう</rt></ruby><ruby>議<rt>ぎ</rt></ruby>した。 감독은 심판의 판정에 맹렬히 항의했다.

議 의논할 **의**

0579 N3 □□□

음 でん

*<ruby>伝<rt>でん</rt></ruby><ruby>統<rt>とう</rt></ruby> 전통　<ruby>伝<rt>でん</rt></ruby><ruby>説<rt>せつ</rt></ruby> 전설　*<ruby>伝<rt>でん</rt></ruby><ruby>言<rt>ごん</rt></ruby> 전언　*<ruby>宣<rt>せん</rt></ruby><ruby>伝<rt>でん</rt></ruby> 선전　<ruby>遺<rt>い</rt></ruby><ruby>伝<rt>でん</rt></ruby> 유전

훈 つた(わる)

*<ruby>伝<rt>つた</rt></ruby>わる 전해지다

つた(える)

*<ruby>伝<rt>つた</rt></ruby>える 전하다, 알리다, 전수하다

つた(う)

<ruby>伝<rt>つた</rt></ruby>う (무언가를 따라) 움직이다, 흐르다, 이동하다

<ruby>伝<rt>でん</rt></ruby>

この<ruby>祭<rt>まつ</rt></ruby>りは、<ruby>長<rt>なが</rt></ruby>い<ruby>歴<rt>れき</rt></ruby><ruby>史<rt>し</rt></ruby>を<ruby>持<rt>も</rt></ruby>つ<ruby>伝<rt>でん</rt></ruby><ruby>統<rt>とう</rt></ruby><ruby>行<rt>ぎょう</rt></ruby><ruby>事<rt>じ</rt></ruby>です。 이 축제는 오랜 역사를 가진 전통 행사입니다.

<ruby>自<rt>じ</rt></ruby><ruby>分<rt>ぶん</rt></ruby>の<ruby>意<rt>い</rt></ruby><ruby>思<rt>し</rt></ruby>をうまく<ruby>伝<rt>つた</rt></ruby>えられないのは、<ruby>表<rt>ひょう</rt></ruby><ruby>現<rt>げん</rt></ruby><ruby>力<rt>りょく</rt></ruby>が<ruby>足<rt>た</rt></ruby>りないせいだ。
자신의 의사를 잘 전하지 못하는 것은 표현력이 부족한 탓이다.

伝 전할 **전** (傳)

0580 N3 □□□

음 せつ

*<ruby>説<rt>せつ</rt></ruby><ruby>明<rt>めい</rt></ruby> 설명　*<ruby>説<rt>せっ</rt></ruby><ruby>得<rt>とく</rt></ruby> 설득　<ruby>小<rt>しょう</rt></ruby><ruby>説<rt>せつ</rt></ruby> 소설　<ruby>演<rt>えん</rt></ruby><ruby>説<rt>ぜつ</rt></ruby> 연설　<ruby>力<rt>りき</rt></ruby><ruby>説<rt>せつ</rt></ruby> 역설

ぜい

<ruby>遊<rt>ゆう</rt></ruby><ruby>説<rt>ぜい</rt></ruby> 유세

훈 と(く)

<ruby>説<rt>と</rt></ruby>く 말하다, 설명하다, 설득하다

このパンフレットに<ruby>製<rt>せい</rt></ruby><ruby>品<rt>ひん</rt></ruby>の<ruby>使<rt>し</rt></ruby><ruby>用<rt>よう</rt></ruby><ruby>方<rt>ほう</rt></ruby><ruby>法<rt>ほう</rt></ruby>についての<ruby>詳<rt>くわ</rt></ruby>しい<ruby>説<rt>せつ</rt></ruby><ruby>明<rt>めい</rt></ruby>が<ruby>書<rt>か</rt></ruby>かれている。
이 팸플릿에 제품 사용 방법에 대한 자세한 설명이 적혀 있다.

<ruby>両<rt>りょう</rt></ruby><ruby>親<rt>しん</rt></ruby>を<ruby>説<rt>と</rt></ruby>いて<ruby>留<rt>りゅう</rt></ruby><ruby>学<rt>がく</rt></ruby>を<ruby>許<rt>ゆる</rt></ruby>してもらった。 부모님을 설득해서 유학을 허락받았다.

説 말씀 **설** / 달랠 **세** (說)

達
통달할 달 (達)

음 たつ　　*達成 달성　*発達 발달　達人 달인　伝達 전달　上達 향상

　　たち　　〜達 (사람이나 생물을 나타내는 말에 붙어) 〜들
　　　　　　学生達 학생들　友達 친구

훈 ―

皆さんのご協力のおかげで、目標を達成できそうです。
여러분의 협력 덕분에 목표를 달성할 수 있을 것 같습니다.

新しい挑戦をしたくて、友達と会社を設立した。
새로운 도전을 하고 싶어서 친구와 회사를 설립했다.

最
가장 최

음 さい　　*最近 최근, 요즘　最高 최고　*最新 최신　最後 최후　最悪 최악

훈 もっと(も)　　最も 가장, 제일

最近太ってきて、ズボンが全部きつくなった。 요즘 살이 쪄서 바지가 전부 꽉 끼게 되었다.

富士山は日本で最も高い山です。 후지산은 일본에서 가장 높은 산입니다.

初
처음 초

음 しょ　　*最初 최초, 맨 처음　初心者 초심자　初日 첫날　*初歩 초보

훈 はじ(め)　　初め 처음

　　はじ(めて)　　*初めて 처음으로, 첫 번째로, 비로소

　　はつ　　初雪 첫눈　初耳 처음 들음　初恋 첫사랑

　　うい　　初々しい 풋풋하다

　　そ(める)　　初める (동사의 ます형에 붙어) 〜하기 시작하다

　　　　　　書き初め 신춘 휘호 (새해에 처음으로 붓글씨를 쓰는 행사)

この映画は最初のシーンが特に印象的だった。 이 영화는 첫 장면이 특히 인상적이었다.

初恋の相手に偶然再会した。 첫사랑 상대를 우연히 다시 만났다.

低
낮을 저

음 てい　　最低 최저　低下 저하, 내려감, 떨어짐　*低価格 낮은 가격
　　　　　　高低 고저, 높낮이, (가격의) 등락　低温 저온

훈 ひく(い)　　低い 낮다

　　ひく(まる)/ひく(める)　　低まる 낮아지다　低める 낮추다

寝不足のせいで、集中力が低下しているような気がする。
잠이 부족한 탓에 집중력이 떨어지고 있는 듯한 기분이 든다.

低いトーンで話すと落ち着いて聞こえる。 낮은 톤으로 말하면 차분하게 들린다.

Day 17 4학년 한자(5) 33자

0585 N2 □□□

訓
가르칠 훈

음 くん
＊訓練 훈련　＊教訓 교훈　家訓 가훈　訓令 훈령, 훈시하여 명령함
訓読み 훈독

훈 ―

明日の午後、全館で防災訓練があるそうだ。
내일 오후에 전 건물에서 방재 훈련이 있다고 한다.

訓読みは、熟語の一部ではなく単独で使われることが多い。
훈독은 숙어의 일부가 아니라 단독으로 사용되는 경우가 많다.

0586 N2 □□□

令
하여금 령[영]

음 れい
＊命令 명령　号令 호령, 구령　法令 법령　令状 영장

훈 ―

役所は食品衛生法を違反した食堂に是正命令を下した。
관청은 식품위생법을 위반한 식당에 시정 명령을 내렸다.

企業は国の法令を守らなければならない。 기업은 국가의 법령을 준수해야 한다.

0587 N4 □□□

不
아닐 부[불]

음 ふ
＊不便 불편　＊不満 불만　不安 불안　不足 부족
＊不要 불요, 불필요, 필요 없음

ぶ
不器用 서투름, 손재주가 없음　不気味 (어쩐지) 기분이 나쁨, 으스스함

훈 ―

田舎での生活は静かで快適ですが、時々不便なこともあります。
시골에서의 생활은 조용하고 쾌적하지만, 때때로 불편한 점도 있습니다.

不器用な言い方をして彼女を傷付けてしまった。
서툰 말투로 말해서 그녀를 상처 입히고 말았다.

0588 N3 □□□

便
편할[소식] 편

음 べん
＊便利 편리　交通の便 교통편　便宜 편의

びん
＊郵便 우편　船便 선편, 배편　航空便 항공편　定期便 정기편
便乗 편승

훈 たよ(り)
便り 소식, 편지

年末年始には郵便が遅れて届くこともある。
연말연시에는 우편이 늦게 도착하는 경우도 있다.

便りのないのはよい便り。 무소식이 희소식.

利 이로울 리[이]

음 り
*利用 이용　*利益 이익　有利 유리　不利 불리　権利 권리
*利口 영리함, 똑똑함

훈 き(く)
利く 잘 움직이다. 기능을 발휘하다　左利き 왼손잡이

このアプリを利用すれば、いつでもどこでも予約できます。
이 앱을 이용하면 언제든지 어디서든 예약할 수 있습니다.

彼は頭が利くから、どんな問題にもすぐ対応できる。
그는 머리가 잘 돌아가서 어떤 문제에도 바로 대응할 수 있다.

器 그릇 기 (器)

음 き
*食器 식기　*楽器 악기　*容器 용기　武器 무기　器具 기구

훈 うつわ
器 그릇, 용기, 재목

使用済みの食器はこちらに返却してください。사용한 식기는 여기에 반납해 주세요.

彼は、まだチームを率いる器ではない。그는 아직 팀을 이끌 그릇이 못 된다.

量 헤아릴 량[양]

음 りょう
*量 양　*大量 대량, 다량　少量 소량　器量 기량　分量 분량
重量 중량

훈 はか(る)
量る (무게·양·부피 등을) 재다

この海域には毎年、大量の魚の群れが集まってくる。
이 해역에는 매년 다량의 물고기 떼가 모여든다.

パンを作る時は材料の分量を量ることが大切だ。
빵을 만들 때는 재료의 분량을 재는 것이 중요하다.

底 밑 저

음 てい
海底 해저, 바다 밑　*到底 도저히

훈 そこ
*底 바닥, 밑, (깊은) 속, 바닥 시세　底力 저력　底値 최저가
奥底 (가장) 깊은 곳, (마음)속

この荷物を一人で運ぶのは到底無理だ。 이 짐을 혼자서 옮기는 것은 도저히 무리이다.

海の底には、まだ知られていない生物がたくさんいる。
바닷속에는 아직 알려지지 않은 생물이 많이 있다.

0593 N1 □□□

梨
배나무 리[이]

음 ―

훈 なし　　　梨 배, 배나무　　山梨 야마나시 (지명)

梨は冷やして食べるともっとおいしくなる。 배는 차게 해서 먹으면 더 맛있어진다.

山梨県は梨の産地として有名です。 야마나시현은 배의 산지로 유명합니다.

0594 N3 □□□

静
고요할 정 (靜)

음 せい　　　*冷静 냉정　　*安静 안정　　静養 정양, 요양　　静粛 정숙

　　　じょう　　静脈 정맥

훈 しず(か) / しず　　静かだ 조용하다　　静々と 정숙하게

　　　しず(まる)　　静まる 조용해지다, 진정되다

　　　しず(める)　　静める 조용하게 하다, 진정시키다

手術を受けたので、当分の間安静にしなければならない。
수술을 받았기 때문에 당분간 안정을 취해야 한다.

父は静養のために静かな田舎で過ごしている。
아버지는 요양을 위해 조용한 시골에서 지내고 있다.

0595 N2 □□□

清
맑을 청 (淸)

음 せい　　　*清掃 청소　　*清潔 청결, 깨끗함　　清純 청순

　　　　　　　清算 청산, 빚을 갚음

　　　しょう　　清浄 (불교 용어) 번뇌나 죄가 없음

훈 きよ(い)　　清い 깨끗하다, 맑다, 순수하다　　清らかだ 청아하다

　　　きよ(まる) / きよ(める)　　清まる 맑아지다　　清める 맑게 하다

トイレはいつも清潔にすべきだ。 화장실은 늘 청결히 해야 한다.

あの二人の関係は、まさに清い友情と言える。
저 두 사람의 관계는 그야말로 순수한 우정이라고 할 수 있다.

0596 N2 □□□

浴
목욕할 욕

음 よく　　　浴室 욕실　　入浴 입욕, 목욕　　大浴場 대욕장, 대중탕, 호텔 목욕탕

　　　　　　　海水浴 해수욕

훈 あ(びる)　　浴びる 뒤집어쓰다, (물을) 들쓰다, (햇볕을 흠뻑) 쬐다, 받다

　　　あ(びせる)　　浴びせる 끼얹다, 퍼붓다

예외 浴衣 유카타 (여름철에 입는 일본 전통 옷)

大浴場の入浴時間は午後11時までです。 대욕장의 입욕 시간은 오후 11시까지입니다.

シャワーを浴びたら、気分が爽やかになった。 샤워를 했더니 기분이 상쾌해졌다.

勇

날랠 용

음 ゆう *勇気 용기 勇敢 용감 勇士 용사

훈 いさ(む) 勇む 용기가 솟다, 기운이 솟다 *勇ましい 용감하다, 용맹스럽다, 활기차다

小さな勇気が人生を変えることもある。 작은 용기가 인생을 바꿀 수도 있다.

彼の勇ましい決断がみんなを救った。 그의 용감한 결단이 모두를 구했다.

熊

곰 웅

음 —

훈 くま 熊 곰

熊は冬になると冬眠に入る。 곰은 겨울이 되면 동면에 들어간다.

北海道には多くの野生の熊が生息している。 홋카이도에는 많은 야생 곰이 서식하고 있다.

媛

여자 원

음 えん 才媛 재원, 재주나 재능이 뛰어난 여성

훈 ひめ 媛 공주, 여성에 대한 미칭, 귀인의 딸 愛媛 에히메 (지명)

彼女は外国語が上手な才媛として知られている。
그녀는 외국어를 잘하는 재원으로 알려져 있다.

愛媛県は四国の北西部に位置している。 에히메현은 시코쿠 북서부에 위치해 있다.

옷 의

음 い *衣装 의상, 옷, 의복 *衣類 의류 衣服 의복 衣食住 의식주

훈 ころも 衣 옷, 의복 衣替え 계절에 따라 옷을 갈아입음 羽衣 날개옷

舞台衣装は役のイメージに合わせて作られた。
무대 의상은 배역의 이미지에 맞춰 제작되었다.

6月になったので、夏用の制服に衣替えをした。
6월이 되었기 때문에 여름용 교복으로 갈아입었다.

써 이

음 い *以上 이상 *以外 이외 以下 이하 以後 이후 以降 이후

훈 —

以上で発表を終わらせていただきます。 이상으로 발표를 마치겠습니다.

お正月以外の日は毎日営業しています。 설날 이외의 날은 매일 영업하고 있습니다.

0602 N1 ☐☐☐

茨
가시나무 **자**

음 —

훈 いばら

茨 가시나무　茨の道 가시밭길, 고난의 길　茨城 이바라키(지명)

彼の政治人生は、まさに茨の道だった。 그의 정치 인생은 그야말로 가시밭길이었다.

茨城県の名物は納豆です。 이바라키현의 명물은 낫토입니다.

0603 N3 ☐☐☐

昨
어제 **작**

음 さく

＊昨年 작년　一昨年 재작년　昨日 어제　昨夜 작야, 어젯밤, 간밤

훈 —

예외 昨日 어제　一昨日 그저께　一昨年 재작년

昨年の売り上げは前年比10％増でした。 작년 매출은 전년 대비 10% 증가였습니다.

この写真は一昨年の夏に撮ったものです。 이 사진은 재작년 여름에 찍은 것입니다.

0604 N2 ☐☐☐

積
쌓을 **적**

음 せき

面積 면적　＊積極的 적극적　積雪 적설　容積 용적

훈 つ(む)

＊積む 쌓다, 싣다　積み立て 적립

つ(もる)

＊積もる 쌓이다, 어림잡다　＊見積もり 견적

積極的な人ほど、チャンスをつかみやすい。 적극적인 사람일수록 기회를 잡기 쉽다.

実務の経験を積むことで、問題解決力が高まる。
실무 경험을 쌓음으로써 문제 해결 능력이 높아진다.

0605 N2 ☐☐☐

折
꺾을 **절**

음 せつ

骨折 골절　屈折 굴절　右折 우회전　左折 좌회전　挫折 좌절

훈 お(る)

＊折る 꺾다, 접다　折り紙 종이접기

お(れる)

＊折れる 접히다, 꺾어지다, 부러지다, (기가) 꺾이다

おり

折 때, 시기　時折 이따금, 때때로

階段で転んで足を骨折してしまった。 계단에서 넘어져서 다리가 골절되고 말았다.

彼の一言で私の意志が折れた。 그의 한마디에 내 의지가 꺾였다.

井　우물 정

음 しょう　　天**井** 천장, (물가나 시세 등의) 최고치, 최고가
　　せい　　　油**井** 유정, 석유 채취를 위해 판 구멍　　**井**底 정저, 우물바닥
훈 い　　　*井戸 우물　　井戸水 우물물

このホテルは天**井**が高くて開放感がある。 이 호텔은 천장이 높아서 개방감이 있다.
田舎の家の裏に古い**井戸**がある。 시골집 뒤에 오래된 우물이 있다.

兆　조짐[억조] 조

음 ちょう　　**兆** 조, 징후, 조짐　　前**兆** 전조　　**兆**候 징후
훈 きざ(す)　　**兆**す 싹트다, 일이 일어날 징조가 보이다
　　きざ(し)　　*兆し 조짐, 징조, 기미

今年の国家予算はおよそ110**兆**円に上る。 올해 국가 예산은 약 110조 엔에 이른다.
やっと景気回復の**兆し**が見えてきた。 드디어 경기회복의 조짐이 보이기 시작했다.

照　비칠 조

음 しょう　　*照明 조명　　*参照 참조　　*照会 조회　　対照的 대조적
　　　　　　　照合 조합, 대조하여 확인함
훈 て(れる)　　照れる 쑥스러워하다, 수줍어하다
　　て(らす)　　照らす (빛을) 비추다, 비추어 밝히다
　　　　　　　照らし合わせる 대조하다, 양쪽에서 비추다
　　て(る)　　　照る 비치다, 아름답게 빛나다, (날이) 개다

LED照明は省エネで長持ちする。 LED 조명은 에너지 절약이 되고 오래간다.
他のデータと照らし合わせながら、分析を進める。
다른 데이터와 대조하면서 분석을 진행한다.

卒　마칠 졸

음 そつ　　*卒業 졸업　　新卒者 신규 졸업자　　大卒 대졸　　高卒 고졸
　　　　　　脳卒中 뇌졸중
훈 ―

もうすぐ卒業なので、就職準備で色々と忙しい。
이제 곧 졸업이라서 취직 준비로 여러모로 바쁘다.
この企業は毎年多くの新卒者を採用している。
이 기업은 매년 많은 신규 졸업자를 채용하고 있다.

연습문제

다음 한자의 발음과 뜻을 써 보세요.

01	議員 　いん	＿＿＿＿	21	協同 　どう	＿＿＿＿
02	高低 こう	＿＿＿＿	22	浴室 　しつ	＿＿＿＿
03	昨夜 　や	＿＿＿＿	23	以下 　か	＿＿＿＿
04	量る 　る	＿＿＿＿	24	照らす 　らす	＿＿＿＿
05	不器用 　きよう	＿＿＿＿	25	折り紙 　りがみ	＿＿＿＿
06	熊	＿＿＿＿	26	前兆 ぜん	＿＿＿＿
07	発達 はっ	＿＿＿＿	27	遊説 ゆう	＿＿＿＿
08	海底 かい	＿＿＿＿	28	梨	＿＿＿＿
09	最新 　しん	＿＿＿＿	29	愛媛 え	＿＿＿＿
10	器	＿＿＿＿	30	命令 めい	＿＿＿＿
11	初歩 　ほ	＿＿＿＿	31	静まる 　まる	＿＿＿＿
12	勇気 　き	＿＿＿＿	32	衣類 　るい	＿＿＿＿
13	教訓 きょう	＿＿＿＿	33	天井 てん	＿＿＿＿
14	清い 　い	＿＿＿＿	34	参照 さん	＿＿＿＿
15	茨	＿＿＿＿	35	左折 さ	＿＿＿＿
16	面積 めん	＿＿＿＿	36	清潔 　けつ	＿＿＿＿
17	船便 ふな	＿＿＿＿	37	大量 たい	＿＿＿＿
18	伝言 　ごん	＿＿＿＿	38	浴びる 　びる	＿＿＿＿
19	卒業 　ぎょう	＿＿＿＿	39	左利き ひだり　き	＿＿＿＿
20	利益 　えき	＿＿＿＿	40	演説 えん	＿＿＿＿

정답

01 ぎいん 의원 02 こうてい 고저, 높낮이, (가격의) 등락 03 さくや 작야, 어젯밤, 간밤 04 はかる (무게·양·부피 등을) 재다
05 ぶきよう 서투름, 손재주가 없음 06 くま 곰 07 はったつ 발달 08 かいてい 해저, 바다 밑 09 さいしん 최신 10 うつわ 그릇, 용기, 재목
11 しょほ 초보 12 ゆうき 용기 13 きょうくん 교훈 14 きよい 깨끗하다, 맑다, 순수하다 15 いばら 가시나무 16 めんせき 면적
17 ふなびん 선편, 배편 18 でんごん 전언 19 そつぎょう 졸업 20 りえき 이익 21 きょうどう 협동 22 よくしつ 욕실 23 いか 이하
24 てらす (빛을) 비추다, 비추어 밝히다 25 おりがみ 종이접기 26 ぜんちょう 전조 27 ゆうぜい 유세 28 なし 배, 배나무 29 えひめ 에히메(지명)
30 めいれい 명령 31 しずまる 조용해지다, 진정되다 32 いるい 의류 33 てんじょう 천장, (물가나 시세 등의) 최고치, 최고가 34 さんしょう 참조
35 させつ 좌회전 36 せいけつ 청결, 깨끗함 37 たいりょう 대량, 다량 38 あびる 뒤집어쓰다, (물을) 들쓰다, (햇볕을 흠뻑) 쬐다, 받다
39 ひだりきき 왼손잡이 40 えんぜつ 연설

610	611	612	613	614	615	616	617
付	録	未	完	愛	好	飛	散
줄 **부**	기록할 **록**	아닐 **미**	완전할 **완**	사랑 **애**	좋을 **호**	날 **비**	흩을 **산**
음 ふ	음 ろく	음 み	음 かん	음 あい	음 こう	음 ひ	음 さん
훈 つ(く)	훈 ―	훈 ま(だ)	훈 ―	훈 ―	훈 す(く)	훈 と(ぶ)	훈 ち(らかる)

618	619	620	621	622	623	624	625
景	観	察	標	札	的	課	府
볕 **경**	볼 **관**	살필 **찰**	표할 **표**	편지 **찰**	과녁 **적**	과정 **과**	마을 **부**
음 けい	음 かん	음 さつ	음 ひょう	음 さつ	음 てき	음 か	음 ふ
훈 ―	훈 ―	훈 ―	훈 ―	훈 ふだ	훈 まと	훈 ―	훈 ―

626	627	628	629	630	631	632	633
票	佐	仲	借	倉	唱	菜	浅
표 **표**	도울 **좌**	버금 **중**	빌릴 **차**	곳집 **창**	부를 **창**	나물 **채**	얕을 **천**
음 ひょう	음 さ	음 ちゅう	음 しゃく	음 そう	음 しょう	음 さい	음 せん
훈 ―	훈 ―	훈 なか	훈 か(りる)	훈 くら	훈 とな(える)	훈 な	훈 あさ(い)

634	635	636	637	638	639	640	641
側	阪	敗	包	害	香	貨	栃
곁 **측**	언덕 **판**	패할 **패**	쌀 **포**	해할 **해**	향기 **향**	재물 **화**	상수리나무 **회**
음 そく	음 はん	음 はい	음 ほう	음 がい	음 こう	음 か	음 ―
훈 がわ	훈 ―	훈 やぶ(れる)	훈 つつ(む)	훈 ―	훈 かお(り)	훈 ―	훈 とち

642
候
기후 **후**
음 こう
훈 そうろう

0610 N3 ▢▢▢

付
줄[부칠] **부**

음 ふ　　*寄付 기부　交付 교부　添付 첨부　付近 부근　付属 부속

훈 つ(く)　　*付く 붙다　気付く 깨닫다, 알아차리다, 눈치채다

　　つ(ける)　　*付ける 붙이다, 달다　日付 날짜　受付 접수

この団体は世界各国からの寄付によって運営されている。
이 단체는 세계 각국으로부터의 기부에 의해 운영되고 있다.

彼女の髪型が変わったのに、気付かなかった。
여자친구의 헤어스타일이 바뀌었는데 눈치채지 못했다.

0611 N2 ▢▢▢

録
기록할 **록[녹]** (錄)

음 ろく　　*記録 기록　*録音 녹음　録画 녹화　*登録 등록　付録 부록

훈 ―

その選手は驚いたことに世界記録を更新した。　그 선수는 놀랍게도 세계 기록을 갱신했다.

授業の内容をしっかり理解するために、講義を録音して後で復習します。
수업 내용을 확실히 이해하기 위해 강의를 녹음해서 나중에 복습합니다.

0612 N3 ▢▢▢

未
아닐 **미**

음 み　　*未来 미래　未満 미만　*未成年 미성년　未定 미정

훈 ま(だ)　　未だ 아직

　　いま(だ)　　未だに 아직도, 아직껏

過去にとらわれないで、未来のことを考えましょう。
과거에 얽매이지 말고 미래를 생각합시다.

彼の行方は未だに分かっていない。　그의 행방은 아직도 알 수 없다.

0613 N3 ▢▢▢

完
완전할 **완**

음 かん　　*完全だ 완전하다　*完了 완료　*完成 완성　未完 미완, 미완성

훈 ―

新商品の販売戦略は完全な失敗に終わった。　신상품 판매 전략은 완전한 실패로 끝났다.

このダムの完成には多くの時間と費用がかかった。
이 댐의 완성에는 많은 시간과 비용이 들었다.

愛
사랑 애

음 あい

*愛 사랑　*愛情 애정　恋愛 연애　*愛着 애착　*愛用 애용

훈 ―

本当の愛は、相手を思いやる気持ちだと思う。
진정한 사랑은 상대를 배려하는 마음이라고 생각한다.

彼女は幼い子供にたっぷりと愛情を注いでいる。
그녀는 어린 자녀에게 듬뿍 애정을 쏟고 있다.

好
좋을 호

음 こう

好感 호감　*好調 호조, 순조　好意 호의　友好 우호

훈 す(く)

*好く 좋아하다　*好きだ 좋아하다

好き嫌い 호불호, 좋아함과 싫어함, (음식을) 가림

　　この(む)

好む 좋아하다, 즐기다, 사랑하다　好み 취향, 좋아함

好ましい 바람직하다, 마음에 들다, 호감이 가다

彼の丁寧な話し方に好感を持った。 그의 정중한 말투에 호감을 가졌다.

この歌は幅広い年代に好まれている。 이 노래는 폭넓은 세대에게 사랑받고 있다.

飛
날 비

음 ひ

*飛行機 비행기　飛躍 비약　飛散 비산, 날아서 흩어짐

훈 と(ぶ)

*飛ぶ 날다, 튀다　*飛び込む 뛰어들다　飛び火 비화, 불똥

　　と(ばす)

飛ばす 날리다, 튀기다

医学が進歩したおかげで、人間の寿命は飛躍的に延びた。
의학이 진보한 덕택에 인간의 수명은 비약적으로 늘었다.

彼は思い切って新しい業界に飛び込んだ。 그는 과감하게 새로운 업계에 뛰어들었다.

散
흩을 산

음 さん

*散歩 산책　*解散 해산　*発散 발산　分散 분산

훈 ち(らかる)

散らかる 어질러지다

　　ち(らかす)

*散らかす 어지르다

　　ち(る)

散る (꽃잎이나 잎이) 지다, 흩어지다

　　ち(らす)

散らす 흩뜨리다, 어지르다

気分転換に近くの公園まで散歩に行ってきた。
기분 전환으로 근처 공원까지 산책하러 갔다 왔다.

おもちゃを散らかしたら、ちゃんと片付けなさい。
장난감을 어질렀으면 제대로 치우렴.

Day 18

4학년 한자(6) 33자

0618 N3 □□□

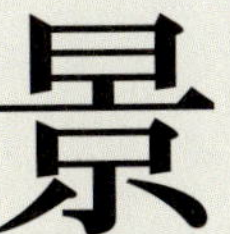

景

별 경

- **음** けい　*景気 경기　*風景 풍경　*夜景 야경　景観 경관　*背景 배경
- **훈** ―
- **예외** 景色 경치, 풍경

最近は景気が少しずつ回復している。 요즘은 경기가 조금씩 회복되고 있다.

湖と紅葉の景色がとてもきれいだった。 호수와 단풍의 경치가 매우 예뻤다.

0619 N2 □□□

観

볼 관 (觀)

- **음** かん　*観光 관광　*観客 관객　*観察 관찰　観点 관점　世界観 세계관
- **훈** ―

公演が終わると、観客は一斉に立ち上がって拍手した。
공연이 끝나자, 관객은 일제히 일어나 박수를 쳤다.

植物の温度変化による反応を観察した。 식물의 온도 변화에 따른 반응을 관찰했다.

0620 N2 □□□

察

살필 찰

- **음** さつ　*警察 경찰　考察 고찰　*察する 헤아리다, 살피다, 미루어 알다　察知 헤아려 앎
- **훈** ―

不審な人を見かけたので、警察に通報した。 수상한 사람을 봐서 경찰에 알렸다.

彼の気持ちを察して、何も聞かなかった。 그의 마음을 헤아려서 아무것도 묻지 않았다.

0621 N2 □□□

標

표할 표

- **음** ひょう　*目標 목표　標準 표준　標的 표적　標識 표지, 구별하는 표시, 표식　標語 표어
- **훈** ―

今年の目標は日本語能力試験(JLPT)に合格することだ。
올해 목표는 일본어 능력시험(JLPT)에 합격하는 것이다.

日本では東京の言葉が標準語とされている。 일본에서는 도쿄 말을 표준어로 여긴다.

0622 N2 □□□

札

편지[뽑을] 찰

- **음** さつ　*お札 지폐　*改札口 개찰구　入札 입찰
- **훈** ふだ　札 팻말, 표　名札 명찰, 이름표, 명패　値札 가격표

払い戻しのお客様は改札口を通り、右側の精算窓口までお越しください。
환불하실 손님은 개찰구를 지나 우측 정산 창구로 와 주십시오.

プレゼント用なので、値札を外してください。 선물용이므로 가격표를 떼어 주세요.

的

과녁 **적**

- **음** てき　目的 목적　的中 적중　*具体的 구체적　的確 적확, 정확
- **훈** まと　的 과녁, 대상, 목표　的外れ 빗나감, 정곡을 벗어남

次回の打ち合わせの具体的な日程はまだ決まっていません。
다음 미팅의 구체적인 일정은 아직 정해지지 않았습니다.

彼の無責任な態度は非難の的になった。
그의 무책임한 태도는 비난의 대상이 되었다

課

과정[매길] **과**

- **음** か　*課長 과장　*日課 일과　課程 과정　課題 과제　課する 부과하다
- **훈** —

彼は入社10年目で課長に昇進した。 그는 입사 10년차에 과장으로 승진했다.

この課程を終えれば、資格の取得ができる。 이 과정을 마치면 자격을 취득할 수 있다.

府

마을 **부**

- **음** ふ　政府 정부　都道府県 도도부현(일본의 행정 구역)　京都府 교토부
- **훈** —

政府は少子高齢化対策を強化した。 정부는 저출산 고령화 대책을 강화했다.

都道府県ごとに特産品が異なる。 도도부현마다 특산품이 다르다.

票

표 **표**

- **음** ひょう　票 표　*投票 투표　開票 개표　得票 득표　票決 표결　伝票 전표
- **훈** —

オンラインでの投票システムが導入され、便利になった。
온라인 투표 시스템이 도입되어 편리해졌다.

伝票の整理は正確さが大切です。 전표 정리는 정확성이 중요합니다.

佐

도울 **좌**

- **음** さ　補佐 보좌　大佐 (옛 일본 군대의) 대좌, 대령
- **훈** —

彼は長年にわたり、政治家を補佐した経験がある。
그는 오랜 기간 동안 정치인을 보좌한 경험이 있다.

大佐の冷静な判断が、多くの人命を救った。 대령의 냉정한 판단이 많은 인명을 구했다.

0628 N2 ☐☐☐

仲
버금[가운데] **중**

- 음 ちゅう　仲介 중개　仲裁 중재
- 훈 なか　*仲 사이, 관계　仲間 동료, 한패　仲直り 화해
　　　仲良し 사이가 좋음, 친한 친구

不動産会社がマンションの売買を仲介した。 부동산 회사가 아파트 매매를 중개했다.

二人の仲は、近頃疎遠になった。 두 사람 사이는 요즘 소원해졌다.

0629 N4 ☐☐☐

借
빌릴 **차**

- 음 しゃく　借金 차금, 돈을 꿈, 빚　借用 차용　拝借 (돈·물건 등을) 삼가 빌림
- 훈 か(りる)　*借りる 빌리다　借り 빚

借金のせいで精神的に追い詰められている。 빚 때문에 정신적으로 궁지에 몰려 있다.

銀行からお金を借りて、そのお金で新しい家を建てた。
은행에서 돈을 빌려서 그 돈으로 새 집을 지었다.

0630 N1 ☐☐☐

倉
곳집 **창**

- 음 そう　*倉庫 창고　弾倉 탄창
- 훈 くら　倉 곳간, 창고

火事で巨大な物流倉庫が全焼してしまった。 화재로 거대한 물류 창고가 전소되고 말았다.

あの大きな建物が米倉だ。 저 큰 건물이 쌀창고이다.

0631 N1 ☐☐☐

唱
부를 **창**

- 음 しょう　合唱 합창　独唱 독창　歌唱力 가창력　提唱 제창
- 훈 とな(える)　*唱える 주장하다, 외치다

クラス全員で合唱コンクールに出場した。 반 학생 전원이 합창 대회에 출전했다.

多くの人が教育制度の見直しの必要性を唱えている。
많은 사람이 교육 제도의 재검토 필요성을 주장하고 있다.

0632 N2 ☐☐☐

菜
나물 **채** (菜)

- 음 さい　*野菜 야채, 채소　菜食 채식　菜園 채원, 채소밭　*惣菜 반찬, 부식, 나물
- 훈 な　菜 푸성귀, 채소, 유채　青菜 푸성귀

彼女は菜食主義者で、肉料理は一切食べません。
그녀는 채식주의자라서 고기 요리는 일절 먹지 않습니다.

夏は青菜がよく育つ季節です。 여름은 푸성귀가 잘 자라는 계절입니다.

얕을 천 (浅)

- 음 せん
  - 浅薄 천박(지식이나 생각이 얕음), 얄팍함　浅海 천해, 얕은 바다
  - 浅学 천학, 배움이 얕음, 학문이 깊지 못함(주로 자신의 학문이나 지식이 부족함을 겸손하게 표현할 때 씀)
- 훈 あさ(い)
  - 浅い 얕다　浅ましい 비열하다, 한심스럽다, 비참하다

私の浅薄な知識ではありますが、少し説明させていただきます。
저의 얄팍한 지식이긴 합니다만, 조금 설명드리겠습니다.

昨日は眠りが浅くて、何度も目が覚めた。 어제는 잠을 얕게 자서 몇 번이나 잠에서 깼다.

곁 측

- 음 そく
  - 側面 측면　側近 측근
- 훈 がわ
  - 側 쪽, 편, 옆　*内側 안쪽　*両側 양측, 양쪽, 양편　右側 우측
  - 片側 한쪽
- そば
  - 側 옆, 곁

建物の側面に非常口があります。 건물 측면에 비상구가 있습니다.
廊下の両側に教室が並んでいる。 복도 양쪽에 교실이 죽 늘어서 있다.

언덕 판

- 음 はん
  - 阪神 한신, 오사카와 고베 지역　京阪 게이한, 교토와 오사카 지역
- さか
  - 大阪 오사카(지명)
- 훈 ―

阪神地域は人口が多く、経済も発展している。 한신 지역은 인구가 많고 경제도 발전해 있다.
大阪支店への転勤が決まった。 오사카 지점으로의 전근이 결정되었다.

패할 패

- 음 はい
  - 勝敗 승패　*失敗 실패, 실수　敗北 패배　敗戦 패전
- 훈 やぶ(れる)
  - *敗れる 지다, 패배하다

試合は最後まで接戦だったが、勝敗を分けたのは、集中力の差だった。
시합은 마지막까지 접전이었지만, 승패를 가른 것은 집중력의 차이였다.

延長戦でライバルに敗れたが、よく頑張った。 연장전에서 라이벌에게 졌지만, 잘 싸웠다.

Day 18 · 4학년 한자(6) 33자

0637 N3 □□□

包
쌀 포 (包)

음 ほう — *包装 포장　包囲 포위　包丁 부엌칼, 식칼　包容力 포용력

훈 つつ(む) — *包む 싸다, 포장하다, (주위를) 에워싸다, 감추다　*小包 소포

包み 싸는 일, 꾸러미, 보따리

このネクタイを贈り物用に包装してください。 이 넥타이를 선물용으로 포장해 주세요.

この小包は割れ物なので、取り扱いに注意してください。
이 소포는 깨지기 쉬운 물건이므로 취급에 주의해 주세요.

0638 N2 □□□

害
해할 해

음 がい — 害 해, 방해, 지장　*被害 피해　*損害 손해　災害 재해　水害 수해

害虫 해충

훈 —

タバコの煙は健康に害を与える。 담배 연기는 건강에 해를 끼친다.

川が氾濫し、水害で生じた損失は莫大です。
강이 범람하여 수해로 발생한 손실은 막대합니다.

0639 N2 □□□

香
향기 향

음 こう — 香 향　香水 향수　香辛料 향신료　線香 모기향

香ばしい 향기롭다, 구수하다

きょう — 香車 장기 말의 이름

훈 かお(り) — *香り 향기, 좋은 냄새

かお(る) — 香る 향기가 나다, 좋은 냄새가 풍기다

か — 香 향, 냄새　移り香 잔향

香水の香りが強すぎて、少し頭が痛くなった。
향수 냄새가 너무 강해서 조금 머리가 아파졌다.

カフェの扉を開けると、香ばしいコーヒーの香りが漂っていた。
카페 문을 열자, 구수한 커피 향이 감돌고 있었다.

0640 N2 □□□

貨
재물 화

음 か — 貨物 화물　通貨 통화　*硬貨 동전　外貨 외화　貨幣 화폐

훈 —

その船には自動車を始めとする貨物が積まれている。
그 배에는 자동차를 비롯한 화물이 실려 있다.

ポケットの中には硬貨ばかりだ。 주머니 안에는 동전뿐이다.

栃

상수리나무 **회**

음 ―

훈 とち 　栃の木 상수리나무　栃木 도치기(지명)

昔は栃の木の実を使って「栃餅」を作っていた。
옛날에는 상수리나무의 열매를 사용해서 '도치모치'를 만들었다.

修学旅行で栃木県の日光に行きました。 수학여행으로 도치기현의 닛코에 갔습니다.

候

기후[살필] **후**

음 こう 　*天候 천후, 일기, 날씨　気候 기후　候補 후보　兆候 징후

훈 そうろう 　居候 (남의 집에서) 기식함, 남의 집에 얹혀사는 사람, 식객

今月に入って、不順な天候が続いている。 이달에 들어서 불순한 날씨가 계속되고 있다.

彼は親友の家に居候している。 그는 친구 집에 얹혀살고 있다.

연습문제

다음 한자의 발음과 뜻을 써 보세요.

01 政府 せい◻◻ ________	21 敗れる ◻◻れる ________
02 好調 ◻◻ちょう ________	22 災害 さい◻◻ ________
03 恋愛 れん◻◻ ________	23 補佐 ほ◻◻ ________
04 香水 ◻◻すい ________	24 阪神 ◻◻しん ________
05 唱える ◻◻える ________	25 登録 とう◻◻ ________
06 課程 ◻◻てい ________	26 未だに ◻◻だに ________
07 包む ◻◻む ________	27 観察 ◻◻さつ ________
08 名札 な◻◻ ________	28 借用 ◻◻よう ________
09 外貨 がい◻◻ ________	29 飛び込む ◻◻びこむ ________
10 察する ◻◻する ________	30 仲直り ◻◻なおり ________
11 風景 ふう◻◻ ________	31 投票 とう◻◻ ________
12 菜食 ◻◻しょく ________	32 天候 てん◻◻ ________
13 散る ◻◻る ________	33 内側 うち◻◻ ________
14 浅い ◻◻い ________	34 好ましい ◻◻ましい ________
15 添付 てん◻◻ ________	35 飛躍 ◻◻やく ________
16 標準 ◻◻じゅん ________	36 包丁 ◻◻ちょう ________
17 栃木 ◻◻ぎ ________	37 敗北 ◻◻ぼく ________
18 完了 ◻◻りょう ________	38 解散 かい◻◻ ________
19 的中 ◻◻ちゅう ________	39 気付く き◻◻く ________
20 倉庫 ◻◻こ ________	40 お札 お◻◻ ________

정답

01 せいふ 정부 02 こうちょう 호조, 순조 03 れんあい 연애 04 こうすい 향수 05 となえる 주장하다, 외치다 06 かてい 과정
07 つつむ 싸다, 포장하다, (주위를) 에워싸다, 감추다 08 なふだ 명찰, 이름표, 명패 09 がいか 외화 10 さっする 헤아리다, 살피다, 미루어 알다
11 ふうけい 풍경 12 さいしょく 채식 13 ちる (꽃잎이나 잎이) 지다, 흩어지다 14 あさい 얕다 15 てんぷ 첨부 16 ひょうじゅん 표준
17 とちぎ 도치기(지명) 18 かんりょう 완료 19 てきちゅう 적중 20 そうこ 창고 21 やぶれる 지다, 패배하다 22 さいがい 재해 23 ほさ 보좌
24 はんしん 한신, 오사카와 고베 지역 25 とうろく 등록 26 いまだに 아직도, 아직껏 27 かんさつ 관찰 28 しゃくよう 차용 29 とびこむ 뛰어들다
30 なかなおり 화해 31 とうひょう 투표 32 てんこう 천후, 일기, 날씨 33 うちがわ 안쪽 34 このましい 바람직하다, 마음에 들다, 호감이 가다
35 ひやく 비약 36 ほうちょう 부엌칼, 식칼 37 はいぼく 패배 38 かいさん 해산 39 きづく 깨닫다, 알아차리다, 눈치채다 40 おさつ 지폐

정답&해석 ➡ p.328

밑줄 친 한자의 올바른 발음을 고르세요.

1 最近は政治に関心を持つ若者が増えている。
① せいち　　② せいじ　　③ しょうじ　　④ しょうち

2 詳しい内容は省略して簡単に説明します。
① せいやく　　② せいりゃく　　③ しょうやく　　④ しょうりゃく

3 実力を競う中で、お互いを認め合うようになった。
① きそう　　② あらそう　　③ たたかう　　④ かなう

4 子供が迷子になったが、30分後に無事に見つかった。
① むし　　② ぶし　　③ ぶじ　　④ むじ

5 健やかな毎日を送れることに感謝しています。
① おだやかな　　② すみやかな　　③ すこやかな　　④ ゆるやかな

6 夜中に赤ちゃんのなき声で何度も起こされた。
① 立き　　② 泣き　　③ 位き　　④ 涙き

7 高すぎるもくひょうは逆にやる気をなくすこともある。
① 目票　　② 日票　　③ 日標　　④ 目標

8 思ったよりせいせきが上がらなくて、がっかりした。
① 城績　　② 成積　　③ 成績　　④ 城積

9 駅のあたりはいつも人でにぎわっている。
① 辺り　　② 当り　　③ 周り　　④ 近り

10 本日はありがとうございました。あらためてお礼申し上げます。
① 決めて　　② 改めて　　③ 攻めて　　④ 治めて

초등학교 5학년

한자 총193자

음원 19 ｜ 동영상 19

643	644	645	646	647	648	649	650
許	可	能	評	価	格	増	減
허락할 **허**	옳을 **가**	능할 **능**	평할 **평**	값 **가**	격식 **격**	더할 **증**	덜 **감**
음 きょ	음 か	음 のう	음 ひょう	음 か	음 かく	음 ぞう	음 げん
훈 ゆる(す)	훈 —	훈 —	훈 —	훈 あたい	훈 —	훈 ふ(える)	훈 へ(る)

651	652	653	654	655	656	657	658
講	義	師	条	件	経	営	費
강론할 **강**	옳을 **의**	스승 **사**	가지 **조**	물건 **건**	지날 **경**	경영할 **영**	쓸 **비**
음 こう	음 ぎ	음 し	음 じょう	음 けん	음 けい	음 えい	음 ひ
훈 —	훈 —	훈 —	훈 —	훈 —	훈 へ(る)	훈 いとな(む)	훈 つい(える)

659	660	661	662	663	664	665	666
過	程	刊	個	居	潔	耕	境
지날 **과**	한도 **정**	새길 **간**	낱 **개**	살 **거**	깨끗할 **결**	밭 갈 **경**	지경 **경**
음 か	음 てい	음 かん	음 こ	음 きょ	음 けつ	음 こう	음 きょう
훈 す(ぎる)	훈 ほど	훈 —	훈 —	훈 い(る)	훈 いさぎよ(い)	훈 たがや(す)	훈 さかい

667	668	669	670	671	672	673	674
故	慣	鉱	句	旧	救	均	紀
연고 **고**	익숙할 **관**	쇳돌 **광**	글귀 **구**	옛 **구**	구원할 **구**	고를 **균**	벼리 **기**
음 こ	음 かん	음 こう	음 く	음 きゅう	음 きゅう	음 きん	음 き
훈 ゆえ	훈 な(れる)	훈 —	훈 —	훈 —	훈 すく(う)	훈 なら(す)	훈 —

675
寄
부칠 **기**
음 き
훈 よ(る)

0643 N3 □□□

許 허락할 **허**

음 きょ — *許可 허가, 허락　免許 면허　許容 허용　特許 특허　許諾 허락, 승낙

훈 ゆる(す) — 許す 허가하다, 허락하다, 용서하다

ここからは許可なく入ることを禁じます。　여기서부터는 허가가 없이 들어가는 것을 금합니다.

子供を誘拐するなんて、絶対許せない行為だ。
아이를 유괴하다니, 절대 용서할 수 없는 행위이다.

0644 N3 □□□

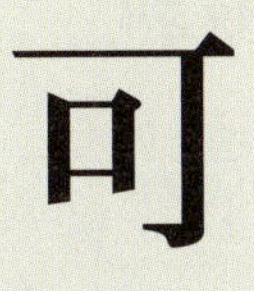

可 옳을 **가**

음 か — *可能 가능　可決 가결　不可 불가　不可欠 불가결

훈 ―

食べ物の持ち込みは可能です。ただし、酒類の持ち込みは固くお断りします。
음식물 반입은 가능합니다. 단, 주류 반입은 단호히 사절합니다.

その法案は国会で全会一致で可決された。　그 법안은 국회에서 만장일치로 가결되었다.

0645 N2 □□□

能 능할 **능**

음 のう — 能力 능력　機能 기능　性能 성능　才能 재능

훈 ―

日本語能力試験(JLPT)は、日本語の能力を測定し認定する試験です。
일본어 능력시험(JLPT)은 일본어 능력을 측정하고 인정하는 시험입니다.

このスマホは性能といい、デザインといい、申し分ない。
이 스마트폰은 성능으로 보나 디자인으로 보나 나무랄 데가 없다.

0646 N1 □□□

評 평할 **평**

음 ひょう — *評価 평가　*評判 평판　好評 호평　*批評 비평

훈 ―

能力の低い人ほど自分の能力を過大評価する。
능력이 낮은 사람일수록 자신의 능력을 과대평가한다.

ここで栽培されているせりは香りがよくておいしいという評判だ。
여기서 재배되고 있는 미나리는 향이 좋고 맛있다는 평판이다.

0647 N1 □□□

価 값 **가** (價)

음 か — *価格 가격　*価値 가치　物価 물가　*原価 원가

훈 あたい — 価 값, 가격, 값어치, 가치

価する (「〜に」의 형태로) 〜할 가치가 있다, 〜할 만하다

他社との競争力を高めるには価格を下げるしかない。
타사와의 경쟁력을 높이려면 가격을 낮출 수 밖에 없다.

この世は生きるに価する。　이 세상은 살 만하다.

格
격식 격

음 かく　*性格 성격　体格 체격　規格 규격　資格 자격　格差 격차

こう　格子 (나무 등으로 짠) 격자, 격자문

훈 ―

消極的で人見知りな性格を治したいです。 소극적이고 낯가림하는 성격을 고치고 싶습니다.

国際規格に適合したため、この部品は販売が可能になった。
국제 규격에 적합했기 때문에 이 부품은 판매가 가능해졌다.

増
더할 증 (增)

음 ぞう　*増加 증가　*増減 증감　急増 급증　増大 증대　増税 증세

훈 ふ(える)　増える 늘다, 늘어나다, 증가하다, 불어나다

ふ(やす)　増やす 늘리다, 불리다

ま(す)　増す 더하다, 많아지다

高齢化が進むとともに、空き家の数が増加の一途を辿っている。
고령화가 진행됨에 따라 빈집의 수가 증가 일로를 걷고 있다.

輸入が増えて、貿易赤字になった。 수입이 늘어나 무역 적자가 되었다.

減
덜 감

음 げん　*減少 감소　*削減 삭감　加減 가감　減量 감량　減点 감점

훈 へ(る)　減る 줄다, 감소하다

へ(らす)　減らす 줄이다, 덜다, 감소시키다

40代以降になると、基礎代謝が自然に減少する。
40대 이후가 되면 기초대사가 자연적으로 감소한다.

大気汚染を減らす対策を立てなければなりません。
대기오염을 줄이는 대책을 세워야 합니다.

講
강론할 강

음 こう　*講演 강연　*講師 강사　受講 수강　講習 강습　講座 강좌　講堂 강당

훈 ―

講堂は講演を聞きに来た人々でごった返しました。
강당은 강연을 들으러 온 사람들로 붐볐습니다.

来週から、園芸の講習会が始まる。 다음 주부터 원예 강습회가 시작된다.

0652 N1 ☐☐☐

義 옳을 의

음 ぎ

＊講**義** 강의　正**義** 정의　**義**務 의무　**義**理 의리　定**義** 정의

훈 ―

今日の講**義**は何時までですか。 오늘 강의는 몇 시까지입니까?

税金を納めるのは国民の**義**務だ。 세금을 납부하는 것은 국민의 의무이다.

0653 N2 ☐☐☐

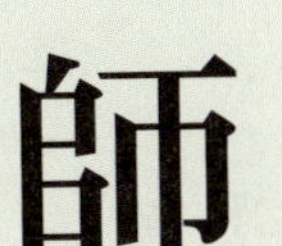

師 스승 사

음 し

＊教**師** 교사　＊講**師** 강사　**医師** 의사　＊看護**師** 간호사

훈 ―

教**師**になるには教員免許が必須です。 교사가 되려면 교원 면허가 필수입니다.

医師を目指す学生の数が激増している。 의사를 목표로 하는 학생 수가 급증하고 있다.

0654 N1 ☐☐☐

条 가지[조목] 조 (條)

음 じょう

＊**条**件 조건　**条**約 조약　**条**例 조례　箇**条** 개조, 조항

훈 ―

子供の頃の遊びがリーダーの**条**件を決定する。 어릴 적의 놀이가 리더의 조건을 결정한다.

タバコを規制するための**条**約が採択された。 담배를 규제하기 위한 조약이 채택되었다.

0655 N3 ☐☐☐

件 물건 건

음 けん

件 건, 사건　＊事**件** 사건　案**件** 안건　**件**数 건수

훈 ―

今度の**件**は君に責任があるのだから、君が責任を取るべきだ。
이번 건은 너에게 책임이 있으니, 네가 책임을 져야 한다.

彼女のファンだっただけに、今回の薬物**事件**は残念でたまらない。
그녀의 팬이었던 만큼 이번 약물 사건은 너무 안타깝다.

経
지날 **경** (經)

음	けい	経験 경험　経過 경과　経済 경제　経由 경유　経路 경로
	きょう	お経 경, 불경
훈	へ(る)	経る (시간이) 흐르다, (어떤 곳을) 거치다, 지나다, (과정을) 거치다
	た(つ)	経つ (시간이) 지나다, 흐르다

失敗するのも経験のうちだから、元気を出しなさい。
실패하는 것도 경험의 일부이니 기운 내세요.

結婚や出産など人生の様々な関門を経ても働き続けたい。
결혼이나 출산 등 인생의 여러 관문을 거쳐도 계속 일하고 싶다.

営
경영할 **영** (營)

| 음 | えい | *経営 경영　*営業 영업　運営 운영　陣営 진영　営利 영리 |
| 훈 | いとな(む) | 営む 운영하다, 경영하다 |

この店はまだ営業中です。 이 가게는 아직 영업 중입니다.

私は郊外で小さな寿司屋を営んでいます。
저는 교외에서 작은 초밥집을 운영하고 있습니다.

費
쓸 **비**

음	ひ	費用 비용　消費 소비　経費 경비　生活費 생활비　会費 회비
훈	つい(える)	費える 축나다, 줄다, (시간이) 허비되다
	つい(やす)	費やす 쓰다, 소비하다, 낭비하다

設置費用は当社が負担いたします。 설치 비용은 저희 회사가 부담하겠습니다.

食事に費やす時間は、イタリア人とドイツ人が最も長いそうだ。
식사에 소비하는 시간은 이탈리아인과 독일인이 가장 길다고 한다.

過
지날[허물] **과** (過)

음	か	*過去 과거　*通過 통과　*過剰 과잉　*過密 과밀
훈	す(ぎる)	*過ぎる 지나다, 지나가다, 넘다
	す(ごす)	*過ごす (시간·세월을) 보내다, 지내다
	あやま(つ)	過つ 실수하다, 잘못하다
	あやま(ち)	*過ち 실수, 잘못

今年は平均湿度が過去最高水準を記録している。
올해는 평균 습도가 과거 최고 수준을 기록하고 있다.

朝夕はずいぶん過ごしやすくなった。 아침저녁은 꽤 지내기 편해졌다.

0660 N2 □□□

한도 정

음 てい

＊過程 과정, 일이 되어 가는 경로　程度 정도　＊日程 일정　工程 공정
課程 과정, 해야 할 일의 정도

훈 ほど

程 정도, 분수　＊先程 아까, 조금 전　程違い 차원이 다르다

ここで陶磁器を作る過程を見ることができる。
여기서 도자기를 만드는 과정을 볼 수 있다.

先程はお電話にて失礼いたしました。 조금 전에는 전화로 실례했습니다.

0661 N2 □□□

새길 간

음 かん

＊朝刊 조간　＊週刊誌 주간지　新刊 신간　発刊 발간

훈 ―

今日の朝刊をご覧になりましたか。 오늘 조간을 보셨습니까?
本誌は毎週発行される経済専門の週刊誌です。
본지는 매주 발행되는 경제 전문 주간지입니다.

0662 N2 □□□

낱 개

음 こ

＊個人 개인　＊個性 개성　個別 개별　個々 개개, 각각
〜個 〜개(물건의 수를 세는 말)　＊一個 한 개

훈 ―

人は各々独特の個性を持っている。 사람은 저마다 독특한 개성을 가지고 있다.

すみません。これ、一個ください。 저기요. 이거 한 개 주세요.

0663 N3 □□□

살 거

음 きょ

住居 주거, 집　同居 동거　別居 별거　転居 전거, 이사　居住 거주

훈 い(る)

居る 있다　居間 거실　＊居心地 어떤 장소에 있을 때의 기분
＊居酒屋 선술집

この度、下記住所に転居いたしました。 이번에 하기 주소로 이사했습니다.
とても居心地のいいお店ですね。 아주 아늑한 가게네요.

0664 N1 □□□

깨끗할 결

음 けつ

＊簡潔 간결　＊清潔 청결　潔白 결백　純潔 순결　高潔 고결

훈 いさぎよ(い)

＊潔い (미련 없이) 깨끗하다, 떳떳하다

トイレがいつも清潔だと、毎日気分良く過ごせる。
화장실이 항상 청결하면 매일 기분 좋게 지낼 수 있다.

時には、潔く諦めることも必要だ。 때로는 깨끗이 단념하는 것도 필요하다.

耕 밭 갈 경

- 음 こう
  こうさく 耕作 경작　こうち 耕地 경지, 경작지, 농경지　のうこう 農耕 농경
- 훈 たがや(す)
  たがや 耕す (논밭을) 갈다, 일구다

かんたく じぎょう こうさくめんせき ひろ
干拓事業で耕作面積を広げた。 간척 사업으로 경작 면적을 넓혔다.

のう ふ あ はたけ たがや
農夫たちが荒れた畑を耕しています。 농부들이 황폐해진 밭을 일구고 있습니다.

境 지경 **경**

- 음 きょう
  かんきょう *環境 환경　こっきょう 国境 국경　きょうかい 境界 경계　ぎゃっきょう 逆境 역경
  けい
  けいだい 境内 (신사·사찰의) 경내
- 훈 さかい
  さかい 境 경계, 갈림길, 기로　さかいめ 境目 경계, 경계선, 갈림길

こうがい かんきょう は かい にんげん かぎ よくぼう けいてき な
公害や環境破壊は人間の限りない欲望に警笛を鳴らしている。
공해나 환경 파괴는 인간의 끝없는 욕망에 경적을 울리고 있다.

しゃどう ほ どう さかい め じょせつ ゆき のこ
車道と歩道の境目には、除雪による雪が残っていた。
차도와 인도의 경계에는 제설로 인한 눈이 남아 있었다.

故 연고 **고**

- 음 こ
  こしょう *故障 고장　じ こ 事故 사고　こきょう 故郷 고향　こ い *故意 고의
- 훈 ゆえ
  ゆえ 故 이유, 까닭, 때문　ゆえ 故に 고로, 그러므로

ふる こしょう おお こうかん ほ
古くなって故障の多いエレベーターを交換して欲しい。
오래되어 고장이 잦은 엘리베이터를 교체해 주었으면 한다.

めいげん われおも ゆえ われ
デカルトの名言には「我思う、故に我あり」などがある。
데카르트의 명언에는 '나는 생각한다, 고로 나는 존재한다' 등이 있다.

慣 익숙할 **관**

- 음 かん
  しゅうかん *習慣 습관, 관습, 풍습　かんようく 慣用句 관용구　かんれい 慣例 관례　かんこう 慣行 관행
- 훈 な(れる)
  な *慣れる 익숙해지다　み な 見慣れる 자주 봐서 눈에 익다, 낯익다
  な(らす)
  な 慣らす 길들이다, 익숙하게 하다

まちが かんこう しこう おも き はいき あたら み らい き ひら
間違った慣行と思考は思い切って廃棄し、新しい未来を切り開いていこう。
잘못된 관행과 사고는 과감히 폐기하고 새로운 미래를 열어가자.

あたら し ごと な
新しい仕事にはもう慣れましたか。 새로운 일에는 이제 익숙해졌습니까?

0669 N2 ☐☐☐

鉱

쇳돌 광 (鑛)

음 こう

鉱山 광산　炭鉱 탄광　鉱物 광물　鉄鉱 철광　鉱業 광업　廃鉱 폐광

훈 ―

あそこには廃鉱になって50年以上経った鉱山がある。
저기에는 폐광된 지 50년 이상 지난 광산이 있다.

南アフリカ共和国は鉱物資源が豊富にあります。
남아프리카 공화국은 광물 자원이 풍부합니다.

0670 N1 ☐☐☐

句

글귀 구

음 く

＊文句 문구, 불평, 불만　句点 구점, 마침표　語句 어구

俳句 하이쿠(5·7·5의 17자로 된 짧은 시)

훈 ―

文句を言われたくなかったら、きちんとやることだね。
불평을 듣고 싶지 않으면 제대로 해야 해.

俳句は5·7·5の17文字の形式で作る。　하이쿠는 5·7·5의 17자 형식으로 만든다.

0671 N2 ☐☐☐

旧

옛 구 (舊)

음 きゅう

復旧 복구　旧暦 구력, 음력　新旧 신구, 새것과 헌것

旧正月 구정, 음력설

훈 ―

地下鉄復旧の目処は立っていない。　지하철 복구의 전망은 서 있지 않다.

新旧の文化を響かせ合い伝統を守り続ける。
신구 문화를 조화롭게 융합하고 전통을 계속 지켜 나간다.

0672 N1 ☐☐☐

救

구원할 구

음 きゅう

救急 구급, 응급　救助 구조　救援 구원　救命 구명

훈 すく(う)

＊救う 구하다, 구조하다, 구제하다

ここは病院の救急センターの出入り口です。　여기는 병원 응급센터 출입구입니다.

彼女は川で溺れた私を救ってくれた。　그녀는 강에 빠진 나를 구해 주었다.

均

고를 균

음 きん　　*平均 평균　*均等 균등　均一 균일　均衡 균형

훈 なら(す)　　均す 고르게 하다, 평균하다

医療技術の発達で平均寿命も伸びている。 의료 기술의 발달로 평균 수명도 늘고 있다.

均して一日7時間は寝ている。 평균하여 하루 7시간은 잔다.

紀

벼리 기

음 き　　世紀 세기　紀元 기원　紀行 기행
風紀 풍기(풍속·풍습에 관한 도덕상의 절도나 규율)

훈 ―

この本には19世紀のフランスの生活が詳しく書いてあります。
이 책에는 19세기 프랑스의 생활이 자세히 쓰여 있습니다.

社内の風紀を乱すような社員がいて困っている。
사내 풍기를 문란하게 하는 사원이 있어 곤란하다.

寄

부칠[이을] 기

음 き　　*寄付 기부　*寄与 기여　寄贈 기증

훈 よ(る)　　*寄る 들르다, 다가가다　*近寄る 다가가다, 접근하다　*最寄り 가장 가까움
寄り道 가는 길에 들름, 우회 도로

よ(せる)　　寄せる 밀려오다, 바싹 붙여 대다

卒業生たちの寄付金で奨学金制度を維持している。
졸업생들의 기부금으로 장학금 제도를 유지하고 있다.

いつも仕事帰りにコンビニに寄ってお菓子などを買ってしまう。
항상 퇴근길에 편의점에 들러 과자 등을 사고 만다.

연습문제

다음 한자의 발음과 뜻을 써 보세요.

01 案件 あん□	＿＿＿＿＿＿	21 週刊誌 しゅう□し ＿＿＿＿＿＿
02 物価 ぶっ□	＿＿＿＿＿＿	22 炭鉱 たん□ ＿＿＿＿＿＿
03 紀元 □げん	＿＿＿＿＿＿	23 講師 □し ＿＿＿＿＿＿
04 程度 □ど	＿＿＿＿＿＿	24 不可欠 ふ□けつ ＿＿＿＿＿＿
05 消費 しょう□	＿＿＿＿＿＿	25 救う □う ＿＿＿＿＿＿
06 均等 □とう	＿＿＿＿＿＿	26 機能 き□ ＿＿＿＿＿＿
07 義務 □む	＿＿＿＿＿＿	27 個性 □せい ＿＿＿＿＿＿
08 免許 めん□	＿＿＿＿＿＿	28 減る □る ＿＿＿＿＿＿
09 耕地 □ち	＿＿＿＿＿＿	29 条例 □れい ＿＿＿＿＿＿
10 復旧 ふっ□	＿＿＿＿＿＿	30 潔い □い ＿＿＿＿＿＿
11 増やす □やす	＿＿＿＿＿＿	31 運営 うん□ ＿＿＿＿＿＿
12 故郷 □きょう	＿＿＿＿＿＿	32 文句 もん□ ＿＿＿＿＿＿
13 過ぎる □ぎる	＿＿＿＿＿＿	33 慣れる □れる ＿＿＿＿＿＿
14 好評 こう□	＿＿＿＿＿＿	34 価 □ ＿＿＿＿＿＿
15 居間 □ま	＿＿＿＿＿＿	35 寄与 □よ ＿＿＿＿＿＿
16 看護師 かんご□	＿＿＿＿＿＿	36 救助 □じょ ＿＿＿＿＿＿
17 資格 し□	＿＿＿＿＿＿	37 同居 どう□ ＿＿＿＿＿＿
18 経済 □ざい	＿＿＿＿＿＿	38 慣用句 □ようく ＿＿＿＿＿＿
19 境内 □だい	＿＿＿＿＿＿	39 通過 つう□ ＿＿＿＿＿＿
20 最寄り も□り	＿＿＿＿＿＿	40 削減 さく□ ＿＿＿＿＿＿

정답

01 あんけん 안건　02 ぶっか 물가　03 きげん 기원　04 ていど 정도　05 しょうひ 소비　06 きんとう 균등　07 ぎむ 의무　08 めんきょ 면허
09 こうち 경지, 경작지, 농경지　10 ふっきゅう 복구　11 ふやす 늘리다, 불리다　12 こきょう 고향　13 すぎる 지나다, 지나가다, 넘다
14 こうひょう 호평　15 いま 거실　16 かんごし 간호사　17 しかく 자격　18 けいざい 경제　19 けいだい (신사·사찰의) 경내
20 もより 가장 가까움　21 しゅうかんし 주간지　22 たんこう 탄광　23 こうし 강사　24 ふかけつ 불가결　25 すくう 구하다, 구조하다, 구제하다
26 きのう 기능　27 こせい 개성　28 へる 줄다, 감소하다　29 じょうれい 조례　30 いさぎよい (미련 없이) 깨끗하다, 떳떳하다　31 うんえい 운영
32 もんく 문구, 불평, 불만　33 なれる 익숙해지다　34 あたい 값, 가격, 값어치, 가치　35 きよ 기여　36 きゅうじょ 구조　37 どうきょ 동거
38 かんようく 관용구　39 つうか 통과　40 さくげん 삭감

5학년 한자 (2) 32자

676 往	677 復	678 興	679 複	680 雜	681 混	682 準	683 備
갈 **왕**	회복할 **복**	일 **흥**	겹칠 **복**	섞일 **잡**	섞을 **혼**	준할 **준**	갖출 **비**
음 おう	음 ふく	음 こう	음 ふく	음 ざつ	음 こん	음 じゅん	음 び
훈 ―	훈 ―	훈 おこ(る)	훈 ―	훈 ―	훈 ま(ぜる)	훈 ―	훈 そな(わる)

684 規	685 則	686 製	687 造	688 構	689 築	690 判	691 斷
법 **규**	법칙 **칙**	지을 **제**	지을 **조**	얽을 **구**	쌓을 **축**	판단할 **판**	끊을 **단**
음 き	음 そく	음 せい	음 ぞう	음 こう	음 ちく	음 はん	음 だん
훈 ―	훈 ―	훈 ―	훈 つく(る)	훈 かま(う)	훈 きず(く)	훈 わか(る)	훈 ことわ(る)

692 団	693 堂	694 貸	695 導	696 独	697 銅	698 領	699 留
둥글 **단**	집 **당**	빌릴 **대**	인도할 **도**	홀로 **독**	구리 **동**	거느릴 **령**	머무를 **류**
음 だん	음 どう	음 たい	음 どう	음 どく	음 どう	음 りょう	음 りゅう
훈 ―	훈 ―	훈 か(す)	훈 みちび(く)	훈 ひと(り)	훈 ―	훈 ―	훈 と(まる)

700 脈	701 綿	702 夢	703 墓	704 武	705 迷	706 婦	707 粉
줄기 **맥**	솜 **면**	꿈 **몽**	무덤 **묘**	호반 **무**	미혹할 **미**	며느리 **부**	가루 **분**
음 みゃく	음 めん	음 む	음 ぼ	음 ぶ	음 めい	음 ふ	음 ふん
훈 ―	훈 わた	훈 ゆめ	훈 はか	훈 ―	훈 まよ(う)	훈 ―	훈 こな

0676 N1 ☐☐☐

往
갈 왕

음 おう
훈 ―

＊往復 왕복　往来 왕래　右往左往 우왕좌왕　往診 왕진

一日で東京と大阪を往復した。 하루에 도쿄와 오사카를 왕복했다.

この道は車の往来が激しくて危ないので注意してください。
이 길은 차의 왕래가 심해서 위험하니 조심하세요.

0677 N2 ☐☐☐

復
회복할 복/다시 부

음 ふく
훈 ―

＊回復 회복　復習 복습　復帰 복귀　復活 부활　復元 복원

景気の回復で企業の採用意欲が高まっている。
경기 회복으로 기업의 채용 의욕이 높아지고 있다.

毎日学校の授業の予習と復習を欠かさずにしています。
매일 학교 수업의 예습과 복습을 빼놓지 않고 하고 있습니다.

0678 N1 ☐☐☐

興
일 흥

음 こう
　　きょう
훈 おこ(る)
　　おこ(す)

＊復興 부흥　＊振興 진흥　＊興奮 흥분　興行 흥행
＊興味 흥미　即興 즉흥
興る (번성하여) 일어나다, 흥하다
興す 일으키다, (쇠퇴한 것을) 부흥시키다, (새로) 시작하다

そんなに興奮せず、冷静になりなさい。 그렇게 흥분하지 말고 냉정해지세요.

起業とは「新しく事業を興すこと」を意味する。
기업(起業)이란 '새롭게 사업을 일으키는 것'을 의미한다.

0679 N2 ☐☐☐

複
겹칠 복

음 ふく
훈 ―

＊複雑 복잡　＊重複 중복(「じゅうふく」라고도 읽음)
＊複数 복수, 둘 이상의 수　複製 복제
複合 복합

駅までの道がちょっと複雑ですが、歩いて5分しかかかりません。
역까지의 길이 좀 복잡하지만, 걸어서 5분밖에 걸리지 않습니다.

彼が書いた論文は内容の重複が多い。 그가 쓴 논문은 내용의 중복이 많다.

雜

섞일 잡 (雜)

음 ざつ
- *雜談 잡담　雜誌 잡지　雜音 잡음　雜草 잡초
- 雜用 잡일 (자질구레한 용무)

ぞう
- 雜木林 잡목림 (잡목들이 자라는 숲)

훈 ―

みんなコタツを囲んで雜談をしている。 모두 고타쓰를 둘러싸고 잡담을 하고 있다.

昔は、雜木林の落ち葉が燃料として使われていた。
옛날에는 잡목림의 낙엽이 연료로 사용되었다.

混

섞을 혼

음 こん
- *混乱 혼란　*混雑 혼잡　混合 혼합　混同 혼동

훈 ま(ぜる)
- *混ぜる 섞다, 뒤섞다, 합치다

ま(じる)
- *混じる 섞이다

ま(ざる)
- *混ざる 섞이다

こ(む)
- 混む 붐비다　混み合う 붐비다, 혼잡하다

地震で道路が壊れ、交通が混乱している。
지진으로 도로가 파손되어 교통이 혼란스러운 상태이다.

ホームは電車から降りる人で混んでいます。
플랫폼은 전철에서 내리는 사람으로 붐비고 있습니다.

準

준할 준

음 じゅん
- *準備 준비　基準 기준　標準 표준　水準 수준　準決勝 준결승

훈 ―

どうなるか分からないけど、とりあえず準備だけはしておきましょう。
어떻게 될지 모르겠지만, 일단 준비만은 해 둡시다.

佐藤さんの歌の実力、かなりの水準ですね。 사토 씨의 노래 실력이 상당한 수준이네요.

備

갖출 비

음 び
- *設備 설비　*不備 불비, 미비　備品 비품　備考 비고

훈 そな(わる)
- 備わる 갖추어지다

そな(える)
- 備える 대비하다, 갖추다　備え 준비, 대비

消防設備点検について、詳しくご説明いたします。
소방 설비 점검에 대해 자세히 설명드리겠습니다.

地下鉄や地下街での事故に備えて防災訓練が行われた。
지하철이나 지하상가에서의 사고에 대비해 방재 훈련이 실시되었다.

0684 N2 □□□

規

법 규

음 き

規則 규칙　規模 규모　規制 규제　規律 규율　規範 규범

훈 ―

規則が変わって、今日からここに駐車できなくなりました。
규칙이 바뀌어서 오늘부터 여기에 주차할 수 없게 되었습니다.

軍備の規模を縮小するしかなかった。 군비 규모를 축소할 수밖에 없었다.

0685 N2 □□□

則

법칙 칙

음 そく

法則 법칙　原則 원칙　反則 반칙　変則 변칙

훈 ―

ニュートンは「万有引力の法則」を発見した科学者である。
뉴턴은 '만유인력의 법칙'을 발견한 과학자이다.

原則にしたがって、処理してほしいです。 원칙에 따라 처리해 주었으면 합니다.

0686 N1 □□□

製

지을 제

음 せい

*製品 제품　*製造 제조　製作 제작　木製 목제　日本製 일제

훈 ―

ここは家電製品コーナーです。 여기는 가전제품 코너입니다.

こちらで提示した数字では製作費用にも満たないそうです。
이쪽에서 제시한 수치로는 제작 비용에도 미치지 못한다고 합니다.

0687 N2 □□□

造

지을 조 (造)

음 ぞう

改造 개조　創造 창조　造成 조성

*無造作 손쉬운 모양, 아무렇게나 하는 모양

훈 つく(る)

造る 만들다, 짓다, (술을) 빚다

オフィスの改造には大体見積もっても800万円はかかる。
사무실 개조에는 대충 잡아도 800만 엔은 든다.

日本酒は米を発酵させて造るお酒です。 니혼슈(일본 술)는 쌀을 발효시켜 만드는 술입니다.

構
얽을[맺을] 구

음 こう
*構成 구성　構造 구조　構内 구내
*結構 훌륭함, (사양하는 뜻으로) 이제 됐음, 괜찮음, (부사) 그런대로, 제법

훈 かま(う)
*構う 마음을 쓰다, 상관하다　構わない 상관없다

かま(える)
構える 갖추다, 마련하다, 자세를 취하다　*心構え 마음가짐

お茶は今飲んだばかりですから、結構です。 차는 지금 막 마셨기 때문에 괜찮습니다.

ここに車を止めても構いません。 여기에 차를 세워도 상관없습니다.

築
쌓을 축

음 ちく
*建築 건축　*新築 신축　構築 구축　築城 축성, 성을 쌓음　改築 개축

훈 きず(く)
築く 쌓다, 쌓아 올리다, 구축하다

新社屋の設計を吉田建築に頼んだ。 신사옥 설계를 요시다건축에 의뢰했다.

津波から町を守るために、海岸に堤防を築いた。
쓰나미로부터 마을을 지키기 위해 해안에 제방을 쌓았다.

判
판단할 판 (判)

음 はん
判断 판단　*批判 비판　判明 판명　判定 판정　判決 판결

ばん
*裁判 재판　小判 옛날 일본의 타원형 금화, (종이·책 등의) 소형판

大判 옛날 일본의 타원형 큰 금화, (종이·책 등의) 대형판

훈 わか(る)
判る 알다, 밝혀지다, 판명되다

善悪を判断する力を養うことは、教育において大切なことだ。
선악을 판단하는 힘을 기르는 것은 교육에서 중요한 일이다.

「判る」は「事実や真相がはっきりする」場合に使われる。
'判(わか)る'는 '사실이나 진상이 분명할' 경우에 사용된다.

断
끊을 단 (斷)

음 だん
中断 중단　決断 결단　断定 단정　横断 횡단　断念 단념

훈 ことわ(る)
断る 거절하다, 양해를 얻다　断り 거절, 사절, 양해

た(つ)
断つ 끊다, 자르다

雨が止むまで試合を中断することにした。 비가 그칠 때까지 경기를 중단하기로 했다.

私の友達は断るのが苦手です。 제 친구는 거절하는 것을 잘 못합니다.

0692 N3 □□□

団 둥글 단 (團)

음 だん　＊団体 단체　集団 집단　団結 단결　団地 단지

　　とん　＊布団 이불

훈 ―

団体生活で単独行動は控えるべきだ。 단체생활에서 단독행동은 삼가야 한다.

布団、日に干したらふかふかだね。 이불, 햇볕에 말렸더니 폭신폭신하네.

0693 N4 □□□

堂 집 당

음 どう　食堂 식당　講堂 강당　堂々と 당당하게　殿堂 전당

훈 ―

最近はずっと社員食堂だったから、たまには他のところで食べない?
요즘에는 계속 사원식당이었으니까, 가끔은 다른 데서 먹지 않을래?

彼女は自分の意見を上司に堂々と言った。 그녀는 자신의 의견을 상사에게 당당하게 말했다.

0694 N4 □□□

貸 빌릴 대

음 たい　賃貸 임대　貸借 대차, 임차　貸与 대여

훈 か(す)　貸す 빌려주다　貸し出し 대출　貸し切り 전세, 대절

この店の賃貸料は月20万円です。 이 가게의 임대료는 한 달에 20만 엔입니다.

その本、読み終わったら貸してくれませんか。 그 책, 다 읽으면 빌려주지 않을래요?

0695 N2 □□□

導 인도할 도 (導)

음 どう　＊導入 도입　指導 지도　誘導 유도　半導体 반도체

훈 みちび(く)　導く 안내하다, 지도하다, 이끌다

勤務時間を自分で選べる、フレックスタイム制度を導入する会社が増えている。
근무 시간을 스스로 선택할 수 있는 유연근무제도를 도입하는 회사가 늘고 있다.

彼がチームを優勝に導いた。 그가 팀을 우승으로 이끌었다.

0696 N1 □□□

独 홀로 독 (獨)

음 どく　＊独立 독립　＊独身 독신　＊独特 독특　＊単独 단독　独自 독자(적), 독특함

훈 ひと(り)　独り 혼자, 독신

彼女の絵は色使いが独特だ。 그녀의 그림은 색감이 독특하다.

彼は未だに独りだ。 그는 아직도 독신이다.

銅
구리 동

🔴 음　どう　　銅 동, 구리　銅像 동상　銅メダル 동메달　銅賞 동상

🔵 훈　—

広場の中央に大きい銅像がある。 광장 중앙에 큰 동상이 있다.

我が国は、逆転で銅メダルを獲得した。 우리나라는 역전해서 동메달을 획득했다.

領
거느릴 령[영]

🔴 음　りょう　　領収書 영수증(「領収証」라고도 씀)　大統領 대통령　領域 영역
領土 영토　*要領 요령

🔵 훈　—

経費精算のためには、領収書が必要になります。
경비 정산을 위해서는 영수증이 필요합니다.

要領さえ呑み込めば、この仕事はたやすくなる。 요령만 터득하면 이 일은 수월해진다.

留
머무를 류[유]

🔴 음　りゅう　　*留学 유학　留年 유급　滞留 체류　残留 잔류　留意 유의
　　　る　　*留守 외출하고 집에 없음, 부재중

🔵 훈　と(まる)　　留まる 머물다, 고정되다, (새 등이) 앉다
　　　と(める)　　留める 만류하다, 고정시키다

日本語を熱心に勉強して、日本へ留学に行こうと思っています。
일본어를 열심히 공부해서 일본으로 유학을 가려고 생각하고 있습니다.
鳥が木の枝に留まっている。 새가 나뭇가지에 앉아 있다.

脈
줄기 맥 (脈)

🔴 음　みゃく　　*人脈 인맥　*脈絡 맥락, 줄거리, 연관성　山脈 산맥　動脈 동맥
脈拍 맥박

🔵 훈　—

新しい環境で人脈を広げたい。 새로운 환경에서 인맥을 넓히고 싶다.
脈絡のない話はわかりにくいです。 맥락이 없는 이야기는 이해하기 어렵습니다.

0701 N2 □□□

솜 **면**

음 めん　綿 면, 무명　綿密 면밀　木綿 솜, 무명(실), 면직물

훈 わた　綿 (식물) 목화, 솜　綿菓子 솜사탕

私たちは頭を寄せ合って旅行計画を綿密に練った。
우리는 머리를 맞대고 여행 계획을 면밀히 짰다.

ぬいぐるみは、主に柔らかい生地や綿を使って作られます。
봉제 인형은 주로 부드러운 천이나 솜을 이용해 만들어집니다.

0702 N2 □□□

꿈 **몽**

음 む　＊夢中 몽중, 꿈속, 열중함, 몰두함, 푹 빠짐　悪夢 악몽　夢想 몽상

훈 ゆめ　夢 꿈　夢見る 꿈을 꾸다, 공상하다

これは子供の頃、夢中になった本です。 이것은 어릴 때 푹 빠졌던 책입니다.

今日は休みだって言ったでしょう。せっかくいい夢を見てたのに。
오늘은 쉬는 날이라고 했잖아. 모처럼 좋은 꿈을 꾸고 있었는데.

0703 N1 □□□

무덤 **묘**

음 ぼ　墓地 묘지　墓石 묘석, 묘비(「はかいし」라고도 읽음)

훈 はか　墓 무덤, 묘　墓場 묘지　お墓参り 성묘

墓石に彫刻する文字は「○○家之墓」が一般的です。
묘비에 조각하는 글자는 '○○가의 묘'가 일반적입니다.

お盆にはお墓参りされますか。 오봉에는 성묘하십니까?

※お盆 : 오봉(우리나라의 추석과 비슷한 명절)

0704 N2 □□□

호반[무인] **무**

음 ぶ　＊武力 무력　武士 무사　武道 무도, 무술　武器 무기

　む　荒武者 예의와 멋을 모르는 난폭한 무사

훈 ―

「武力の行使」は国連憲章によって禁止されている。
'무력 행사'는 유엔 헌장에 의해 금지되어 있다.

武道の実演を見物しています。 무도 실연을 구경하고 있습니다.

미혹할 **미** (迷)

음 めい　*迷惑 귀찮음, 성가심, 괴로움, 폐, 방해　迷路 미로　迷信 미신
低迷 침체, 답보

훈 まよ(う)　*迷う 망설이다, 길을 잃다, 헤매다

예외 迷子 미아

他のお客様に迷惑にならないように、静かにご観覧ください。
다른 손님에게 방해가 되지 않도록 조용히 관람해 주세요.

道に迷ったら、お巡りさんに聞いてください。 길을 잃으면 경찰관에게 물어 보세요.

며느리 **부**

음 ふ　夫婦 부부　主婦 주부　婦人 부인, 여성, 여자　新婦 신부

훈 ―

二人は誰が見てもお似合いの夫婦だ。 두 사람은 누가 봐도 잘 어울리는 부부이다.

式場で新郎と新婦が結婚式を挙げています。
식장에서 신랑과 신부가 결혼식을 올리고 있습니다.

가루 **분**

음 ふん　花粉 꽃가루　粉末 분말　粉砕 분쇄

훈 こな　*粉 가루, 분말　粉雪 분설, 가루눈　粉薬 가루약
*粉々 산산이 부서짐, 산산조각

こ　粉 가루, 분말　小麦粉 밀가루

花粉が飛ぶ季節になると、目がかゆくてたまらない。
꽃가루가 날리는 계절이 되면 눈이 너무 가려워서 견딜 수 없다.

自分で小麦粉を練ってクッキーを焼いた。 직접 밀가루를 반죽해 쿠키를 구웠다.

연습문제

다음 한자의 발음과 뜻을 써 보세요.

01 製作 [　] さく ___________

02 迷う [　] う ___________

03 重複 ちょう [　] ___________

04 銅メダル [　] メダル ___________

05 武力 [　] りょく ___________

06 規制 [　] せい ___________

07 指導 し [　] ___________

08 裁判 さい [　] ___________

09 混ぜる [　] ぜる ___________

10 夫婦 ふう [　] ___________

11 創造 そう [　] ___________

12 往来 [　] らい ___________

13 講堂 こう [　] ___________

14 雑誌 [　] し ___________

15 築く [　] く ___________

16 粉末 [　] まつ ___________

17 大統領 だいとう [　] ___________

18 夢見る [　] みる ___________

19 墓 [　] ___________

20 不備 ふ [　] ___________

21 貸し出し [　] しだし ___________

22 復興 ふっ [　] ___________

23 留守 [　] す ___________

24 復習 [　] しゅう ___________

25 人脈 じん [　] ___________

26 構内 [　] ない ___________

27 独立 [　] りつ ___________

28 準決勝 [　] けっしょう ___________

29 決断 けつ [　] ___________

30 集団 しゅう [　] ___________

31 綿密 [　] みつ ___________

32 原則 げん [　] ___________

33 構築 こう [　] ___________

34 迷子 [　] ご ___________

35 小麦粉 こむぎ [　] ___________

36 導く [　] く ___________

37 備える [　] える ___________

38 混乱 [　] らん ___________

39 断る [　] る ___________

40 興味 [　] み ___________

708	709	710	711	712	713	714	715
演	技	術	損	益	得	毒	殺
펼 **연**	재주 **기**	재주 **술**	덜 **손**	더할 **익**	얻을 **득**	독 **독**	죽일 **살**
음 えん	음 ぎ	음 じゅつ	음 そん	음 えき	음 とく	음 どく	음 さつ
훈 ―	훈 わざ	훈 ―	훈 そこ(なう)	훈 ―	훈 え(る)	훈 ―	훈 ころ(す)

716	717	718	719	720	721	722	723
歴	史	税	務	総	弁	護	保
지낼 **력**	사기 **사**	세금 **세**	힘쓸 **무**	거느릴 **총**	고깔 **변**	도울 **호**	지킬 **보**
음 れき	음 し	음 ぜい	음 む	음 そう	음 べん	음 ご	음 ほ
훈 ―	훈 ―	훈 ―	훈 つと(まる)	훈 ―	훈 ―	훈 ―	훈 たも(つ)

724	725	726	727	728	729	730	731
識	職	仏	肥	貧	士	似	舎
알 **식**	직분 **직**	부처 **불**	살찔 **비**	가난할 **빈**	선비 **사**	닮을 **사**	집 **사**
음 しき	음 しょく	음 ぶつ	음 ひ	음 ひん	음 し	음 じ	음 しゃ
훈 ―	훈 ―	훈 ほとけ	훈 こえ(る)	훈 まず(しい)	훈 ―	훈 に(る)	훈 ―

732	733	734	735	736	737	738	739
飼	賞	序	勢	修	授	輸	述
기를 **사**	상줄 **상**	차례 **서**	형세 **세**	닦을 **수**	줄 **수**	보낼 **수**	펼 **술**
음 し	음 しょう	음 じょ	음 せい	음 しゅう	음 じゅ	음 ゆ	음 じゅつ
훈 か(う)	훈 ―	훈 ―	훈 いきお(い)	훈 おさ(まる)	훈 さず(かる)	훈 ―	훈 の(べる)

0708 N2 □□□

演 펼 연

음 えん

*演説 연설　*講演 강연　*演奏 연주　主演 주연　*演劇 연극

훈 ―

演説は10分以内に限られている。 연설은 10분 이내로 제한하고 있다.

彼は今回大作映画の主演に起用された。 그는 이번에 대작 영화의 주연으로 기용되었다.

0709 N2 □□□

技 재주 기

음 ぎ

*演技 연기　*技術 기술　競技 경기　特技 특기　技能 기능, 기량

技法 기법

훈 わざ

*技 기술, 기량, 솜씨

一度身に付けた技術は一生の財産になるものだ。
한번 익힌 기술은 평생의 재산이 되는 법이다.

並みの技とは思われない演技力ですね。 보통 기량이라고는 생각되지 않는 연기력이네요.

0710 N2 □□□

術 재주 술

음 じゅつ

*芸術 예술　手術 수술　美術 미술　*技術 기술　医術 의술

훈 ―

私は芸術に疎いので、この絵の良さがわかりません。
저는 예술에 대해 잘 몰라서 이 그림의 좋은 점을 모르겠습니다.

今手術をしなければ、手に負えなくなります。
지금 수술을 하지 않으면 손쓸 수 없게 됩니다.

0711 N2 □□□

損 덜 손

음 そん

*損害 손해　損失 손실　*破損 파손　損得 손득, 손익, 이해타산

損傷 손상

훈 そこ(なう)

損なう 파손하다, 해치다　見損なう 잘못 보다, 오인하다

そこ(ねる)

損ねる 상하게 하다, 해치다

このままでは損失は食い止められませんね。 이대로는 손실은 막을 수 없겠네요.

短期間で行う無理なダイエットは、健康を損なう。
단기간에 하는 무리한 다이어트는 건강을 해친다.

益 더할 익 (益)

- **음** えき … *利**益** 이익　収**益** 수익　損**益** 손익　公**益** 공익　*実**益** 실익
- やく … ご利**益** 부처님의 은혜
- **훈** ―

利**益**を公平に分配した。 이익을 공평하게 배분했다.

輸出は順調でも内需の低迷で損**益**は昨年並みだろう。
수출은 순조롭더라도 내수 침체로 손익은 작년 수준일 것이다.

得 얻을 득

- **음** とく … **得** 득, 이득, 유리함　所**得** 소득　取**得** 취득　*納**得** 납득
  *得意だ 잘하다, 자신 있다
- **훈** え(る) … *得る 얻다　あり得ない 있을 수 없다
  心得る 이해하다, 납득하다, 터득하다
- う(る) … *あり得る 있을 수 있다(「ありえる」라고도 읽음)

英語だったら、私より伊藤さんの方が得意ですよ。
영어라면 저보다 이토 씨 쪽이 더 잘해요.

死んだ人間が生き返るなんて、あり得ない話ですよ。
죽은 사람이 되살아나다니, 있을 수 없는 이야기예요.

毒 독 독

- **음** どく … **毒** 독, 해로움, 독약　**毒**薬 독약　*消**毒** 소독　中**毒** 중독
  *気の**毒** 딱함, 안됨, 가엾음
- **훈** ―

両手の手のひらに手指消**毒**剤を擦り込みます。
양손 손바닥에 손 소독제를 문질러 바릅니다.

お子様のことは誠にお気の**毒**でした。 자제분 일은 정말 안됐습니다.

殺 죽일 살 / 빠를 쇄

- **음** さつ … **殺**人 살인　**殺**害 살해　毒**殺** 독살　*殺到 쇄도　*殺菌 살균
- さい … 相**殺** 상쇄
- せつ … **殺**生 살생
- **훈** ころ(す) … **殺**す 죽이다　**殺**し 살인

新製品の注文が殺到している。 신제품 주문이 쇄도하고 있다.

動物をむやみに殺したり、いじめたりしてはいけない。
동물을 함부로 죽이거나 괴롭히거나 해서는 안 된다.

0716 N2 □□□

歴

지낼 **력[역]** (歴)

음 れき　　＊経歴 경력　履歴 이력　学歴 학력　歴代 역대

훈 ―

私はマーケティングの分野で働いた経歴があります。
저는 마케팅 분야에서 일한 경력이 있습니다.

会社が必要としているのは学歴よりも能力のある人間だ。
회사가 필요로 하는 것은 학력보다도 능력이 있는 사람이다.

0717 N2 □□□

史

사기 **사**

음 し　　＊歴史 역사　世界史 세계사　史上 사상, 역사상

　　　史料 사료, 역사 연구의 자료　史学 사학

훈 ―

歴史や人物に関する本が好きでよく読む。 역사나 인물에 관한 책을 좋아해서 자주 읽는다.

世界の平均気温はこれで2年連続、史上最高を更新した。
세계 평균 기온은 이로써 2년 연속 사상 최고를 경신했다.

0718 N2 □□□

税

세금 **세** (税)

음 ぜい　　＊税金 세금　消費税 소비세　免税 면세　税込み 세금 포함

훈 ―

タバコやお酒に対して、高い税金をかける国が増えている。
담배나 술에 대해 높은 세금을 부과하는 나라가 늘고 있다.

外国人観光客には免税の特権がある。 외국인 관광객에게는 면세 특권이 있다.

0719 N2 □□□

務

힘쓸 **무**

음 む　　事務 사무　＊総務 총무　＊勤務 근무　義務 의무　業務 업무

훈 つと(まる)　　務まる (직무를) 감당하다, 감당해 내다

　　つと(める)　　務める (임무를) 맡다　務め 의무, 임무, 책무

事務処理の効率化は、企業全体の生産性向上に不可欠な要素だ。
사무 처리의 효율화는 기업 전체의 생산성 향상에 불가결한 요소이다.

社会の一員として、務めを果たすために働きます。
사회의 일원으로서 의무를 다하기 위해 일합니다.

総
거느릴 **총** (總)

음 そう 　　総合 종합　総理 총리　総額 총액　総括 총괄

훈 —

最近、体の調子がよくないので、総合病院に行って精密検査を受けた。
최근 몸 상태가 좋지 않아 종합병원에 가서 정밀검사를 받았다.

今度の台風による被害総額は1兆円に上る見通しだ。
이번 태풍으로 인한 피해 총액은 1조 엔에 이를 전망이다.

弁
고깔[말씀] **변** (辯)

음 べん 　　*弁護 변호　*弁当 도시락　弁償 변상　*弁解 변명

훈 —

世間を騒がせた詐欺事件の弁護を引き受けた。
세상을 떠들썩하게 한 사기 사건 변호를 맡았다.

天気もいいことだし、お弁当でも買って公園で食べようか。
날씨도 좋고 하니, 도시락이라도 사서 공원에서 먹을까?

護
도울 **호**

음 ご 　　保護 보호　*介護 개호, 간병, 돌봄, 요양　*看護師 간호사　護衛 호위

훈 —

がん患者には、医療技術のみならず、心的保護が重要です。
암 환자에게는 의료기술뿐만 아니라 심적 보호가 중요합니다.

介護に携わる人たちの現場の声を集めた本を発行する。
요양에 종사하는 사람들의 현장 목소리를 모은 책을 발행한다.

保
지킬 **보**

음 ほ 　　*保存 보존　*保証 보증　*確保 확보　保険 보험　保育 보육

훈 たも(つ) 　　保つ 유지하다, 유지되다, 지키다

ここに古代の遺跡が保存されています。 이곳에 고대 유적이 보존되어 있습니다.

若さを保つための第一歩は、栄養バランスの取れた食事です。
젊음을 유지하기 위한 첫걸음은 영양 균형이 잡힌 식사입니다.

識
알 **식**

음 しき 　　*知識 지식　常識 상식　*意識 의식　識別 식별　認識 인식

훈 —

車の構造に関しては、知識がないからよくわかりません。
차 구조에 관해서는 지식이 없어서 잘 모르겠습니다.

常識と礼儀がない人は、相手にしたくない。
상식과 예의가 없는 사람은 상대하고 싶지 않다.

0725 N2 □□□

職
직분 **직**

음 しょく *就**職** 취직 *職業 직업 職場 직장 *退職 퇴직 *職員 직원

훈 —

英語ができるだけでは、就職は難しいだろう。
영어를 할 줄 아는 것만으로는 취직은 어려울 것이다.

退職したら、のどかな田舎で暮らしたいと思っている。
퇴직하면 한가로운 시골에서 살고 싶다고 생각한다.

0726 N2 □□□

仏
부처 **불** (佛)

음 ぶつ 仏教 불교 *仏像 불상 念仏 염불

훈 ほとけ 仏 부처 仏様 부처님

仏像の前で合掌している人がいます。 불상 앞에서 합장하고 있는 사람이 있습니다.

「仏の顔も三度まで」とは、何度もひどいことをされれば、どんなにいい人でも
怒り出すという意味です。

'부처의 얼굴도 세 번까지'라는 말은 여러 번 심한 일을 당하면 아무리 좋은 사람이라도 화를 낸다는 의미입니다.

0727 N1 □□□

肥
살찔 **비**

음 ひ *肥満 비만 肥料 비료 肥大 비대

훈 こ(える) 肥える 살찌다, (땅이) 기름지다, (안목이) 높다

こえ 肥 비료, 거름

こ(やす) 肥やす 살찌게 하다, 땅을 기름지게 하다, (안목을) 기르다, 넓히다

こ(やし) 肥やし 거름, 비료

食の西洋化とライフスタイルの変化で肥満になる幼児が増えている。
음식의 서양화와 라이프 스타일의 변화로 비만이 되는 유아가 늘고 있다.

彼女は目が肥えていて物の価値がよく分かる。 그녀는 안목이 높아 물건의 가치를 잘 안다.

0728 N2 □□□

貧
가난할 **빈**

음 ひん 貧困 빈곤 貧富 빈부 貧血 빈혈 貧弱 빈약

びん 貧乏 빈곤, 가난

훈 まず(しい) 貧しい 가난하다, 빈약하다 貧しさ 가난, 빈약함

朝、なかなか起きられないのは貧血だからですよ。
아침에 좀처럼 일어날 수 없는 것은 빈혈이기 때문이에요.

貧しさで何度も挫けそうになったが、歯を食いしばって頑張った。
가난 때문에 몇 번이나 좌절할 뻔했지만, 이를 악물고 노력했다.

土

선비 **사**

음 し　　*弁護**土** 변호사　*運転**土** 운전사　博**土** 박사(「はかせ」라고도 읽음)
　　　〜同**土** 〜끼리　兵**土** 병사　紳**土** 신사

훈 —

弁護士になりたいという願いが、叶うといいですね。
변호사가 되고 싶다는 바람이 이루어지면 좋겠네요.

第三者の介入よりも、当事者同士の歩み寄りが必要だ。
제삼자의 개입보다도 당사자끼리의 타협이 필요하다.

似

닮을 **사**

음 じ　　類**似** 유사, 비슷함　近**似** 근사, 유사　疑**似** 의사, 유사　相**似** 상사, 흡사

훈 に(る)　*似る 닮다　*似合う 잘 맞다, 어울리다　似通う (서로) 많이 닮다
　　　　　　*お似合い 잘 어울림　似顔絵 초상화

この二つのデザインは非常に類似している。 이 두 디자인은 매우 유사하다.
私は父より母に似ているとよく言われています。
저는 아버지보다 어머니를 닮았다는 말을 자주 듣습니다.

舍

집 **사** (舍)

음 しゃ　　校**舍** 교사, 학교 건물　駅**舍** 역사, 역 건물　寄宿**舍** 기숙사

훈 —

校舍が新しくなって気持ちいいですね。 학교 건물이 새로워져서 기분이 좋네요.
駅舍の周辺には、レトロな建物や喫茶店が立ち並んでいる。
역사 주변에는 복고풍 건물과 커피숍이 늘어서 있다.

飼

기를 **사** (飼)

음 し　　飼育 사육　飼料 사료

훈 か(う)　飼う (동물을) 기르다, 사육하다　飼い主 사육주, (동물을) 기르는 사람

パンダの飼育係は誰ですか。 판다 사육 담당자는 누구입니까?
飼い主の「お座り」という命令に、犬は地面に座った。
주인의 '앉아'라는 명령에 개는 땅에 앉았다.

0733 N2 □□□

賞
상줄 **상**

음 しょう　　賞 상　賞品 상품　受賞 수상, 상을 받음　授賞 수상, 상을 줌　鑑賞 감상
大賞 대상

훈 —

マラソン大会の優勝者に、市長が賞を与えた。
마라톤 대회 우승자에게 시장이 상을 수여했다.

文学賞を受賞したご感想、お願いいたします。 문학상을 수상한 소감, 부탁드립니다.

0734 N1 □□□

序
차례 **서**

음 じょ　　*順序 순서, 차례, 절차　秩序 질서　序列 서열　序幕 서막

훈 —

成長には順序がある。子供時代を飛ばして一気に大人にはなれない。
성장에는 순서가 있다. 어린 시절을 건너뛰고 단번에 어른이 될 수 없다.

交通秩序をしっかり守りましょう。 교통질서를 잘 지킵시다.

0735 N2 □□□

勢
형세 **세**

음 せい　　*姿勢 자세　*大勢 많은 사람　勢力 세력　情勢 정세

훈 いきお(い)　　*勢い 힘, 기세, 위세, 세력

正しい姿勢で歩きましょう。 바른 자세로 걸읍시다.

酔った勢いでつい口が滑り、取引先に会社の機密を漏らしてしまった。
술김에 그만 입을 잘못 놀려 거래처에 회사의 기밀을 누설해 버렸다.

0736 N1 □□□

修
닦을 **수**

음 しゅう　　*修理 수리　*修正 수정　*修復 수복, 수리　研修 연수
修学 수학, 학문을 닦고 배우는 것

しゅ　　修行 수행

훈 おさ(まる)　　修まる (행실이) 좋아지다, 단정해지다

おさ(める)　　修める 닦다, (심신을) 수양하다, (학문·기예 등을) 배우고 익히다

エスカレーターは修理点検中です。 에스컬레이터는 수리 점검 중입니다.

フランス語を修めるのに5年もかかった。 프랑스어를 배우는 데 5년이나 걸렸다.

授
줄 수

- **음** じゅ — *授業 수업　*教授 교수　伝授 전수　授与 수여　授受 수수, 주고받음
- **훈** さず(かる) — 授かる 내려주시다, 점지하다
- さず(ける) — 授ける 수여하다, 하사하다, 전수하다

できるだけ日本語の授業中には、日本語で話しましょう。
가능한 한 일본어 수업 중에는 일본어로 이야기합시다.

これは当学会が授けた公式な資格である。 이것은 본 학회가 수여한 공식적인 자격이다.

輸
보낼 수 (輸)

- **음** ゆ — *輸入 수입　*輸出 수출　輸送 수송　運輸 운송　輸血 수혈
- **훈** —

対米自動車輸出は年々増加している。 대미 자동차 수출은 해마다 증가하고 있다.

父は運輸業に携わっております。 아버지는 운수업에 종사하고 있습니다.

述
펼[서술할] 술 (述)

- **음** じゅつ — *記述 기술, 문장으로 기록함　述語 술어　口述 구술　叙述 서술
- 陳述 진술
- **훈** の(べる) — 述べる 말하다, 고하다

事故の状況を詳しく記述した。 사고 상황을 자세히 기술했다.

遠慮しないで率直に意見を述べてください。 거리끼지 말고 솔직하게 의견을 말해 주세요.

연습문제

다음 한자의 발음과 뜻을 써 보세요.

01	履歴 り＿＿	＿＿＿＿＿
02	保つ ＿＿つ	＿＿＿＿＿
03	校舎 こう＿＿	＿＿＿＿＿
04	得意だ ＿＿いだ	＿＿＿＿＿
05	消費税 しょうひ＿＿	＿＿＿＿＿
06	貧しい ＿＿しい	＿＿＿＿＿
07	修行 ＿＿ぎょう	＿＿＿＿＿
08	総合 ＿＿ごう	＿＿＿＿＿
09	就職 しゅう＿＿	＿＿＿＿＿
10	受賞 じゅ＿＿	＿＿＿＿＿
11	芸術 げい＿＿	＿＿＿＿＿
12	殺す ＿＿す	＿＿＿＿＿
13	口述 こう＿＿	＿＿＿＿＿
14	利益 り＿＿	＿＿＿＿＿
15	講演 こう＿＿	＿＿＿＿＿
16	損なう ＿＿なう	＿＿＿＿＿
17	介護 かい＿＿	＿＿＿＿＿
18	歴史 れき＿＿	＿＿＿＿＿
19	運転士 うんてん＿＿	＿＿＿＿＿
20	大勢 おお＿＿	＿＿＿＿＿
21	肥満 ＿＿まん	＿＿＿＿＿
22	意識 い＿＿	＿＿＿＿＿
23	教授 きょう＿＿	＿＿＿＿＿
24	飼う ＿＿う	＿＿＿＿＿
25	演技 えん＿＿	＿＿＿＿＿
26	似合う ＿＿あう	＿＿＿＿＿
27	勤務 きん＿＿	＿＿＿＿＿
28	消毒 しょう＿＿	＿＿＿＿＿
29	仏像 ＿＿ぞう	＿＿＿＿＿
30	順序 じゅん＿＿	＿＿＿＿＿
31	弁償 ＿＿しょう	＿＿＿＿＿
32	輸出 ＿＿しゅつ	＿＿＿＿＿
33	保証 ＿＿しょう	＿＿＿＿＿
34	得る ＿＿る	＿＿＿＿＿
35	肥える ＿＿える	＿＿＿＿＿
36	税込み ＿＿こみ	＿＿＿＿＿
37	類似 るい＿＿	＿＿＿＿＿
38	貧富 ＿＿ぷ	＿＿＿＿＿
39	殺到 ＿＿とう	＿＿＿＿＿
40	務める ＿＿める	＿＿＿＿＿

정답

01 りれき 이력 02 たもつ 유지하다, 유지되다, 지키다 03 こうしゃ 교사, 학교 건물 04 とくいだ 잘하다, 자신 있다 05 しょうひぜい 소비세
06 まずしい 가난하다, 빈약하다 07 しゅぎょう 수행 08 そうごう 종합 09 しゅうしょく 취직 10 じゅしょう 수상, 상을 받음 11 げいじゅつ 예술
12 ころす 죽이다 13 こうじゅつ 구술 14 りえき 이익 15 こうえん 강연 16 そこなう 파손하다, 해치다 17 かいご 개호, 간병, 돌봄, 요양
18 れきし 역사 19 うんてんし 운전사 20 おおぜい 많은 사람 21 ひまん 비만 22 いしき 의식 23 きょうじゅ 교수
24 かう (동물)기르다, 사육하다 25 えんぎ 연기 26 にあう 잘 맞다, 어울리다 27 きんむ 근무 28 しょうどく 소독 29 ぶつぞう 불상
30 じゅんじょ 순서, 차례, 절차 31 べんしょう 변상 32 ゆしゅつ 수출 33 ほしょう 보증 34 える 얻다
35 こえる 살찌다, (땅이)기름지다, (안목이)높다 36 ぜいこみ 세금 포함 37 るいじ 유사, 비슷함 38 ひんぷ 빈부 39 さっとう 쇄도
40 つとめる (임무를)맡다

740 貿	741 易	742 防	743 犯	744 比	745 率	746 非	747 常
무역할 **무**	쉬울 **이**	막을 **방**	범할 **범**	견줄 **비**	거느릴 **솔**	아닐 **비**	항상 **상**
음 ぼう	음 い	음 ぼう	음 はん	음 ひ	음 そつ	음 ひ	음 じょう
훈 ―	훈 やさ(しい)	훈 ふせ(ぐ)	훈 おか(す)	훈 くら(べる)	훈 ひき(いる)	훈 ―	훈 つね

748 検	749 査	750 情	751 報	752 告	753 永	754 久	755 眼
검사할 **검**	조사할 **사**	뜻 **정**	갚을 **보**	고할 **고**	길 **영**	오랠 **구**	눈 **안**
음 けん	음 さ	음 じょう	음 ほう	음 こく	음 えい	음 きゅう	음 がん
훈 ―	훈 ―	훈 なさ(け)	훈 むく(いる)	훈 つ(げる)	훈 なが(い)	훈 ひさ(しい)	훈 まなこ

756 圧	757 液	758 額	759 桜	760 余	761 燃	762 容	763 囲
누를 **압**	진 **액**	이마 **액**	앵두나무 **앵**	남을 **여**	탈 **연**	얼굴 **용**	둘레 **위**
음 あつ	음 えき	음 がく	음 おう	음 よ	음 ねん	음 よう	음 い
훈 ―	훈 ―	훈 ひたい	훈 さくら	훈 あま(る)	훈 も(える)	훈 ―	훈 かこ(む)

764 衛	765 応	766 移	767 因	768 資	769 張	770 災	771 財
지킬 **위**	응할 **응**	옮길 **이**	인할 **인**	재물 **자**	베풀 **장**	재앙 **재**	재물 **재**
음 えい	음 おう	음 い	음 いん	음 し	음 ちょう	음 さい	음 ざい
훈 ―	훈 こた(える)	훈 うつ(る)	훈 よ(る)	훈 ―	훈 は(る)	훈 わざわ(い)	훈 ―

0740 N2 □□□

貿

무역할 **무**

- 🔴 **음** ぼう　　*貿易 무역
- 🔵 **훈** ―

村田さんは5年前から貿易会社の海外営業部で働いている。
무라타 씨는 5년 전부터 무역회사 해외 영업부에서 일하고 있다.

0741 N3 □□□

易

쉬울 **이** / 바꿀 **역**

- 🔴 **음** い　　*安易 안이, 손쉬움, (마음이) 태평함　容易 용이, 간단함, 손쉬움
　　　　　難易度 난이도　簡易 간이
　　えき　　交易 교역　*貿易 무역
- 🔵 **훈** やさ(しい)　　*易しい 쉽다

コイン投資を安易に考えてはいけません。 코인 투자를 안이하게 생각해서는 안 됩니다.
昨日の試験は案外易しかった。 어제 시험은 의외로 쉬웠다.

0742 N2 □□□

防

막을 **방**

- 🔴 **음** ぼう　　*予防 예방　*防止 방지　防犯 방범　防災 방재　消防 소방
- 🔵 **훈** ふせ(ぐ)　　*防ぐ 막다, 방지하다, 예방하다

帰宅時のうがいや手洗いは、風邪の予防になる。
귀가 시의 가글이나 손 씻기는 감기 예방이 된다.
保湿剤などを塗って肌の乾燥を防ぐ。 보습제 등을 발라 피부의 건조를 막는다.

0743 N2 □□□

犯

범할 **범**

- 🔴 **음** はん　　*犯人 범인　犯行 범행　犯罪 범죄　共犯 공범
- 🔵 **훈** おか(す)　　犯す 범하다, 저지르다

犯人が逃げて行く後ろ姿を見た。 범인이 도망가는 뒷모습을 봤다.
とんでもない過ちを犯した自分をとがめた。
어처구니없는 실수를 저지른 자신을 책망했다.

0744 N2 □□□

比

견줄 **비**

- 🔴 **음** ひ　　*比較 비교　*比例 비례　比率 비율　対比 대비　比喩 비유
- 🔵 **훈** くら(べる)　　*比べる 비교하다, 겨루다

10代と20代の運動能力を比較した。 10대와 20대의 운동 능력을 비교했다.
前の会社と比べると、ずっと働きやすくなった。
이전 회사와 비교하면 훨씬 일하기 쉬워졌다.

0745 N1 □□□

率

거느릴 솔 /
비율 률[율] (率)

음 そつ　引率 인솔　*率直 솔직　軽率 경솔　率先 솔선

　りつ　率 율, 비율　*確率 확률　比率 비율　効率 효율　*出生率 출생률

훈 ひき(いる)　率いる 거느리다, 이끌다, 인솔하다

自分の軽率だった行動を後悔している。　자신의 경솔했던 행동을 후회하고 있다.

長年チームを率いてきた監督が引退を発表した。
오랫동안 팀을 이끌어 온 감독이 은퇴를 발표했다.

0746 N3 □□□

非

아닐 비

음 ひ　*非常 비상　是非 꼭, 제발, 아무쪼록, 시비, 옳고 그름　非難 비난

　非行 비행, 잘못되거나 그릇된 행위

훈 ―

非常ベルが鳴ったら、各部署の責任者の支持に従い迅速に非難してください。
비상벨이 울리면 각 부서 책임자의 지시에 따라 신속히 피난해 주세요.

お招きいただきましてありがとうございます。是非伺います。
초대해 주셔서 감사합니다. 꼭 찾아뵙겠습니다.

0747 N2 □□□

常

항상 상

음 じょう　常識 상식　日常 일상　*正常 정상　異常 이상, 정상이 아님

　常連客 단골손님

훈 つね　常 평소, 보통　常に 항상, 늘　常々 평소, 언제나, 늘

　とこ　常夏 상하, 늘 여름임

彼女の話は常識や道理では理解できない。
그녀의 이야기는 상식이나 도리로는 이해할 수 없다.

彼は几帳面なので、机の上は常に整理整頓されている。
그는 꼼꼼하기 때문에 책상 위는 항상 정리정돈되어 있다.

0748 N1 □□□

検

검사할 검 (檢)

음 けん　*検査 검사　*点検 점검　*検討 검토　検証 검증　検定 검정

훈 ―

胃の検査の結果は幸いにも異常ありませんでした。
위 검사 결과는 다행히도 이상 없었습니다.

建築現場で家の構造を点検しています。　건축 현장에서 집 구조를 점검하고 있습니다.

Day 22 — 5학년 한자(4) 32자

0749 N2 □□□

查 조사할 **사**

- 음 さ　*調査 조사　捜査 수사　審査 심사　査察 사찰
- 훈 ―

念入りに調査してみたが、事故の原因は判明しなかった。
면밀히 조사해 봤지만, 사고 원인은 밝혀지지 않았다.

犯人は捜査の網をうまく掻い潜って、海外へ逃走してしまった。
범인은 수사망을 교묘하게 빠져나가 해외로 도주해 버렸다.

0750 N3 □□□

情 뜻[인정] **정** (情)

- 음 じょう　*情報 정보　*事情 사정　*感情 감정　情熱 정열　友情 우정
- 　せい　　風情 풍정, 운취
- 훈 なさ(け)　情け 정, 인정　情けない 몰인정하다, 한심하다

インターネットの出現は情報化社会の発展に拍車をかけた。
인터넷의 출현은 정보화사회의 발전에 박차를 가했다.

子供にまで笑われるなんて情けないな。 아이에게까지 놀림을 받다니 한심하군.

0751 N2 □□□

報 갚을[알릴] **보**

- 음 ほう　*予報 예보　*情報 정보　報道 보도　*報じる 보답하다, 보도하다
- 훈 むく(いる)　報いる 보답하다, 보복하다　報い 되갚음, 보답, 응보

天気予報がぴったり当たりました。 일기예보가 딱 들어맞았습니다.

恩を知り、恩に報いる。 은혜를 알고 은혜에 보답하다.

0752 N2 □□□

告 고할 **고**

- 음 こく　*広告 광고　*報告 보고　告白 고백　告別 고별　警告 경고
- 훈 つ(げる)　告げる 알리다, 전하다, 고하다

広告費には出費を惜しまない。 광고비에는 지출을 아끼지 않는다.

ラジオが18時の時報を告げた頃から、雨が降り出した。
라디오가 18시 시보를 알린 무렵부터 비가 내리기 시작했다.

0753 N2 □□□

永 길 **영**

- 음 えい　*永遠 영원　*永久 영구　永住権 영주권　永続 영속, 영원히 계속됨
- 훈 なが(い)　永い (세월·시간이) 아주 오래다, 영원하다

私たちは永遠にお互いを愛すると誓った。 우리는 영원히 서로를 사랑하겠다고 맹세했다.

祖父は先月永い眠りにつきました。 할아버지는 지난달에 영면하셨습니다.

久

오랠 **구**

- 음 きゅう … *永久 영구　耐久性 내구성　持久力 지구력
- く … 久遠 (불교) 구원, 영원
- 훈 ひさ(しい) … 久しい 오래다, 오래되다, 오래간만이다
  - *久しぶりだ 오래간만이다, 오랜만이다　*久々 오래됨, 오랜만임

このメーカーの製品は耐久性が優れています。 이 제조사의 제품은 내구성이 뛰어납니다.

久しぶりに集まった友人と、共通の話題で盛り上がった。
오랜만에 모인 친구들과 공통된 화제로 분위기가 고조되었다.

眼

눈 **안**

- 음 がん … 眼科 안과　老眼 노안　眼下 안하, 눈 아래　眼球 안구
- げん … 開眼 개안(불상을 만든 뒤 처음으로 부처의 영혼을 맞아들이는 의식),
  (학문·기예의) 진수를 깨달음
- 훈 まなこ … 眼 눈, 눈알　血眼 혈안
- 예외 眼鏡 안경

一年に1回は眼科の定期検査を受けている。 1년에 한 번은 안과 정기검사를 받고 있다.

彼は金儲けに血眼になっている。 그는 돈벌이에 혈안이 되어 있나.

圧

누를 **압** (壓)

- 음 あつ … *血圧 혈압　圧力 압력　圧迫 압박　*圧倒 압도　気圧 기압
- 훈 ―

母は血圧が高くて、定期的に病院に通っている。
어머니는 혈압이 높아서 정기적으로 병원에 다니고 있다.

気圧の谷や前線の影響で天気が悪くなるそうだ。
기압골이나 전선의 영향으로 날씨가 나빠진다고 한다.

液

진 **액**

- 음 えき … 血液 혈액　*血液型 혈액형　液体 액체　液晶 액정　溶液 용액
  - 液状 액상
- 훈 ―

血管が収縮すると血液への抵抗が高くなり、血行の妨げになる。
혈관이 수축하면 혈액에 대한 저항이 높아져 혈액 순환에 방해가 된다.

水は常温では液体だが、温度を下げていくと個体の氷に変わる。
물은 상온에서는 액체이지만, 온도를 낮춰 가면 고체인 얼음으로 변한다.

0758 N2 ☐☐☐

額
이마 **액**

음 がく
額 액, 금액, 액자　*金額 금액　差額 차액　*総額 총액　額縁 액자
*高額 고액

훈 ひたい
*額 이마　猫の額 (고양이 이마가 좁은 것으로부터) 토지·장소 따위가 매우
협소함을 나타내는 말, 고양이 이마만 함, 손바닥만 함

私は毎月わずかな金額を給料から貯金している。
나는 매달 약간의 금액을 급여에서 저금하고 있다.

私の部屋は、猫の額ほど狭いです。 제 방은 고양이 이마만큼 좁습니다.

0759 N1 ☐☐☐

桜
앵두나무 **앵** (櫻)

음 おう
桜花 앵화, 벚꽃

훈 さくら
*桜 벚나무, 벚꽃　桜色 연분홍색　夜桜 밤벚꽃　桜木 벚나무

桜の花が満開になって、咲き乱れている様子のことを「桜花爛漫」という。
벚꽃이 만개하여 어우러져 피어 있는 모습을 '앵화난만'이라고 한다.

この桜は天然記念物に指定されている。 이 벚나무는 천연기념물로 지정되어 있다.

0760 N3 ☐☐☐

余
남을 **여** (餘)

음 よ
*余裕 여유　余分 여분　余念 여념　*余波 여파　余暇 여가

훈 あま(る)
*余る 남다　余り 나머지

あま(す)
余す 남기다

結婚式を来月に控え、準備に余念がない。 결혼식을 다음 달로 앞두고 준비에 여념이 없다.

34を6で割ると5余り4になる。 34를 6으로 나누면 5 나머지 4가 된다.

0761 N2 ☐☐☐

燃
탈 **연**

음 ねん
燃料 연료　燃焼 연소　不燃物 불연물　可燃性 가연성

훈 も(える)
*燃える 타다, 불타다

も(やす)
燃やす 태우다, 불태우다

も(す)
燃す 태우다, 타게 하다

走行中に燃料が切れて、車が止まってしまった。
주행 중에 연료가 떨어져서 차가 멈춰 버렸다.

燃えないゴミは火曜日に出してください。 타지 않는 쓰레기는 화요일에 내놓아 주세요.

容
얼굴 용

음 よう

*内容 내용　美容 미용　容易 용이, 간단함, 손쉬움
*容姿 용자, 얼굴과 몸매　許容 허용

훈 —

会議の内容を詳細にまとめてください。 회의 내용을 상세하게 정리해 주세요.
美容と健康のためには野菜を食べた方がいい。
미용과 건강을 위해서는 채소를 먹는 편이 좋다.

囲
둘레 위 (圍)

음 い

周囲 주위　*範囲 범위　雰囲気 분위기　囲碁 바둑　包囲 포위

훈 かこ(む)

*囲む 둘러싸다, 에워싸다

かこ(う)

囲う 에워싸다, 숨겨 두다

周囲の反対を押し切って二人きりでささやかに結婚式を挙げた。
주위의 반대를 무릅쓰고 단둘이서 조촐하게 결혼식을 올렸다.
樹木に囲まれた小道を散歩している人がいます。
수목으로 둘러싸인 오솔길을 산책하고 있는 사람이 있습니다.

衛
지킬 위 (衛)

음 えい

衛生 위생　衛星 위성　護衛 호위　防衛 방위, 방어

훈 —

工場の衛生管理を徹底し、食中毒の発生を未然に防ぐ。
공장 위생 관리를 철저히 해서 식중독 발생을 미연에 방지한다.
彼の行為は正当防衛に認められた。 그의 행위는 정당방위로 인정되었다.

応
응할 응 (應)

음 おう

*応援 응원　*応募 응모　*対応 대응　*応用 응용
応じる 응하다, 따르다　反応 반응

훈 こた(える)

*応える 부응하다, 사무치다

ひいきのチームを応援し過ぎて、声を潰してしまった。
좋아하는 팀을 너무 응원해서 목이 쉬어 버렸다.
社員の要望に応え、オフィス環境を改善しました。
사원의 요구에 부응하여 사무실 환경을 개선했습니다.

0766 N1 ☐☐☐

移
옮길 **이**

- **음** い ＊移動 이동　＊移転 이전　移住 이주　＊推移 추이　移民 이민
- **훈** うつ(る) ＊移る 옮기다, 이동하다, (병이) 옮다, 전염되다
- うつ(す) ＊移す 옮기다, 이동시키다, (병을) 옮기다, 전염시키다

予算不足で社屋の移転は見合わせることになった。
예산 부족으로 사옥 이전은 보류하게 되었다.

インフルエンザは移りやすいので、マスクは必須です。
독감은 전염되기 쉬우므로 마스크는 필수입니다.

0767 N3 ☐☐☐

因
인할 **인**

- **음** いん ＊原因 원인　要因 요인　起因 기인　因縁 인연　因果 인과
- **훈** よ(る) 因る 의하다, 기인하다, 말미암다

高速道路の事故の原因で一番多いのはわき見運転です。
고속도로 사고의 원인으로 가장 많은 것은 한눈팔기 운전입니다.

今回の事業規模の縮小は、経営陣の方針に因るものだ。
이번 사업 규모의 축소는 경영진 방침에 기인하는 것이다.

0768 N2 ☐☐☐

資
재물 **자**

- **음** し 資料 자료　資格 자격　資本 자본　資源 자원　資金 자금
- **훈** ―

すみません、この表を資料に追加したいんですが。
죄송해요, 이 표를 자료에 추가하고 싶은데요.

語学資格試験を受けて、合格した。 어학 자격 시험을 쳐서 합격했다.

0769 N1 ☐☐☐

張
베풀 **장**

- **음** ちょう ＊出張 출장　＊主張 주장　＊拡張 확장　緊張 긴장　＊誇張 과장
- **훈** は(る) 張る 뻗다, 펴다　＊頑張る 열심히 하다, 분발하다, 노력하다
- ＊引っ張る 잡아당기다

自分のことばかり主張しないで、相手の立場に立って考えることも必要だ。
자기 주장만 하지 말고 상대방의 입장에 서서 생각하는 것도 필요하다.

頑張っただけのことはあって、入賞することができた。
열심히 한 만큼 입상할 수 있었다.

災

재앙 **재**

음 さい

災害 재해　*防災 방재　火災 화재, 불　震災 지진 재해

被災地 재해지, 피해지

훈 わざわ(い)

災い 재앙, 재난, 화

昨夜、近所で火災が発生したそうです。 어젯밤에 근처에서 화재가 발생했다고 합니다.

日本には「口は災いの元」ということわざがある。

일본에는 '입은 재앙의 근원'이라는 속담이 있다.

財

재물 **재**

음 ざい

財産 재산　財政 재정　文化財 문화재　財力 재력

　　さい

財布 지갑

훈 ―

彼は競馬で、全財産を失ってしまった。 그는 경마로 전 재산을 잃고 말았다.

道で財布を拾い、交番に届けました。 길에서 지갑을 주워 파출소에 신고했습니다.

연습문제

다음 한자의 발음과 뜻을 써 보세요.

01	移す 　す	＿＿＿＿＿	21	易しい 　しい	＿＿＿＿＿
02	検討 　とう	＿＿＿＿＿	22	燃やす 　やす	＿＿＿＿＿
03	貿易 　えき	＿＿＿＿＿	23	要因 よう	＿＿＿＿＿
04	永久 　きゅう	＿＿＿＿＿	24	対比 たい	＿＿＿＿＿
05	文化財 ぶんか	＿＿＿＿＿	25	緊張 きん	＿＿＿＿＿
06	液体 　たい	＿＿＿＿＿	26	範囲 はん	＿＿＿＿＿
07	効率 こう	＿＿＿＿＿	27	久しい 　しい	＿＿＿＿＿
08	余る 　る	＿＿＿＿＿	28	非常 　じょう	＿＿＿＿＿
09	犯す 　す	＿＿＿＿＿	29	予報 よ	＿＿＿＿＿
10	常に 　に	＿＿＿＿＿	30	老眼 ろう	＿＿＿＿＿
11	震災 しん	＿＿＿＿＿	31	桜木 　ぎ	＿＿＿＿＿
12	衛星 　せい	＿＿＿＿＿	32	資源 　げん	＿＿＿＿＿
13	審査 しん	＿＿＿＿＿	33	燃料 　りょう	＿＿＿＿＿
14	告げる 　げる	＿＿＿＿＿	34	情けない 　けない	＿＿＿＿＿
15	圧力 　りょく	＿＿＿＿＿	35	頑張る がん 　る	＿＿＿＿＿
16	防止 　し	＿＿＿＿＿	36	移転 　てん	＿＿＿＿＿
17	美容 び	＿＿＿＿＿	37	防ぐ 　ぐ	＿＿＿＿＿
18	事情 じ	＿＿＿＿＿	38	正常 せい	＿＿＿＿＿
19	金額 きん	＿＿＿＿＿	39	比べる 　べる	＿＿＿＿＿
20	応募 　ぼ	＿＿＿＿＿	40	余分 　ぶん	＿＿＿＿＿

정답

01 うつす 옮기다, 이동시키다, (병을) 옮기다, 전염시키다　02 けんとう 검토　03 ぼうえき 무역　04 えいきゅう 영구　05 ぶんかざい 문화재
06 えきたい 액체　07 こうりつ 효율　08 あまる 남다　09 おかす 범하다, 저지르다　10 つねに 항상, 늘　11 しんさい 지진 재해　12 えいせい 위성
13 しんさ 심사　14 つげる 알리다, 전하다, 고하다　15 あつりょく 압력　16 ぼうし 방지　17 びよう 미용　18 じじょう 사정　19 きんがく 금액
20 おうぼ 응모　21 やさしい 쉽다　22 もやす 태우다, 불태우다　23 よういん 요인　24 たいひ 대비　25 きんちょう 긴장　26 はんい 범위
27 ひさしい 오래다, 오래되다, 오래간만이다　28 ひじょう 비상　29 よほう 예보　30 ろうがん 노안　31 さくらぎ 벚나무　32 しげん 자원
33 ねんりょう 연료　34 なさけない 몰인정하다, 한심하다　35 がんばる 열심히 하다, 분발하다, 노력하다　36 いてん 이전
37 ふせぐ 막다, 방지하다, 예방하다　38 せいじょう 정상　39 くらべる 비교하다, 겨루다　40 よぶん 여분

772	773	774	775	776	777	778	779
謝	罪	狀	態	責	任	屬	性
사례할 **사**	허물 **죄**	형상 **상**	모습 **태**	꾸짖을 **책**	맡길 **임**	무리 **속**	성품 **성**
음 しゃ	음 ざい	음 じょう	음 たい	음 せき	음 にん	음 ぞく	음 せい
훈 あやま(る)	훈 つみ	훈 ―	훈 ―	훈 せ(める)	훈 まか(せる)	훈 ―	훈 ―

780	781	782	783	784	785	786	787
再	現	在	象	制	限	解	禁
두 **재**	나타날 **현**	있을 **재**	코끼리 **상**	절제할 **제**	한할 **할**	풀 **해**	금할 **금**
음 さい	음 げん	음 ざい	음 ぞう	음 せい	음 げん	음 かい	음 きん
훈 ふたた(び)	훈 あらわ(れる)	훈 あ(る)	훈 ―	훈 ―	훈 かぎ(る)	훈 と(ける)	훈 ―

788	789	790	791	792	793	794	795
像	貯	適	績	絕	停	精	際
모양 **상**	쌓을 **저**	맞을 **적**	길쌈할 **적**	끊을 **절**	머무를 **정**	정할 **정**	즈음 **제**
음 ぞう	음 ちょ	음 てき	음 せき	음 ぜつ	음 てい	음 せい	음 さい
훈 ―	훈 た(まる)	훈 かな(う)	훈 ―	훈 た(える)	훈 と(まる)	훈 ―	훈 きわ

796	797	798	799	800	801	802	803
祖	志	支	枝	質	贊	採	妻
할아버지 **조**	뜻 **지**	지탱할 **지**	가지 **지**	바탕 **질**	도울 **찬**	캘 **채**	아내 **처**
음 そ	음 し	음 し	음 し	음 しつ	음 さん	음 さい	음 さい
훈 ―	훈 こころざ(す)	훈 ささ(える)	훈 えだ	훈 ―	훈 ―	훈 と(る)	훈 つま

0772 N1 □□□

謝

사례할 **사**

- **음** しゃ — ＊感謝 감사　謝罪 사죄　謝礼 사례　謝絶 사절
- **훈** あやま(る) — 謝る 빌다, 사과하다

「どうも」は感謝の気持ちを表す表現です。
'どうも'(고맙습니다)는 감사의 마음을 나타내는 표현입니다.

謝りに行ったところで、門前払いを食うだけだよ。
사과하러 가 봤자, 문전박대를 당할 뿐이야.

0773 N2 □□□

罪

허물 **죄**

- **음** ざい — 犯罪 범죄　無罪 무죄　有罪 유죄　謝罪 사죄　罪悪 죄악
- **훈** つみ — ＊罪 죄

窃盗などの犯罪もますます低年齢化していますよね。
절도 등의 범죄도 점점 저연령화되고 있네요.

「罪を憎んで人を憎まず」という言葉がある。
'죄는 미워하되 사람은 미워하지 말라'는 말이 있다.

0774 N2 □□□

状

형상 **상** / 문서 **장** (狀)

- **음** じょう — 状況 상황　症状 증상　白状 자백　年賀状 연하장　賞状 상장
- **훈** —

何とか円満に解決して最悪の状況だけは避けたい。
어떻게든 원만하게 해결해서 최악의 상황만은 피하고 싶다.

薬を飲めばよくなると思ったら、よくなるどころか症状が悪化してしまった。
약을 먹으면 좋아질 줄 알았더니, 좋아지기는커녕 증상이 악화돼 버렸다.

0775 N1 □□□

態

모습 **태**

- **음** たい — 状態 상태　態度 태도　形態 형태　事態 사태　態勢 태세
- **훈** —

夜、子供に泣かれて睡眠不足の状態だ。　밤에 아이가 울어서 수면 부족 상태이다.

彼の人を食うような態度は、我慢ならない。
그의 남을 깔보는 듯한 태도는 참을 수 없다.

0776 N2 □□□

責

꾸짖을 **책**

- **음** せき — ＊責任 책임　責務 책무　自責 자책　重責 중책　問責 문책
- **훈** せ(める) — 責める 책망하다, 나무라다, 꾸짖다

私がその企画を言い出したばかりに、自らが責任を持つ羽目になった。
내가 그 기획을 꺼낸 바람에 직접 책임을 지는 처지에 놓였다.

部長は私の失敗を責めた。　부장님은 내 실수를 책망했다.

任

맡길 임

음 にん　任務 임무　担任 담임　就任 취임　辞任 사임　任命 임명

훈 まか(せる)　*任せる 맡기다, 위임하다, 일임하다

　　まか(す)　任す 위임하다, 일임하다, 맡기다

社長が辞任して副社長にバトンを渡した。 사장이 사임하고 부사장에게 바통을 넘겼다.

「任せてください」とは言ったものの、あまり自信がない。

'맡겨 주세요'라고는 했지만, 별로 자신이 없다.

属

무리 속 (屬)

음 ぞく　所属 소속　属性 속성　*金属 금속　*属する (집단·부류에) 속하다

　　　　付属 부속

훈 ―

彼は学生時代を通して野球部に所属していた。

그는 학창 시절 내내 야구부에 소속되어 있었다.

虎は猫科に属する。 호랑이는 고양이과에 속한다.

性

성품 성

음 せい　*男性 남성　性格 성격　性別 성별　性質 성질　個性 개성

　　しょう　本性 본성　相性 성격이 맞음, 궁합이 맞음　根性 근성

훈 ―

冤罪の男性が逮捕から5年ぶりに無罪になりましたね。

누명을 쓴 남성이 체포된 지 5년 만에 무죄가 되었네요.

ハンドルを握ると、隠し切れない本性が現れる。

핸들을 잡으면 숨길 수 없는 본성이 드러난다.

再

두 재

음 さい　再現 재현　*再利用 재이용, 재활용　*再度 다시, 재차　再開発 재개발

　　　　再生 재생

　　さ　再来年 내후년　再来月 다다음 달

훈 ふたた(び)　再び 두 번, 재차, 다시

隣町で大規模な再開発事業が進んでいます。

이웃 마을에서 대규모 재개발 사업이 진행되고 있습니다.

近い将来に再び大地震が起きる可能性がある。

가까운 장래에 다시 대지진이 일어날 가능성이 있다.

0781 N2 □□□

現

나타날 **현**

음 げん　表**現** 표현　**現**実 현실　**現**場 현장　**現**役 현역　**現**代 현대

훈 あらわ(れる)　**現**れる 나타나다, 드러나다

　　あらわ(す)　**現**す 나타내다, 드러내다

世の中には言葉では表現できない奇妙な現象が数多くある。
세상에는 말로는 표현할 수 없는 기묘한 현상이 수없이 많이 있다.

時代の変化とともに夫婦の役割分担に変化が現れている。
시대의 변화와 함께 부부의 역할 분담에 변화가 나타나고 있다.

0782 N3 □□□

在

있을 **재**

음 ざい　*現**在** 현재　*存**在** 존재　*滞**在** 체재, 체류　**在**宅 재택　**在**庫 재고

훈 あ(る)　**在**る 있다

人間の生活に太陽は絶対的に欠かせない存在だ。
인간의 생활에서 태양은 절대적으로 빼놓을 수 없는 존재이다.

この機械には、いくつかの重大な欠陥が在る。 이 기계에는 몇 가지 중대한 결함이 있다.

0783 N2 □□□

象

코끼리 **상**

음 ぞう　**象** 코끼리

　　しょう　印**象** 인상　対**象** 대상　気**象** 기상　現**象** 현상　**象**徴 상징

훈 —

象は鼻が長い。 코끼리는 코가 길다.

関東地方の気象情報をお伝えします。 간토 지방의 기상 정보를 전해 드리겠습니다.

0784 N2 □□□

制

절제할 **제**

음 せい　*制限 제한　*制度 제도　制服 교복, 제복, 유니폼　*強制 강제

　　　　*規制 규제

훈 —

ここから先は立ち入り制限区域です。 이 앞부터는 출입 제한 구역입니다.

卒業生たちの寄付金で奨学金制度を維持している。
졸업생들의 기부금으로 장학금 제도를 유지하고 있다.

限

한할 **한**

음 **げん**
限定 한정　*期限 기한　限界 한계　門限 통금 시간　限度 한도

훈 **かぎ(る)**
*限る 경계를 짓다, 제한하다, 한정하다　限りない 무한하다, 한없다, 끝없다

クーポンの期限が切れていて、無効だと言われた。
쿠폰 기한이 지나서 무효라는 말을 들었다.

抽選はご本人もしくは、委任状を持参の方に限ります。
추첨은 본인 혹은 위임장을 지참하신 분에 한합니다.

解

풀 **해**

음 **かい**
*解消 해소　*解決 해결　誤解 오해　*理解 이해　解放 해방

げ
解熱剤 해열제　解毒剤 해독제

훈 **と(ける)**
解ける 풀리다, 풀어지다, 해제되다

と(かす)
解かす 녹이다, (머리를) 빗다

と(く)
解く 풀다, 해제하다

この雨で水不足は解消できそうですね。 이 비로 물 부족은 해소될 수 있을 것 같네요.

これは子供でさえ解ける問題なんだよ。 이건 애들조차 풀 수 있는 문제야.

禁

금할 **금**

음 **きん**
*禁止 금지　禁煙 금연　解禁 해금, 금지령을 품　*禁物 금물

禁じる 금하다, 금지하다

훈 —

ここは喫煙禁止になっているんですが。 여기는 흡연 금지로 되어 있는데요.

禁煙しようと思ってはいるものの、なかなか実行できない。
금연하려고 생각하고는 있지만, 좀처럼 실행할 수 없다.

像

모양 **상**

음 **ぞう**
*想像 상상　*映像 영상　画像 화상　現像 (필름 등의) 현상

훈 —

私の経験からは想像もできません。 제 경험으로는 상상도 할 수 없습니다.

高画質で鮮明な映像は、視聴者の没入感を高めます。
고화질이면서 선명한 영상은 시청자의 몰입감을 높입니다.

0789 N2 □□□

貯
쌓을 저

- 음 ちょ … 貯金 저금　貯蓄 저축　貯蔵 저장　貯水池 저수지
- 훈 た(まる) … 貯まる (돈·재산 등이) 모이다, 늘다
　　た(める) … 貯める (돈을) 모으다, 저축하다

老後の備えは健康と貯金だそうだ。 노후 대비는 건강과 저금이라고 한다.

アメリカへ語学研修に行くためにお金を貯めている。
미국으로 어학 연수를 가기 위해 돈을 모으고 있다.

0790 N2 □□□

適
맞을 적 (適)

- 음 てき … ＊適切 적절　適当 적당　＊適度 적당한 정도　快適 쾌적　適用 적용
- 훈 かな(う) … 適う (조건이나 기준 등에) 들어맞다, 꼭 맞다, 적합하다

健康を保つためには適度の運動が必要だ。
건강을 유지하기 위해서는 적당한 운동이 필요하다.

彼女の話は理に適っている。 그녀의 말은 이치에 맞다.

0791 N2 □□□

績
길쌈할 적

- 음 せき … 成績 성적　実績 실적　業績 업적　功績 공적
　　　　　　紡績 방적, 실을 뽑는 일
- 훈 ―

こんな成績では大学に合格できませんよ。 이런 성적으로는 대학에 합격할 수 없어요.

各部署の実績の如何によって、今年のボーナスの額を決定します。
각 부서의 실적 여하에 따라, 올해 보너스 액수를 결정합니다.

0792 N2 □□□

絶
끊을 절

- 음 ぜつ … 絶対 절대　絶望 절망　拒絶 거절　絶好 절호　断絶 단절
- 훈 た(える) … 絶える 끊어지다, 중단되다, 끊이다
　　た(やす) … 絶やす 끊어지게 하다, 없애다
　　た(つ) … 絶つ 끊다

最近の円高はすごいですね。海外旅行には絶好の時期ですね。
요즘 엔화 강세는 대단하네요. 해외여행에는 절호의 시기네요.

この道路は、見通しがよいにも関わらず、なぜか交通事故が絶えない。
이 도로는 시야가 좋음에도 불구하고 왠지 교통사고가 끊이지 않는다.

停
머무를 정

음 てい
- 停止 정지　停車 정차　バス停 버스 정류장　*停電 정전
- 停留場 정류장

훈 と(まる)
- 停まる 멈추다, 서다

と(める)
- 停める 세우다

地震で電車の運行停止の状態が続いている。
지진으로 전철 운행 정지 상태가 계속되고 있다.

ここはレストラン専用ですので、地下に停めていただけますか。
여기는 레스토랑 전용이므로, 지하에 주차해 주시겠습니까?

精
정할 정 (精)

음 せい
- *精算 정산　精神 정신　*精一杯 힘껏, 최대한으로, 최선을 다해, 고작
- 精密 정밀

しょう
- 精進 정진, 전념

훈 —

男の人が精算機で料金の精算をしています。 남자가 정산기에서 요금 정산을 하고 있습니다.
自分のできることを精一杯やるしかない。
자신이 할 수 있는 것을 최선을 다해 하는 수밖에 없다.

際
즈음 제

음 さい
- 際 경우, 때, 즈음　国際 국제　*実際 실제　交際 교제
- 際する 즈음하다, 임하다

훈 きわ
- 際 가장자리, 옆　窓際 창가　*手際 성과, 만듦새, 솜씨
- *間際 (일이 일어나려는) 직전　際立つ 뛰어나다, 두드러지다

外国生活の経験が物を言って国際機関で働いている。
외국 생활의 경험이 도움이 되어 국제기관에서 일하고 있다.

彼女は仕事を手際よく熟す。 그녀는 일을 솜씨 있게 처리한다.

祖
할아버지[조상] 조 (祖)

음 そ
- 祖先 선조, 조상　*祖父 조부, 할아버지　*祖母 조모, 할머니　元祖 원조
- 先祖 선조, 조상

훈 —

祖先の遺物は大切にすべきだ。 조상의 유물은 소중히 여겨야 한다.
祖母はもう10年前に亡くなりました。 할머니는 이미 10년 전에 돌아가셨습니다.

0797　N1 □□□

志
뜻 지

음 し　*意志 의지　*志望 지망　志願 지원　志向 지향

훈 こころざ(す)　志す 뜻을 두다, 지망하다, 지향하다
　　こころざし　志 (하고자 하는) 뜻, 의지

安心して食べたいという食への安全志向が高まっている。
안심하고 먹고 싶다는 음식에 대한 안전 지향이 높아지고 있다.

自分の志を曲げることはできなかったので、辞退することにした。
자신의 뜻을 굽힐 수는 없었기 때문에 사퇴하기로 했다.

0798　N2 □□□

支
지탱할 지

음 し　*支持 지지　*支援 지원　*支店 지점　支度 준비, 채비　支給 지급

훈 ささ(える)　支える 떠받치다, 지지하다, 지탱하다　支え 받침, 버팀, 지주

現政権の支持率が50％を超えましたね。 현 정권의 지지율이 50%를 넘었네요.

先生からの手紙が心の支えとなっている。
선생님으로부터의 편지가 마음의 버팀목이 되고 있다.

0799　N2 □□□

枝
가지 지

음 し　枝葉 지엽(본질에서 벗어난 사소한 일), 가지와 잎　爪楊枝 이쑤시개

훈 えだ　*枝 가지, 갈래　枝豆 (가지째로 꺾은) 풋콩, 삶은 풋콩　小枝 잔가지

これは天然の竹材を使用した爪楊枝です。
이것은 천연 대나무 재료를 사용한 이쑤시개입니다.

ビールにはやはり枝豆ですね。 맥주에는 역시 삶은 풋콩이죠.

0800　N4 □□□

質
바탕 질

음 しつ　質 질, 품질　質問 질문　品質 품질　物質 물질　体質 체질
　　しち　質屋 전당포　人質 인질, 볼모
　　ち　言質 언질

훈 ―

彼女は私の質問に肯定も否定もしなかった。
그녀는 내 질문에 긍정도 부정도 하지 않았다.

人質解放の交渉は山場を迎え、両国間の間に緊張感が高まっている。
인질 석방 협상은 고비를 맞이하여 양국 간에 긴장감이 고조되고 있다.

賛

도울 찬 (贊)

음 さん
- 賛成 찬성　賛否 찬부, 찬반　絶賛 절찬　賛同 찬동, 찬성, 동의
- 賞賛 칭찬

훈 ―

私は彼女の意見に賛成する。 나는 그녀의 의견에 찬성한다.

自己の利益を優先する彼の姿勢には賛同しかねます。
자기 이익을 우선으로 하는 그의 자세에는 찬성하기 힘듭니다.

採

캘 채 (採)

음 さい
- *採用 채용　採点 채점　採取 채취　採集 채집　採血 채혈

훈 と(る)
- 採る 채집하다, 수확하다, (사람을) 뽑다, 채용하다

不況で新規採用を見合わせる会社が増えている。
불황으로 신규 채용을 보류하는 회사가 늘고 있다.

男の子は虫を採る網を持っています。
남자아이는 곤충을 채집하는 채를 들고 있습니다.

妻

아내 처

음 さい
- 夫妻 부처, 부부, 내외　妻子 처자, 아내와 자식　愛妻家 애처가

훈 つま
- *妻 아내　人妻 남의 아내, 유부녀　新妻 새댁, 새색시

今日は、社長ご夫妻にも来ていただきました。
오늘은 사장님 내외분도 와 주셨습니다.

私と妻は高校時代の先輩、後輩で、2歳違いだ。
나와 아내는 고등학교 시절 선후배로 두 살 차이이다.

연습문제

다음 한자의 발음과 뜻을 써 보세요.

01	任せる ___せる	____________	21	現れる ___れる	____________
02	感謝 かん___	____________	22	支える ___える	____________
03	映像 えい___	____________	23	解消 ___しょう	____________
04	犯罪 はん___	____________	24	滞在 たい___	____________
05	停電 ___でん	____________	25	適度 ___ど	____________
06	手際 て___	____________	26	状況 ___きょう	____________
07	枝豆 ___まめ	____________	27	人妻 ひと___	____________
08	実績 じっ___	____________	28	対象 たい___	____________
09	辞任 じ___	____________	29	祖母 ___ぼ	____________
10	貯める ___める	____________	30	再び ___び	____________
11	交際 こう___	____________	31	賛否 ___ぴ	____________
12	謝る ___る	____________	32	態度 ___ど	____________
13	金属 きん___	____________	33	期限 き___	____________
14	精一杯 ___いっぱい	____________	34	解熱剤 ___ねつざい	____________
15	制度 ___ど	____________	35	貯蓄 ___ちく	____________
16	人質 ひと___	____________	36	志望 ___ぼう	____________
17	支度 ___たく	____________	37	採点 ___てん	____________
18	絶望 ___ぼう	____________	38	禁煙 ___えん	____________
19	限る ___る	____________	39	責める ___める	____________
20	根性 こん___	____________	40	現場 ___ば	____________

정답

01 まかせる 맡기다, 위임하다, 일임하다　02 かんしゃ 감사　03 えいぞう 영상　04 はんざい 범죄　05 ていでん 정전　06 てぎわ 성과, 만듦새, 솜씨
07 えだまめ (가지째로 꺾은) 풋콩, 삶은 풋콩　08 じっせき 실적　09 じにん 사임　10 ためる (돈을) 모으다, 저축하다　11 こうさい 교제
12 あやまる 빌다, 사과하다　13 きんぞく 금속　14 せいいっぱい 힘껏, 최대한으로, 최선을 다해, 고작　15 せいど 제도　16 ひとじち 인질, 볼모
17 したく 준비, 채비　18 ぜつぼう 절망　19 かぎる 경계를 짓다, 제한하다, 한정하다　20 こんじょう 근성　21 あらわれる 나타나다, 드러나다
22 ささえる 떠받치다, 지지하다, 지탱하다　23 かいしょう 해소　24 たいざい 체재, 체류　25 てきど 적당한 정도　26 じょうきょう 상황
27 ひとづま 남의 아내, 유부녀　28 たいしょう 대상　29 そぼ 조모, 할머니　30 ふたたび 두 번, 재차, 다시　31 さんぴ 찬부, 찬반　32 たいど 태도
33 きげん 기한　34 げねつざい 해열제　35 ちょちく 저축　36 しぼう 지망　37 さいてん 채점　38 きんえん 금연　39 せめる 책망하다, 나무라다, 꾸짖다
40 げんば 현장

804	805	806	807	808	809	810	811
確	証	編	織	酸	素	基	幹
굳을 **확**	증거 **증**	엮을 **편**	짤 **직**	실 **산**	본디 **소**	터 **기**	줄기 **간**
음 かく	음 しょう	음 へん	음 しき	음 さん	음 そ	음 き	음 かん
훈 たし(か)	훈 ―	훈 あ(む)	훈 お(る)	훈 す(い)	훈 もと	훈 もと	훈 みき

812	813	814	815	816	817	818	819
政	略	提	示	仮	設	逆	接
정사 **정**	간략할 **략**	끌 **제**	보일 **시**	거짓 **가**	베풀 **설**	거스를 **역**	이을 **접**
음 せい	음 りゃく	음 てい	음 じ	음 か	음 せつ	음 ぎゃく	음 せつ
훈 まつりごと	훈 ―	훈 さ(げる)	훈 しめ(す)	훈 かり	훈 もう(ける)	훈 さか(らう)	훈 つ(ぐ)

820	821	822	823	824	825	826	827
招	測	快	統	破	版	布	暴
부를 **초**	헤아릴 **측**	쾌할 **쾌**	거느릴 **통**	깨트릴 **파**	판목 **판**	베 **포**	사나울 **폭**
음 しょう	음 そく	음 かい	음 とう	음 は	음 はん	음 ふ	음 ぼう
훈 まね(く)	훈 はか(る)	훈 こころよ(い)	훈 す(べる)	훈 やぶ(れる)	훈 ―	훈 ぬの	훈 あば(れる)

828	829	830	831	832	833	834	835
豊	河	航	険	型	効	厚	喜
풍년 **풍**	물 **하**	배 **항**	험할 **험**	모형 **형**	본받을 **효**	두터울 **후**	기쁠 **희**
음 ほう	음 か	음 こう	음 けん	음 けい	음 こう	음 こう	음 き
훈 ゆた(か)	훈 かわ	훈 ―	훈 けわ(しい)	훈 かた	훈 き(く)	훈 あつ(い)	훈 よろこ(ぶ)

Day 24
5학년 한자(6) 32자

0804 N2 ☐☐☐

確 굳을 확

- 음 かく — ＊確認 확인　明確 명확　正確 정확　確実 확실　＊確率 확률
- 훈 たし(か) — ＊確かだ 확실하다, 틀림없다　確かに 확실히, 분명히
  確か (절대적이지는 않지만) 아마, 틀림없이
  たし(かめる) — ＊確かめる 확인하다, 확실히 하다

青信号に変わっても、ちゃんと左右を確認してから渡りましょう。
파란불로 바뀌어도 좌우를 잘 확인하고 나서 건넙시다.

入荷は確か来週の火曜日になるはずです。 입하는 아마 다음 주 화요일이 될 겁니다.

0805 N1 ☐☐☐

証 증거 증 (證)

- 음 しょう — ＊証拠 증거　証明 증명　確証 확증　＊保証 보증　免許証 면허증
- 훈 —

家のあちこちを探してみたが、結局証拠は見つからなかった。
집안 여기저기를 찾아봤지만, 결국 증거는 발견되지 않았다.

味は保障できませんが、どうぞ。 맛은 보장할 수 없지만, 드세요.

0806 N2 ☐☐☐

編 엮을 편

- 음 へん — 編集 편집　編成 편성　編入 편입　編曲 편곡　改編 개편
- 훈 あ(む) — 編む 뜨다, 엮다　編み物 편물, 뜨개질　手編み 손으로 뜸

動画を編集するためにソフトを探しています。
동영상을 편집하기 위한 소프트웨어를 찾고 있습니다.

彼氏にプレゼントするために、ベストを編んでいる。
남자친구에게 선물하기 위해서 조끼를 뜨고 있다.

0807 N1 ☐☐☐

織 짤 직

- 음 しき — ＊組織 조직
  しょく — 紡織 방직, 직물을 짬　織機 직기, 베틀　製織 제직, 직조
- 훈 お(る) — 織る (옷감·자리 등을) 짜다
  織り交ぜる 무늬 같은 것을 넣어서 짜다, 어떤 사물에 다른 사물을 섞어 넣다
  織物 직물

社長は今年中に組織再編をやり切ると宣言した。
사장은 올해 안에 조직 개편을 완수하겠다고 선언했다.

講演者は海外体験を織り交ぜながら、面白く講演した。
강연자는 해외 체험을 섞어 가며 재미있게 강연했다.

酸
실 **산**

- 음 さん 　酸素 산소　酸性 산성　炭酸 탄산　酸化 산화　酸味 산미
- 훈 す(い)　酸い 시다, 신맛이 나다　酸っぱい 시큼하다, 시다

水は水素と酸素からできている。 물은 수소와 산소로 이루어져 있다.

このヨーグルト、腐ってない？ 酸っぱすぎるよ。
이 요구르트, 상한 거 아니야? 너무 셔.

素
본디 **소**

- 음 そ　　*素材 소재　*質素 검소　素朴 소박　色素 색소　要素 요소
- 　 す　　素顔 화장하지 않은 맨얼굴, 민낯　素肌 맨살, 맨몸　素早い 재빠르다

　　　　素直だ 순진하다, 솔직하다

- 훈 もと　素 만물이 생기는 바탕, 원료, 밑재료　素より 처음부터, 원래
- 예외 素人 아마추어, 초심자

彼女は素朴な人柄で、多くの人から慕われている。
그녀는 소박한 인품으로 많은 사람에게 존경받고 있다.

お鍋一つで手軽に作れる豚汁の素です。
냄비 하나로 손쉽게 만들 수 있는 논지루 밑재료입니다.

※豚汁 : 돈지루(돼지고기와 여러 채소를 넣고 끓인 일본식 된장국)

基
터 **기**

- 음 き　　基本 기본　基準 기준　基礎 기초　基点 기점　基地 기지
- 훈 もと　基 디딤돌, 기초　基づく 입각하다, 의거하다, 말미암다
- 　 もとい　基 근본, 기초

当店はベトナム料理を基本とした東南アジア料理店です。
저희 가게는 베트남 음식을 기본으로 한 동남아시아 음식점입니다.

アンケート結果の分析はデータに基づいて行われます。
설문조사 결과 분석은 데이터에 근거하여 실시됩니다.

幹
줄기 **간**

- 음 かん　幹部 간부　基幹 기간(어떤 분야에서 중심이 되는 부분)　幹事 간사
- 　　　　*新幹線 신칸센(일본의 고속 철도)
- 훈 みき　幹 (나무의) 줄기, (사건의) 줄거리, 골자

この新幹線は名古屋を経て大阪に着く予定だ。
이 신칸센은 나고야를 거쳐 오사카에 도착할 예정이다.

木の幹が二股に分かれて伸びています。
나무 줄기가 두 갈래로 갈라져서 뻗어 있습니다.

0812 N3 □□□

政

정사 정

음 せい	政治 정치　行政 행정　政略 정략　政府 정부　政党 정당
しょう	摂政 섭정(군주를 대신하여 나라를 다스림)
훈 まつりごと	政 정사, 정치

政府は国民の要望に応えるような対策を早く出すべきだ。
정부는 국민의 요망에 부응할 만한 대책을 빨리 내놓아야 한다.

「政」とは、人や土地、社会を統治する行為です。
'정사'란 사람과 토지, 사회를 통치하는 행위입니다.

0813 N2 □□□

略

간략할 략[약]

음 りゃく	＊省略 생략　略語 약어, 준말　簡略 간략　略す 생략하다, 줄이다
훈 ―	

詳細な説明は省略させていただきます。 상세한 설명은 생략하겠습니다.

敬称は略させていただきました。 경칭은 생략했습니다.

0814 N1 □□□

提

끌 제

음 てい	＊提出 제출　提示 제시　＊提供 제공　＊提携 제휴　＊提案 제안
훈 さ(げる)	提げる (손에) 들다

提出していただいた書類は、返却いたしません。 제출하신 서류는 반환하지 않습니다.

かばんを提げた人が電車に乗ろうとしています。
가방을 든 사람이 전철을 타려고 하고 있습니다.

0815 N3 □□□

示

보일 시

음 じ	＊掲示 게시　＊指示 지시　＊展示 전시　表示 표시　暗示 암시
し	示唆 시사, 암시
훈 しめ(す)	＊示す 내보이다, 제시하다, 가리키다, (모범 등을) 보이다, 나타내다

私は監督の指示どおりに送りバントをした。 나는 감독의 지시대로 희생 번트를 했다.

この矢印は北の方向を示しています。 이 화살표는 북쪽 방향을 가리키고 있습니다.

仮 거짓 가 (假)

- 음 か
  - *仮定 가정　仮設 가설, 임시로 설치함, (수학·논리학의) 가정　仮説 가설
  - 仮面 가면　仮装 가장, (알아보지 못하게) 임시로 분장함
- け
  - 仮病 꾀병
- 훈 かり
  - 仮に 만일, 만약　*仮登録 가등록　仮店舗 임시 점포
  - 仮の住まい 임시 거처

明日の訓練は地震が発生したと仮定して行われます。
내일 훈련은 지진이 발생했다고 가정하고 실시됩니다.

店内改装工事のため、仮店舗で営業しています。
매장 내부 리모델링 공사로 인해 임시 점포에서 영업하고 있습니다.

設 베풀 설

- 음 せつ
  - *施設 시설　*設備 설비　設立 설립　設置 설치　設定 설정
- 훈 もう(ける)
  - 設ける 마련하다, 준비하다, 설치하다

設備投資には莫大な資金がかかるため慎重な企業が多い。
설비 투자에는 막대한 자금이 들기 때문에 신중한 기업이 많다.

通路には安全のためにガードレールが設けられています。
통로에는 안전을 위해서 가드레일이 설치되어 있습니다.

逆 거스를 역 (逆)

- 음 ぎゃく
  - *逆 반대, 거꾸로임　逆転 역전　*逆効果 역효과　逆境 역경
  - 逆戻り 되돌아감[옴]
- 훈 さか(らう)
  - *逆らう 거역하다, 거스르다, 반항하다
- さか
  - *逆立つ 곤두서다, 거꾸로 서다, 물구나무 서다　逆立ち 물구나무
  - 逆様 거꾸로 됨, 반대임

暖かくなったと思ったら、また冬に逆戻りですね。
따뜻해졌다고 생각했더니, 다시 겨울로 되돌아왔네요.

時代の流れには逆らえないですね。 시대의 흐름에는 거스를 수 없네요.

接 이을 접

- 음 せつ
  - *直接 직접　接近 접근　接続 접속　*密接 밀접　接する 접하다
- 훈 つ(ぐ)
  - 接ぐ 잇다, (나무를) 접붙이다

彼は金目当てで、私に接近して来た。 그는 돈을 목적으로 내게 접근해 왔다.

途中で切れた縄を接いで長くした。 중간에 끊어진 밧줄을 이어서 길게 했다.

0820 N2 □□□

招
부를 초

음 しょう — *招待 초대　招致 초치(초청하여 오게 함), 유치　招来 초래　招請 초청

훈 まね(く) — *招く 초대하다, 초래하다　招き猫 마네키네코(복을 부르는 고양이 인형)

今度の日曜日、東京にいる従兄弟の結婚式に招待された。
이번 일요일에 도쿄에 있는 사촌 결혼식에 초대받았다.

誤解を招くような表現は避けるべきだ。 오해를 초래할 만한 표현은 피해야 한다.

0821 N2 □□□

測
헤아릴 측

음 そく — 予測 예측　観測 관측　推測 추측　測定 측정　計測 계측

훈 はか(る) — 測る (무게·길이 등을) 재다

星を観測するのが好きだ。 별을 관측하는 것을 좋아한다.

男の人は血圧を測ってもらっています。 남자는 혈압을 재고 있습니다.

0822 N2 □□□

快
쾌할 쾌

음 かい — *快適 쾌적　快晴 쾌청　*愉快 유쾌　明快 명쾌

훈 こころよ(い) — *快い 기분이 좋다, 유쾌하다, 호의적이다

新しいオフィスは広々として快適です。 새로운 사무실은 넓고 쾌적합니다.

無理なお願いを快く引き受けてくれた皆様に感謝しております。
무리한 부탁을 흔쾌히 들어주신 여러분께 감사드립니다.

0823 N1 □□□

統
거느릴 통

음 とう — 伝統 전통　大統領 대통령　統計 통계　統一 통일　統治 통치

훈 す(べる) — 統べる 통합하다, 통솔하다, 다스리다, 지배하다

これからも、日本の伝統文化を守り続けていきたいです。
앞으로도 일본의 전통 문화를 계속해서 지켜 나가고 싶습니다.

この大陸を統べる者こそが真の覇者となる。
이 대륙을 통솔하는 자야말로 진정한 패자가 될 것이다.

破

깨트릴 **파**

음 は — 破壊 파괴　*破損 파손　*破片 파편　突破 돌파　破産 파산

훈 やぶ(れる) — *破れる 찢어지다, 깨지다

やぶ(る) — *破る 찢다, 깨다, 어기다

観光客の激増で自然環境の破壊や生活圏の侵害が懸念される。
관광객의 급증으로 자연환경 파괴와 생활권의 침해가 염려된다.

彼はいつも約束を破るから、みんなに嫌われている。
그는 늘 약속을 어기기 때문에 모두에게 미움을 받고 있다.

版

판목 **판**

음 はん — *出版 출판　版権 판권　初版 초판　*改訂版 개정판　版画 판화

훈 ―

同じような本が相次いで出版されている。 비슷한 책이 잇달아 출판되고 있다.

この改訂版には、最新データが追加されています。
이 개정판에는 최신 데이터가 추가되어 있습니다.

布

베[펼] **포**

음 ふ — *布団 이불　*毛布 모포, 담요　*配布 배포　財布 지갑　布石 포석

훈 ぬの — *布 천, 옷감, 직물　布地 천, 피륙

ベランダに布団などが干してあります。 베란다에 이불 등이 널려 있습니다.

布で窓ガラスを磨いています。 천으로 창문 유리를 닦고 있습니다.

暴

사나울 **폭**

음 ぼう — *暴力 폭력　暴行 폭행　*乱暴 난폭　暴風 폭풍　暴走 폭주

ばく — 暴露 폭로

훈 あば(れる) — 暴れる 날뛰다, 난폭하게 굴다

あば(く) — 暴く 파헤치다, 들추어내다, 폭로하다

暴力は決してしてはいけない行為です。
폭력은 결코 해서는 안 되는 행위입니다.

あの選手は審判の判定に抗議して暴れた。
저 선수는 심판의 판정에 항의하며 난폭하게 굴었다.

0828 N2 □□□

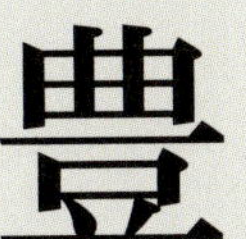

豊
풍년 풍

- 음 ほう … *豊富 풍부　豊作 풍작　豊年 풍년　豊満 풍만
- 훈 ゆた(か) … *豊かだ 풍부하다, 풍족하다

職場に経験の豊富な上司がいて、いい刺激を受けている。
직장에 경험이 풍부한 상사가 있어서 좋은 자극을 받고 있다.

この化粧水は保湿効果が優れ、乾燥期でも豊かな張りと透明感を与えます。
이 스킨은 보습 효과가 뛰어나 건조한 시기에도 풍부한 탄력과 투명감을 줍니다.

0829 N2 □□□

河
물 하

- 음 か … 河川 하천　河流 하류　河口 하구　氷河 빙하　運河 운하
- 훈 かわ … 河 강

ゴミの不法投棄で河川が汚染されている。 쓰레기 불법 투기로 하천이 오염되고 있다.

日本では「山・河・風雨」など自然を神として祭る神社も多い。
일본에서는 '산・강・비바람' 등 자연을 신으로 모시는 신사도 많다.

0830 N2 □□□

航
배 항

- 음 こう … 航空 항공　運航 운항　欠航 결항　航海 항해　難航 난항
- 훈 ―

出張のためにネットで中国への往復航空券を取った。
출장 때문에 인터넷으로 중국으로 가는 왕복 항공권을 끊었다.

飛行機の出発遅延や欠航の原因は悪天候でした。
비행기 출발 지연이나 결항의 원인은 악천후였습니다.

0831 N2 □□□

険
험할 험 (險)

- 음 けん … *危険 위험　*保険 보험　冒険 모험　険悪 험악
- 훈 けわ(しい) … *険しい 험하다, 험상궂다

立ち枯れた木が今にも倒れそうで危険です。
말라 죽은 나무가 금방이라도 쓰러질 것 같아 위험합니다.

この坂は険しくて、登ると息が切れる。 이 비탈은 험해서 오르면 숨이 찬다.

0832 N2 □□□

型
모형 형

- 음 けい … 体型 체형　模型 모형　典型的 전형적　原型 원형
- 훈 かた … 型 형, 틀, 형식, 폼, 타입　大型 대형　小型 소형　新型 신형
　　　　　血液型 혈액형

店の壁に大きなカニの模型がかかっています。 가게 벽에 큰 게 모형이 걸려 있습니다.

土木工事には、大型機械が必要だ。 토목 공사에는 대형 기계가 필요하다.

효 (效)
본받을 **효** (效)

음 こう

*効果 효과 効力 효력 *有効 유효 *効率 효율 特効薬 특효약

훈 き(く)

効く 잘 듣다, 효과가 있다

肥満防止に効果があるのは節食と運動だけだ。
비만 방지에 효과가 있는 것은 절식과 운동뿐이다.

咳ですか。咳なら、これがよく効きますよ。 기침해요? 기침이라면 이게 잘 들어요.

厚
두터울 **후**

음 こう

*温厚 온후, 온화 濃厚 농후

厚生省 후생성 (우리나라의 보건복지부에 해당)

훈 あつ(い)

*厚い 두껍다, 두텁다 厚さ 두께 分厚い 두툼하다, 두껍다

温厚な人ほど怒ると怖い。 온후한 사람일수록 화내면 무섭다.

彼女はみんなに人望が厚いです。 그녀는 모두에게 인망이 두텁습니다.

喜
기쁠 **희**

음 き

喜劇 희극 歓喜 환희 喜怒哀楽 희로애락

훈 よろこ(ぶ)

*喜ぶ 기뻐하다 大喜び 큰 기쁨 喜ばしい 즐겁다, 기쁘다

新国立劇場でシェイクスピアの喜劇「真夏の夜の夢」を見ました。
신국립극장에서 셰익스피어의 희극 '한여름 밤의 꿈'을 봤습니다.

優勝が決まり、喜んだのは言うまでもない。
우승이 결정되어 기뻐한 것은 말할 것도 없다.

연습문제

다음 한자의 발음과 뜻을 써 보세요.

01 展示 てん______　　________________
02 豊かだ______かだ　　________________
03 仮登録______とうろく　　________________
04 冒険 ぼう______　　________________
05 愉快 ゆ______　　________________
06 正確 せい______　　________________
07 接近______きん　　________________
08 省略 しょう______　　________________
09 酸性______せい　　________________
10 乱暴 らん______　　________________
11 逆らう______らう　　________________
12 招く______く　　________________
13 布______　　________________
14 新型 しん______　　________________
15 提供______きょう　　________________
16 豊作______さく　　________________
17 確かめる______かめる　　________________
18 素早い______ばやい　　________________
19 設ける______ける　　________________
20 河川______せん　　________________

21 初版 しょ______　　________________
22 新幹線 しん______せん　　________________
23 証明______めい　　________________
24 示す______す　　________________
25 観測 かん______　　________________
26 運航 うん______　　________________
27 効率______りつ　　________________
28 喜ぶ______ぶ　　________________
29 逆転______てん　　________________
30 組織 そ______　　________________
31 厚い______い　　________________
32 険しい______しい　　________________
33 統計______けい　　________________
34 配布 はい______　　________________
35 行政 ぎょう______　　________________
36 快い______い　　________________
37 基準______じゅん　　________________
38 仮病______びょう　　________________
39 編み物______みもの　　________________
40 破れる______れる　　________________

밑줄 친 한자의 올바른 발음을 고르세요.

1 失われた文化を復興させる取り組みが行われている。

① ふっきょう　② ふっこう　③ ふこう　④ ふきょう

2 体は汗をかいて体温を保っている。

① まよって　② すくって　③ たもって　④ はかって

3 彼は柔道の投げ技に優れている。

① わざ　② えだ　③ みき　④ こな

4 彼は表情が豊かなので俳優に向いている。

① たしかな　② ゆたかな　③ あきらかな　④ あざやかな

5 この契約は両社に利益をもたらすと思う。

① りいき　② いえき　③ りえき　⑤ りょういき

6 彼は後輩からの依頼をこころよく引き受けた。

① 況く　② 決く　③ 沈く　④ 快く

7 彼女は明るい笑顔で良い第一いんしょうを与えた。

① 印像　② 印象　③ 即像　④ 即象

8 こな薬は錠剤より効き目が早いことがある。

① 際　② 罪　③ 額　④ 粉

9 軽率な発言は誤解をまねきやすい。

① 慣き　② 紹き　③ 招き　④ 犯き

10 環境規制により中古車のゆしゅつが制限されている。

① 輪出　② 輸出　③ 軽出　④ 転出

정답&해석 → p.329

초등학교 6학년

한자 총191자

836	837	838	839	840	841	842	843
尊	敬	困	難	退	勤	展	覽
높을 존	공경 경	곤할 곤	어려울 난	물러날 퇴	부지런할 근	펼 전	볼 람
음 そん	음 けい	음 こん	음 なん	음 たい	음 きん	음 てん	음 らん
훈 とうと(い)	훈 うやま(う)	훈 こま(る)	훈 むずか(しい)	훈 しりぞ(く)	훈 つと(まる)	훈 —	훈 —

844	845	846	847	848	849	850	851
刻	閣	干	看	簡	降	鋼	激
새길 각	집 각	마를 건	볼 간	대쪽 간	내릴 강	강철 강	격할 격
음 こく	음 かく	음 かん	음 かん	음 かん	음 こう	음 こう	음 げき
훈 きざ(む)	훈 —	훈 ほ(す)	훈 —	훈 —	훈 ふ(る)	훈 はがね	훈 はげ(しい)

852	853	854	855	856	857	858	859
絹	系	届	穀	骨	供	券	巻
비단 견	이어맬 계	이를 계	곡식 곡	뼈 골	이바지할 공	문서 권	책 권
음 けん	음 けい	음 —	음 こく	음 こつ	음 きょう	음 けん	음 かん
훈 きぬ	훈 —	훈 とど(く)	훈 —	훈 ほね	훈 そな(える)	훈 —	훈 ま(く)

860	861	862	863	864	865	866	867
権	机	貴	劇	筋	己	暖	脳
권세 권	책상 궤	귀할 귀	심할 극	힘줄 근	몸 기	따뜻할 난	머리 뇌
음 けん	음 き	음 き	음 げき	음 きん	음 こ	음 だん	음 のう
훈 —	훈 つくえ	훈 とうと(い)	훈 —	훈 すじ	훈 おのれ	훈 あたた(か)	훈 —

868	869
担	党
멜 담	무리 당
음 たん	음 とう
훈 にな(う)	훈 —

0836 N2 □□□

尊 높을 존 (尊)

- 음 そん　*尊敬 존경　*尊重 존중　自尊心 자존심　尊厳 존엄
- 훈 とうと(い)　*尊い 고귀하다, 귀하다, 소중하다
　　とうと(ぶ)　尊ぶ 존경하다, 공경하다
　　たっと(い)　尊い 고귀하다, 귀하다, 소중하다
　　たっと(ぶ)　尊ぶ 존경하다, 공경하다

「人に愛される人、信頼される人、尊敬される人」になりたい。
'사람들에게 사랑받는 사람, 신뢰받는 사람, 존경받는 사람'이 되고 싶다.

人の命ほど尊いものはありません。 사람의 목숨만큼 고귀한 것은 없습니다.

0837 N2 □□□

敬 공경 경

- 음 けい　*敬語 경어　*尊敬 존경　敬意 경의　敬具 경구(편지 끝에 쓰는 인사말)
- 훈 うやま(う)　敬う 공경하다, 존경하다

日頃から敬語を使って話す練習をしておきましょう。
평소부터 경어를 사용해서 말하는 연습을 해 둡시다.

親を敬うことは大事です。 부모를 공경하는 것은 중요합니다.

0838 N2 □□□

困 곤할 곤

- 음 こん　*困難 곤란　貧困 빈곤　困惑 곤혹
- 훈 こま(る)　*困る 곤란하다, 난처하다

今更決定を覆すなんて、困難ですよ。 이제 와서 결정을 뒤집다니, 곤란해요.

ここに駐車しては困ります。 여기에 주차하면 곤란합니다.

0839 N2 □□□

難 어려울 난 (難)

- 음 なん　非難 비난　*難関 난관　難易度 난이도　避難 피난　*難点 난점
- 훈 むずか(しい)　*難しい 어렵다, 곤란하다
　　かた(い)　難い 어렵다

卑怯な方法で相手を非難する行為をしてはいけない。
비겁한 방법으로 상대방을 비난하는 행위를 해서는 안 된다.

明日の試験は相当難しいらしい。 내일 시험은 상당히 어려울 것 같다.

退

물러날 **퇴** (退)

음	たい	*引**退** 은퇴　*辞**退** 사퇴　***退**院 퇴원　***退**屈だ 지루하다, 따분하다
훈	しりぞ(く)	**退**く 물러나다, 물러서다, 은퇴하다
	しりぞ(ける)	**退**ける 물리치다, 멀리하다

退院、おめでとうございます。 퇴원, 축하해요.

あの選手は先月現役から**退**いた。 저 선수는 지난달 현역에서 은퇴했다.

勤

부지런할 **근** (勤)

음	きん	*通**勤** 통근　*出**勤** 출근　**退勤** 퇴근　*転**勤** 전근　**勤**務 근무
	ごん	**勤**行 근행(불도를 닦으며 수행함)
훈	つと(まる)	**勤**まる (직무를) 감당하다, 감당해내다
	つと(める)	***勤**める 근무하다

会社までの**通勤**以外は車を運転しない。 회사까지의 통근 이외에는 차를 운전하지 않는다.

前はデパートに**勤**めていましたが、今は貿易会社で働いています。
전에는 백화점에 근무했지만, 지금은 무역회사에서 일하고 있습니다.

展

펼 **전**

| 음 | てん | *発**展** 발전　***展**開 전개　**展**望 전망　**展**示 전시 |
| 훈 | — | |

医学の**発展**で不治の病が克服できるようになった。
의학의 발전으로 불치병을 극복할 수 있게 되었다.

海外への無理な**展開**を試みた大手商社は赤字決算となった。
해외로의 무리한 전개를 시도한 대기업 상사는 적자 결산이 되었다.

覧

볼 **람** (覽)

| 음 | らん | *閲**覧** 열람　**展覽**会 전람회　観**覽** 관람　*一**覽** 일람 |
| 훈 | — | |

こちらにある資料は自由に**閲覧**できます。 여기에 있는 자료는 자유롭게 열람할 수 있습니다.

出品料は各**展覽会**ごとに異なるため、必ず規約をご参照ください。
출품료는 각 전람회마다 다르므로 반드시 약관을 참조하십시오.

0844 N2 □□□

刻

새길 **각**

음 こく ＊遅**刻** 지각　＊時**刻** 시각　＊深**刻** 심각　彫**刻** 조각

훈 きざ(む) ＊**刻**む 잘게 썰다, 조각하다, 새기다

寝坊して遅刻しそうになり、かばんを抱えて家を飛び出した。
늦잠을 자서 지각할 것 같아, 가방을 안고 집을 뛰쳐나왔다.

女の人はまな板の野菜を包丁で細かく刻んでいます。
여자는 도마의 채소를 부엌칼로 잘게 썰고 있습니다.

0845 N1 □□□

閣

집 **각**

음 かく 内**閣** 내각　**閣**僚 각료　**閣**議 각의(내각이 직권을 행하기 위해 여는 회의)

훈 ―

内閣府は「国民生活に関する世論調査」を行った。
내각부는 '국민 생활에 관한 여론 조사'를 실시했다.

新しい閣僚が発表されました。 새로운 각료가 발표되었습니다.

0846 N2 □□□

干

마를 **건** / 방패 **간**

음 かん ＊**干**渉 간섭　＊若**干** 약간

훈 ほ(す) ＊**干**す 말리다, 널다　日**干**し 햇볕에 말림

ひ(る) **干**る 마르다, (조수가) 빠져서 바닥이 드러나다, 바닥나다

干物 건어물　**干**上がる (바싹) 마르다, (생계가) 어려워지다

夫婦関係をよくするコツは「関心を持って干渉しない」です。
부부관계를 좋게 하는 요령은 '관심을 가지고 간섭하지 않는다'입니다.

ベランダに洗濯物が干してあります。 베란다에 빨래가 널려 있습니다.

0847 N1 □□□

看

볼 **간**

음 かん ＊**看**板 간판　**看**護師 간호사　**看**病 간병, 간호

훈 ―

通行人に注意を呼びかける看板が立っています。
통행인에게 주의를 당부하는 간판이 서 있습니다.

彼女は手厚く看病され、すぐに回復した。 그녀는 극진한 간병을 받아, 금세 회복했다.

0848 N2 □□□

簡

대쪽[간략할] **간**

음 かん ＊**簡**単 간단　＊**簡**潔 간결　＊**簡**素 간소　**簡**略 간략　**簡**易 간이

훈 ―

このスープならお湯を入れるだけで簡単にできて、便利です。
이 수프라면 뜨거운 물을 넣는 것만으로 간단하게 만들 수 있어서 편리합니다.

できるだけ簡潔に説明してください。 가능한 한 간결하게 설명해 주세요.

降 내릴 강/항복할 항

- **음** こう ... *以**降** 이후 　**降**水 강수 　**降**雨 강우 　下**降** 하강 　**降**伏 항복
- **훈** ふ(る) ... ***降**る (비·눈 등이) 내리다, 오다
- お(りる) ... ***降**りる (탈것에서) 내리다
- お(ろす) ... **降**ろす (높은 데서 낮은 데로) 내리다, (탈것에서) 내려놓다

今朝の天気予報では**降水**確率がゼロだったのに、午後から雨が**降り**ました。
오늘 아침 일기예보에서는 강수 확률이 0이었는데, 오후부터 비가 내렸습니다.

たくさんの人が電車から**降り**ています。 많은 사람이 전철에서 내리고 있습니다.

鋼 강철 강

- **음** こう ... **鋼** 강철 　鉄**鋼** 철강 　**鋼**鉄 강철 　製**鋼** 제강 　**鋼**板 강판, 강철판
- **훈** はがね ... **鋼** 강철

新卒採用向けの**鉄鋼**業界紹介サイトです。
신규 졸업자 채용을 위한 철강 업계 소개 사이트입니다.

鋼は鉄に炭素や他の元素を加えた合金を指します。
강철은 철에 탄소나 다른 원소를 첨가한 합금을 가리킵니다.

激 격할 격

- **음** げき ... *刺**激** 자극 　**激**増 급증 　*急**激** 급격 　感**激** 감격 　**激**安 초저가, 염가
- **훈** はげ(しい) ... ***激**しい 심하다, 격심하다, 격렬하다

本を読むと脳が**刺激**されます。 책을 읽으면 뇌가 자극됩니다.

最近、気温の変化が**激しい**ですね。 요즘 기온 변화가 심하네요.

絹 비단 견

- **음** けん ... **絹**糸 견사, 명주실
- **훈** きぬ ... **絹** 명주실, 견사, 비단

「**絹糸**」とは、絹を精練して作った糸のことを言います。
'명주실'이란 비단을 정련해서 만든 실을 말합니다.

八王子には昔**絹**の道があったと言うが、今は残っていない。
하치오지에는 옛날에 비단길이 있었다고 하나, 지금은 남아 있지 않다.

0853 N1 □□□

けい

＊体系 체계　＊系統 계통　文系 문과　理系 이과　系列 계열

훈 —

이어맬 계

本書は、近代デザインの思想について体系的に論じています。
이 책은 근대 디자인 사상에 대해 체계적으로 논하고 있습니다.

過剰なアルコール摂取は神経系統に悪影響を及ぼす。
과도한 알코올 섭취는 신경 계통에 악영향을 끼친다.

0854 N2 □□□

음 —

とど(く)　届く (보낸 물건이) 도착하다, 닿다

とど(ける)　届ける 보내다, 배달하다, (관청 등에) 신고하다　届け先 보낼 곳, 송달처, 배송지

転入届 전입신고

이를 계 (届)

明日、サンプルが届くはずです。　내일 샘플이 도착할 겁니다.

ご指定の届け先に商品をお送りします。　지정하신 배송지로 상품을 보내 드립니다.

0855 N1 □□□

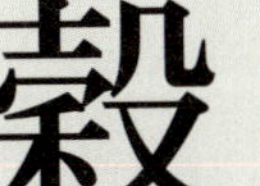

こく

穀物 곡물, 곡류　雑穀 잡곡　脱穀 탈곡　五穀 오곡

훈 —

곡식 곡 (穀)

「全粒穀物」は糖尿病や肥満のリスクを低く抑えられる。
'통곡물'은 당뇨병이나 비만의 위험을 낮게 억제할 수 있다.

家でご飯を炊く時には、白米に雑穀を混ぜている。
집에서 밥을 지을 때는 흰쌀에 잡곡을 섞고 있다.

0856 N3 □□□

こつ

＊骨折 골절　＊露骨 노골　遺骨 유골　ろっ骨 늑골, 갈비뼈

훈 ほね

骨 뼈　背骨 척추, 등뼈

뼈 골

骨折して全治1か月の診断を受けた。　골절되어 전치 1개월 진단을 받았다.

足の骨を折ってしまったので、当分学校へ行けそうにない。
다리뼈가 부러져 버려서 당분간 학교에 갈 수 없을 것 같다.

供

이바지할 **공**

- 음　きょう　*提供 제공　供給 공급　自供 자백　供述 진술
- 　　く　　供養 공양
- 훈　そな(える)　供える 바치다, 올리다
- 　　とも　*子供 어린이　お供 수행, 수행원　共に 함께, 같이

ご宿泊いただいたお客様に朝食をご提供しております。
투숙하신 고객님께 조식을 제공하고 있습니다.

お墓に花をお供えする目的は、故人への供養にあります。
무덤에 꽃을 올리는 목적은 고인에 대한 공양에 있습니다.

券

문서 **권** (券)

- 음　けん　*乗車券 승차권　*入場券 입장권　食券 식권　証券 증권
- 　　　　商品券 상품권
- 훈　—

入場券を手に入れるために朝早くから並んだ。
입장권을 구하기 위해 아침 일찍부터 줄을 섰다.

この機械は食券を買う時に使います。 이 기계는 식권을 살 때 사용합니다.

巻

책[말] **권** (巻)

- 음　かん　上巻 상권　巻末 권말　全巻 전권　圧巻 압권
- 훈　ま(く)　*巻く 감다, 말다, 두르다
- 　　まき　絵巻 그림 두루마리((설명의 글이 곁들여져 있음))　巻物 족자

教科書の巻末には、学習を広げる便利な資料を掲載しています。
교과서의 권말에는 학습을 넓히는 편리한 자료를 게재하고 있습니다.

二人とも首にマフラーを巻いています。 두 사람 모두 목에 목도리를 두르고 있습니다.

権

권세 **권** (權)

- 음　けん　権利 권리　権力 권력　人権 인권　特権 특권　権威 권위
- 　　ごん　権化 권화(신불이 중생 제도를 위해 임시로 모습을 바꿔 이 세상에 나타나는 것), 화신
- 훈　—

権利には常に義務と責任が伴う。 권리에는 항상 의무와 책임이 따른다.

他人の人権を侵してはならない。 타인의 인권을 침해해서는 안 된다.

0861 N2 □□□

机

책상 궤

음	き	机上 탁상, 책상 위
		机上の空論 탁상공론(실행 가능성이나 현실성이 없는 허황된 이론이나 논의)
훈	つくえ	＊机 책상

それは机上の空論に過ぎない。 그것은 탁상공론에 불과하다.

机の上には読みかけの本がおいてあります。 책상 위에는 읽다 만 책이 놓여 있습니다.

0862 N1 □□□

貴

귀할 귀

음	き	＊貴重 귀중 貴族 귀족 貴社 귀사 高貴 고귀
훈	とうと(い)/とうと(ぶ)	貴い 고귀하다, 귀하다, 소중하다 貴ぶ 존경하다, 공경하다
	たっと(い)/たっと(ぶ)	貴い 고귀하다, 귀하다, 소중하다 貴ぶ 존경하다, 공경하다

こんな貴重なものは、いただけません。 이런 귀중한 것은 받을 수 없습니다.

留学生活は私にとって貴い経験でした。 유학생활은 저에게 있어서 소중한 경험이었습니다.

0863 N2 □□□

劇

심할 극

| 음 | げき | 劇 극, 연극 ＊演劇 연극 ＊劇場 극장 劇団 극단 悲劇 비극 |
| 훈 | ― | |

演劇のチケットをもらったんですが、一緒に行きませんか。
연극 티켓을 받았는데, 같이 안 갈래요?

女性二人が劇場のステージで熱演しています。 여성 두 명이 극장 무대에서 열연하고 있습니다.

0864 N1 □□□

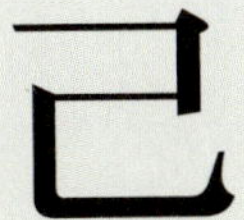

筋

힘줄 근

음	きん	筋肉 근육 筋力 근력 鉄筋 철근
훈	すじ	筋 줄거리, 조리, 힘줄 ＊大筋 대강(의 줄거리), 요점 本筋 본론
		筋道 사리, 조리, 절차, 순서 粗筋 대강의 줄거리, 개요
		筋合い 이유, 까닭, 근거

肩の筋肉が緊張して硬くなってしまった。 어깨 근육이 긴장해서 굳어 버렸다.

あの人はいつも筋道の立たないことを言う。 저 사람은 언제나 사리에 맞지 않는 말을 한다.

0865 N1 □□□

己

몸 기

음	こ	＊自己 자기, 자신 利己的 이기적
	き	知己 지기(자기 마음을 잘 아는 사람) 克己 극기
훈	おのれ	己 자기, 자기 자신, 저, 나, 너

投資はあくまでも自己責任です。 투자는 어디까지나 자기 책임입니다.

己を省みた。 자기 자신을 돌아봤다.

暖　따뜻할 난

(음) だん　*暖房 난방　*温暖化 온난화　暖流 난류

(훈) あたた(か)　暖かだ 따뜻하다, 다정하다
　　 あたた(かい)　*暖かい 따뜻하다
　　 あたた(まる)　暖まる 따뜻해지다
　　 あたた(める)　暖める 따뜻하게 하다

暖房をつけているのに部屋が寒い。 난방을 켜고 있는데도 방이 춥다.
寒かった冬が終わり、春になってだんだん暖かくなってきました。
추웠던 겨울이 끝나고 봄이 되면서 점점 따뜻해졌습니다.

脳　머리[뇌] 뇌 (腦)

(음) のう　脳 뇌　頭脳 두뇌
　　 首脳 수뇌(집단이나 조직의 중심, 또는 그 중심에 서 있는 사람), 정상, 최고 책임자

(훈) —

脳が元気になると、脳卒中や認知症も予防できる。
뇌가 건강해지면 뇌졸중이나 치매도 예방할 수 있다.
今回の首脳会談をきっかけに、経済協力が進むだろう。
이번 정상회담을 계기로 경제협력이 진전될 것이다.

担　멜 담 (擔)

(음) たん　*担当 담당　担任 담임　*負担 부담　*分担 분담　担架 들것

(훈) にな(う)　*担う 짊어지다, (책임 등을) 떠맡다
　　 かつ(ぐ)　*担ぐ 지다, 메다

仕事が多すぎて、三人で分担してやることにした。
일이 너무 많아서 셋이서 분담해서 하기로 했다.
次世代を担う経営人材を育成するための研修を行います。
차세대를 짊어질 경영 인재를 육성하기 위한 연수를 실시합니다.

党　무리 당 (黨)

(음) とう　党 당　政党 정당　与党 여당　野党 야당　党員 당원

(훈) —

この法案は党の分裂を招いた。 이 법안은 당의 분열을 초래했다.
政権が他の政党に移った。 정권이 다른 정당으로 넘어갔다.

다음 한자의 발음과 뜻을 써 보세요.

01	深刻 しん___	_______	21	露骨 ろ___	_______
02	負担 ふ___	_______	22	展開 ___かい	_______
03	温暖化 おん___か	_______	23	巻く ___く	_______
04	尊重 ___ちょう	_______	24	降りる ___りる	_______
05	供給 ___きゅう	_______	25	干物 ___もの	_______
06	降水 ___すい	_______	26	貴社 ___しゃ	_______
07	難関 ___かん	_______	27	貧困 ひん___	_______
08	刻む ___む	_______	28	絹 ___	_______
09	自己 じ___	_______	29	政党 せい___	_______
10	権力 ___りょく	_______	30	鋼鉄 ___てつ	_______
11	敬う ___う	_______	31	届ける ___ける	_______
12	穀物 ___もつ	_______	32	退く ___く	_______
13	机 ___	_______	33	激しい ___しい	_______
14	簡単 ___たん	_______	34	辞退 じ___	_______
15	頭脳 ず___	_______	35	看護師 ___ごし	_______
16	閣僚 ___りょう	_______	36	劇場 ___じょう	_______
17	展覧会 てん___かい	_______	37	食券 しょっ___	_______
18	大筋 おお___	_______	38	転勤 てん___	_______
19	供える ___える	_______	39	担う ___う	_______
20	系統 ___とう	_______	40	急激 きゅう___	_______

정답

01 しんこく 심각 02 ふたん 부담 03 おんだんか 온난화 04 そんちょう 존중 05 きょうきゅう 공급 06 こうすい 강수 07 なんかん 난관
08 きざむ 잘게 썰다, 조각하다, 새기다 09 じこ 자기, 자신 10 けんりょく 권력 11 うやまう 공경하다, 존경하다 12 こくもつ 곡물, 곡류
13 つくえ 책상 14 かんたん 간단 15 ずのう 두뇌 16 かくりょう 각료 17 てんらんかい 전람회 18 おおすじ 대강(의 줄거리), 요점
19 そなえる 바치다, 올리다 20 けいとう 계통 21 ろこつ 노골 22 てんかい 전개 23 まく 감다, 말다, 두르다 24 おりる (탈것에서) 내리다
25 ひもの 건어물 26 きしゃ 귀사 27 ひんこん 빈곤 28 きぬ 명주실, 견사, 비단 29 せいとう 정당 30 こうてつ 강철
31 とどける 보내다, 배달하다, (관청 등에) 신고하다 32 しりぞく 물러나다, 물러서다, 은퇴하다 33 はげしい 심하다, 격심하다, 격렬하다 34 じたい 사퇴
35 かんごし 간호사 36 げきじょう 극장 37 しょっけん 식권 38 てんきん 전근 39 になう 짊어지다, (책임 등을) 떠맡다 40 きゅうげき 급격

6학년 한자 (2) 33자

870 警	871 視	872 庁	873 収	874 納	875 縮	876 討	877 論
경계할 **경**	볼 **시**	관청 **청**	거둘 **수**	들일 **납**	줄일 **축**	칠 **토**	논할 **론**
음 けい	음 し	음 ちょう	음 しゅう	음 のう	음 しゅく	음 とう	음 ろん
훈 ―	훈 ―	훈 ―	훈 おさ(まる)	훈 おさ(まる)	훈 ちぢ(む)	훈 う(つ)	훈 ―

878 宅	879 卵	880 乱	881 朗	882 律	883 裏	884 臨	885 幕
댁 **댁**	알 **란**	어지러울 **란**	밝을 **랑**	법칙 **률**	속 **리**	임할 **림**	장막 **막**
음 たく	음 らん	음 らん	음 ろう	음 りつ	음 り	음 りん	음 まく
훈 ―	훈 たまご	훈 みだ(れる)	훈 ほが(らか)	훈 ―	훈 うら	훈 のぞ(む)	훈 ―

886 晚	887 亡	888 忘	889 枚	890 盟	891 暮	892 模	893 班
늦을 **만**	망할 **망**	잊을 **망**	낱 **매**	맹세 **맹**	저물 **모**	본뜰 **모**	나눌 **반**
음 ばん	음 ぼう	음 ぼう	음 まい	음 めい	음 ぼ	음 も	음 はん
훈 ―	훈 な(い)	훈 わす(れる)	훈 ―	훈 ―	훈 く(れる)	훈 ―	훈 ―

894 訪	895 拝	896 背	897 並	898 宝	899 補	900 棒	901 否
찾을 **방**	절 **배**	등 **배**	나란할 **병**	보배 **보**	기울 **보**	막대 **봉**	아닐 **부**
음 ほう	음 はい	음 はい	음 へい	음 ほう	음 ほ	음 ぼう	음 ひ
훈 たず(ねる)	훈 おが(む)	훈 せ	훈 なら(ぶ)	훈 たから	훈 おぎな(う)	훈 ―	훈 いな

902 奮
떨칠 **분**
음 ふん
훈 ふる(う)

0870 N2 □□□

警

경계할[깨우칠] **경**

음 けい

警察 경찰　警備 경비　警戒 경계　警告 경고　警官 경관, 경찰관

훈 —

最近交通事故が増えていて、警察の取り締まりは一層厳しくなった。
최근 교통사고가 늘고 있어 경찰의 단속은 더욱 강화되었다.

非常ベルが鳴ると、警備員が駆け付けた。 비상벨이 울리자, 경비원이 급히 달려갔다.

0871 N1 □□□

視

볼 **시** (視)

음 し

*視野 시야　*重視 중시　視覚 시각　監視 감시　無視 무시

훈 —

視野を広げるために、外国語を学ぶ人が増えている。
시야를 넓히기 위해서 외국어를 배우는 사람이 늘고 있다.

この学校では科学を重視している。 이 학교에서는 과학을 중시하고 있다.

0872 N2 □□□

庁

관청 **청** (廳)

음 ちょう

県庁 현청　官庁 관청　警視庁 경시청　気象庁 기상청　庁舎 청사

훈 —

県庁に災害対策本部を設けることにした。 현청에 재해 대책 본부를 설치하기로 했다.

大雨が降るという気象庁の予想が外れ、朝からいい天気になった。
큰비가 내릴 것이라는 기상청의 예상이 빗나가, 아침부터 날씨가 좋아졌다.

0873 N2 □□□

収

거둘 **수** (收)

음 しゅう

*収入 수입　回収 회수　*収集 수집　*収穫 수확

領収証 영수증(「領収書」라고도 씀)

훈 おさ(まる)　収まる 수습되다, (관계 등이) 원만해지다, 해결되다

　　 おさ(める)　収める 수습하다, 거두다, (속에) 넣다, 담다

収入と支出の釣り合いを取ることが大事だ。 수입과 지출의 균형을 맞추는 것이 중요하다.

今度の選挙で与党は野党に圧倒的な勝利を収めた。
이번 선거에서 여당은 야당에 압도적인 승리를 거두었다.

納 들일 납 (納)

음 のう　*収**納** 수납, 수확　***納**品 납품　**納**税 납세　結**納** 약혼 예물을 교환함

なっ/な　***納**得 납득　**納**豆 낫토(콩을 발효시킨 일본 전통 식품)　**納**屋 헛간

なん　**納**戸 골방(의복·가구 따위를 간수하여 두는 방)

とう　出**納** 출납

훈 おさ(まる)　**納**まる 납입되다, 납부되다

おさ(める)　***納**める 납입하다, 납부하다

この収**納**棚は、収**納**スペースが広くてとても使いやすい。
이 수납장은 수납 공간이 넓어서 매우 쓰기 편하다.

彼は多額の所得税を**納**めた。그는 고액의 소득세를 납부했다.

縮 줄일 축

음 しゅく　***縮**小 축소　短**縮** 단축　*恐**縮** 송구함, 죄송함　圧**縮** 압축　*凝**縮** 응축

훈 ちぢ(む)　**縮**む 줄어들다, 오그라들다, 움츠러들다

ちぢ(まる)　**縮**まる 오그라들다, 줄어들다, 움츠러들다

ちぢ(める)　**縮**める 단축시키다, 줄이다, 움츠리다

ちぢ(れる)　**縮**れる 오그라지다, 곱슬곱슬해지다　**縮**れ毛 곱슬머리

ちぢ(らす)　**縮**らす 오그라들게 하다

政府は軍備の規模を**縮**小していくと発表した。정부는 군비 규모를 축소해 가겠다고 발표했다.

ベルトの穴が一つ増えると寿命が3年**縮**まる。
벨트 구멍이 하나 늘어나면 수명이 3년 줄어든다.

討 칠 토

음 とう　***討**論 토론　*検**討** 검토　***討**議 토의

훈 う(つ)　**討**つ (무기 등으로) 공격하다, 치다, 무찌르다

来月の**討**論会が急にキャンセルされた。다음 달 토론회가 갑자기 취소되었다.

物語のクライマックスで、主人公はついに敵を**討**った。
이야기의 클라이맥스에서 주인공은 마침내 적을 무찔렀다.

論 논할 론[논]

음 ろん　*議**論** 의논, 논의, 토론　*結**論** 결론　**論**文 논문　評**論** 평론　***論**争 논쟁

훈 ―

数時間にわたって議**論**した末、ようやく結**論**に達した。
몇 시간에 걸쳐 논의한 끝에 마침내 결론에 도달했다.

双方の主張が平行線で、結**論**が出ない。양측의 주장이 평행선이어서 결론이 나지 않는다.

0878 N3 □□□

宅
댁 댁 / 집 택

음 たく　＊自宅 자택, 자기 집　＊住宅 주택　宅配 택배　＊帰宅 귀가　お宅 댁
훈 —

自宅のベランダで草花を育てている。 집 베란다에서 화초를 키우고 있다.

静かな住宅街の風景です。 조용한 주택가의 풍경입니다.

0879 N2 □□□

卵
알 란[난]

음 らん　産卵 산란　鶏卵 계란, 달걀　卵子 난자　卵黄 난황, 노른자
훈 たまご　＊卵 알, 달걀, 계란

鮭は産卵のために生まれた川に回帰する。
연어는 산란을 위해 태어난 강으로 회귀한다.

砂糖と卵をよく混ぜてください。 설탕과 달걀을 잘 섞어 주세요.

0880 N2 □□□

乱
어지러울 란[난] (亂)

음 らん　＊混乱 혼란　＊乱暴 난폭　反乱 반란　乱用 남용
훈 みだ(れる)　＊乱れる 흐트러지다, 혼란해지다
みだ(す)　乱す 어지럽히다, 흩뜨리다, 어지르다

首相の発言が政界の混乱を招く結果となった。
총리의 발언이 정계의 혼란을 초래하는 결과가 되었다.

スピーチをする前に、乱れた髪や服装を整えた。
연설을 하기 전에 흐트러진 머리와 복장을 단정히 했다.

0881 N1 □□□

朗
밝을 랑[낭] (朗)

음 ろう　＊朗読 낭독　＊朗報 낭보, 기쁜 소식　明朗 명랑, 공정, 깨끗함
훈 ほが(らか)　朗らかだ (성격이) 명랑하다, (날씨가) 맑게 개다

大きな声で詩を朗読した。 큰 소리로 시를 낭독했다.

彼女は朗らかで、前向きな人です。 그녀는 명랑하고 적극적인 사람입니다.

0882 N2 □□□

律
법칙 률[율]

음 りつ　法律 법률　一律 일률, (상태가) 똑같음, (방법이) 일률적임　規律 규율
りち　律儀 의리가 두터움
훈 —

無断での複製は、法律で禁止されています。 무단 복제는 법률로 금지되어 있습니다.

運賃を一律に千円ずつ値上げすることにした。 운임을 일률적으로 천 엔씩 인상하기로 했다.

裏
속 리[이]

음 り
裏面 뒷면, 이면　脳裏 뇌리　表裏 표리, 겉과 속

훈 うら
*裏 뒷면, 이면, 뒤, 뒤쪽, 안, 안감, 반대, 내막　裏切る 배신하다
*裏付け 뒷받침　裏紙 이면지

彼の調査によって、犯罪組織の裏面が明らかになった。
그의 조사에 의해 범죄조직의 이면이 밝혀졌다.

お金のために友達を裏切るなんて、最低の行為だ。
돈 때문에 친구를 배신하다니, 최악의 행위이다.

臨
임할 림[임]

음 りん
*臨時 임시　臨床 임상

훈 のぞ(む)
*臨む 면하다, 임하다, 직면하다

従業員を臨時に雇うことにした。 종업원을 임시로 고용하기로 했다.

もっと柔軟な態度で交渉に臨むべきだ。 좀 더 유연한 태도로 교섭에 임해야 한다.

幕
장막 막

음 まく
開幕 개막　閉幕 폐막　字幕 자막　暗幕 암막
幕開け 개막, (연극·일의) 시작

ばく
幕府 막부(쇼군[장군]의 거처나 진영)　幕末 에도 막부 시대의 말기

훈 ―

オリンピック競技の開幕が目前に迫っている。 올림픽 경기의 개막이 눈앞으로 다가왔다.

江戸時代は、徳川家康が江戸に幕府を開いた時代だ。
에도 시대는 도쿠가와 이에야스가 에도에 막부를 연 시대이다.

晩
늦을 만

음 ばん
*晩 밤　*晩ご飯 저녁(밥), 저녁 식사　*今晩 오늘 밤　毎晩 매일 밤

훈 ―

晩ご飯はとんかつを作ってみんなで食べた。
저녁은 돈가스를 만들어서 다 같이 먹었다.

今晩、一緒に飲みに行きませんか。 오늘 밤에 같이 마시러 가지 않을래요?

0887 N3 □□□

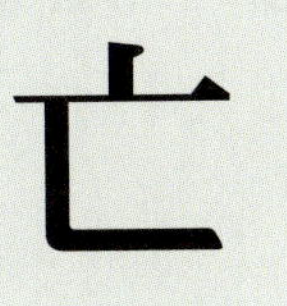

亡

망할 **망**

- 음 ぼう　　逃亡 도망　死亡 사망　滅亡 멸망　亡命 망명
- 　　もう　　亡者 망자
- 훈 な(い)　　亡い 죽었다, 죽고 없다　*亡くなる 죽다, 돌아가다　亡くす 여의다, 잃다
- 　　　　　　亡き人 고인

容疑者は国外への逃亡を図りました。 용의자는 국외로의 도망을 꾀했습니다.
亡くなった父の遺言に従うことにした。 돌아가신 아버지의 유언을 따르기로 했다.

0888 N3 □□□

忘

잊을 **망**

- 음 ぼう　　忘年会 송년회　忘却 망각　健忘症 건망증
- 훈 わす(れる)　*忘れる 잊다, 물건을 잊고 오다　忘れ物 물건을 깜박 잊고 옴
- 　　　　　　物忘れ 건망증

忘年会の場所は決まりましたか。 송년회 장소는 정해졌습니까?
宿題があることをすっかり忘れていた。 숙제가 있다는 것을 까맣게 잊고 있었다.

0889 N2 □□□

枚

낱 **매**

- 음 まい　　～枚 ～매, ～장　*一枚 한 장　枚数 매수, 장수
- 훈 ―

大阪行きの新幹線の切符を一枚お願いします。 오사카행 신칸센 표를 한 장 부탁드립니다.
イベントチケットは枚数限定です。お早めに。 이벤트 티켓은 매수 한정입니다. 서둘러 주세요.

0890 N1 □□□

盟

맹세 **맹**

- 음 めい　　連盟 연맹　同盟 동맹　加盟 가맹
- 훈 ―

国際連盟(UN)は平和を維持するために設立されました。
국제 연맹(UN)은 평화를 유지하기 위해 설립되었습니다.
北大西洋条約機構(NATO)は軍事的な同盟組織である。
북대서양 조약 기구(NATO)는 군사적인 동맹 조직이다.

0891 N2 □□□

暮

저물 **모**

- 음 ぼ　　お歳暮 세찬, 연말 선물
- 훈 く(れる)　暮れる (날이) 저물다　夕暮れ 해질녘, 황혼
- 　　く(らす)　*暮らす 살다, 생활하다　一人暮らし 혼자서 삶

友達から年末にお歳暮が届いた。 친구에게서 연말에 연말 선물이 도착했다.
東京で一人で暮らしています。 도쿄에서 혼자 살고 있습니다.

模

본뜰 모

음 も
模様 무늬, 모양, 상황, 형편, 낌새　*模型 모형　*模範 모범　模倣 모방
模索 모색

ぼ　*規模 규모

훈 —

博物館には化石や恐竜の模型が展示されていた。
박물관에는 화석과 공룡 모형이 전시되어 있었다.

Ｋマートは人員削減を伴う大規模なリストラが予想される。
K마트는 인원 감축을 동반한 대규모 구조조정이 예상된다.

班

나눌 반

음 はん
班 반, 조　班長 반장

훈 —

災害現場に調査班が緊急で派遣された。　재해현장에 조사반이 긴급히 파견되었다.

班長として、クラスの意見を先生に伝えます。　반장으로서 반의 의견을 선생님께 전합니다.

訪

찾을 방

음 ほう
*訪問 방문　訪日 방일, 일본을 방문함　探訪 탐방

훈 たず(ねる)
訪ねる 방문하다, (명소 등을) 찾다

おとず(れる)
*訪れる 방문하다, (계절 등이) 찾아오다

他社を訪問する場合は、予め先方の都合を確認しておく。
다른 회사를 방문할 경우에는 미리 상대방의 사정을 확인해 둔다.

新緑の季節が訪れましたね。　신록의 계절이 찾아왔네요.

拝

절 배 (拜)

음 はい
拝見 배견, (삼가) 봄　参拝 참배　*拝読 배독 ('읽음'의 겸사말)
拝啓 배계, 근계 ('삼가 아룁니다'의 뜻으로 편지 첫머리에 씀)

훈 おが(む)
拝む (합장) 배례하다, 절하다, 빌다

神社には参拝客が押し寄せています。　신사에는 참배객이 몰려들고 있습니다.

参拝客たちは神社の前で手を合わせて拝んでいます。
참배객들은 신사 앞에서 손을 모아 빌고 있습니다.

0896 N3 ☐☐☐

背
등 배

- **음** はい — *背景 배경　背後 배후
- **훈** せ — *背 등, 등허리, 키, 신장　*背中 등　背骨 척추　背負う 짊어지다
  - せい — 背 키, 신장
  - そむ(く) — 背く 등지다, 어기다, 거역하다
  - そむ(ける) — 背ける 외면하다, (눈길을) 돌리다

夕日が沈む海を背景に、写真を撮った。 석양이 지는 바다를 배경으로 사진을 찍었다.
背中をまっすぐ伸ばして、良い姿勢を保つことが大切です。
등을 곧게 펴고 좋은 자세를 유지하는 것이 중요합니다.

0897 N2 ☐☐☐

並
나란할 병 (竝)

- **음** へい — *並行 병행　並列 병렬　並立 병립, 양립
- **훈** なら(ぶ) — *並ぶ (줄을) 서다, 나란히 서다, 늘어서다
  - なら(べる) — *並べる 나란히 하다[세우다], (물건 등을) 늘어놓다, 진열하다
  - なら(びに) — 並びに 및
  - なみ — 並木 가로수　人並 (남들과 같은) 보통 정도나 상태　足並 보조, 호흡

本商品は並行輸入品です。 본 상품은 병행수입품입니다.
空港のタクシー乗り場にはタクシーが並んでいる。
공항의 택시 승차장에는 택시가 늘어서 있다.

0898 N2 ☐☐☐

宝
보배 보 (寶)

- **음** ほう — 宝石 보석　*国宝 국보　重宝 귀중한 보물, (편리해서) 아낌, 애용함
  - 宝庫 보고, 보물 창고
- **훈** たから — 宝 보배, 보물　*宝物 보물　*宝くじ 복권　子宝 자식

あの女優はいつも豪華な宝石で身を飾っている。
저 여배우는 늘 화려한 보석으로 몸을 치장하고 있다.
子供は未来を担う宝物である。 아이들은 미래를 짊어질 보물이다.

0899 N2 ☐☐☐

補
기울[도울] 보

- **음** ほ — 補助 보조　*補足 보족, 보충(보충하여 채움)　補充 보충(부족한 것을 채움)
  - 補償 보상　候補 후보
- **훈** おぎな(う) — *補う 메우다, 보충하다

詳細については、補足資料を参考にしてください。
자세한 내용에 대해서는 보충 자료를 참고해 주세요.
赤字を補うために、みんな苦労している。 적자를 메우기 위해서 모두 고생하고 있다.

棒 막대 봉

음 ぼう

棒 봉, 막대기　鉄棒 철봉　綿棒 면봉　泥棒 도둑　棒状 봉상, 막대 모양

훈 ―

長い棒で柿の木の柿を取った。 긴 막대기로 감나무의 감을 땄다.

近所に泥棒が入って、すぐに防犯カメラを設置した。
근처에 도둑이 들어서 바로 방범 카메라를 설치했다.

否 아닐 부

음 ひ

否定 부정　拒否 거부　賛否 찬부, 찬반　否認 부인　安否 안부

훈 いな

否む 거절하다, 부정하다, 부인하다　否 아니, 불찬성, 반대

否めない 거절할 수 없다, 부정할 수 없다

一晩中考えた企画が、完全に否定された。 밤새도록 생각한 기획이 완전히 부정당했다.

その事実は誰にも否めない。 그 사실은 누구도 부정할 수 없다.

奮 떨칠 분

음 ふん

*興奮 흥분　奮闘 분투　奮発 분발　奮起 분기, 분발

훈 ふる(う)

奮う 용기를 내다, 떨치다, 성하다　奮って 자진해서, 적극적으로

チームは、最後まで優勝を目指して奮闘した。 팀은 마지막까지 우승을 목표로 분투했다.

今こそ勇気を奮う時だ。 지금이야말로 용기를 낼 때이다.

연습문제

다음 한자의 발음과 뜻을 써 보세요.

01	収集 しゅう	__________	21	模範 はん	__________
02	乱暴 ぼう	__________	22	字幕 じ	__________
03	忘年会 ねんかい	__________	23	宅配 はい	__________
04	興奮 こう	__________	24	朗らかだ らかだ	__________
05	並木 き	__________	25	納得 とく	__________
06	忘れ物 れもの	__________	26	逃亡 とう	__________
07	検討 けん	__________	27	連盟 れん	__________
08	補助 じょ	__________	28	班長 ちょう	__________
09	拒否 きょ	__________	29	恐縮 きょう	__________
10	警察 さつ	__________	30	宝くじ くじ	__________
11	乱す す	__________	31	警視庁 けいし	__________
12	臨む む	__________	32	卵	__________
13	泥棒 どろ	__________	33	背負う おう	__________
14	枚数 すう	__________	34	縮む む	__________
15	今晩 こん	__________	35	訪ねる ねる	__________
16	論文 ぶん	__________	36	規律 き	__________
17	暮らす らす	__________	37	出納 すい	__________
18	裏付け づけ	__________	38	参拝 さん	__________
19	並列 れつ	__________	39	補う う	__________
20	監視 かん	__________	40	収まる まる	__________

정답

01 しゅうしゅう 수집 02 らんぼう 난폭 03 ぼうねんかい 송년회 04 こうふん 흥분 05 なみき 가로수 06 わすれもの 물건을 깜박 잊고 옴
07 けんとう 검토 08 ほじょ 보조 09 きょひ 거부 10 けいさつ 경찰 11 みだす 어지럽히다, 흩뜨리다, 어지르다 12 のぞむ 면하다, 임하다, 직면하다
13 どろぼう 도둑 14 まいすう 매수, 장수 15 こんばん 오늘 밤 16 ろんぶん 논문 17 くらす 살다, 생활하다 18 うらづけ 뒷받침 19 へいれつ 병렬
20 かんし 감시 21 もはん 모범 22 じまく 자막 23 たくはい 택배 24 ほがらかだ (성격이) 명랑하다, (날씨가) 맑게 개다 25 なっとく 납득
26 とうぼう 도망 27 れんめい 연맹 28 はんちょう 반장 29 きょうしゅく 송구함, 죄송함 30 たからくじ 복권 31 けいしちょう 경시청
32 たまご 알, 달걀, 계란 33 せおう 짊어지다 34 ちぢむ 줄어들다, 오그라들다, 움츠러들다 35 たずねる 방문하다, (명소 등을) 찾다
36 きりつ 규율 37 すいとう 출납 38 さんぱい 참배 39 おぎなう 메우다, 보충하다 40 おさまる 수습되다, (관계 등이) 원만해지다, 해결되다

903 秘	904 密	905 腹	906 痛	907 忠	908 誠	909 承	910 認
숨길 **비**	빽빽할 **밀**	배 **복**	아플 **통**	충성 **충**	정성 **성**	이을 **승**	알 **인**
음 ひ	음 みつ	음 ふく	음 つう	음 ちゅう	음 せい	음 しょう	음 にん
훈 ひ(める)	훈 ―	훈 はら	훈 いた(い)	훈 ―	훈 まこと	훈 うけたまわ(る)	훈 みと(める)

911 砂	912 糖	913 批	914 私	915 射	916 捨	917 詞	918 傷
모래 **사**	엿 **당**	비평할 **비**	사사 **사**	쏠 **사**	버릴 **사**	말 **사**	다칠 **상**
음 さ	음 とう	음 ひ	음 し	음 しゃ	음 しゃ	음 し	음 しょう
훈 すな	훈 ―	훈 ―	훈 わたし	훈 い(る)	훈 す(てる)	훈 ―	훈 きず

919 署	920 宣	921 善	922 舌	923 盛	924 聖	925 洗	926 垂
마을 **서**	베풀 **선**	착할 **선**	혀 **설**	성할 **성**	성인 **성**	씻을 **세**	드리울 **수**
음 しょ	음 せん	음 ぜん	음 ぜつ	음 せい	음 せい	음 せん	음 すい
훈 ―	훈 ―	훈 よ(い)	훈 した	훈 も(る)	훈 ―	훈 あら(う)	훈 た(れる)

927 樹	928 熟	929 純	930 我	931 若	932 厳	933 域	934 延
나무 **수**	익을 **숙**	순수할 **순**	나 **아**	같을 **약**	엄할 **엄**	지경 **역**	늘일 **연**
음 じゅ	음 じゅく	음 じゅん	음 が	음 じゃく	음 げん	음 いき	음 えん
훈 ―	훈 う(れる)	훈 ―	훈 われ	훈 わか(い)	훈 きび(しい)	훈 ―	훈 の(びる)

935 沿
물 따라갈 **연**
음 えん
훈 そ(う)

0903 N1 ☐☐☐

음 ひ *秘密 비밀 秘書 비서 神秘 신비 極秘 극비

훈 ひ(める) *秘める 숨기다, 간직하다

숨길 비

これはあなたと私だけの秘密です。 이것은 당신과 저만의 비밀입니다.

彼は心の底に、熱い気持ちを秘めていた。 그는 마음 깊은 곳에 뜨거운 감정을 숨기고 있었다.

0904 N1 ☐☐☐

음 みつ *密集 밀집 *過密 과밀((인구 등이) 지나치게 집중됨) 密接 밀접

　　　　緊密 긴밀 厳密 엄밀

훈 ―

빽빽할 밀

この地区は古い木造住宅が密集している所です。
이 지구는 오래된 목조 주택이 밀집해 있는 곳입니다.

都会の過密化が急激に進められている。 도시의 과밀화가 급격히 진행되고 있다.

0905 N2 ☐☐☐

음 ふく 空腹 공복 腹痛 복통 腹部 복부 満腹 만복, 배가 부름

훈 はら 腹 배 *腹立つ 화가 나다 裏腹 정반대임, 모순됨

　　　　太っ腹 도량이 큼, 배짱이 두둑함

배 복

空腹のまま寝ると夜中に目が覚めてしまう。 공복인 채로 자면 밤중에 잠이 깨 버린다.

あまりにも度の過ぎた冗談に腹立った。 너무나도 도가 지나친 농담에 화가 났다.

0906 N3 ☐☐☐

음 つう *頭痛 두통 苦痛 고통 鎮痛剤 진통제 痛感 통감

훈 いた(い) *痛い 아프다

　　　　いた(む) *痛む 아프다, 괴롭다 痛み 통증, 아픔 痛み止め 진통제

　　　　　　　　痛ましい 가엾다, 애처롭다

　　　　いた(める) 痛める 아프게 하다, 고통을 주다, 다치다

아플 통

この薬は頭痛や歯痛によく効きます。 이 약은 두통이나 치통에 잘 듣습니다.

昨日からお腹が痛いんです。 어제부터 배가 아파요.

忠

충성 충

- 음 ちゅう
  - *忠告 충고　忠実 충실, 성실, (원본에) 충실함　忠誠 충성
- 훈 ―

先輩の忠告を聞かず、失敗した。 선배의 충고를 듣지 않아서 실패했다.

この映画は原作に忠実に作られている。 이 영화는 원작에 충실하게 만들어졌다.

0908 N1 □□□

誠

정성 성

- 음 せい
  - 誠実 성실　誠意 성의
- 훈 まこと
  - 誠 진실, 진심　*誠に 참으로, 정말로, 대단히, 매우

うちの子は誠実で明朗だ。 우리 아이는 성실하고 명랑하다.

毎度ご利用いただきまして、誠にありがとうございます。
매번 이용해 주셔서 대단히 감사합니다.

0909 N2 □□□

承

이을 승

- 음 しょう
  - 承認 승인　*承諾 승낙　継承 계승　*承知 알고 있음, 동의, 승낙
  - *了承 승낙, 양해
- 훈 うけたまわ(る)
  - 承る 듣다, 받다, 전해 듣다(겸양어)

この案は上司の承認を得ています。 이 안은 상사의 승인을 얻었습니다.

この案について、貴重なご意見を承りたいです。
이 안에 대해 귀중한 의견을 듣고 싶습니다.

0910 N2 □□□

認

알 인 (認)

- 음 にん
  - *確認 확인　認定 인정　認識 인식　否認 부인　承認 승인
- 훈 みと(める)
  - *認める 인정하다, 인지하다

今度の事態の深刻さは十分認識している。 이번 사태의 심각성은 충분히 인식하고 있다.

彼は自分勝手で憎いけど、仕事の実力だけは認める。
그는 자기 멋대로라서 얄밉지만, 업무 실력만큼은 인정한다.

0911 N2 □□□

砂

모래 사

- 음 さ
  - 砂漠 사막　砂丘 사구, 모래 언덕
- しゃ
  - 土砂 토사, 흙과 모래　土砂降り 비가 억수같이 내림, 장대비
- 훈 すな
  - *砂 모래　*砂浜 모래사장, 모래톱　砂場 사장, (놀이를 위한) 모래밭

サハラ砂漠は、世界最大級の砂漠の一つです。
사하라 사막은 세계에서 가장 규모가 큰 사막 중 하나입니다.

突風が吹いて目に砂が入った。 돌풍이 불어서 눈에 모래가 들어갔다.

0912 N1 □□□

糖
엿 당[탕]

음 とう　　砂**糖** さとう 설탕　　**糖**分 とうぶん 당분　　**糖**尿病 とうにょうびょう 당뇨병

훈 ―

塩を入れるのを間違えて、砂**糖**を入れてしまった。
소금을 넣을 것을 잘못해서 설탕을 넣고 말았다.

糖分の多い食べ物は、できるだけ控えるようにしている。
당분이 많은 음식은 되도록 삼가려고 하고 있다.

0913 N1 □□□

批
비평할 비

음 ひ　　*批判 ひはん 비판　　*批評 ひひょう 비평　　批難 ひなん 비난

훈 ―

批判を怖がらず、自分の意見を言うべきだ。
비판을 두려워하지 말고 자신의 의견을 말해야 한다.

その小説家は**批**評に対して冷静に対応した。　그 소설가는 비평에 대하여 냉정하게 대응했다.

0914 N4 □□□

私
사사 사

음 し　　**私**立 しりつ 사립　　公**私** こうし 공사　　**私**有 しゆう 사유　　**私**見 しけん 사견(자기 자신의 의견)

훈 わたし　　*私 わたし 나, 저

　　わたくし　　私 わたくし 저(격식을 차린 공손한 말씨)

私立学校に通う生徒は制服を着ることが多い。
사립학교에 다니는 학생은 교복을 입는 경우가 많다.

その仕事なら、私に任せてください。　그 일이라면 제게 맡겨 주세요.

0915 N1 □□□

射
쏠 사

음 しゃ　　*注**射** ちゅうしゃ 주사　　反**射** はんしゃ 반사　　発**射** はっしゃ 발사　　**射**撃 しゃげき 사격

훈 い(る)　　*射る (활을) 쏘다, (쏘아) 맞히다, (빛이 강렬히) 비치다

注**射**しますので、袖をまくってください。　주사를 놓을 테니 소매를 걷어 주세요.

彼女は静かに呼吸を整えて矢を射た。　그녀는 조용히 호흡을 가다듬고 화살을 쏘았다.

0916 N2 □□□

捨
버릴 사

음 しゃ　　取**捨**選択 しゅしゃせんたく 취사선택　　四**捨**五入 ししゃごにゅう 사사오입, 반올림

훈 す(てる)　　*捨てる 버리다

必要な情報だけを取**捨**選択して仕事に活用している。
필요한 정보만을 취사선택해서 일에 활용하고 있다.

ここにゴミを捨ててはいけません。　여기에 쓰레기를 버리면 안 됩니다.

詞

말 사

음 し

歌詞 가사　作詞 작사　品詞 품사　名詞 명사　動詞 동사
形容詞 형용사

훈 ―

発表会のために、曲に歌詞をつけた。 발표회를 위해 곡에 가사를 붙였다.
品詞の種類には、名詞、動詞、形容詞などがあります。
품사의 종류에는 명사, 동사, 형용사 등이 있습니다.

傷

다칠 상

음 しょう

負傷 부상　*軽傷 경상　重傷 중상　傷害 상해　損傷 손상

훈 きず

*傷 상처, 흠, 결점　傷付く 부상을 입다. (물건 등이) 흠나다. (마음의) 상처를 받다
傷付ける 상처를 입히다. 다치게 하다. 부상을 입히다. (물건을) 파손시키다

いた(む)　*傷む 상하다. (기물이) 손상되다. (식품이) 썩다

いた(める)　傷める 흠내다. 손상하다. 파손하다

彼は転んで軽傷を負ったが、すぐ立ち上がった。
그는 넘어져서 경상을 입었지만, 바로 일어섰다.

ボクシングの試合に勝ったチャンピオンの顔は、傷だらけだった。
복싱 경기에서 이긴 챔피언의 얼굴은 상처투성이였다.

署

마을[관청] 서 (署)

음 しょ

署名 서명　*部署 부서　警察署 경찰서　*消防署 소방서　署長 서장

훈 ―

ここに署名していただけますか。 여기에 서명해 주시겠습니까?
来月、他の部署に異動します。 다음 달에 다른 부서로 이동합니다.

宣

베풀[널리 펼] 선

음 せん

*宣伝 선전, 홍보　*宣言 선언　宣告 선고　宣誓 선서

훈 ―

お店を宣伝する立て看板が店先に並べられています。
가게를 홍보하는 입간판이 가게 앞에 세워져 있습니다.
彼は健康上の理由から、立候補を辞退すると宣言した。
그는 건강상의 이유로 입후보를 사퇴한다고 선언했다.

0921 N1 ☐☐☐

善 착할 선

- 음 ぜん — *改**善** 개선　最**善** 최선　**善**悪 선악　**善**行 선행
- 훈 よ(い) — **善**い 착하다, 선하다

部屋の照明を暗くすれば、睡眠の質は改**善**されます。
방의 조명을 어둡게 하면 수면의 질은 개선됩니다.

彼女は**善**い人なので、みんなに愛されている。
그녀는 선한 사람이어서 모두에게 사랑받고 있다.

0922 N1 ☐☐☐

舌 혀 설

- 음 ぜつ — 毒**舌** 독설　滑**舌** (아나운서·배우 등의) 발음 연습
  弁**舌** 변설, 구변(말을 잘하는 재주나 솜씨)
- 훈 した — **舌** 혀　猫**舌** 뜨거운 음식을 못 먹음　**舌**先 혀끝
  舌打ち 혀를 참, 입맛을 다심

毒**舌**をふるうのはもう止めてください。 독설을 퍼붓는 것은 이제 그만하세요.

猫**舌**だから、少し冷まして食べる。 뜨거운 음식을 못 먹어서 조금 식혀서 먹는다.

0923 N1 ☐☐☐

盛 성할 성

- 음 せい — *盛大 성대　盛況 성황　全盛 전성, 전성기
  じょう — *繁盛 번성, 번창
- 훈 も(る) — 盛る (그릇에) 수북이 담다, 쌓아 올리다
  *盛り上がる 부풀어 오르다, (분위기가) 고조되다
  盛り上げる (분위기를) 고조시키다, 돋우다
  大盛り (음식 등을) 수북이 담음
  さか(る) — 燃え盛る 활활 타다　盛り 한창(때), 붐빔
  さか(ん) — *盛んだ 성하다, 왕성하다, 활발하다

今回の記念イベントは盛大に開催する予定です。
이번 기념 이벤트는 성대하게 개최할 예정입니다.

その地域は自動車工業が盛んだ。 그 지역은 자동차 공업이 활발하다.

0924 N1 ☐☐☐

聖 성인 성

- 음 せい — **聖**人 성인　神**聖** 신성　**聖**書 성서　**聖**地 성지　**聖**なる 성스러운
- 훈 —

彼は**聖**人君子のような人で、周りの人たちから尊敬されている。
그는 성인군자 같은 사람으로 주변 사람들에게 존경받고 있다.

インドでは牛は神**聖**な動物とされる。 인도에서는 소는 신성한 동물로 여겨진다.

洗 씻을 세

- 음 せん　　*洗濯 세탁　洗顔 세안　洗剤 세제　洗浄 세정
- 훈 あら(う)　*洗う 씻다, 빨다, 세탁하다

このセーター、洗濯したら縮んでしまったんです。 이 스웨터, 세탁했더니 줄어 버렸어요.

ワイシャツが汚れていたので、洗ってアイロンをかけた。
와이셔츠가 더러워서 세탁하고 다림질했다.

垂 드리울 수

- 음 すい　　*垂直 수직　懸垂 매달림, 턱걸이
- 훈 た(れる)　垂れる 늘어지다, 드리워지다
- 　　た(らす)　垂らす 늘어뜨리다, 드리우다

垂直線を引いて、棚の位置を決めた。 수직선을 그어서 선반의 위치를 정했다.

雲が低く垂れ、今にも雨が降りそうだった。
구름이 낮게 드리워져 당장에라도 비가 내릴 것 같았다.

樹 나무 수

- 음 じゅ　　*樹木 수목, 나무　樹立 수립　街路樹 가로수　樹医 수목[나무] 의사
- 훈 ―

この山道は樹木が多いので、昼間でも薄暗い。
이 산길은 나무가 많아서 낮에도 어둑어둑하다.

彼はマラソンで世界記録を樹立した。 그는 마라톤에서 세계 기록을 수립했다.

熟 익을 숙

- 음 じゅく　熟成 숙성　*熟知 숙지, 잘 앎　未熟 미숙　熟語 숙어　熟睡 숙면
- 　　　　　熟す (과일 등이) 익다
- 훈 う(れる)　熟れる (과일 등이) 익다
- 　　こな(す)　熟す 잘게 부수다, 소화시키다, 익숙하게 다루다, 해치우다, 처리하다

作業方法を熟知していれば効率が上がる。 작업 방법을 숙지하고 있으면 효율이 오른다.

この柿はまだ熟れていなくて渋い。 이 감은 아직 익지 않아서 떫다.

Day 27 · 6학년 한자(3) 33자

0929 N2 □□□

純
순수할 **순**

음 じゅん — *単純 단순　純粋 순수　不純物 불순물　純金 순금
훈 —

このドラマはストーリーが単純すぎるため、あまり面白くない。
이 드라마는 스토리가 너무 단순해서 그다지 재미있지 않다.

この小説は子供の純粋な心を見事に描いた作品だ。
이 소설은 아이의 순수한 마음을 훌륭하게 묘사한 작품이다.

0930 N1 □□□

我
나 **아**

음 が — *我慢 참음, 견딤　*怪我 상처, 부상, 다침, 손실　自我 자아
훈 われ — 我 나　*我々 우리　我ら 우리
　 わ — 我が国 우리나라　我が家 우리 집　我がまま 제멋대로

この痛さ、もう我慢できないよ。病院に行こう。 이 통증, 이제 못 참겠어. 병원에 가자.

我が国は隣の国と友好関係を維持している。
우리나라는 이웃나라와 우호 관계를 유지하고 있다.

0931 N3 □□□

若
같을 **약**

음 じゃく — *若干 약간　若年 약년, 약관, 젊은 나이
　 にゃく — 老若男女 남녀노소
훈 わか(い) — *若い 젊다　*若者 젊은이, 청년　若々しい 아주 젊다, 젊디젊다
　 も(しくは) — 若しくは 또는, 혹은

今年の冬は昨年より若干寒かった。 올겨울은 작년보다 약간 추웠다.

若いからといってそんなに無理をしたら、きっと体を壊すだろう。
젊다고 해서 그렇게 무리를 하면 분명 건강을 해칠 것이다.

0932 N1 □□□

厳
엄할 **엄** (嚴)

음 げん — *厳重 엄중　*厳守 엄수　厳格 엄격　*厳正 엄정
　 ごん — 荘厳 장엄
훈 きび(しい) — *厳しい 엄하다, 엄격하다, 심하다, 혹독하다
　 おごそ(か) — 厳かだ 엄숙하다

飲酒運転の厳重な取り締まりが必要だ。 음주운전의 엄중한 단속이 필요하다.

今年は残暑が例年より厳しいそうです。 올해는 늦더위가 예년보다 심하다고 합니다.

0933 N2 □□□

域

지경 **역**

음 いき　*地域 지역　区域 구역　領域 영역, (전문적인) 분야　海域 해역

훈 ―

四国は日本でも年間降水量が多い地域です。
시코쿠는 일본에서도 연간 강수량이 많은 지역입니다.

思考の領域を広げ、考える意欲を高める。 사고의 영역을 넓혀 생각하는 의욕을 높인다.

0934 N2 □□□

延

늘일 **연**

음 えん　*延期 연기　*延長 연장　遅延 지연

훈 の(びる)　延びる 연기되다, 길어지다, 연장되다, 늘어나다

　　の(ばす)　*延ばす 연기하다, 연장하다, 늘이다, 미루다

　　の(べる)　延べる 늘이다, (기간 등을) 연장하다　延べ 연, 총계

悪天候のため、スポーツ大会は延期された。 악천후 때문에 체육대회는 연기되었다.

何事も返事を延ばすのは、よくない。 무슨 일이든 대답을 미루는 것은 좋지 않다.

0935 N1 □□□

沿

물 따라갈[따를] **연** (沿)

음 えん　沿岸 연안　沿海 연해　沿線 (철도 등의) 연선, 선로를 따라서 있는 곳[지대]

　　　　沿革 연혁

훈 そ(う)　沿う 따르다, (일정한 선 등을) 따라가다　～沿い ～을 따라, ～가

　　　　線路沿い 선로변　川沿い 냇가, 강가, 강변

いつか地中海沿岸の国々を旅行してみたいな。
언젠가 지중해 연안 나라들을 여행해 보고 싶네.

この谷に沿って下りれば、村があります。 이 계곡을 따라 내려가면 마을이 있습니다.

연습문제

다음 한자의 발음과 뜻을 써 보세요.

01	延長 　ちょう	_______	21	公私 こう	_______
02	樹立 　りつ	_______	22	宣言 　げん	_______
03	洗顔 　がん	_______	23	品詞 ひん	_______
04	土砂 ど	_______	24	承る 　る	_______
05	猫舌 ねこ	_______	25	地域 ち	_______
06	怪我 け	_______	26	痛む 　む	_______
07	批評 　ひょう	_______	27	反射 はん	_______
08	若者 　もの	_______	28	線路沿い せんろ　い	_______
09	純粋 　すい	_______	29	秘密 　みつ	_______
10	認める 　める	_______	30	確認 かく	_______
11	繁盛 はん	_______	31	頭痛 ず	_______
12	砂糖 さ	_______	32	負傷 ふ	_______
13	垂れる 　れる	_______	33	捨てる 　てる	_______
14	最善 さい	_______	34	忠告 　こく	_______
15	聖人 　じん	_______	35	傷	_______
16	厳しい 　しい	_______	36	厳重 　じゅう	_______
17	未熟 み	_______	37	過密 か	_______
18	腹立つ 　だつ	_______	38	延ばす 　ばす	_______
19	大盛り おお　り	_______	39	承知 　ち	_______
20	誠実 　じつ	_______	40	部署 ぶ	_______

6학년 한자 (4) 33자

음원 28 | 동영상 28

936 宇	937 宙	938 俳	939 優	940 源	941 泉	942 誤	943 訳
집 우	집 주	배우 배	뛰어날 우	근원 원	샘 천	그르칠 오	통변할 역
음 う	음 ちゅう	음 はい	음 ゆう	음 げん	음 せん	음 ご	음 やく
훈 ―	훈 ―	훈 ―	훈 すぐ(れる)	훈 みなもと	훈 いずみ	훈 あやま(る)	훈 わけ

944 染	945 映	946 預	947 欲	948 郵	949 危	950 幼	951 乳
물들 염	비칠 영	맡길 예	하고자 할 욕	우편 우	위태할 위	어릴 유	젖 유
음 せん	음 えい	음 よ	음 よく	음 ゆう	음 き	음 よう	음 にゅう
훈 そ(まる)	훈 うつ(る)	훈 あず(かる)	훈 ほ(しい)	훈 ―	훈 あぶ(ない)	훈 おさな(い)	훈 ちち

952 遺	953 恩	954 疑	955 異	956 翌	957 仁	958 賃	959 姿
남길 유	은혜 은	의심할 의	다를 이	다음 날 익	어질 인	품삯 임	모양 자
음 い	음 おん	음 ぎ	음 い	음 よく	음 じん	음 ちん	음 し
훈 ―	훈 ―	훈 うたが(う)	훈 こと	훈 ―	훈 ―	훈 ―	훈 すがた

960 磁	961 蚕	962 将	963 装	964 障	965 蔵	966 臓	967 裁
자석 자	누에 잠	장차 장	꾸밀 장	막을 장	감출 장	오장 장	옷 마를 재
음 じ	음 さん	음 しょう	음 そう	음 しょう	음 ぞう	음 ぞう	음 さい
훈 ―	훈 かいこ	훈 ―	훈 よそお(う)	훈 さわ(る)	훈 くら	훈 ―	훈 さば(く)

968 著
나타날 저
음 ちょ
훈 いちじる(しい)

0936 N2 □□□

宇
집 우

音 う
　＊宇宙 우주　　眉宇 미우, 미간

訓 ―

宇宙旅行もそんなに遠い未来の話ではない。 우주여행도 그렇게 먼 미래의 이야기는 아니다.

彼は眉宇に決意を浮かべ、前に進んだ。 그는 미간에 결의를 띠고 앞으로 나아갔다.

0937 N1 □□□

宙
집 주

音 ちゅう
　宙 하늘, 공중, 허공　＊宇宙 우주　宙返り 공중제비

訓 ―

転んで足が宙に浮いた瞬間、頭の中が真っ白になった。
넘어져서 발이 허공에 뜬 순간, 머릿속이 새하얘졌다.

その体操選手は見事に宙返りをして着地した。
그 체조 선수는 멋지게 공중제비를 돌아 착지했다.

0938 N1 □□□

俳
배우 배

音 はい
　俳優 배우　俳句 하이쿠(5·7·5의 17자로 된 짧은 시)　俳人 하이쿠 시인

訓 ―

俳優たちが劇場のステージで熱演している。 배우들이 극장 무대에서 열연하고 있다.

「松尾芭蕉」は、日本で最も有名な俳人である。
'마쓰오 바쇼'는 일본에서 가장 유명한 하이쿠 시인이다.

0939 N2 □□□

優
뛰어날 우

音 ゆう
　＊優勝 우승　＊優秀 우수　優先 우선　俳優 배우　＊女優 여배우

訓 すぐ(れる)
　＊優れる 뛰어나다

　やさ(しい)
　＊優しい 다정하다, 상냥하다

公正な取り引きを最優先すべきだ。 공정한 거래를 최우선해야 한다.

今回発売されたスマホの性能はとても優れている。
이번에 발매된 스마트폰의 성능은 매우 뛰어나다.

0940 N1 □□□

源
근원 원

音 げん
　＊資源 자원　＊電源 전원　起源 기원　語源 어원　水源 수원

訓 みなもと
　源 수원, 기원, 근원, 원천

今朝、携帯電話の電源を入れると、知らない番号が表示されていた。
오늘 아침, 휴대전화 전원을 켜자 모르는 번호가 표시되어 있었다.

朝の散歩は私の活力の源だ。 아침 산책은 내 활력의 원천이다.

泉 샘 천

음 せん   *温泉 온천   源泉 원천

훈 いずみ   泉 샘, 샘물, 원천, 근원

日本は火山国なので、温泉がたくさんあります。
일본은 화산이 많은 나라라서 온천이 많이 있습니다.

本は知識の泉であり、学びの宝庫である。 책은 지식의 샘이며, 배움의 보고이다.

誤 그르칠 오 (誤)

음 ご   誤解 오해   誤差 오차   *誤算 오산   誤字 오자   錯誤 착오

훈 あやま(る)   誤る 잘못되다, 그릇되다, 잘못하다, 실수하다   *誤り 잘못, 실수, 과오

計測では誤差を最小限にすることが重要だ。
계측에서는 오차를 최소한으로 하는 것이 중요하다.

不確実な情報は、ビジネスに誤った判断をもたらす。
불확실한 정보는 비즈니스에 잘못된 판단을 가져온다.

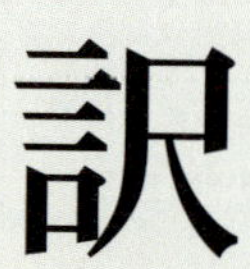

訳 통변할 역 (譯)

음 やく   *通訳 통역   *翻訳 번역   誤訳 오역   *訳す 번역하다, 해석하다

直訳 직역

훈 わけ   訳 뜻, 의미, 까닭, 이유, 사정, 도리   *言い訳 변명, 구실, 핑계

*申し訳 변명, 해명   *内訳 내역

今週の土曜日に中国語の通訳をお願いしたいんですが。
이번 주 토요일에 중국어 통역을 부탁드리고 싶은데요.

自分の過ちについて、言い訳をするのはみっともない。
자신의 잘못에 대해 변명하는 것은 보기 흉하다.

染 물들 염

음 せん   *汚染 오염   染色 염색   伝染 전염   染料 염료   感染 감염

훈 そ(まる)   染まる 물들다

そ(める)   染める 물들이다, 염색하다

し(みる)   *染みる (액체·냄새가) 배다, (몸·마음에) 스미다, 사무치다

し(み)   染み 얼룩, 기미

ここは工場が乱立しているせいで、水質汚染が深刻ですね。
여기는 공장이 난립하고 있는 탓에 수질 오염이 심각하네요.

女の人はお客さんの髪を染めているところです。
여자는 손님의 머리를 염색하고 있는 중입니다.

0945 N4 ☐☐☐

映
비칠 **영**

- 음 えい — *映画 영화　*映像 영상　*反映 반영　上映 상영
- 훈 うつ(る) — *映る 비치다
- うつ(す) — 映す 비추다, 비치게 하다
- は(える) — *映える 빛나다

試食を通じて顧客の意見を反映させていく。 시식을 통해 고객의 의견을 반영해 나간다.

この作品は、子供の瞳に映った大人たちの姿を描いたものだ。
이 작품은 아이의 눈에 비친 어른들의 모습을 그린 것이다.

0946 N2 ☐☐☐

預
맡길 **예**

- 음 よ — 預金 예금　預託 예탁
- 훈 あず(かる) — 預かる 맡다, 보관하다
- あず(ける) — 預ける 맡기다, 보관시키다　預け入れ 예금

預金を引き出すには、暗証番号が必要だ。 예금을 인출하려면 비밀번호가 필요하다.

いらっしゃいませ。こちらでコートをお預かりいたします。
어서 오십시오. 이쪽에서 외투를 맡아 드리겠습니다.

0947 N2 ☐☐☐

欲
하고자 할 **욕**

- 음 よく — 欲 욕심　*意欲 의욕　食欲 식욕　欲求 욕구
- 欲張り 욕심이 많음, 욕심쟁이
- 훈 ほ(しい) — *欲しい 갖고 싶다, 원하다　*欲しがる 갖고 싶어하다, 탐내다
- ほっ(する) — *欲する 바라다, 원하다

今度の新入社員は飲み込みも早いし、意欲的ですよね。
이번 신입사원은 이해도 빠르고 의욕적이네요.

だめだと言われると、なおさら欲しくなるものだ。
안 된다는 말을 들으면 더욱더 갖고 싶어지는 법이다.

0948 N2 ☐☐☐

郵
우편 **우**

- 음 ゆう — *郵便 우편　*郵便局 우체국　*郵送 우송, 우편으로 보냄
- 郵政 우정, 우편에 관한 행정
- 훈 —

海外の友達に小包を送るため、郵便局に行った。
해외에 있는 친구에게 소포를 보내기 위해 우체국에 갔다.

郵送ですと2、3日ほどかかります。 우편으로 보내면 2, 3일 정도 걸립니다.

危

위태할 **위**

음	き	*危険 위험　危機 위기　危害 위해, 위험과 재해
훈	あぶ(ない)	*危ない 위험하다
	あや(うい)	危うい 위태롭다　危うく 하마터면
	あや(ぶむ)	危ぶむ 불안해하다, 의심하다, 걱정하다

危機を克服して、未来に進む力を得た。 위기를 극복하고 미래로 나아갈 힘을 얻었다.

危ないですから、そんなにスピードを出さないでください。
위험하니까, 그렇게 속도를 내지 말아 주세요.

幼

어릴 **유**

| 음 | よう | 幼児 유아　*幼稚だ 유치하다　幼稚園 유치원　幼虫 유충 |
| 훈 | おさな(い) | *幼い 어리다　幼なじみ 소꿉친구 |

昨日、幼児教育に関する講演を聞いた。 어제 유아교육에 관한 강연을 들었다.

子供が幼い時は、母親と過ごす時間がとても重要だ。
아이가 어릴 때는 어머니와 보내는 시간이 매우 중요하다.

乳

젖 **유**

음	にゅう	牛乳 우유　乳児 유아　乳製品 유제품　乳液 유액, 로션
훈	ちち	乳 젖, 유방
	ち	乳飲み子 젖먹이

牛乳の入ったコップを倒してこぼしてしまった。
우유가 든 컵을 넘어뜨려서 엎지르고 말았다.

犬が子犬に乳を飲ませている。 개가 강아지에게 젖을 먹이고 있다.

遺

남길 **유** (遺)

음	い	*遺跡 유적　遺産 유산　遺書 유서　*遺失物 유실물
		遺伝子 유전자
	ゆい	遺言 유언
훈	―	

この博物館は、古代エジプトの遺跡を展示しています。
이 박물관은 고대 이집트의 유적을 전시하고 있습니다.

父の遺言に従い、全財産を寄付することにした。
아버지의 유언에 따라 전 재산을 기부하기로 했다.

0953 N1 ☐☐☐

恩

은혜 은

- 음 おん
  恩 은혜　恩恵 은혜, 혜택　恩人 은인　恩返し 보은　恩師 은사
- 훈 —

親の恩は海より深く、山より高い。 부모님의 은혜는 바다보다 깊고 산보다 높다.

多くの人が新しい制度の恩恵を受けている。 많은 사람이 새로운 제도의 혜택을 받고 있다.

0954 N2 ☐☐☐

疑

의심할 의

- 음 ぎ
  *疑問 의문　容疑 용의　疑惑 의혹　疑念 의념, 의심
- 훈 うたが(う)
  *疑う 의심하다　疑わしい 의심스럽다　疑い 의문, 의심, 혐의

実験の結果に、疑問が生じたのでやり直した。 실험 결과에 의문이 생겨서 다시 했다.

友達にまで疑われて悲しい。 친구에게까지 의심을 받아서 슬프다.

0955 N1 ☐☐☐

異

다를 이

- 음 い
  *異常 이상　*異文化 이문화　*異例 이례　*異色 이색, 색다름
- 훈 こと
  *異なる 다르다, 같지 않다

病院で検査を受けたが、特に異常はなかった。
병원에서 검사를 받았는데, 특별히 이상은 없었다.

テーブルの上には、大きさや模様の異なる食器が置いてある。
테이블 위에는 크기와 모양이 다른 식기가 놓여 있다.

0956 N2 ☐☐☐

翌

다음 날 익 (翌)

- 음 よく
  翌日 익일, 다음 날　翌年 익년, 다음 해(「よくねん」이라고도 읽음)
  翌朝 다음 날 아침
- 훈 —

昨日の酒が抜けなくて、翌日も二日酔いで頭ががんがんした。
어제 마신 술이 깨지 않아서 다음 날도 숙취로 머리가 지끈거렸다.

研究費の残高を翌年度に繰り越した。 연구비 잔액을 다음 연도로 이월했다.

仁 어질 인

- 음 じん
  - 仁義 인의(어질고 의로운 도리), 의리　仁術 인술, 의술
  - 仁徳 인덕, 어진 덕
- に
  - 仁王 인왕(불법(佛法)을 수호하는 두 신장상)
- 훈 ―

不利な状況でも、仁義は守るべきだ。 불리한 상황에서도 의리는 지켜야 한다.

その寺の入り口には、巨大な仁王像が立っている。
그 절의 입구에는 거대한 인왕상이 서 있다.

賃 품삯 임

- 음 ちん
  - *家賃 집세　運賃 운임　*賃金 임금　賃貸 임대　*電車賃 전철 운임
- 훈 ―

A社は来月から鉄道運賃を1割値上げすると発表した。
A사는 다음 달부터 철도 운임을 10% 인상한다고 발표했다.

労組は会社に賃金の引き上げを強く要求した。 노조는 회사에 임금인상을 강하게 요구했다.

姿 모양 자

- 음 し
  - *姿勢 자세　容姿 용자, 얼굴과 몸매
- 훈 すがた
  - *姿 모양, 모습, 상태　後ろ姿 뒷모습

前向きな姿勢で働くつもりです。 적극적인 자세로 일할 생각입니다.

姉が結婚式で泣く姿を見て、母まで泣き出した。
언니가 결혼식에서 우는 모습을 보고 엄마까지 울기 시작했다.

磁 자석 자

- 음 じ
  - 磁石 자석　磁気 자기　陶磁器 도자기　磁力 자력, 자석의 힘
  - 電磁波 전자파
- 훈 ―

磁石には、N極とS極があります。 자석에는 N극과 S극이 있습니다.

熱を加えると、鉄は磁気を帯びる。 열을 가하면 철은 자기를 띤다.

0961 N1 □□□

누에 **잠** (蠶)

🔴 **음** さん　　蚕糸 잠사, 명주실　　養蚕 양잠　　蚕食 잠식　　蚕業 잠업, 양잠업

🔵 **훈** かいこ　　蚕 누에

その町には蚕糸試験場の跡地が残っている。 그 마을에는 잠사 시험장의 터가 남아 있다.

蚕を飼うには、桑の葉が必要だ。 누에를 키우려면 뽕잎이 필요하다.

0962 N2 □□□

장차[장수] **장** (將)

🔴 **음** しょう　　*将来 장래　　将軍 장군, 쇼군(일본 도쿠가와 막부의 우두머리)　　*将棋 장기

　　　　　　　大将 대장

🔵 **훈** ―

最近つくづくと将来のことを考えている。 요즘 곰곰이 장래에 대해 생각하고 있다.

祖父の趣味は将棋で、よく私を相手に指し方を教えてくれる。
할아버지의 취미는 장기라서 자주 나를 상대로 두는 법을 가르쳐 준다.

0963 N2 □□□

꾸밀 **장** (裝)

🔴 **음** そう　　*装置 장치　　*服装 복장　　*改装 개장, 리모델링　　*包装 포장

　　しょう　　*衣装 의상, 옷, 의복

🔵 **훈** よそお(う)　　*装う 치장하다, 꾸미다, 그런 체하다　　装い 차림새, 치장, 단장

加速装置が故障したので、修理に出した。 가속장치가 고장 나서 수리하러 보냈다.

平気を装っていたが、内心は心配でたまらなかった。
태연한 체했지만, 내심은 걱정되어서 견딜 수 없었다.

0964 N1 □□□

障

막을 **장**

🔴 **음** しょう　　*故障 고장　　*保障 보장　　支障 지장　　障害 장애, 장해, 방해

🔵 **훈** さわ(る)　　*障る 지장이 있다, 해롭다　　目障り 눈에 거슬림　　差し障り 지장

先生は私の身元を保障してくれた。 선생님은 나의 신원을 보장해 주셨다.

無理な夜更かしは、体に障るので止めなさい。 무리한 밤샘은 몸에 해로우니 그만두세요.

음 ぞう ＊冷**蔵**庫 냉장고　貯**蔵** 저장　埋**蔵** 매장　**蔵**書 장서

훈 くら **蔵** 곳간, 창고　酒**蔵** 술창고　米**蔵** 쌀창고

감출 **장** (蔵)

ジャムは密閉容器に詰めて冷蔵庫で保存してください。
잼은 밀폐 용기에 담아서 냉장고에서 보존해 주세요.

秋には、新米を米倉へ運び込む作業が行われる。
가을에는 햅쌀을 쌀창고로 운반하는 작업이 이루어진다.

음 ぞう **臓**器 장기　心**臓** 심장　内**臓** 내장　＊肝**臓** 간, 간장

훈 —

오장 **장** (臓)

多くの患者が臓器移植を待ち望んでいます。
많은 환자가 장기 이식을 간절히 기다리고 있습니다.

興奮して心臓がどきどきする。 흥분해서 심장이 두근거린다.

음 さい ＊**裁**判 재판　仲**裁** 중재　**裁**断 재단　体**裁** 겉모양, 체면, 체재

裁縫 재봉, 바느질

훈 さば(く) **裁**く 시비를 가리다, 심판하다　**裁**き 심판, 재판

た(つ) **裁**つ (옷감을) 마르다, 재단하다

옷 마를[마를] **재**

裁判の判決に納得がいかず、最高裁判所に上告することに決めました。
재판의 판결에 납득이 가지 않아, 최고재판소에 상고하기로 결정했습니다.

型紙の通りに布を裁った。 종이 본대로 천을 재단했다.

음 ちょ ＊**著**書 저서　**著**者 저자　**著**名 저명　＊顕**著**だ 현저하다

훈 いちじる(しい) ＊**著**しい 뚜렷하다, 현저하다, 두드러지다

あらわ(す) **著**す (책을) 쓰다, 저술하다

나타날 **저** (著)

彼は後世に語り継がれる著書を残した。 그는 후세에 길이 전해질 저서를 남겼다.

医療技術の進歩が著しく、平均寿命が延びた。
의료 기술의 진보가 현저하여 평균 수명이 늘어났다.

연습문제

다음 한자의 발음과 뜻을 써 보세요.

01 優れる ___れる	______	21 異文化 ___ぶんか	______
02 故障 こ___	______	22 誤る ___る	______
03 映る ___る	______	23 恩返し ___がえし	______
04 幼い ___い	______	24 染まる ___まる	______
05 汚染 お___	______	25 宇宙 ___ちゅう	______
06 衣装 い___	______	26 預ける ___ける	______
07 郵送 ___そう	______	27 仁義 ___ぎ	______
08 異なる ___なる	______	28 裁つ ___つ	______
09 装う ___う	______	29 疑う ___う	______
10 貯蔵 ちょ___	______	30 電源 でん___	______
11 牛乳 ぎゅう___	______	31 翻訳 ほん___	______
12 将棋 ___ぎ	______	32 映像 ___ぞう	______
13 危ない ___ない	______	33 磁力 ___りょく	______
14 翌日 ___じつ	______	34 顕著だ けん___だ	______
15 俳優 ___ゆう	______	35 宙返り ___がえり	______
16 臓器 ___き	______	36 温泉 おん___	______
17 食欲 しょく___	______	37 運賃 うん___	______
18 蚕食 ___しょく	______	38 幼児 ___じ	______
19 遺産 ___さん	______	39 姿 ___	______
20 優先 ___せん	______	40 著しい ___しい	______

정답

01 すぐれる 뛰어나다 02 こしょう 고장 03 うつる 비치다 04 おさない 어리다 05 おせん 오염 06 いしょう 의상, 옷, 의복
07 ゆうそう 우송, 우편으로 보냄 08 ことなる 다르다, 같지 않다 09 よそおう 치장하다, 꾸미다, 그런 체하다 10 ちょぞう 저장 11 ぎゅうにゅう 우유
12 しょうぎ 장기 13 あぶない 위험하다 14 よくじつ 익일, 다음 날 15 はいゆう 배우 16 ぞうき 장기 17 しょくよく 식욕 18 さんしょく 잠식
19 いさん 유산 20 ゆうせん 우선 21 いぶんか 이문화 22 あやまる 잘못되다, 그릇되다, 잘못하다, 실수하다 23 おんがえし 보은 24 そまる 물들다
25 うちゅう 우주 26 あずける 맡기다, 보관시키다 27 じんぎ 인의(어질고 의로운 도리), 의리 28 たつ (옷감을) 마르다, 재단하다 29 うたがう 의심하다
30 でんげん 전원 31 ほんやく 번역 32 えいぞう 영상 33 じりょく 자력, 자석의 힘 34 けんちょだ 현저하다 35 ちゅうがえり 공중제비
36 おんせん 온천 37 うんちん 운임 38 ようじ 유아 39 すがた 모양, 모습, 상태 40 いちじるしい 뚜렷하다, 현저하다, 두드러지다

6학년 한자 (5) 33자

969	970	971	972	973	974	975	976
胃	腸	呼	吸	皇	后	値	段
밥통 위	창자 장	부를 호	마실 흡	임금 황	임금 후	값 치	층계 단
음 い	음 ちょう	음 こ	음 きゅう	음 こう	음 こう	음 ち	음 だん
훈 ―	훈 ―	훈 よ(ぶ)	훈 す(う)	훈 ―	훈 ―	훈 ね	훈 ―

977	978	979	980	981	982	983	984
操	縦	敵	専	銭	頂	諸	除
잡을 조	세로 종	대적할 적	오로지 전	돈 전	정수리 정	모두 제	덜 제
음 そう	음 じゅう	음 てき	음 せん	음 せん	음 ちょう	음 しょ	음 じょ
훈 あやつ(る)	훈 たて	훈 かたき	훈 もっぱ(ら)	훈 ぜに	훈 いただ(く)	훈 ―	훈 のぞ(く)

985	986	987	988	989	990	991	992
済	潮	存	宗	従	座	奏	株
건널 제	밀물 조	있을 존	마루 종	좇을 종	자리 좌	아뢸 주	그루 주
음 さい	음 ちょう	음 そん	음 しゅう	음 じゅう	음 ざ	음 そう	음 ―
훈 す(む)	훈 しお	훈 ―	훈 ―	훈 したが(う)	훈 すわ(る)	훈 かな(でる)	훈 かぶ

993	994	995	996	997	998	999	1000
衆	蒸	至	誌	窓	創	冊	策
무리 중	찔 증	이를 지	기록할 지	창 창	비롯할 창	책 책	꾀 책
음 しゅう	음 じょう	음 し	음 し	음 そう	음 そう	음 さつ	음 さく
훈 ―	훈 む(す)	훈 いた(る)	훈 ―	훈 まど	훈 つく(る)	훈 ―	훈 ―

1001
処
곳 처
음 しょ
훈 ところ

0969 N2 □□□

胃

밥통 **위**

음 い 　　胃 위　胃腸 위장　胃炎 위염　胃薬 위약　胃酸 위산

훈 —

胃の調子が悪くて、医者に診てもらった。
위 상태가 좋지 않아서 의사에게 진찰을 받았다.

朝から胃がムカムカしていたので、病院で胃薬をもらってきた。
아침부터 속이 메스꺼워서 병원에서 위약을 받아왔다.

0970 N1 □□□

腸

창자 **장**

음 ちょう　　腸 장, 창자　大腸 대장　腸炎 장염　胃腸 위장

훈 —

最近腸が弱っていて、すぐにお腹を壊します。 요즘 장이 약해져서 금방 배탈이 납니다.

大腸内視鏡検査を受けたけど、異常はなかった。
대장 내시경 검사를 받았지만, 이상은 없었다.

0971 N3 □□□

呼

부를 **호**

음 こ　　*呼吸 호흡　呼称 호칭　点呼 점호　呼応 호응

훈 よ(ぶ)　　*呼ぶ 부르다　呼び出し 호출

ストレスが溜まった時は、深呼吸をしたりサウナに行ったりする。
스트레스가 쌓였을 때는 심호흡을 하거나 사우나에 가거나 한다.

こちらがメニューですので、決まりましたら呼んでください。
이쪽이 메뉴이므로 결정되시면 불러 주세요.

0972 N2 □□□

吸

마실 **흡**

음 きゅう　　吸収 흡수　吸入 흡입　吸引 흡인, 빨아들임　吸着 흡착

훈 す(う)　　吸う 들이쉬다, 호흡하다, (담배를) 피우다

カルシウムは体に吸収されにくい栄養素です。 칼슘은 몸에 흡수되기 어려운 영양소입니다.

歩きながらタバコを吸うのは止めてください。 걸으면서 담배를 피우는 것은 그만두세요.

皇 임금 황

음 こう ／ 皇帝 황제　皇太子 황태자　皇室 황실
おう ／ 天皇 천황, (일본의) 국왕, 일왕　法皇 법황, 여래, 교황

훈 ―

日本の首相は国会議員の中から指名され、天皇が任命する。
일본 총리는 국회의원 중에서 지명되고 천황이 임명한다.

ローマ法王はカトリック信者の精神的指導者だ。
로마 교황은 가톨릭 신자의 정신적 지도자이다.

后 임금[황후] 후

음 こう ／ 后妃 후비, 왕비　皇后 황후　王后 왕후, 왕과 제후　皇太后 황태후

훈 ―

后妃たちは宮廷の文化と伝統を守る役割を担った。
후비들은 궁정의 문화와 전통을 지키는 역할을 담당했다.

明治時代の皇后について研究している。 메이지 시대의 황후에 대해 연구하고 있다.

値 값 치

음 ち ／ *価値 가치　数値 수치　*偏差値 편차치　平均値 평균치

훈 ね ／ *値段 값, 가격　*値上げ 가격 인상　値下げ 가격 인하　*値札 가격표
あたい ／ 値 값어치, 가치　*値する (「〜に」의 형태로) 〜할 가치가 있다, 〜할 만하다

この絵の価値が分かるなんて、目が高いですね。 이 그림의 가치를 알다니, 안목이 높네요.

需要が供給を超えたら、値段が上がる。 수요가 공급을 초과하면 가격이 오른다.

段 층계 단

음 だん ／ *階段 계단　*手段 수단　*普段 평소　一段 と 한층 더

훈 ―

目の前には、石の階段が続いています。 눈앞에는 돌계단이 이어져 있습니다.

彼は勝つためには、手段を選びません。 그는 이기기 위해서는 수단을 가리지 않습니다.

Day 29 / 6학년 한자(5) 33자

0977 N1 □□□

操 잡을 조

음 そう　＊体操 체조　操作 조작　操縦 조종

훈 あやつ(る)　＊操る 조종하다, 다루다, 구사하다　操り人形 꼭두각시

みさお　操 지조, 절개, 정조

父は毎朝体操をします。 아버지는 매일 아침 체조를 합니다.

外国語を自由に操ることができる人を見ていると、本当に羨ましい。
외국어를 자유롭게 구사할 수 있는 사람을 보고 있으면 정말로 부럽다.

0978 N1 □□□

縱 세로 종 (縦)

음 じゅう　操縦 조종　縦断 종단　縦横 종횡, (「〜に」의 형태로) 마음대로, 자유자재로

훈 たて　縦 세로　縦書き 세로쓰기

飛行機の操縦には、高い技術と集中力が必要です。
비행기 조종에는 높은 기술과 집중력이 필요합니다.

あの箱の縦と横の寸法を測ってください。 저 상자의 세로와 가로 길이를 재 주세요.

0979 N1 □□□

敵 대적할 적

음 てき　＊敵 적　＊素敵だ 멋지다　敵意 적의　匹敵 필적　強敵 강적

훈 かたき　敵 적, 적수, 원수　目の敵 눈엣가시

夜景が素敵なカフェでコーヒーを飲みました。 야경이 멋진 카페에서 커피를 마셨습니다.

彼らは同じ女性を好きになり、恋敵となった。
그들은 같은 여성을 좋아하게 되어 연적이 되었다.

0980 N2 □□□

음 せん　＊専門 전문　専攻 전공　＊専念 전념　専用 전용　専属 전속

훈 もっぱ(ら)　専ら 오로지, 한결같이

専 오로지 전 (専)

この問題は、法律の専門知識がないと解決できない。
이 문제는 법률에 대한 전문 지식이 없으면 해결할 수 없다.

彼は最近専ら研究に励んでいるようだ。 그는 요즘 오로지 연구에 힘쓰고 있는 것 같다.

0981 N1 □□□

錢 돈 전 (銭)

음 せん　金銭 금전, 돈　銭湯 대중 목욕탕　銭 전(일본 화폐 단위, 엔(円)의 백분의 1)

훈 ぜに　銭 동전　＊小銭 잔돈, 동전, 적은 돈　銭入れ 동전 지갑

金銭が関わっている問題なので、慎重に対応すべきだ。
금전이 관련된 문제이므로 신중하게 대응해야 한다.

千円札を小銭に両替してもらった。 천 엔짜리 지폐를 잔돈으로 바꿨다.

311

0982 N2 □□□

頂

정수리 **정**

음 ちょう
- *頂上 정상　頂点 정점　山頂 산 정상　絶頂 절정
- 頂戴 (남이나 윗사람에게서) 받음

훈 いただ(く)
- *頂く 받다 (겸양어)

いただき
- 頂 꼭대기, 정상

山の頂上に続く登山道は多くの人で込み合っています。
산 정상으로 이어지는 등산로는 많은 사람으로 붐비고 있습니다.

物を頂いた時は、その人の顔をきちんと見てお礼を言うんだよ。
물건을 받았을 때는 그 사람의 얼굴을 제대로 보고 감사하다고 말하는 거야.

0983 N2 □□□

諸

모두[여럿] **제** (諸)

음 しょ
- 諸国 제국, 여러 나라　諸島 제도, 여러 섬　*諸問題 제문제, 여러 문제
- 諸君 제군, 여러분

훈 ―

円安はアジア諸国に大きな影響を及ぼしている。
엔화 약세는 아시아 여러 나라에 큰 영향을 미치고 있다.

この新しいプロジェクトは、技術的な諸問題を抱えている。
이 새로운 프로젝트는 기술적인 여러 문제를 안고 있다.

0984 N2 □□□

除

덜 **제**

음 じょ
- *削除 삭제　除去 제거　*解除 해제　*免除 면제　除外 제외

じ
- *掃除 청소

훈 のぞ(く)
- *除く 제거하다, 제외하다, 빼다

迷惑メールのようだったので、削除した。 스팸메일인 것 같아서 삭제했다.

携帯電話は一部の地域を除いてどこでも使えます。
휴대전화는 일부 지역을 제외하고 어디서나 사용할 수 있습니다.

0985 N2 □□□

済

건널 **제** (濟)

음 さい
- *経済 경제　返済 반제, 변제, 빚을 갚음　救済 구제　決済 결제

훈 す(む)
- *済む 끝나다, 해결되다

す(ます)
- *済ます 끝내다, 마치다, 때우다, 해결하다

IT産業が世界経済を牽引している。 IT산업이 세계 경제를 이끌고 있다.

済んでしまったことは水に流そう。 끝나 버린 일은 물에 흘려보내자[잊어버리자].

0986 N1 □□□

潮
밀물 조

음 ちょう ｜ 満潮 만조, 밀물 ｜ 干潮 간조, 썰물 ｜ 風潮 풍조 ｜ 高潮 고조

훈 しお ｜ 潮 바닷물, 조수, (좋은) 기회, 계기 ｜ 潮風 바닷바람

潮時 물때, (좋은) 기회, 호기

満潮になると砂浜がほとんど海に沈んでしまう。
만조가 되면 모래사장이 거의 바다에 잠겨 버린다.

潮が満ちてくる前に帰ろう。 조수가 차 오르기 전에 돌아가자.

0987 N3 □□□

存
있을 존

음 そん ｜ ＊存在 존재 ｜ ＊存続 존속 ｜ 既存 기존 ｜ 依存 의존(「いぞん」이라고도 읽음)

ぞん ｜ ＊保存 보존 ｜ 生存 생존 ｜ ＊存じる 알다, 생각하다 (겸양어)

훈 —

人間ははかない存在である。 인간은 덧없는 존재이다.

皆様、お元気でお過ごしのことと存じます。 여러분, 건강히 잘 지내고 계시리라 생각합니다.

0988 N1 □□□

宗
마루 종

음 しゅう ｜ 宗教 종교 ｜ 宗派 종파 ｜ 改宗 개종

そう ｜ 宗家 종가, 본가

훈 —

人種や宗教を理由に人を差別してはいけない。
인종이나 종교를 이유로 사람을 차별해서는 안 된다.

茶道の宗家は、今も厳しい作法を守り続けている。
다도 종가는 지금도 엄격한 예법을 계속 지키고 있다.

0989 N1 □□□

従
좇을 종 (從)

음 じゅう ｜ ＊従来 종래, 종전, 지금까지 ｜ ＊従事 종사 ｜ 従業員 종업원 ｜ 服従 복종

しょう ｜ 従容 종용, 침착한 모양

じゅ ｜ 従〜 종〜 (일본의 벼슬 품계 중, 정(正)의 다음) ｜ 従三位 종삼품

훈 したが(う) ｜ ＊従う 따르다, 좇다

したが(える) ｜ 従える 따르게 하다, 좇게 하다, 복종시키다

従来の方法は、見直した方がいいと思う。 종전의 방법은 재검토하는 편이 좋다고 생각한다.

会社の方針には従わざるを得ないでしょう。 회사 방침에는 따를 수밖에 없겠죠.

座
자리 **좌**

음 ざ　　*座席 좌석, 자리　*即座 즉시　星座 별자리　座布団 방석

훈 すわ(る)　*座る 앉다　座り込む 주저앉다, 농성하다

女の人が車の後ろの座席から荷物を出しています。
여자가 차 뒷좌석에서 짐을 꺼내고 있습니다.

新しい路線の電車には人が少なく、会社まで座って行ける。
새로운 노선의 전철에는 사람이 적어서 회사까지 앉아서 갈 수 있다.

奏
아뢸[연주할] **주**

음 そう　　*演奏 연주　合奏 합주　伴奏 반주　奏者 주자, 연주자　独奏 독주

훈 かな(でる)　奏でる 켜다, 연주하다

そのピアニストは難しい曲を見事に演奏しました。
그 피아니스트는 어려운 곡을 훌륭하게 연주했습니다.

彼女は美しい音色でバイオリンを奏でた。 그녀는 아름다운 음색으로 바이올린을 연주했다.

株
그루 **주**

음 ―

훈 かぶ　　*株 그루터기, 포기, 주식　株式 주식　株価 주가　株主 주주

株の大暴落で、損をした人はかなりいるだろう。
주식의 대폭락으로 손해를 본 사람은 꽤 있을 것이다.

あの会社は予想を上回る業績で株価が急騰した。
저 회사는 예상을 웃도는 실적으로 주가가 급등했다.

衆
무리 **중**

음 しゅう　　*公衆 공중　大衆 대중　民衆 민중　観衆 관중　群衆 군중

しゅ　　衆生 중생

훈 ―

公衆道徳を守ることは、社会生活の基本である。
공중도덕을 지키는 것은 사회생활의 기본이다.

彼女は日本大衆歌謡史を代表する作詞家の一人である。
그녀는 일본 대중 가요사를 대표하는 작사가 중 한 명이다.

0994 N2 □□□

蒸
찔 **증**

- 음 じょう | 蒸気 증기　水蒸気 수증기　蒸発 증발
- 훈 む(す) | 蒸す (날씨가) 찌다, 무덥다, (김으로) 찌다　蒸し暑い 무덥다
- む(れる) | 蒸れる 뜸들다
- む(らす) | 蒸らす 뜸들이다

汽船とは、蒸気を動力にする船のことです。 기선이란 증기를 동력으로 삼는 배를 말합니다.

ジャガイモを蒸して、ご飯の代わりに食べた。 감자를 쪄서 밥 대신 먹었다.

0995 N1 □□□

至
이를 **지**

- 음 し | *至急 지급, 급히　*冬至 동지　夏至 하지　至当 지당
- 훈 いた(る) | *至る (어떤 결과·상태에) 이르다　至って 매우, 극히, 대단히

至急だから、バイク便でお願いします。 급한 거니까, 퀵서비스로 부탁드립니다.

この映画は時代を超えて現在に至るまで愛されている。
이 영화는 시대를 초월하여 현재에 이르기까지 사랑받고 있다.

0996 N2 □□□

誌
기록할 **지**

- 음 し | *雑誌 잡지　*週刊誌 주간지　日誌 일지
- 훈 ―

この雑誌には、有益な情報がたくさん載っている。
이 잡지에는 유익한 정보가 많이 실려 있다.

「タイム誌」は、もともと週刊誌として創刊された。 '타임지'는 원래 주간지로 창간되었다.

0997 N2 □□□

窓
창 **창**

- 음 そう | 同窓会 동창회　車窓 차창
- 훈 まど | *窓 창, 창문　*窓口 창구　窓辺 창가

同窓会で、久しぶりに昔の友達と再会した。 동창회에서 오랜만에 옛 친구과 재회했다.

すみませんが、寒いので窓を閉めてください。 죄송하지만, 추우니까 창문을 닫아 주세요.

0998 N1 □□□

創
비롯할 **창**

- 음 そう | 創立 창립　創業 창업　創造 창조　創作 창작
- 훈 つく(る) | 創る 만들다, 창작하다

今日は会社の創立記念日なので、記念パーティーがあります。
오늘은 회사 창립 기념일이라, 기념 파티가 있습니다.

人の心を動かすような物語を創りたい。 사람의 마음을 움직일 만한 이야기를 만들고 싶다.

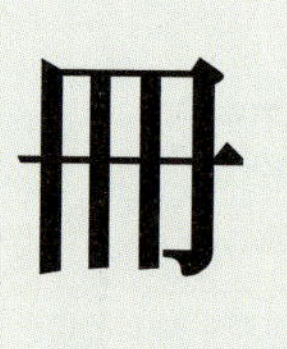

책 책

음 さつ　〜冊 〜권(책을 세는 단위)　*一冊 한 권　別冊 별책　冊子 책자

　さく　短冊 단자쿠(칠월 칠석에 소원을 적는 종이), 가늘고 긴 직사각형 모양의 종이

훈 —

この一冊の本が、私の人生を変えました。 이 한 권의 책이 제 인생을 바꿨습니다.

短冊に「合格できますように」と書いた。 단자쿠에 '합격할 수 있도록'이라고 썼다.

꾀 책

음 さく　*対策 대책　政策 정책　方策 방책, 계책　策略 책략

훈 —

経費削減のために、何か対策を立てなければならない。
비용 삭감을 위해 뭔가 대책을 세워야 한다.

政府は個人消費を拡大するために、様々な政策を打ち出している。
정부는 개인 소비를 확대하기 위해서 다양한 정책을 내세우고 있다.

곳 처 (處)

음 しょ　*処理 처리　*処置 처치　*処分 처분　対処 대처　処方箋 처방전

훈 ところ　処 곳, 장소　食事処 식당, 식사할 수 있는 곳

今度の件は部長のおかげでうまく処理できました。
이번 건은 부장님 덕분에 잘 처리할 수 있었습니다.

駅前に新しい食事処ができた。 역 앞에 새로운 식당이 생겼다.

연습문제

다음 한자의 발음과 뜻을 써 보세요.

01	操作 [　] さ	_____________
02	至急 [　] きゅう	_____________
03	吸収 [　] しゅう	_____________
04	除去 [　] きょ	_____________
05	従来 [　] らい	_____________
06	値 [　]	_____________
07	胃腸 [　] ちょう	_____________
08	至る [　] る	_____________
09	処置 [　] ち	_____________
10	専攻 [　] こう	_____________
11	呼び出し [　] びだし	_____________
12	観衆 かん [　]	_____________
13	雑誌 ざっ [　]	_____________
14	素敵だ す [　] だ	_____________
15	潮風 [　] かぜ	_____________
16	腸炎 [　] えん	_____________
17	小銭 こ [　]	_____________
18	蒸す [　] す	_____________
19	値上げ [　] あげ	_____________
20	呼吸 [　] きゅう	_____________

21	保存 ほ [　]	_____________
22	除く [　] く	_____________
23	窓口 [　] ぐち	_____________
24	普段 ふ [　]	_____________
25	頂点 [　] てん	_____________
26	即座 そく [　]	_____________
27	宗教 [　] きょう	_____________
28	皇室 [　] しつ	_____________
29	別冊 べっ [　]	_____________
30	経済 けい [　]	_____________
31	対策 たい [　]	_____________
32	操る [　] る	_____________
33	諸国 [　] こく	_____________
34	従う [　] う	_____________
35	創業 [　] ぎょう	_____________
36	皇后 こう [　]	_____________
37	操縦 そう [　]	_____________
38	演奏 えん [　]	_____________
39	吸う [　] う	_____________
40	株式 [　] しき	_____________

1002 ☐ 尺	1003 ☐ 寸	1004 ☐ 推	1005 ☐ 就	1006 ☐ 層	1007 ☐ 針	1008 ☐ 誕	1009 ☐ 探
자 **척** 음 しゃく 훈 ―	마디 **촌** 음 すん 훈 ―	밀 **추** 음 すい 훈 お(す)	나아갈 **취** 음 しゅう 훈 つ(く)	층 **층** 음 そう 훈 ―	바늘 **침** 음 しん 훈 はり	낳을 **탄** 음 たん 훈 ―	찾을 **탐** 음 たん 훈 さが(す)

1010 ☐ 派	1011 ☐ 片	1012 ☐ 肺	1013 ☐ 閉	1014 ☐ 陛	1015 ☐ 俵	1016 ☐ 割	1017 ☐ 郷
갈래 **파** 음 は 훈 ―	조각 **편** 음 へん 훈 かた	허파 **폐** 음 はい 훈 ―	닫을 **폐** 음 へい 훈 し(まる)	대궐 섬돌 **폐** 음 へい 훈 ―	나누어 줄 **표** 음 ひょう 훈 たわら	벨 **할** 음 かつ 훈 わ(れる)	시골 **향** 음 きょう 훈 ―

1018 ☐ 憲	1019 ☐ 革	1020 ☐ 穴	1021 ☐ 紅	1022 ☐ 拡	1023 ☐ 灰	1024 ☐ 孝	1025 ☐ 揮
법 **헌** 음 けん 훈 ―	가죽 **혁** 음 かく 훈 かわ	구멍 **혈** 음 けつ 훈 あな	붉을 **홍** 음 こう 훈 べに	넓힐 **확** 음 かく 훈 ―	재 **회** 음 かい 훈 はい	효도 **효** 음 こう 훈 ―	휘두를 **휘** 음 き 훈 ―

1026 ☐ 胸
가슴 **흉** 음 きょう 훈 むね

1002 N1 ☐☐☐

尺
자 척

음 しゃく
尺度 척도, 잣대, 기준　縮尺 축척

훈 ―

お金を人生の成功の尺度にしてはいけない。 돈을 인생 성공의 잣대로 삼아서는 안 된다.

この縮尺の地図では、細かい道までは分かりません。
이 축척의 지도로는 세세한 길까지는 알 수 없습니다.

1003 N1 ☐☐☐

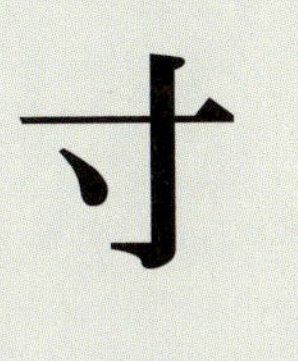

寸
마디 촌

음 すん
寸法 치수, 길이　寸前 직전, 바로 앞　一寸先 한 치 앞

훈 ―

家具を買う前に、部屋の寸法を測った。 가구를 사기 전에 방의 치수를 쟀다.

今朝は、霧で一寸先も見えない。 오늘 아침은 안개 때문에 한 치 앞도 보이지 않는다.

1004 N1 ☐☐☐

推
밀 추

음 すい
*推移 추이, 변화　推進 추진　*推理 추리　推測 추측　推定 추정

훈 お(す)
推す 밀다, 추천하다, 미루어 알다, 헤아리다

時代の推移とともに、人々の価値観は変わった。
시대의 변화와 함께 사람들의 가치관은 변했다.

私は彼女を次期委員長の候補に推した。 나는 그녀를 차기 위원장 후보로 추천했다.

1005 N1 ☐☐☐

就
나아갈 취

음 しゅう
就任 취임　*就職 취직　就業 취업

じゅ
成就 성취

훈 つ(く)
*就く (자리에) 오르다, (지위에) 앉다, 취임하다, 취직하다, 종사하다

つ(ける)
就ける (지위에) 앉히다, 임명하다, 맡기다

この国は就業人口の約4割が、サービス産業に従事しているそうだ。
이 나라는 취업 인구의 약 40%가 서비스 산업에 종사하고 있다고 한다.

彼はついに会長の任に就いた。 그는 드디어 회장에 취임했다.

層

층 층 (層)

음 そう

高層 고층　*一層 한 층, 단층, 한층 더, 더욱더　断層 단층　階層 계층

훈 ―

ビジネス街には、高層ビルが立ち並んでいる。 비즈니스 거리에는 고층 빌딩이 늘어서 있다.
資金難で、業界の不況は一層深刻になっている。
자금난으로 업계 불황은 한층 더 심각해지고 있다.

針

바늘 침

음 しん

*方針 방침　指針 지침　時針 시침　分針 분침　秒針 초침

훈 はり

*針 바늘, 침, (비유적인) 가시　針金 철사

政府は新たな教育方針を発表した。 정부는 새로운 교육 방침을 발표했다.
足首を捻挫して、針を打ってもらった。 발목을 삐어서 침을 맞았다.

誕

낳을 탄

음 たん

誕生 탄생, 출생, 첫돌　*誕生日 탄생일, 생일

훈 ―

新しい命の誕生に、感謝の気持ちで一杯です。
새로운 생명의 탄생에 감사한 마음으로 가득합니다.
この靴は、誕生日に父からもらったものです。 이 신발은 생일에 아버지께 받은 것입니다.

探

찾을 탐

음 たん

探検 탐험　探求 탐구　探知 탐지　探索 탐색

훈 さが(す)

*探す 찾다

　さぐ(る)

探る 더듬어 찾다, 뒤지다, 살피다, 탐색하다

私は子供の頃、探検小説が好きだった。 나는 어렸을 때 탐험 소설을 좋아했다.
暗闇の中で電気のスイッチを探った。 어둠 속에서 전등 스위치를 더듬어 찾았다.

1010 N1 ☐☐☐

派

갈래 **파** (派)

음 は

*派手だ 화려하다　立派だ 훌륭하다　派生 파생　派遣 파견
*賛成派 찬성파

훈 ―

このネクタイ、プレゼントなんですが、少し派手じゃないですか。
이 넥타이, 선물받은 건데요, 조금 화려하지 않아요?

米国は世界各国へ軍隊を派遣している。 미국은 세계 각국에 군대를 파견하고 있다.

1011 N2 ☐☐☐

片

조각 **편**

음 へん

*破片 파편　断片 단편

훈 かた

*片道 편도, 일방　*片方 한쪽　*片手 한 손　片付く 정리되다, 정돈되다
*片付ける 치우다, 정리하다, 정돈하다, (업무를) 처리하다, 해치우다

ガラスの破片が床に落ちていた。 유리 파편이 바닥에 떨어져 있었다.

会社から家まで、片道で1時間かかります。 회사에서 집까지 편도로 1시간 걸립니다.

1012 N1 ☐☐☐

肺

허파 **폐**

음 はい

肺 폐　肺炎 폐렴　肺活量 폐활량

훈 ―

タバコは、肺がんなどの病気の原因になる。 담배는 폐암 등의 질병의 원인이 된다.

風邪がこじれて、肺炎になった。 감기가 악화되어서 폐렴이 되었다.

1013 N3 ☐☐☐

閉

닫을 **폐**

음 へい

*閉店 폐점, 폐업　*閉鎖 폐쇄　密閉 밀폐　閉会 폐회

훈 し(まる)

閉まる 닫히다

し(める)

閉める 닫다

と(じる)

閉じる 닫다, 닫히다, (눈을) 감다

と(ざす)

閉ざす 닫다, 잠그다

本日は個人的な都合により、5時に閉店いたします。
오늘은 개인적인 사정에 의해 5시에 폐점합니다.

洋服を入れすぎて、スーツケースが閉まらなくなった。
옷을 너무 많이 넣어서 여행 가방이 닫히지 않게 되었다.

陛 대궐 섬돌 **폐**

- 음 へい　　陛下 폐하
- 훈 ―

陛下のご訪問を、多くの人々が心から歓迎しました。
폐하의 방문을 많은 사람들이 진심으로 환영했습니다.

俵 나누어 줄 **표**

- 음 ひょう　　土俵 흙을 담은 포대, 씨름판　一俵 한 가마
- 훈 たわら　　俵 (쌀·숯 등을 넣는) 섬　米俵 쌀가마니, 쌀섬

観客は土俵を囲んで座っています。 관객은 씨름판을 둘러싸고 앉아 있습니다.
倉庫に米俵が山のように積んである。 창고에 쌀가마니가 산처럼 쌓여 있다.

割 벨 **할**

- 음 かつ　　分割 분할　割愛 할애
- 훈 わ(れる)　　*割れる 깨지다, 부서지다, 갈리지다
- 　わ(る)　　*割る 깨뜨리다, 깨다, 나누다　割り勘 각자 부담
- 　わり　　*割合 비율　割に 비교적, 의외로　割引 할인
- 　さ(く)　　割く 가르다, 할애하다

お支払いは3回分割でお願いします。 지불은 3회 분할로 부탁드립니다.
鏡が割れると、何となく不吉な予感がする。 거울이 깨지면 왠지 불길한 예감이 든다.

郷 시골 **향** (鄕)

- 음 きょう　　故郷 고향　郷土 향토, 고향　郷里 향리, 고향　郷愁 향수
- 　ごう　　郷士 향사 (옛날 농촌에 토착한 무사)
- 훈 ―

海外での生活を終えて、10年ぶりに故郷に帰った。
해외에서의 생활을 마치고 10년 만에 고향에 돌아왔다.
郷士の中には、裕福な地主となった者もいた。
향사 중에는 유복한 지주가 된 사람도 있었다.

1018 N1 □□□

憲
법 헌

- **음** けん — 憲法 헌법　違憲 위헌　立憲君主制 입헌군주제
- **훈** ―

日本では戦争をしないことを憲法で定めている。
일본에서는 전쟁을 하지 않는 것을 헌법으로 정하고 있다.

違憲判決により、法律が無効になった。　위헌 판결에 의해 법률이 무효가 되었다.

1019 N2 □□□

革
가죽 혁

- **음** かく — *改革 개혁　革新 혁신　革命 혁명　皮革 피혁
- **훈** かわ — 革 가죽　革靴 가죽구두

政府は行政機構を改革すると発表した。　정부는 행정기구를 개혁하겠다고 발표했다.

革製品は手入れが必要だ。　가죽제품은 손질이 필요하다.

1020 N1 □□□

穴
구멍[굴] 혈

- **음** けつ — 墓穴 묘혈, 무덤
- **훈** あな — 穴 구멍　落とし穴 함정　穴埋め 메움, 보충

余計なことを言って、自ら墓穴を掘ってしまった。
쓸데없는 말을 해서 스스로 무덤을 파고 말았다.

預金を崩して、赤字の穴埋めをした。　예금을 깨서 적자를 메웠다.

1021 N2 □□□

紅
붉을 홍

- **음** こう — *紅葉 홍엽, 단풍이 듦, 단풍(「もみじ」라고도 읽음)　紅茶 홍차　紅白 홍백
- く — 真紅 진홍색
- **훈** べに — 紅 주홍색 안료, 주홍색, 연지　紅色 홍색, 선홍색, 주홍색
- 口紅 입술연지, 립스틱
- くれない — 紅 다홍, 주홍색

山が紅葉で赤く染まっています。　산이 단풍으로 붉게 물들어 있습니다.

彼女の紅色のスカーフが印象的だった。　그녀의 선홍색 스카프가 인상적이었다.

1022 N1 □□□

拡
넓힐 확 (擴)

- **음** かく — 拡大 확대　*拡張 확장　*拡充 확충　拡散 확산
- **훈** ―

山火事の被害が拡大しないように対策を取らなければならない。
산불 피해가 확대되지 않도록 대책을 취해야 한다.

道路を拡張して、車が通りやすくなりました。　도로를 확장해서 차가 통행하기 쉬워졌습니다.

재 회 (灰)

음 かい　　石灰 석회

훈 はい　　灰 재　灰色 회색　灰皿 재떨이　火山灰 화산재

セメントの主原料は石灰岩である。 시멘트의 주요 원료는 석회암이다.

この灰色のボタンを押すと機械が作動します。 이 회색 버튼을 누르면 기계가 작동합니다.

효도 효

음 こう　　親孝行 효도　親不孝 불효　孝心 효심

훈 ―

これから、もっと親孝行をしようと思う。 앞으로 더 효도를 해야겠다고 생각한다.

両親に心配ばかりかけて、親不孝者だと反省している。
부모님께 걱정만 끼쳐서 불효자라고 반성하고 있다.

휘두를 휘

음 き　　*発揮 발휘　指揮 지휘　揮発 휘발

훈 ―

彼は音楽に非常な才能を発揮した。 그는 음악에 대단한 재능을 발휘했다.

オーケストラは指揮者の指示に従って演奏する。
오케스트라는 지휘자의 지시에 따라 연주한다.

가슴 흉

음 きょう　　胸中 흉중, 마음속, 속마음　胸部 흉부　胸囲 흉위, 가슴둘레
度胸 담력, 배짱

훈 むね　　*胸 가슴

むな　　胸騒ぎ (불길한 예감 등으로) 가슴이 두근거림

互いに胸中を明かして話し合ったことで、誤解が解けた。
서로 속마음을 털어놓고 이야기를 나눔으로써 오해가 풀렸다.

新しい希望が胸に湧いてきました。 새로운 희망이 가슴에 솟아났습니다.

연습문제

다음 한자의 발음과 뜻을 써 보세요.

01 寸前 [ ] ぜん	___________	21 探る [ ] る	___________
02 一層 いっ [ ]	___________	22 革 [ ]	___________
03 片付く [ ] づく	___________	23 推理 [ ] り	___________
04 故郷 こ [ ]	___________	24 灰皿 [ ] ざら	___________
05 紅茶 [ ] ちゃ	___________	25 派手だ [ ] でだ	___________
06 閉まる [ ] まる	___________	26 胸部 [ ] ぶ	___________
07 就く [ ] く	___________	27 閉鎖 [ ] さ	___________
08 成就 じょう [ ]	___________	28 就職 [ ] しょく	___________
09 縮尺 しゅく [ ]	___________	29 土俵 ど [ ]	___________
10 憲法 [ ] ぽう	___________	30 針 [ ]	___________
11 穴 [ ]	___________	31 郷土 [ ] ど	___________
12 探求 [ ] きゅう	___________	32 親孝行 おや [ ] こう	___________
13 拡張 [ ] ちょう	___________	33 立派だ りっ [ ] だ	___________
14 紅色 [ ] いろ	___________	34 閉じる [ ] じる	___________
15 寸法 [ ] ぽう	___________	35 方針 ほう [ ]	___________
16 誕生日 [ ] じょうび	___________	36 割く [ ] く	___________
17 肺炎 [ ] えん	___________	37 発揮 はっ [ ]	___________
18 割合 [ ] あい	___________	38 高層 こう [ ]	___________
19 破片 は [ ]	___________	39 陛下 [ ] か	___________
20 革新 [ ] しん	___________	40 胸 [ ]	___________

정답&해석 → p.329

밑줄 친 한자의 올바른 발음을 고르세요.

1 彼の日本語は半年で著しく向上した。

① いちじるしく　　② うたがわしく　　③ いとしく　　④ まずしく

2 彼女の笑顔の裏には悲しみが隠されていた。

① おもて　　② うら　　③ すじ　　④ なみ

3 彼は小さなことでも興奮しやすい性格だ。

① こうぶん　　② きょうふん　　③ こうふん　　④ きょうぶん

4 富士山はユネスコの世界文化遺産に登録されている。

① ゆいさん　　② ゆいざん　　③ いざん　　④ いさん

5 国の未来を担う若い研究者を育成することが大事だ。

① したがう　　② になう　　③ おぎなう　　④ うたがう

6 彼はほがらかな人で、誰とでもすぐに仲良くなれる。

① 明らかな　　② 朗らかな　　③ 郎らかな　　④ 暗らかな

7 この紙をたてに長く切ってください。

① 姿　　② 横　　③ 蔵　　④ 縦

8 証明写真の大きさを半分にしゅくしょうして出してください。

① 宿小　　② 宿少　　③ 縮小　　④ 縮少

9 男女間のちんぎん格差は依然として大きい。

① 賃金　　② 貸金　　③ 借金　　④ 貨金

10 長い就活の末、ついに希望の仕事につくことができた。

① 職く　　② 担く　　③ 就く　　④ 任く

부록

1. 학년별 마무리문제_정답&해석

2. 색인

정답 & 해석 마무리문제

1학년 Day 01~02 p.33

정답

1 ②	2 ③	3 ①	4 ④	5 ①
6 ②	7 ③	8 ②	9 ④	10 ②

해석

1 선수들은 운동장에 입장했다.
2 일본어 A코스의 학습 기간은 1년입니다.
3 이 근처는 위험하오니, 발밑을 주의하세요.
4 겉옷을 잊지 않도록 하세요[잊지 말고 챙기세요].
5 최근 식료품 물가가 오르고 있다.
6 그는 우리 반에 전학 왔다.
7 이 방은 학생이 출입할 수 없다.
8 길을 건널 때는 좌우를 잘 보세요.
9 12월에 일본어 능력시험을 칠 생각이다.
10 일손이 모자라서 애를 먹고 있다.

2학년 Day 03~06 p.79

정답

1 ②	2 ②	3 ③	4 ②	5 ①
6 ④	7 ③	8 ④	9 ③	10 ②

해석

1 여기는 미끄러우니까 뛰지 마.
2 남에게 억지로 술을 마시게 해서는 안 된다.
3 통로에 짐을 두지 마세요.
4 이런 멋진 무대에 서게 된 것을 영광으로 생각합니다.
5 좀 어두운 것 같은데, 불을 켤까요?
6 일본인은 설날에 신사에 가는 사람이 많다.
7 어른이니까 행동에는 충분히 주의하세요.
8 공공 예절을 지킵시다.
9 그녀의 웃는 얼굴이 너무 좋아 견딜 수 없다.
10 남동생은 외과 의사로 대학병원에서 일하고 있다.

3학년 Day 07~12 p.141

정답

1 ③	2 ③	3 ②	4 ④	5 ②
6 ①	7 ②	8 ①	9 ④	10 ④

해석

1 전 세계 사람들이 평화를 바라고 있다.
2 중요한 내용이므로 신중히 생각한 후에 답장을 주세요.
3 도시 지역에서는 주택 가격이 오르고 있다.
4 이번에 협조해 주셔서 대단히 감사했습니다.
5 이 로봇은 사람이 다가가면 움직이게 되어 있다.
6 부담 없이 상담할 수 있는 선생님이 있는 것은 감사하다.
7 그는 주위에 신경을 쓰는 다정한 사람입니다.
8 행사장 입구에서 담당자가 티켓을 보겠습니다.
9 사건의 진상은 아직 밝혀지지 않았다.
10 교육의 기회는 모든 사람에게 평등해야 한다.

4학년 Day 13~18 p.204

정답

1 ②	2 ④	3 ①	4 ③	5 ③
6 ②	7 ④	8 ③	9 ①	10 ②

해석

1 최근에는 정치에 관심을 갖는 젊은이가 늘고 있다.
2 자세한 내용은 생략하고 간단히 설명하겠습니다.
3 실력을 겨루는 가운데 서로를 인정하게 되었다.
4 아이가 미아가 되었으나, 30분 후에 무사히 발견되었다.
5 건강한 매일을 보낼 수 있는 것에 감사하고 있습니다.
6 한밤중에 아기 울음소리에 몇 번이나 깼다.
7 지나치게 높은 목표는 도리어 의욕을 잃게 할 수도 있다.
8 생각보다 성적이 오르지 않아서 실망했다.
9 역 근처는 항상 사람들로 붐비고 있다.
10 오늘은 감사했습니다. 다시 한번 감사의 말씀을 드립니다.

정답

| 1 ② | 2 ③ | 3 ① | 4 ② | 5 ③ |
| 6 ④ | 7 ② | 8 ④ | 9 ③ | 10 ② |

해석

1 잃어버린 문화를 부흥시키려는 대책이 이루어지고 있다.
2 몸은 땀을 흘려서 체온을 유지한다.
3 그는 유도 메치기 기술이 뛰어나다.
4 그는 표정이 풍부해서 배우에 잘 맞는다.
5 이 계약은 양사에 이익을 가져다 줄 것이라고 생각한다.
6 그는 후배의 부탁을 흔쾌히 들어주었다.
7 그녀는 밝은 미소로 좋은 첫인상을 주었다.
8 가루약은 알약보다 효과가 빠를 때가 있다.
9 경솔한 발언은 오해를 초래하기 쉽다.
10 환경 규제에 의해 중고차 수출이 제한되고 있다.

정답

| 1 ① | 2 ② | 3 ③ | 4 ④ | 5 ② |
| 6 ② | 7 ④ | 8 ③ | 9 ① | 10 ③ |

해석

1 그의 일본어는 반년 만에 현저히 향상되었다.
2 그녀의 미소 뒤에는 슬픔이 감춰져 있었다.
3 그는 작은 일에도 흥분하기 쉬운 성격이다.
4 후지산은 유네스코 세계문화유산에 등록되어 있다.
5 나라의 미래를 짊어질 젊은 연구자를 육성하는 것이 중요하다.
6 그는 명랑한 사람이라 누구와도 금방 친해질 수 있다.
7 이 종이를 세로로 길게 잘라 주세요.
8 증명사진의 크기를 반으로 축소해서 제출해 주세요.
9 남녀 간 임금 격차는 여전히 크다.
10 오랜 취업 활동 끝에 드디어 희망하는 직장에 취직할 수 있었다.

색인 — 가나다순으로 바로 찾는 상용한자

ㄱ

한자	훈음	쪽
価	값 가	207
街	거리 가	149
仮	거짓 가	260
歌	노래 가	041
加	더할 가	145
可	옳을 가	207
家	집 가	038
各	각각 각	150
覚	깨달을 각	150
角	뿔 각	052
刻	새길 각	271
閣	집 각	271
簡	대쪽 간	271
看	볼 간	271
間	사이 간	049
刊	새길 간	211
幹	줄기 간	258
感	느낄 감	083
減	덜 감	208
講	강론할 강	208
鋼	강철 강	272
強	강할 강	040
降	내릴 강	272
岡	언덕 강	150
康	편안할 강	155
改	고칠 개	145
個	낱 개	211
開	열 개	083
客	손 객	084
去	갈 거	107
挙	들 거	146
居	살 거	211
干	마를 건	271
件	물건 건	209
建	세울 건	159
健	튼튼할 건	155
検	검사할 검	238
格	격식 격	208
激	격할 격	272
犬	개 견	029
見	볼 견	029
絹	비단 견	272
決	결단할 결	085
潔	깨끗할 결	211
結	맺을 결	147
欠	이지러질 결	146
軽	가벼울 경	123
鏡	거울 경	150
警	경계할 경	279
敬	공경 경	269
競	다툴 경	148
耕	밭 갈 경	212
景	볕 경	197
京	서울 경	043
境	지경 경	212
経	지날 경	210
径	지름길 경	150
季	계절 계	155
械	기계 계	156
係	맬 계	129
階	섬돌 계	129
計	셀 계	070
届	이를 계	273
系	이어맬 계	273
界	지경 계	086
告	고할 고	239
庫	곳집 고	129
固	굳을 고	151
高	높을 고	054
考	생각할 고	070
苦	쓸 고	107
故	연고 고	212
古	옛 고	044
穀	곡식 곡	273
谷	골 곡	054
曲	굽을 곡	107
困	곤할 곤	269
骨	뼈 골	273
功	공 공	156
公	공평할 공	069
空	빌 공	017
供	이바지할 공	274
工	장인 공	051
共	함께 공	151
科	과목 과	052
課	과정 과	198

한자	훈음	쪽	한자	훈음	쪽	한자	훈음	쪽
果	열매 과	147	宮	집 궁	130	起	일어날 기	107
過	지날 과	210	弓	활 궁	062	技	재주 기	227
関	관계할 관	156	権	권세 권	274	基	터 기	258
管	대롱 관	149	券	문서 권	274	機	틀 기	155
官	벼슬 관	149	巻	책 권	274	埼	험할 기	169
観	볼 관	197	机	책상 궤	275			
慣	익숙할 관	212	貴	귀할 귀	275	**ㄴ**		
館	집 관	084	帰	돌아갈 귀	063	奈	어찌 나	152
広	넓을 광	069	規	법 규	219	暖	따뜻할 난	276
光	빛 광	071	均	고를 균	214	難	어려울 난	269
鉱	쇳돌 광	213	極	다할 극	151	南	남녘 남	037
教	가르칠 교	057	劇	심할 극	275	男	사내 남	023
橋	다리 교	129	近	가까울 근	049	納	들일 납	280
交	사귈 교	057	勤	부지런할 근	270	内	안 내	041
校	학교 교	027	根	뿌리 근	130	女	여자 녀	023
具	갖출 구	117	筋	힘줄 근	275	年	해 년	015
球	공 구	114	禁	금할 금	250	念	생각 념	152
区	구분할 구	107	金	쇠 금	016	努	힘쓸 노	152
救	구원할 구	213	今	이제 금	043	農	농사 농	117
求	구할 구	175	急	급할 급	095	脳	머리 뇌	276
句	글귀 구	213	級	등급 급	103	能	능할 능	207
九	아홉 구	014	給	줄 급	159			
構	얽을 구	220	岐	갈림길 기	168	**ㄷ**		
究	연구할 구	105	埼	갑 기	169	多	많을 다	040
旧	옛 구	213	器	그릇 기	188	茶	차 다	072
久	오랠 구	240	旗	기 기	151	断	끊을 단	220
口	입 구	023	記	기록할 기	073	団	둥글 단	221
国	나라 국	038	期	기약할 기	104	短	짧을 단	103
局	판 국	094	気	기운 기	017	段	층계 단	310
郡	고을 군	149	己	몸 기	275	単	홑 단	152
軍	군사 군	157	汽	물 끓는 김 기	071	達	통달할 달	186
群	무리 군	149	紀	벼리 기	214	談	말씀 담	086
君	임금 군	088	寄	부칠 기	214	担	멜 담	276

答	대답 답	076
当	마땅할 당	058
党	무리 당	276
糖	엿 당	291
堂	집 당	221
待	기다릴 대	118
台	대 대	054
代	대신할 대	118
対	대할 대	103
帯	띠 대	159
隊	무리 대	157
貸	빌릴 대	221
大	큰 대	026
宅	댁 댁	281
徳	덕 덕	159
図	그림 도	072
道	길 도	042
都	도읍 도	108
徒	무리 도	160
度	법도 도	088
島	섬 도	104
導	인도할 도	221
刀	칼 도	077
毒	독 독	228
読	읽을 독	059
独	홀로 독	221
冬	겨울 동	038
銅	구리 동	222
東	동녘 동	037
童	아이 동	130
動	움직일 동	093
働	일할 동	157
同	한가지 동	058

頭	머리 두	043
豆	콩 두	099
得	얻을 득	228
等	등급 등	104
灯	등잔 등	160
登	오를 등	099

ㄹ

落	떨어질 락	124
楽	즐거울 락	076
卵	알 란	281
乱	어지러울 란	281
覧	볼 람	270
朗	밝을 랑	281
来	올 래	064
冷	찰 랭	158
略	간략할 략	259
両	두 량	108
良	어질 량	145
量	헤아릴 량	188
旅	나그네 려	084
歴	지낼 력	229
力	힘 력	030
連	이을 련	156
練	익힐 련	093
列	벌릴 렬	104
領	거느릴 령	222
令	하여금 령	187
例	비슷할 례	160
礼	예절 례	116
路	길 로	133
老	늙을 로	160
労	일할 로	157

録	기록할 록	195
鹿	사슴 록	161
緑	초록빛 록	108
論	논할 론	280
料	헤아릴 료	158
留	머무를 류	222
類	무리 류	165
流	흐를 류	096
陸	뭍 륙	157
輪	바퀴 륜	161
律	법칙 률	281
理	다스릴 리	052
里	마을 리	054
梨	배나무 리	189
裏	속 리	282
利	이로울 리	188
林	수풀 림	018
臨	임할 림	282
立	설 립	030

ㅁ

馬	말 마	052
幕	장막 막	282
晩	늦을 만	282
万	일만 만	051
満	찰 만	161
末	끝 말	147
亡	망할 망	283
望	바랄 망	177
忘	잊을 망	283
枚	낱 매	283
妹	누이 매	048
毎	매양 매	048

梅	매화 매	161	迷	미혹할 미	224	並	나란할 병	285
買	살 매	059	米	쌀 미	072	病	병 병	116
売	팔 매	058	未	아닐 미	195	兵	병사 병	170
麦	보리 맥	072	美	아름다울 미	109	報	갚을 보	239
脈	줄기 맥	222	民	백성 민	162	歩	걸음 보	051
盟	맹세 맹	283	密	빽빽할 밀	289	補	기울 보	285
面	낯 면	097				宝	보배 보	285
綿	솜 면	223	**ㅂ**			保	지킬 보	230
勉	힘쓸 면	108	博	넓을 박	162	複	겹칠 복	217
皿	그릇 명	097	班	나눌 반	284	腹	배 복	289
命	목숨 명	097	反	돌이킬 반	103	福	복 복	106
明	밝을 명	063	返	돌이킬 반	109	服	옷 복	118
鳴	울 명	054	半	반 반	063	復	회복할 복	217
名	이름 명	028	飯	밥 반	176	本	근본 본	028
模	본뜰 모	284	発	필 발	097	棒	막대 봉	286
母	어미 모	047	放	놓을 방	087	部	나눌 부	086
暮	저물 모	283	防	막을 방	237	府	마을 부	198
毛	터럭 모	044	方	모 방	064	婦	며느리 부	224
木	나무 목	016	訪	찾을 방	284	副	버금 부	178
目	눈 목	024	倍	곱 배	109	富	부유할 부	178
牧	칠 목	162	配	나눌 배	118	不	아닐 부	187
夢	꿈 몽	223	背	등 배	285	否	아닐 부	286
墓	무덤 묘	223	俳	배우 배	299	父	아비 부	047
貿	무역할 무	237	拜	절 배	284	阜	언덕 부	169
無	없을 무	158	百	일백 백	015	付	줄 부	195
武	호반 무	223	白	흰 백	019	夫	지아비 부	170
務	힘쓸 무	229	番	차례 번	058	負	질 부	106
文	글월 문	027	犯	범할 범	237	北	북녘 북	037
聞	들을 문	059	法	법 법	167	粉	가루 분	224
門	문 문	064	辺	가 변	165	分	나눌 분	050
問	물을 문	108	弁	고깔 변	230	奮	떨칠 분	286
物	물건 물	105	変	변할 변	170	仏	부처 불	231
味	맛 미	094	別	나눌 별	177	備	갖출 비	218

한자	뜻·음	쪽	한자	뜻·음	쪽	한자	뜻·음	쪽
比	견줄 비	237	事	일 사	123	昔	예 석	119
飛	날 비	196	寺	절 사	077	席	자리 석	146
批	비평할 비	291	査	조사할 사	239	夕	저녁 석	020
肥	살찔 비	231	死	죽을 사	116	選	가릴 선	146
秘	숨길 비	289	舍	집 사	232	先	먼저 선	027
悲	슬플 비	119	産	낳을 산	171	船	배 선	071
費	쓸 비	210	山	메 산	017	宣	베풀 선	292
非	아닐 비	238	算	셈할 산	070	線	줄 선	071
鼻	코 비	133	酸	실 산	258	善	착할 선	293
貧	가난할 빈	231	散	흩을 산	196	雪	눈 설	053
氷	얼음 빙	090	殺	죽일 살	228	說	말씀 설	185

人

한자	뜻·음	쪽	한자	뜻·음	쪽	한자	뜻·음	쪽
飼	기를 사	232	三	석 삼	013	設	베풀 설	260
四	넉 사	013	森	수풀 삼	018	舌	혀 설	293
似	닮을 사	232	傷	다칠 상	292	星	별 성	076
詞	말 사	292	像	모양 상	250	省	살필 성	171
辞	말씀 사	166	箱	상자 상	133	城	성 성	148
司	맡을 사	171	賞	상줄 상	233	聖	성인 성	293
砂	모래 사	290	想	생각 상	083	性	성품 성	248
社	모일 사	060	相	서로 상	086	盛	성할 성	293
捨	버릴 사	291	上	윗 상	025	声	소리 성	042
写	베낄 사	087	商	장사 상	123	成	이룰 성	147
使	부릴 사	097	象	코끼리 상	249	誠	정성 성	290
史	사기 사	229	常	항상 상	238	細	가늘 세	061
謝	사례할 사	247	狀	형상 상	247	稅	세금 세	229
私	사사 사	291	色	빛 색	065	洗	씻을 세	294
思	생각 사	070	生	날 생	027	世	인간 세	085
士	선비 사	232	書	글 서	059	勢	형세 세	233
仕	섬길 사	119	暑	더울 서	119	所	바 소	113
師	스승 사	209	署	마을 서	292	昭	밝을 소	125
糸	실 사	030	西	서녘 서	037	素	본디 소	258
射	쏠 사	291	序	차례 서	233	燒	불사를 소	172
			潟	개펄 석	171	消	사라질 소	084
			石	돌 석	031	巢	새집 소	172

笑	웃음 소	172	縄	밧줄 승	169	芽	싹 아	180
小	작을 소	026	勝	이길 승	106	児	아이 아	180
少	적을 소	040	承	이을 승	290	悪	악할 악	126
属	무리 속	248	乗	탈 승	083	顔	낯 안	043
束	묶을 속	168	時	때 시	049	眼	눈 안	240
速	빠를 속	088	示	보일 시	259	岸	언덕 안	134
続	이을 속	172	視	볼 시	279	案	책상 안	181
損	덜 손	227	始	비로소 시	106	安	편안 안	126
孫	손자 손	179	詩	시 시	115	岩	바위 암	053
率	거느릴 솔	238	試	시험할 시	167	暗	어두울 암	126
送	보낼 송	087	市	저자 시	069	圧	누를 압	240
松	소나무 송	179	矢	화살 시	062	央	가운데 앙	134
刷	인쇄할 쇄	166	食	먹을 식	050	愛	사랑 애	196
収	거둘 수	279	式	법 식	114	額	이마 액	241
樹	나무 수	294	息	쉴 식	133	液	진 액	240
修	닦을 수	233	植	심을 식	105	桜	앵두나무 앵	241
垂	드리울 수	294	識	알 식	230	野	들 야	041
首	머리 수	042	申	납 신	100	夜	밤 야	039
水	물 수	016	身	몸 신	120	若	같을 약	295
受	받을 수	120	信	믿을 신	180	約	맺을 약	168
輸	보낼 수	234	新	새 신	059	薬	약 약	094
数	셀 수	070	神	신 신	100	弱	약할 약	040
手	손 수	024	臣	신하 신	179	養	기를 양	181
授	줄 수	234	実	열매 실	125	様	모양 양	114
守	지킬 수	120	失	잃을 실	178	陽	볕 양	089
熟	익을 숙	294	室	집 실	057	羊	양 양	098
宿	잘 숙	095	深	깊을 심	126	洋	큰바다 양	098
純	순수할 순	295	心	마음 심	041	漁	고기 잡을 어	181
順	순할 순	179	十	열 십	014	語	말씀 어	050
術	재주 술	227	氏	성씨 씨	180	魚	물고기 어	053
述	펼 술	234				億	억 억	181
習	익힐 습	093	ㅇ			言	말씀 언	050
拾	주울 습	133	我	나 아	295	厳	엄할 엄	295

業	업 업	083	往	갈 왕	217	委	맡길 위	115
余	남을 여	241	王	임금 왕	023	胃	밥통 위	309
逆	거스를 역	260	外	바깥 외	041	危	위태할 위	302
役	부릴 역	117	曜	빛날 요	076	位	자리 위	175
駅	정거장 역	127	要	요긴할 요	175	衛	지킬 위	242
域	지경 역	296	浴	목욕할 욕	189	油	기름 유	099
訳	통변할 역	300	欲	하고자 할 욕	301	遺	남길 유	302
研	갈 연	105	勇	날랠 용	190	遊	놀 유	127
然	그럴 연	175	用	쓸 용	062	由	말미암을 유	099
延	늘일 연	296	容	얼굴 용	242	幼	어릴 유	302
沿	물 따라갈 연	296	羽	깃 우	075	有	있을 유	127
燃	탈 연	241	優	뛰어날 우	299	乳	젖 유	302
演	펼 연	227	友	벗 우	043	肉	고기 육	050
熱	더울 열	158	雨	비 우	017	育	기를 육	134
染	물들 염	300	牛	소 우	052	六	여섯 육	014
塩	소금 염	182	右	오른쪽 우	025	銀	은 은	134
葉	잎 엽	124	郵	우편 우	301	恩	은혜 은	303
営	경영할 영	210	宇	집 우	299	飲	마실 음	096
永	길 영	239	雲	구름 운	053	音	소리 음	030
英	뛰어날 영	182	運	옮길 운	093	泣	울 읍	178
映	비칠 영	301	熊	곰 웅	190	応	응할 응	242
栄	영화로울 영	182	源	근원 원	299	意	뜻 의	093
泳	헤엄칠 영	090	園	동산 원	069	義	옳을 의	209
預	맡길 예	301	円	둥글 원	030	衣	옷 의	190
予	미리 예	127	遠	멀 원	049	議	의논할 의	185
芸	재주 예	182	原	언덕 원	073	疑	의심할 의	303
誤	그르칠 오	300	媛	여자 원	190	医	의원 의	113
午	낮 오	039	願	원할 원	178	耳	귀 이	024
五	다섯 오	013	元	으뜸 원	075	異	다를 이	303
玉	구슬 옥	029	員	인원 원	115	二	두 이	013
屋	집 옥	127	院	집 원	113	易	쉬울 이	237
温	따뜻할 온	090	月	달 월	015	以	써 이	190
完	완전할 완	195	囲	둘레 위	242	移	옮길 이	243

翌	다음 날 익	303	裝	꾸밀 장	305	前	앞 전	039
益	더할 익	228	場	마당 장	069	専	오로지 전	311
引	당길 인	062	障	막을 장	305	全	온전할 전	086
印	도장 인	166	張	베풀 장	243	伝	전할 전	185
人	사람 인	029	臟	오장 장	306	展	펼 전	270
認	알 인	290	帳	장막 장	135	畑	화전 전	135
仁	어질 인	304	将	장차 장	305	折	꺾을 절	191
因	인할 인	243	腸	창자 장	309	切	끊을 절	048
日	날 일	015	再	두 재	248	絶	끊을 절	251
一	한 일	013	裁	옷 마를 재	306	節	마디 절	155
任	맡길 임	248	在	있을 재	249	店	가게 점	060
賃	품삯 임	304	材	재목 재	159	点	점 점	073
入	들 입	028	財	재물 재	244	接	이을 접	260

ㅈ

茨	가시나무 자	191	災	재앙 재	244	整	가지런할 정	113
字	글자 자	028	才	재주 재	074	丁	고무래 정	135
者	놈 자	124	争	다툴 쟁	148	静	고요할 정	189
姿	모양 자	304	著	나타날 저	306	庭	뜰 정	128
滋	붙을 자	170	低	낮을 저	186	情	뜻 정	239
自	스스로 자	049	底	밑 저	188	停	머무를 정	252
子	아들 자	023	貯	쌓을 저	251	正	바를 정	031
姉	윗누이 자	047	的	과녁 적	198	町	밭두둑 정	020
磁	자석 자	304	績	길쌈할 적	251	井	우물 정	192
資	재물 자	243	敵	대적할 적	311	政	정사 정	259
昨	어제 작	191	適	맞을 적	251	頂	정수리 정	312
作	지을 작	063	赤	붉을 적	019	定	정할 정	085
殘	남을 잔	176	積	쌓을 적	191	精	정할 정	252
蚕	누에 잠	305	笛	피리 적	135	程	한도 정	211
雜	섞일 잡	218	転	구를 전	094	済	건널 제	312
蔵	감출 장	306	銭	돈 전	311	提	끌 제	259
章	글 장	134	田	밭 전	020	除	덜 제	312
長	길 장	060	電	번개 전	051	諸	모두 제	312
			典	법 전	166	弟	아우 제	047
			戰	싸움 전	148	制	절제할 제	249

題	제목 제	095	株	그루 주	314	直	곧을 직	074
祭	제사 제	116	柱	기둥 주	089	職	직분 직	231
際	즈음 제	252	晝	낮 주	039	織	짤 직	257
製	지을 제	219	走	달릴 주	064	進	나아갈 진	103
第	차례 제	136	周	두루 주	165	眞	참 진	087
條	가지 조	209	注	부을 주	089	質	바탕 질	253
調	고를 조	113	住	살 주	089	集	모을 집	115
助	도울 조	128	酒	술 주	096			
潮	밀물 조	313	奏	아뢸 주	314			
照	비칠 조	192	主	임금 주	088	**ㅊ**		
鳥	새 조	053	週	주일 주	048	差	다를 차	176
朝	아침 조	039	宙	집 주	299	次	버금 차	136
早	이를 조	031	竹	대 죽	019	借	빌릴 차	199
操	잡을 조	311	準	준할 준	218	車	수레 차	031
兆	조짐 조	192	中	가운데 중	026	着	붙을 착	098
從	좇을 종	313	重	무거울 중	123	贊	도울 찬	254
造	지을 조	219	衆	무리 중	314	察	살필 찰	197
組	짤 조	060	仲	버금 중	199	札	편지 찰	197
祖	할아버지 조	252	增	더할 증	208	參	참여할 참	145
族	겨레 족	136	証	증거 증	257	倉	곳집 창	199
足	발 족	024	蒸	찔 증	315	唱	부를 창	199
尊	높을 존	269	指	가리킬 지	136	創	비롯할 창	315
存	있을 존	313	枝	가지 지	253	窓	창 창	315
卒	마칠 졸	192	持	가질 지	114	菜	나물 채	199
宗	마루 종	313	止	그칠 지	074	採	캘 채	254
終	마칠 종	106	誌	기록할 지	315	策	꾀 책	316
縱	세로 종	311	地	땅 지	072	責	꾸짖을 책	247
種	씨 종	165	志	뜻 지	253	冊	책 책	316
佐	도울 좌	198	池	못 지	075	處	곳 처	316
左	왼 좌	025	知	알 지	062	妻	아내 처	254
座	자리 좌	314	至	이를 지	315	尺	자 척	319
罪	허물 죄	247	紙	종이 지	073	川	내 천	018
州	고을 주	136	支	지탱할 지	253	泉	샘 천	300
						淺	얕을 천	200

千	일천 천	015		治	다스릴 치	167		坂	고개 판	100
天	하늘 천	017		置	둘 치	176		板	널 판	100
鉄	쇠 철	137		歯	이 치	137		阪	언덕 판	200
晴	갤 청	074		則	법칙 칙	219		判	판단할 판	220
庁	관청 청	279		親	친할 친	048		版	판목 판	262
清	맑을 청	189		七	일곱 칠	014		八	여덟 팔	014
青	푸를 청	019		針	바늘 침	320		貝	조개 패	029
体	몸 체	044						敗	패할 패	200
招	부를 초	261		**ㅋ**				編	엮을 편	257
秒	분초 초	137		快	쾌할 쾌	261		片	조각 편	321
初	처음 초	186						便	편할 편	187
草	풀 초	018		**ㅌ**				平	평평할 평	104
寸	마디 촌	319		他	다를 타	137		評	평할 평	207
村	마을 촌	020		打	칠 타	124		閉	닫을 폐	321
総	거느릴 총	230		誕	낳을 탄	320		陛	대궐 섬돌 폐	322
最	가장 최	186		炭	숯 탄	138		肺	허파 폐	321
秋	가을 추	038		探	찾을 탐	320		布	베 포	262
推	밀 추	319		湯	끓일 탕	089		包	쌀 포	201
追	쫓을 추	137		態	모습 태	247		暴	사나울 폭	262
祝	빌 축	168		太	클 태	061		表	겉 표	096
築	쌓을 축	220		討	칠 토	280		俵	나누어 줄 표	322
縮	줄일 축	280		土	흙 토	016		票	표 표	198
春	봄 춘	037		統	거느릴 통	261		標	표할 표	197
出	날 출	028		痛	아플 통	289		品	물건 품	128
虫	벌레 충	019		通	통할 통	057		風	바람 풍	042
忠	충성 충	290		退	물러날 퇴	270		豊	풍년 풍	263
沖	화할 충	169		投	던질 투	114		皮	가죽 피	138
取	가질 취	128		特	특별할 특	177		必	반드시 필	175
就	나아갈 취	319						筆	붓 필	138
側	곁 측	200		**ㅍ**						
測	헤아릴 측	261		派	갈래 파	321		**ㅎ**		
層	층 층	320		破	깨트릴 파	262		荷	멜 하	117
値	값 치	310		波	물결 파	125		河	물 하	263

한자	훈음	쪽
下	아래 하	025
何	어찌 하	075
夏	여름 하	038
賀	하례할 하	168
学	배울 학	026
寒	찰 한	124
漢	한수 한	138
限	한할 한	250
割	벨 할	322
合	합할 합	061
航	배 항	263
港	항구 항	138
海	바다 해	042
解	풀 해	250
害	해할 해	201
行	다닐 행	058
幸	다행 행	105
鄕	시골 향	322
香	향기 향	201
向	향할 향	095
許	허락할 허	207
憲	법 헌	323
驗	시험할 험	167
險	험할 험	263
革	가죽 혁	323
現	나타날 현	249
縣	매달 현	139
穴	구멍 혈	323
血	피 혈	098
協	화합할 협	185
形	모양 형	065
型	모형 형	263
兄	형 형	047
護	도울 호	230
号	부르짖을 호	139
呼	부를 호	309
好	좋을 호	196
戶	집 호	077
湖	호수 호	139
混	섞을 혼	218
紅	붉을 홍	323
画	그림 화	073
花	꽃 화	018
化	될 화	085
話	말씀 화	051
火	불 화	016
貨	재물 화	201
和	화할 화	125
確	굳을 확	257
拡	넓힐 확	323
丸	둥글 환	065
活	살 활	061
黃	누를 황	044
皇	임금 황	310
絵	그림 회	064
回	돌아올 회	071
会	모일 회	060
栃	상수리나무 회	202
灰	재 회	324
橫	가로 횡	139
効	본받을 효	264
孝	효도 효	324
候	기후 후	202
厚	두터울 후	264
後	뒤 후	040
后	임금 후	310
訓	가르칠 훈	187
揮	휘두를 휘	324
休	쉴 휴	020
胸	가슴 흉	324
黑	검을 흑	044
吸	마실 흡	309
興	일 흥	217
喜	기쁠 희	264
希	바랄 희	177

YBM
일본어
상용한자
1026
한자쓰기 노트

와이비엠
홀딩스

0001 一 한 일	음 いち 훈 ひと	一							
		총 1획　一							

0002 二 두 이	음 に 훈 ふた	二							
		총 2획　二　二							

0003 三 석 삼	음 さん 훈 み	三							
		총 3획　三　三　三							

0004 四 넉 사	음 し 훈 よ	四							
		총 5획　四　四　四　四　四							

0005 五 다섯 오	음 ご 훈 いつ	五							
		총 4획　五　五　五　五							

0006 六 여섯 육	음 ろく 훈 む	六							
		총 4획　六　六　六　六							

0007 七 일곱 칠	음 しち 훈 なな	七							
		총 2획　七　七							

0008 八 여덟 팔	음 はち 훈 や	八							
		총 2획　八　八							

0009 九 아홉 구	음 きゅう 훈 ここの	九							
		총 2획　九　九							

0010 十 열 십	음 じゅう 훈 とお	十							
		총 2획　十　十							

0011 百	음 ひゃく / 훈 一	일백 **백**	百	총 6획 百 百 百 百 百 百

| 0012 千 | 음 せん / 훈 ち | 일천 **천** | 千 | 총 3획 千 千 千 |

| 0013 年 | 음 ねん / 훈 とし | 해 **년** | 年 | 총 6획 年 年 年 年 年 年 |

| 0014 日 | 음 にち / 훈 ひ | 날 **일** | 日 | 총 4획 日 日 日 日 |

| 0015 月 | 음 げつ / 훈 つき | 달 **월** | 月 | 총 4획 月 月 月 月 |

| 0016 火 | 음 か / 훈 ひ | 불 **화** | 火 | 총 4획 火 火 火 火 |

| 0017 水 | 음 すい / 훈 みず | 물 **수** | 水 | 총 4획 水 水 水 水 |

| 0018 木 | 음 もく / 훈 き | 나무 **목** | 木 | 총 4획 木 木 木 木 |

| 0019 金 | 음 きん / 훈 かね | 쇠 **금** | 金 | 총 8획 金 金 金 金 金 金 金 金 |

| 0020 土 | 음 ど / 훈 つち | 흙 **토** | 土 | 총 3획 土 土 土 |

0021 空	음 くう / 훈 そら	空							
빌 공		총 8획　空 空 空 空 空 空 空 空							

0022 気	음 き / 훈 ―	気							
기운 기		총 6획　気 気 気 気 気 気							

0023 雨	음 う / 훈 あめ	雨							
비 우		총 8획　雨 雨 雨 雨 雨 雨 雨 雨							

0024 天	음 てん / 훈 あま	天							
하늘 천		총 4획　天 天 天 天							

0025 山	음 さん / 훈 やま	山							
메 산		총 3획　山 山 山							

0026 川	음 せん / 훈 かわ	川							
내 천		총 3획　川 川 川							

0027 森	음 しん / 훈 もり	森							
수풀 삼		총 12획　森 森 森 森 森 森 森 森 森 森 森 森							

0028 林	음 りん / 훈 はやし	林							
수풀 림		총 8획　林 林 林 林 林 林 林 林							

0029 花	음 か / 훈 はな	花							
꽃 화		총 7획　花 花 花 花 花 花 花							

0030 草	음 そう / 훈 くさ	草							
풀 초		총 9획　草 草 草 草 草 草 草 草 草							

0031	竹 대 죽	음 ちく 훈 たけ	竹	총 6획　竹 竹 竹 竹 竹 竹
0032	虫 벌레 충	음 ちゅう 훈 むし	虫	총 6획　虫 虫 虫 虫 虫 虫
0033	白 흰 백	음 はく 훈 しろ	白	총 5획　白 白 白 白 白
0034	青 푸를 청	음 せい 훈 あお	青	총 8획　青 青 青 青 青 青 青 青
0035	赤 붉을 적	음 せき 훈 あか	赤	총 7획　赤 赤 赤 赤 赤 赤 赤
0036	村 마을 촌	음 そん 훈 むら	村	총 7획　村 村 村 村 村 村 村
0037	田 밭 전	음 でん 훈 た	田	총 5획　田 田 田 田 田
0038	町 밭두둑 정	음 ちょう 훈 まち	町	총 7획　町 町 町 町 町 町 町
0039	休 쉴 휴	음 きゅう 훈 やす(む)	休	총 6획　休 休 休 休 休 休
0040	夕 저녁 석	음 せき 훈 ゆう	夕	총 3획　夕 夕 夕

0041 男 사내 **남**	음 だん 훈 おとこ	男							
	총 7획	男 男 男 男 男 男 男							

0042 女 여자 **녀**	음 じょ 훈 おんな	女							
	총 3획	女 女 女							

0043 子 아들 **자**	음 し 훈 こ	子							
	총 3획	子 子 子							

0044 王 임금 **왕**	음 おう 훈 ―	王							
	총 4획	王 王 王 王							

0045 口 입 **구**	음 く 훈 くち	口							
	총 3획	口 口 口							

0046 目 눈 **목**	음 もく 훈 め	目							
	총 5획	目 目 目 目 目							

0047 耳 귀 **이**	음 じ 훈 みみ	耳							
	총 6획	耳 耳 耳 耳 耳 耳							

0048 手 손 **수**	음 しゅ 훈 て	手							
	총 4획	手 手 手 手							

0049 足 발 **족**	음 そく 훈 あし	足							
	총 7획	足 足 足 足 足 足 足							

0050 上 윗 **상**	음 じょう 훈 うえ	上							
	총 3획	上 上 上							

0051 下 아래 **하**	음 か 훈 した	下							
총 3획	下 下 下								

0052 左 왼 **좌**	음 さ 훈 ひだり	左							
총 5획	左 左 左 左 左								

0053 右 오른쪽 **우**	음 う 훈 みぎ	右							
총 5획	右 右 右 右 右								

0054 大 큰 **대**	음 だい 훈 おお	大							
총 3획	大 大 大								

0055 中 가운데 **중**	음 ちゅう 훈 なか	中							
총 4획	中 中 中 中								

0056 小 작을 **소**	음 しょう 훈 ちい (さい)	小							
총 3획	小 小 小								

0057 学 배울 **학**	음 がく 훈 まな(ぶ)	学							
총 8획	学 学 学 学 学 学 学								

0058 校 학교 **교**	음 こう 훈 ―	校							
총 10획	校 校 校 校 校 校 校 校 校 校								

0059 先 먼저 **선**	음 せん 훈 さき	先							
총 6획	先 先 先 先 先 先								

0060 生 날 **생**	음 せい 훈 なま	生							
총 5획	生 生 生 生 生								

0061 文 글월 문	음 ぶん / 훈 ふみ	文						
	총 4획	文 文 文 文						

0062 字 글자 자	음 じ / 훈 あざ	字						
	총 6획	字 字 字 字 字 字						

0063 本 근본 본	음 ほん / 훈 もと	本						
	총 5획	本 本 本 本 本						

0064 名 이름 명	음 めい / 훈 な	名						
	총 6획	名 名 名 名 名 名						

0065 出 날 출	음 しゅつ / 훈 で(る)	出						
	총 5획	出 出 出 出 出						

0066 入 들 입	음 にゅう / 훈 はい(る)	入						
	총 2획	入 入						

0067 人 사람 인	음 じん / 훈 ひと	人						
	총 2획	人 人						

0068 見 볼 견	음 けん / 훈 み(る)	見						
	총 7획	見 見 見 見 見 見 見						

0069 貝 조개 패	음 かい / 훈 ―	貝						
	총 7획	貝 貝 貝 貝 貝 貝 貝						

0070 玉 구슬 옥	음 ぎょく / 훈 たま	玉						
	총 5획	玉 玉 玉 玉 玉						

0071 犬 개 견	음 けん / 훈 いぬ	犬							
		총 4획　犬　犬　犬　犬							

0072 円 둥글 원	음 えん / 훈 まる(い)	円							
		총 4획　円　円　円　円							

0073 力 힘 력	음 りょく / 훈 ちから	力							
		총 2획　力　力							

0074 立 설 립	음 りつ / 훈 た(つ)	立							
		총 5획　立　立　立　立　立							

0075 音 소리 음	음 おん / 훈 おと	音							
		총 9획　音　音　音　音　音　音　音　音　音							

0076 糸 실 사	음 し / 훈 いと	糸							
		총 6획　糸　糸　糸　糸　糸　糸							

0077 正 바를 정	음 せい / 훈 ただ(しい)	正							
		총 5획　正　正　正　正　正							

0078 石 돌 석	음 せき / 훈 いし	石							
		총 5획　石　石　石　石　石							

0079 早 이를 조	음 そう / 훈 はや(い)	早							
		총 6획　早　早　早　早　早　早							

0080 車 수레 차	음 しゃ / 훈 くるま	車							
		총 7획　車　車　車　車　車　車　車							

| 0081 東
동녘 **동** | 음 とう
훈 ひがし | 東 | | | | | | | |
| 총 8획 | 百 東 東 東 東 東 東 東 |

| 0082 西
서녘 **서** | 음 せい
훈 にし | 西 | | | | | | | |
| 총 6획 | 西 西 西 西 西 西 |

| 0083 南
남녘 **남** | 음 なん
훈 みなみ | 南 | | | | | | | |
| 총 9획 | 南 南 南 南 南 南 南 南 南 |

| 0084 北
북녘 **북** | 음 ほく
훈 きた | 北 | | | | | | | |
| 총 5획 | 北 北 北 北 北 |

| 0085 春
봄 **춘** | 음 しゅん
훈 はる | 春 | | | | | | | |
| 총 9획 | 春 春 春 春 春 春 春 春 春 |

| 0086 夏
여름 **하** | 음 か
훈 なつ | 夏 | | | | | | | |
| 총 10획 | 夏 夏 夏 夏 夏 夏 夏 夏 夏 夏 |

| 0087 秋
가을 **추** | 음 しゅう
훈 あき | 秋 | | | | | | | |
| 총 9획 | 秋 秋 秋 秋 秋 秋 秋 秋 秋 |

| 0088 冬
겨울 **동** | 음 とう
훈 ふゆ | 冬 | | | | | | | |
| 총 5획 | 冬 冬 冬 冬 冬 |

| 0089 国
나라 **국** | 음 こく
훈 くに | 国 | | | | | | | |
| 총 8획 | 国 国 国 国 国 国 国 国 |

| 0090 家
집 **가** | 음 か
훈 いえ | 家 | | | | | | | |
| 총 10획 | 家 家 家 家 家 家 家 家 家 家 |

0091 朝 あ침 조	음 ちょう / 훈 あさ	朝							
		총 12획　朝 朝 朝 朝 朝 朝 朝 朝 朝 朝 朝 朝							

0092 昼 낮 주	음 ちゅう / 훈 ひる	昼							
		총 9획　昼 昼 昼 昼 昼 昼 昼 昼 昼							

0093 夜 밤 야	음 や / 훈 よる	夜							
		총 8획　夜 夜 夜 夜 夜 夜 夜 夜							

0094 午 낮 오	음 ご / 훈 ―	午							
		총 4획　午 午 午 午							

0095 前 앞 전	음 ぜん / 훈 まえ	前							
		총 9획　前 前 前 前 前 前 前 前 前							

0096 後 뒤 후	음 ご / 훈 あと	後							
		총 9획　後 後 後 後 後 後 後 後 後							

0097 多 많을 다	음 た / 훈 おお(い)	多							
		총 6획　多 多 多 多 多 多							

0098 少 적을 소	음 しょう / 훈 すく(ない)	少							
		총 4획　少 少 少 少							

0099 強 강할 강	음 きょう / 훈 つよ(い)	強							
		총 11획　強 強 強 強 強 強 強 強 強 強 強							

0100 弱 약할 약	음 じゃく / 훈 よわ(い)	弱							
		총 10획　弱 弱 弱 弱 弱 弱 弱 弱 弱 弱							

번호	한자	음	훈	뜻	총획
0101	野	や	の	들 야	총 11획
0102	外	がい	そと	바깥 외	총 5획
0103	内	ない	うち	안 내	총 4획
0104	心	しん	こころ	마음 심	총 4획
0105	歌	か	うた	노래 가	총 14획
0106	声	せい	こえ	소리 성	총 7획
0107	海	かい	うみ	바다 해	총 9획
0108	風	ふう	かぜ	바람 풍	총 9획
0109	首	しゅ	くび	머리 수	총 9획
0110	道	どう	みち	길 도	총 12획

| 0111 頭 | 음 とう / 훈 あたま / 머리 두 | 頭 | 총 16획 頭 頭 頭 頭 頭 頭 頭 頭 頭 頭 頭 頭 頭 頭 頭 頭 |

| 0112 顔 | 음 がん / 훈 かお / 낯 안 | 顔 | 총 18획 顔 顔 顔 顔 顔 顔 顔 顔 顔 顔 顔 顔 顔 顔 顔 顔 顔 |

| 0113 友 | 음 ゆう / 훈 とも / 벗 우 | 友 | 총 4획 友 友 友 友 |

| 0114 京 | 음 きょう / 훈 ― / 서울 경 | 京 | 총 8획 京 京 京 京 京 京 京 京 |

| 0115 今 | 음 こん / 훈 いま / 이제 금 | 今 | 총 4획 今 今 今 今 |

| 0116 古 | 음 こ / 훈 ふる(い) / 옛 고 | 古 | 총 5획 古 古 古 古 古 |

| 0117 黄 | 음 おう / 훈 き / 누를 황 | 黄 | 총 11획 黄 黄 黄 黄 黄 黄 黄 黄 黄 黄 黄 |

| 0118 黒 | 음 こく / 훈 くろ / 검을 흑 | 黒 | 총 11획 黒 黒 黒 黒 黒 黒 黒 黒 黒 黒 黒 |

| 0119 体 | 음 たい / 훈 からだ / 몸 체 | 体 | 총 7획 体 体 体 体 体 体 体 |

| 0120 毛 | 음 もう / 훈 け / 터럭 모 | 毛 | 총 4획 毛 毛 毛 毛 |

0121 父 아비 **부**	음 ふ 훈 ちち	父							
		총 4획　父 父 父 父							

0122 母 어미 **모**	음 ぼ 훈 はは	母							
		총 5획　母 母 母 母 母							

0123 兄 형 **형**	음 きょう 훈 あに	兄							
		총 5획　兄 兄 兄 兄 兄							

0124 弟 아우 **제**	음 だい 훈 おとうと	弟							
		총 7획　弟 弟 弟 弟 弟 弟 弟							

0125 姉 윗누이 **자**	음 し 훈 あね	姉							
		총 8획　姉 姉 姉 姉 姉 姉 姉 姉							

0126 妹 누이 **매**	음 まい 훈 いもうと	妹							
		총 8획　妹 妹 妹 妹 妹 妹 妹 妹							

0127 親 친할 **친**	음 しん 훈 した (しい)	親							
		총 16획　親 親 親 親 親 親 親 親 親 親 親 親 親 親 親 親							

0128 切 끊을 **절**	음 せつ 훈 き(る)	切							
		총 4획　切 切 切 切							

0129 毎 매양 **매**	음 まい 훈 ―	毎							
		총 6획　毎 毎 毎 毎 毎 毎							

0130 週 주일 **주**	음 しゅう 훈 ―	週							
		총 11획　週 週 週 週 週 週 週 週 週 週 週							

| 0131 時
때 시 | 음 じ
훈 とき | 時 | | | | | | | |
| 총 10획 時 時 時 時 時 時 時 時 時 時 | | | | | | | | | |

| 0132 間
사이 간 | 음 かん
훈 あいだ | 間 | | | | | | | |
| 총 12획 間 間 間 間 間 間 間 間 間 間 間 間 | | | | | | | | | |

| 0133 遠
멀 원 | 음 えん
훈 とお(い) | 遠 | | | | | | | |
| 총 13획 遠 遠 遠 遠 遠 遠 遠 遠 遠 遠 遠 遠 遠 | | | | | | | | | |

| 0134 近
가까울 근 | 음 きん
훈 ちか(い) | 近 | | | | | | | |
| 총 7획 近 近 近 近 近 近 近 | | | | | | | | | |

| 0135 自
스스로 자 | 음 じ
훈 みずか(ら) | 自 | | | | | | | |
| 총 6획 自 自 自 自 自 自 | | | | | | | | | |

| 0136 分
나눌 분 | 음 ぶん
훈 わ(かる) | 分 | | | | | | | |
| 총 4획 分 分 分 分 | | | | | | | | | |

| 0137 言
말씀 언 | 음 げん
훈 い(う) | 言 | | | | | | | |
| 총 7획 言 言 言 言 言 言 言 | | | | | | | | | |

| 0138 語
말씀 어 | 음 ご
훈 かた(る) | 語 | | | | | | | |
| 총 14획 語 語 語 語 語 語 語 語 語 語 語 語 語 語 | | | | | | | | | |

| 0139 肉
고기 육 | 음 にく
훈 ― | 肉 | | | | | | | |
| 총 6획 肉 肉 肉 肉 肉 肉 | | | | | | | | | |

| 0140 食
먹을 식 | 음 しょく
훈 た(べる) | 食 | | | | | | | |
| 총 9획 食 食 食 食 食 食 食 食 食 | | | | | | | | | |

0141 電	음 でん / 훈 ―	電						
번개 전	총 13획 電 電 電 電 電 電 電 電 電 電 電 電 電							

0142 話	음 わ / 훈 はな(す)	話						
말씀 화	총 13획 話 話 話 話 話 話 話 話 話 話 話 話 話							

0143 万	음 まん / 훈 ―	万						
일만 만	총 3획 万 万 万							

0144 歩	음 ほ / 훈 ある(く)	歩						
걸음 보	총 8획 歩 歩 歩 歩 歩 歩 歩 歩							

0145 工	음 こう / 훈 ―	工						
장인 공	총 3획 工 工 工							

0146 科	음 か / 훈 ―	科						
과목 과	총 9획 科 科 科 科 科 科 科 科 科							

0147 理	음 り / 훈 ―	理						
다스릴 리	총 11획 理 理 理 理 理 理 理 理 理 理 理							

0148 牛	음 ぎゅう / 훈 うし	牛						
소 우	총 4획 牛 牛 牛 牛							

0149 角	음 かく / 훈 つの	角						
뿔 각	총 7획 角 角 角 角 角 角 角							

0150 馬	음 ば / 훈 うま	馬						
말 마	총 10획 馬 馬 馬 馬 馬 馬 馬 馬 馬 馬							

0151 鳥	음 ちょう / 훈 とり	총 11획 鳥 鳥 鳥 鳥 鳥 鳥 鳥 鳥 鳥 鳥 鳥
새 조		

0152 魚	음 ぎょ / 훈 さかな
물고기 어	총 11획 魚 魚 魚 魚 魚 魚 魚 魚 魚 魚 魚

0153 雪	음 せつ / 훈 ゆき
눈 설	총 11획 雪 雪 雪 雪 雪 雪 雪 雪 雪 雪 雪

0154 雲	음 うん / 훈 くも
구름 운	총 12획 雲 雲 雲 雲 雲 雲 雲 雲 雲 雲 雲 雲

0155 岩	음 がん / 훈 いわ
바위 암	총 8획 岩 岩 岩 岩 岩 岩 岩 岩

0156 谷	음 こく / 훈 たに
골 곡	총 7획 谷 谷 谷 谷 谷 谷 谷

0157 高	음 こう / 훈 たか(い)
높을 고	총 10획 高 高 高 高 高 高 高 高 高 高

0158 台	음 だい / 훈 ―
대 대	총 5획 台 台 台 台 台

0159 鳴	음 めい / 훈 な(る)
울 명	총 14획 鳴 鳴 鳴 鳴 鳴 鳴 鳴 鳴 鳴 鳴 鳴 鳴 鳴 鳴

0160 里	음 り / 훈 さと
마을 리	총 7획 里 里 里 里 里 里 里

0161 教 가르칠 교	음 きょう 훈 おし (える)	教							
	총 11획	教 教 教 教 教 教 教 教 教 教 教							

0162 室 집 실	음 しつ 훈 むろ	室							
	총 9획	室 室 室 室 室 室 室 室 室							

0163 交 사귈 교	음 こう 훈 まじ (わる)	交							
	총 6획	交 交 交 交 交 交							

0164 通 통할 통	음 つう 훈 とお(る)	通							
	총 10획	通 通 通 通 通 通 通 通 通 通							

0165 同 한가지 동	음 どう 훈 おな(じ)	同							
	총 6획	同 同 同 同 同 同							

0166 行 다닐 행	음 こう 훈 い(く)	行							
	총 6획	行 行 行 行 行 行							

0167 当 마땅할 당	음 とう 훈 あ(たる)	当							
	총 6획	当 当 当 当 当 当							

0168 番 차례 번	음 ばん 훈 ―	番							
	총 12획	番 番 番 番 番 番 番 番 番 番 番 番							

0169 売 팔 매	음 ばい 훈 う(る)	売							
	총 7획	売 売 売 売 売 売 売							

0170 買 살 매	음 ばい 훈 か(う)	買							
	총 12획	買 買 買 買 買 買 買 買 買 買 買 買							

| 0171 読
읽을 독 | 음 どく
훈 よ(む) | 読 | | | | | | |
| 총 14획 読 読 読 読 読 読 読 読 読 読 読 読 読 読 | | | | | | | | |

| 0172 書
글 서 | 음 しょ
훈 か(く) | 書 | | | | | | |
| 총 10획 書 書 書 書 書 書 書 書 書 書 | | | | | | | | |

| 0173 新
새 신 | 음 しん
훈 あたら(しい) | 新 | | | | | | |
| 총 13획 新 新 新 新 新 新 新 新 新 新 新 新 新 | | | | | | | | |

| 0174 聞
들을 문 | 음 ぶん
훈 き(く) | 聞 | | | | | | |
| 총 14획 聞 聞 聞 聞 聞 聞 聞 聞 聞 聞 聞 聞 聞 聞 | | | | | | | | |

| 0175 会
모일 회 | 음 かい
훈 あ(う) | 会 | | | | | | |
| 총 6획 会 会 会 会 会 会 | | | | | | | | |

| 0176 社
모일 사 | 음 しゃ
훈 やしろ | 社 | | | | | | |
| 총 7획 社 社 社 社 社 社 社 | | | | | | | | |

| 0177 店
가게 점 | 음 てん
훈 みせ | 店 | | | | | | |
| 총 8획 店 店 店 店 店 店 店 店 | | | | | | | | |

| 0178 長
길 장 | 음 ちょう
훈 なが(い) | 長 | | | | | | |
| 총 8획 長 長 長 長 長 長 長 長 | | | | | | | | |

| 0179 組
짤 조 | 음 そ
훈 く(む) | 組 | | | | | | |
| 총 11획 組 組 組 組 組 組 組 組 組 組 組 | | | | | | | | |

| 0180 合
합할 합 | 음 ごう
훈 あ(う) | 合 | | | | | | |
| 총 6획 合 合 合 合 合 合 | | | | | | | | |

| 0181 太 클 태 | 음 たい / 훈 ふと(い) | 太 | | | | | | | |
| 총 4획 | 太 太 大 太 | | | | | | | | |

| 0182 細 가늘 세 | 음 さい / 훈 ほそ(い) | 細 | | | | | | | |
| 총 11획 | 細 細 細 細 細 細 細 細 細 細 | | | | | | | | |

| 0183 活 살 활 | 음 かつ / 훈 ― | 活 | | | | | | | |
| 총 9획 | 活 活 活 活 活 活 活 活 活 | | | | | | | | |

| 0184 用 쓸 용 | 음 よう / 훈 もち(いる) | 用 | | | | | | | |
| 총 5획 | 用 用 用 用 用 | | | | | | | | |

| 0185 矢 화살 시 | 음 し / 훈 や | 矢 | | | | | | | |
| 총 5획 | 矢 矢 矢 矢 矢 | | | | | | | | |

| 0186 知 알 지 | 음 ち / 훈 し(る) | 知 | | | | | | | |
| 총 8획 | 知 知 知 知 知 知 知 知 | | | | | | | | |

| 0187 弓 활 궁 | 음 きゅう / 훈 ゆみ | 弓 | | | | | | | |
| 총 3획 | 弓 弓 弓 | | | | | | | | |

| 0188 引 당길 인 | 음 いん / 훈 ひ(く) | 引 | | | | | | | |
| 총 4획 | 引 引 引 引 | | | | | | | | |

| 0189 作 지을 작 | 음 さく / 훈 つく(る) | 作 | | | | | | | |
| 총 7획 | 作 作 作 作 作 作 作 | | | | | | | | |

| 0190 帰 돌아갈 귀 | 음 き / 훈 かえ(る) | 帰 | | | | | | | |
| 총 10획 | 帰 帰 帰 帰 帰 帰 帰 帰 帰 帰 | | | | | | | | |

| 0191 明
 밝을 **명** | (음) めい
 (훈) あか(るい) | 明 | | | | | | | |
| 총 8획 | 明 明 明 明 明 明 明 明 |

| 0192 半
 반 **반** | (음) はん
 (훈) なか(ば) | 半 | | | | | | | |
| 총 5획 | 半 半 半 半 半 |

| 0193 絵
 그림 **회** | (음) かい
 (훈) ― | 絵 | | | | | | | |
| 총 12획 | 絵 絵 絵 絵 絵 絵 絵 絵 絵 絵 絵 絵 |

| 0194 走
 달릴 **주** | (음) そう
 (훈) はし(る) | 走 | | | | | | | |
| 총 7획 | 走 走 走 走 走 走 走 |

| 0195 来
 올 **래** | (음) らい
 (훈) く(る) | 来 | | | | | | | |
| 총 7획 | 来 来 来 来 来 来 来 |

| 0196 方
 모 **방** | (음) ほう
 (훈) かた | 方 | | | | | | | |
| 총 4획 | 方 方 方 方 |

| 0197 門
 문 **문** | (음) もん
 (훈) かど | 門 | | | | | | | |
| 총 8획 | 門 門 門 門 門 門 門 門 |

| 0198 色
 빛 **색** | (음) しょく
 (훈) いろ | 色 | | | | | | | |
| 총 6획 | 色 色 色 色 色 色 |

| 0199 丸
 둥글 **환** | (음) がん
 (훈) まる | 丸 | | | | | | | |
| 총 3획 | 九 九 丸 |

| 0200 形
 모양 **형** | (음) けい
 (훈) かたち | 形 | | | | | | | |
| 총 7획 | 形 形 形 形 形 形 形 |

0201 公 공평할 공	음 こう 훈 おおやけ	公						
	총 4획	公 公 公 公						

0202 園 동산 원	음 えん 훈 その	園						
	총 13획	園 園 園 園 園 園 園 園 園 園 園 園 園						

0203 市 저자 시	음 し 훈 いち	市						
	총 5획	市 市 市 市 市						

0204 場 마당 장	음 じょう 훈 ば	場						
	총 12획	場 場 場 場 場 場 場 場 場 場 場 場						

0205 広 넓을 광	음 こう 훈 ひろ(い)	広						
	총 5획	広 広 広 広 広						

0206 計 셀 계	음 けい 훈 はか(る)	計						
	총 9획	計 計 計 計 計 計 計 計 計						

0207 算 셈할 산	음 さん 훈 ―	算						
	총 14획	算 算 算 算 算 算 算 算 算 算 算 算 算 算						

0208 数 셀 수	음 すう 훈 かず	数						
	총 13획	数 数 数 数 数 数 数 数 数 数 数 数 数						

0209 思 생각 사	음 し 훈 おも(う)	思						
	총 9획	思 思 思 思 思 思 思 思 思						

0210 考 생각할 고	음 こう 훈 かんが(える)	考						
	총 6획	考 考 考 考 考 考						

0211 汽 물 끓는 김 **기**	음 き 훈 ―	汽							
	총 7획	汽 汽 汽 汽 汽 汽 汽							

0212 船 배 **선**	음 せん 훈 ふね	船							
	총 11획	船 船 船 船 船 船 船 船 船 船 船							

0213 回 돌아올 **회**	음 かい 훈 まわ(る)	回							
	총 6획	回 回 回 回 回 回							

0214 線 줄 **선**	음 せん 훈 ―	線							
	총 15획	線 線 線 線 線 線 線 線 線 線 線 線 線 線 線							

0215 光 빛 **광**	음 こう 훈 ひか(る)	光							
	총 6획	光 光 光 光 光 光							

0216 米 쌀 **미**	음 まい 훈 こめ	米							
	총 6획	米 米 米 米 米 米							

0217 麦 보리 **맥**	음 ばく 훈 むぎ	麦							
	총 7획	麦 麦 麦 麦 麦 麦 麦							

0218 茶 차 **다**	음 ちゃ 훈 ―	茶							
	총 9획	茶 茶 茶 茶 茶 茶 茶 茶 茶							

0219 地 땅 **지**	음 ち 훈 ―	地							
	총 6획	地 地 地 地 地 地							

0220 図 그림 **도**	음 ず 훈 はか(る)	図							
	총 7획	図 図 図 図 図 図 図							

0221 画 그림 **화**	음 が 훈 ー	画							
	총 8획	画　画　画　画　画　画　画　画							

0222 紙 종이 **지**	음 し 훈 かみ	紙							
	총 10획	紙　紙　紙　紙　紙　紙　紙　紙　紙　紙							

0223 原 언덕 **원**	음 げん 훈 はら	原							
	총 10획	原　原　原　原　原　原　原　原　原　原							

0224 点 점 **점**	음 てん 훈 ー	点							
	총 9획	点　点　点　点　点　点　点　点　点							

0225 記 기록할 **기**	음 き 훈 しる(す)	記							
	총 10획	記　記　記　記　記　記　記　記　記　記							

0226 才 재주 **재**	음 さい 훈 ー	才							
	총 3획	才　才　才							

0227 止 그칠 **지**	음 し 훈 と(まる)	止							
	총 4획	止　止　止　止							

0228 直 곧을 **직**	음 じき 훈 なお(る)	直							
	총 8획	直　直　直　直　直　直　直　直							

0229 晴 갤 **청**	음 せい 훈 は(れる)	晴							
	총 12획	晴　晴　晴　晴　晴　晴　晴　晴　晴　晴　晴							

0230 何 어찌 **하**	음 か 훈 なん	何							
	총 7획	何　何　何　何　何　何　何							

0231 元 으뜸 원	음 げん 훈 もと	元							

총 4획　元 元 元 元

0232 羽 깃 우	음 う 훈 はね	羽							

총 6획　羽 羽 羽 羽 羽 羽

0233 池 못 지	음 ち 훈 いけ	池							

총 6획　池 池 池 池 池 池

0234 星 별 성	음 せい 훈 ほし	星							

총 9획　星 星 星 星 星 星 星 星 星

0235 曜 빛날 요	음 よう 훈 ー	曜							

총 18획　曜 曜 曜 曜 曜 曜 曜 曜 曜 曜 曜 曜 曜 曜 曜 曜 曜 曜

0236 答 대답 답	음 とう 훈 こた (える)	答							

총 12획　答 答 答 答 答 答 答 答 答 答 答 答

0237 楽 즐거울 락	음 らく 훈 たの (しい)	楽							

총 13획　楽 楽 楽 楽 楽 楽 楽 楽 楽 楽 楽 楽 楽

0238 寺 절 사	음 じ 훈 てら	寺							

총 6획　寺 寺 寺 寺 寺 寺

0239 刀 칼 도	음 とう 훈 かたな	刀							

총 2획　刀 刀

0240 戸 집 호	음 こ 훈 と	戸							

총 4획　戸 戸 戸 戸

| 0241 感 | 음 かん / 훈 ― | 感 |
| 느낄 감 | | 총 13획 感 感 感 感 感 感 感 感 感 感 感 感 |

| 0242 想 | 음 そう / 훈 ― | 想 |
| 생각 상 | | 총 13획 想 想 想 想 想 想 想 想 想 想 想 想 |

| 0243 開 | 음 かい / 훈 あ(く) | 開 |
| 열 개 | | 총 12획 開 開 開 開 開 開 開 開 開 開 開 開 |

| 0244 業 | 음 ぎょう / 훈 わざ | 業 |
| 업 업 | | 총 13획 業 業 業 業 業 業 業 業 業 業 業 業 |

| 0245 乗 | 음 じょう / 훈 の(る) | 乗 |
| 탈 승 | | 총 9획 乗 乗 乗 乗 乗 乗 乗 乗 乗 |

| 0246 客 | 음 きゃく / 훈 ― | 客 |
| 손 객 | | 총 9획 客 客 客 客 客 客 客 客 客 |

| 0247 旅 | 음 りょ / 훈 たび | 旅 |
| 나그네 려 | | 총 10획 旅 旅 旅 旅 旅 旅 旅 旅 旅 旅 |

| 0248 館 | 음 かん / 훈 やかた | 館 |
| 집 관 | | 총 16획 館 館 館 館 館 館 館 館 館 館 館 館 館 館 館 館 |

| 0249 消 | 음 しょう / 훈 き(える) | 消 |
| 사라질 소 | | 총 10획 消 消 消 消 消 消 消 消 消 消 |

| 0250 化 | 음 か / 훈 ば(ける) | 化 |
| 될 화 | | 총 4획 化 化 化 化 |

0251 決 결단할 **결**	음 けつ 훈 き(まる)	決							
	총 7획	決 決 決 決 決 決 決							

0252 定 정할 **정**	음 てい 훈 さだ(まる)	定							
	총 8획	定 定 定 定 定 定 定 定							

0253 世 인간 **세**	음 せ 훈 よ	世							
	총 5획	世 世 世 世 世							

0254 界 지경 **계**	음 かい 훈 ―	界							
	총 9획	界 界 界 界 界 界 界 界 界							

0255 相 서로 **상**	음 そう 훈 あい	相							
	총 9획	相 相 相 相 相 相 相 相 相							

0256 談 말씀 **담**	음 だん 훈 ―	談							
	총 15획	談 談 談 談 談 談 談 談 談 談 談 談 談 談 談							

0257 全 온전할 **전**	음 ぜん 훈 すべ(て)	全							
	총 6획	全 全 全 全 全 全							

0258 部 나눌 **부**	음 ぶ 훈 ―	部							
	총 11획	部 部 部 部 部 部 部 部 部 部 部							

0259 放 놓을 **방**	음 ほう 훈 はな(れる)	放							
	총 8획	放 放 放 放 放 放 放 放							

0260 送 보낼 **송**	음 そう 훈 おく(る)	送							
	총 9획	送 送 送 送 送 送 送 送 送							

0261 写 베낄 사	음 しゃ 훈 うつ(る)	写							
	총 5획	写 写 写 写 写							

0262 真 참 진	음 しん 훈 ま	真							
	총 10획	真 真 真 真 真 真 真 真 真 真							

0263 速 빠를 속	음 そく 훈 はや(い)	速							
	총 10획	速 速 速 速 速 速 速 速 速 速							

0264 度 법도 도	음 ど 훈 たび	度							
	총 9획	度 度 度 度 度 度 度 度							

0265 君 임금 군	음 くん 훈 きみ	君							
	총 7획	君 君 君 君 君 君 君							

0266 主 임금 주	음 しゅ 훈 ぬし	主							
	총 5획	主 主 主 主 主							

0267 住 살 주	음 じゅう 훈 す(む)	住							
	총 7획	住 住 住 住 住 住							

0268 注 부을 주	음 ちゅう 훈 そそ(ぐ)	注							
	총 8획	注 注 注 注 注 注 注 注							

0269 柱 기둥 주	음 ちゅう 훈 はしら	柱							
	총 9획	柱 柱 柱 柱 柱 柱 柱 柱 柱							

0270 陽 볕 양	음 よう 훈 ―	陽							
	총 12획	陽 陽 陽 陽 陽 陽 陽 陽 陽 陽 陽							

0271 湯 끓일 **탕**	음 とう / 훈 ゆ	湯							
0272 温 따뜻할 **온**	음 おん / 훈 あたた(か)	温							
0273 氷 얼음 **빙**	음 ひょう / 훈 こおり	氷							
0274 泳 헤엄칠 **영**	음 えい / 훈 およ(ぐ)	泳							
0275 運 옮길 **운**	음 うん / 훈 はこ(ぶ)	運							
0276 動 움직일 **동**	음 どう / 훈 うご(く)	動							
0277 練 익힐 **련**	음 れん / 훈 ね(る)	練							
0278 習 익힐 **습**	음 しゅう / 훈 なら(う)	習							
0279 意 뜻 **의**	음 い / 훈 ―	意							
0280 味 맛 **미**	음 み / 훈 あじ	味							

총 12획　湯 湯 湯 湯 湯 湯 湯 湯 湯 湯 湯 湯
총 12획　温 温 温 温 温 温 温 温 温 温 温 温
총 5획　氷 氷 氷 氷 氷
총 8획　泳 泳 泳 泳 泳 泳 泳 泳
총 12획　運 運 運 運 運 運 運 運 運 運 運 運
총 11획　動 動 動 動 動 動 動 動 動 動 動
총 14획　練 練 練 練 練 練 練 練 練 練 練 練 練 練
총 11획　習 習 習 習 習 習 習 習 習 習 習
총 13획　意 意 意 意 意 意 意 意 意 意 意 意 意
총 8획　味 味 味 味 味 味 味 味

0281 薬	음 やく / 훈 くすり	약 약	薬	총 16획 薬 薬 薬 薬 薬 薬 薬 薬 薬 薬 薬 薬 薬 薬 薬 薬
0282 局	음 きょく / 훈 —	판 국	局	총 7획 局 局 局 局 局 局 局
0283 転	음 てん / 훈 ころ(ぶ)	구를 전	転	총 11획 転 転 転 転 転 転 転 転 転 転 転
0284 向	음 こう / 훈 む(く)	향할 향	向	총 6획 向 向 向 向 向 向
0285 宿	음 しゅく / 훈 やど	잘 숙	宿	총 11획 宿 宿 宿 宿 宿 宿 宿 宿 宿 宿 宿
0286 題	음 だい / 훈 —	제목 제	題	총 18획 題 題 題 題 題 題 題 題 題 題 題 題 題 題 題 題 題 題
0287 急	음 きゅう / 훈 いそ(ぐ)	급할 급	急	총 9획 急 急 急 急 急 急 急 急 急
0288 流	음 りゅう / 훈 なが(れる)	흐를 류	流	총 10획 流 流 流 流 流 流 流 流 流 流
0289 飲	음 いん / 훈 の(む)	마실 음	飲	총 12획 飲 飲 飲 飲 飲 飲 飲 飲 飲 飲 飲 飲
0290 酒	음 しゅ / 훈 さけ	술 주	酒	총 10획 酒 酒 酒 酒 酒 酒 酒 酒 酒 酒

0291 表 겉 **표**	음 ひょう 훈 あらわ (れる)	表								
	총 8획	表 表 表 表 表 表 表 表								

0292 面 낯 **면**	음 めん 훈 おも	面								
	총 9획	面 面 面 面 面 面 面 面 面								

0293 使 부릴 **사**	음 し 훈 つか(う)	使								
	총 8획	使 使 使 使 使 使 使								

0294 命 목숨 **명**	음 めい 훈 いのち	命								
	총 8획	命 命 命 命 命 命 命 命								

0295 発 필 **발**	음 はつ 훈 一	発								
	총 9획	発 発 発 発 発 発 発 発 発								

0296 皿 그릇 **명**	음 一 훈 さら	皿								
	총 5획	皿 皿 皿 皿 皿								

0297 血 피 **혈**	음 けつ 훈 ち	血								
	총 6획	血 血 血 血 血 血								

0298 着 붙을 **착**	음 ちゃく 훈 き(る)	着								
	총 12획	着 着 着 着 着 着 着 着 着 着 着 着								

0299 羊 양 **양**	음 よう 훈 ひつじ	羊								
	총 6획	羊 羊 羊 羊 羊 羊								

0300 洋 큰바다 **양**	음 よう 훈 一	洋								
	총 9획	洋 洋 洋 洋 洋 洋 洋 洋 洋								

0301 豆	음 とう / 훈 まめ / 콩 두	총 7획
0302 登	음 とう / 훈 のぼ(る) / 오를 등	총 12획
0303 由	음 ゆう / 훈 よし / 말미암을 유	총 5획
0304 油	음 ゆ / 훈 あぶら / 기름 유	총 8획
0305 申	음 しん / 훈 もう(す) / 납 신	총 5획
0306 神	음 しん / 훈 かみ / 신 신	총 9획
0307 坂	음 はん / 훈 さか / 고개 판	총 7획
0308 板	음 ばん / 훈 いた / 널 판	총 8획
0309 反	음 はん / 훈 そ(る) / 돌이킬 반	총 4획
0310 対	음 たい / 훈 ― / 대할 대	총 7획

| 0311 進
 나아갈 **진** | 음 しん
 훈 すす(む) | 進 |
| 총 11획 | 進 進 進 進 進 進 進 進 進 進 |

| 0312 級
 등급 **급** | 음 きゅう
 훈 ― | 級 |
| 총 9획 | 級 級 級 級 級 級 級 級 級 |

| 0313 短
 짧을 **단** | 음 たん
 훈 みじか (い) | 短 |
| 총 12획 | 短 短 短 短 短 短 短 短 短 短 短 短 |

| 0314 期
 기약할 **기** | 음 き
 훈 ― | 期 |
| 총 12획 | 期 期 期 期 期 期 期 期 期 期 期 期 |

| 0315 列
 벌릴 **렬** | 음 れつ
 훈 ― | 列 |
| 총 6획 | 列 列 列 列 列 列 |

| 0316 島
 섬 **도** | 음 とう
 훈 しま | 島 |
| 총 10획 | 島 島 島 島 島 島 島 島 島 島 |

| 0317 平
 평평할 **평** | 음 へい
 훈 たい(ら) | 平 |
| 총 5획 | 平 平 平 平 平 |

| 0318 等
 등급 **등** | 음 とう
 훈 ひと (しい) | 等 |
| 총 12획 | 等 等 等 等 等 等 等 等 等 等 等 |

| 0319 植
 심을 **식** | 음 しょく
 훈 う(える) | 植 |
| 총 12획 | 植 植 植 植 植 植 植 植 植 植 植 植 |

| 0320 物
 물건 **물** | 음 ぶつ
 훈 もの | 物 |
| 총 8획 | 物 物 物 物 物 物 物 物 |

0321 研 갈 연	음 けん 훈 と(ぐ)	研							
	총 9획	研 研 研 研 研 研 研 研 研							

0322 究 연구할 **구**	음 きゅう 훈 きわ(める)	究							
	총 7획	究 究 究 究 究 究 究							

0323 幸 다행 **행**	음 こう 훈 しあわ(せ)	幸							
	총 8획	幸 幸 幸 幸 幸 幸 幸 幸							

0324 福 복 **복**	음 ふく 훈 ―	福							
	총 13획	福 福 福 福 福 福 福 福 福 福 福 福 福							

0325 勝 이길 **승**	음 しょう 훈 か(つ)	勝							
	총 12획	勝 勝 勝 勝 勝 勝 勝 勝 勝 勝 勝 勝							

0326 負 질 **부**	음 ふ 훈 ま(ける)	負							
	총 9획	負 負 負 負 負 負 負 負 負							

0327 始 비로소 **시**	음 し 훈 はじ(まる)	始							
	총 8획	始 始 始 始 始 始 始							

0328 終 마칠 **종**	음 しゅう 훈 お(わる)	終							
	총 11획	終 終 終 終 終 終 終 終 終 終							

0329 曲 굽을 **곡**	음 きょく 훈 ま(がる)	曲							
	총 6획	曲 曲 曲 曲 曲 曲							

0330 去 갈 **거**	음 きょ 훈 さ(る)	去							
	총 5획	去 去 去 去 去							

| 0331 苦 | 음 く
훈 くる (しい) | 苦 | | | | | | |
| 쓸 고 | 총 8획 | 苦 苦 苦 苦 苦 苦 苦 苦 | | | | | | |

| 0332 区 | 음 く
훈 ー | 区 | | | | | | |
| 구분할 구 | 총 4획 | 区 区 区 区 | | | | | | |

| 0333 起 | 음 き
훈 お(きる) | 起 | | | | | | |
| 일어날 기 | 총 10획 | 起 起 起 起 起 起 起 起 起 起 | | | | | | |

| 0334 都 | 음 と
훈 みやこ | 都 | | | | | | |
| 도읍 도 | 총 11획 | 都 都 都 都 都 都 都 都 都 都 | | | | | | |

| 0335 両 | 음 りょう
훈 ー | 両 | | | | | | |
| 두 량 | 총 6획 | 両 両 両 両 両 両 | | | | | | |

| 0336 緑 | 음 りょく
훈 みどり | 緑 | | | | | | |
| 초록빛 록 | 총 14획 | 緑 緑 緑 緑 緑 緑 緑 緑 緑 緑 緑 緑 緑 | | | | | | |

| 0337 勉 | 음 べん
훈 ー | 勉 | | | | | | |
| 힘쓸 면 | 총 10획 | 勉 勉 勉 勉 勉 勉 勉 勉 勉 勉 | | | | | | |

| 0338 問 | 음 もん
훈 と(う) | 問 | | | | | | |
| 물을 문 | 총 11획 | 問 問 問 問 問 問 問 問 問 問 | | | | | | |

| 0339 美 | 음 び
훈 うつく (しい) | 美 | | | | | | |
| 아름다울 미 | 총 9획 | 美 美 美 美 美 美 美 美 | | | | | | |

| 0340 返 | 음 へん
훈 かえ(る) | 返 | | | | | | |
| 돌이킬 반 | 총 7획 | 返 返 返 返 返 返 返 | | | | | | |

0341 倍	음 ばい / 훈 ―	倍
곱 배	총 10획	倍 倍 倍 倍 倍 倍 倍 倍 倍

0342 調	음 ちょう / 훈 しら(べる)	調
고를 조	총 15획	調 調 調 調 調 調 調 調 調 調 調 調 調 調

0343 整	음 せい / 훈 ととの(う)	整
가지런할 정	총 16획	整 整 整 整 整 整 整 整 整 整 整 整 整 整 整

0344 医	음 い / 훈 ―	医
의원 의	총 7획	医 医 医 医 医 医 医

0345 院	음 いん / 훈 ―	院
집 원	총 10획	院 院 院 院 院 院 院 院 院 院

0346 所	음 しょ / 훈 ところ	所
바 소	총 8획	所 所 所 所 所 所 所 所

0347 持	음 じ / 훈 も(つ)	持
가질 지	총 9획	持 持 持 持 持 持 持 持 持

0348 様	음 よう / 훈 さま	様
모양 양	총 14획	様 様 様 様 様 様 様 様 様 様 様 様 様

0349 式	음 しき / 훈 ―	式
법 식	총 6획	式 式 式 式 式 式

0350 投	음 とう / 훈 な(げる)	投
던질 투	총 7획	投 投 投 投 投 投 投

| 0351 球
공 구 | 음 きゅう
훈 たま | 球 | | | | | | | | |
| 총 11획 球 球 球 球 球 球 球 球 球 球 球 | | | | | | | | | | |

| 0352 詩
시 시 | 음 し
훈 ― | 詩 | | | | | | | | |
| 총 13획 詩 詩 詩 詩 詩 詩 詩 詩 詩 詩 詩 詩 詩 | | | | | | | | | | |

| 0353 集
모을 집 | 음 しゅう
훈 あつ
(まる) | 集 | | | | | | | | |
| 총 12획 集 集 集 集 集 集 集 集 集 集 集 集 | | | | | | | | | | |

| 0354 委
맡길 위 | 음 い
훈 ゆだ
(ねる) | 委 | | | | | | | | |
| 총 8획 委 委 委 委 委 委 委 委 | | | | | | | | | | |

| 0355 員
인원 원 | 음 いん
훈 ― | 員 | | | | | | | | |
| 총 10획 員 員 員 員 員 員 員 員 員 員 | | | | | | | | | | |

| 0356 祭
제사 제 | 음 さい
훈 まつ(り) | 祭 | | | | | | | | |
| 총 11획 祭 祭 祭 祭 祭 祭 祭 祭 祭 祭 祭 | | | | | | | | | | |

| 0357 礼
예절 례 | 음 れい
훈 ― | 礼 | | | | | | | | |
| 총 5획 礼 礼 礼 礼 礼 | | | | | | | | | | |

| 0358 病
병 병 | 음 びょう
훈 や(む) | 病 | | | | | | | | |
| 총 10획 病 病 病 病 病 病 病 病 病 病 | | | | | | | | | | |

| 0359 死
죽을 사 | 음 し
훈 し(ぬ) | 死 | | | | | | | | |
| 총 6획 死 死 死 死 死 死 | | | | | | | | | | |

| 0360 農
농사 농 | 음 のう
훈 ― | 農 | | | | | | | | |
| 총 13획 農 農 農 農 農 農 農 農 農 農 農 農 農 | | | | | | | | | | |

0361 具 갖출 구	음 ぐ 훈 ―	具							
	총 8획	具 具 具 具 具 具 具 具							

0362 荷 멜 하	음 か 훈 に	荷							
	총 10획	荷 荷 荷 荷 荷 荷 荷 荷 荷 荷							

0363 役 부릴 역	음 やく 훈 ―	役							
	총 7획	役 役 役 役 役 役 役							

0364 待 기다릴 대	음 たい 훈 ま(つ)	待							
	총 9획	待 待 待 待 待 待 待 待 待							

0365 代 대신할 대	음 だい 훈 か(わる)	代							
	총 5획	代 代 代 代 代							

0366 配 나눌 배	음 はい 훈 くば(る)	配							
	총 10획	配 配 配 配 配 配 配 配 配 配							

0367 服 옷 복	음 ふく 훈 ―	服							
	총 8획	服 服 服 服 服 服 服 服							

0368 悲 슬플 비	음 ひ 훈 かな(しい)	悲							
	총 12획	悲 悲 悲 悲 悲 悲 悲 悲 悲 悲 悲 悲							

0369 仕 섬길 사	음 し 훈 つか(える)	仕							
	총 5획	仕 仕 仕 仕 仕							

0370 暑 더울 서	음 しょ 훈 あつ(い)	暑							
	총 12획	暑 暑 暑 暑 暑 暑 暑 暑 暑 暑 暑 暑							

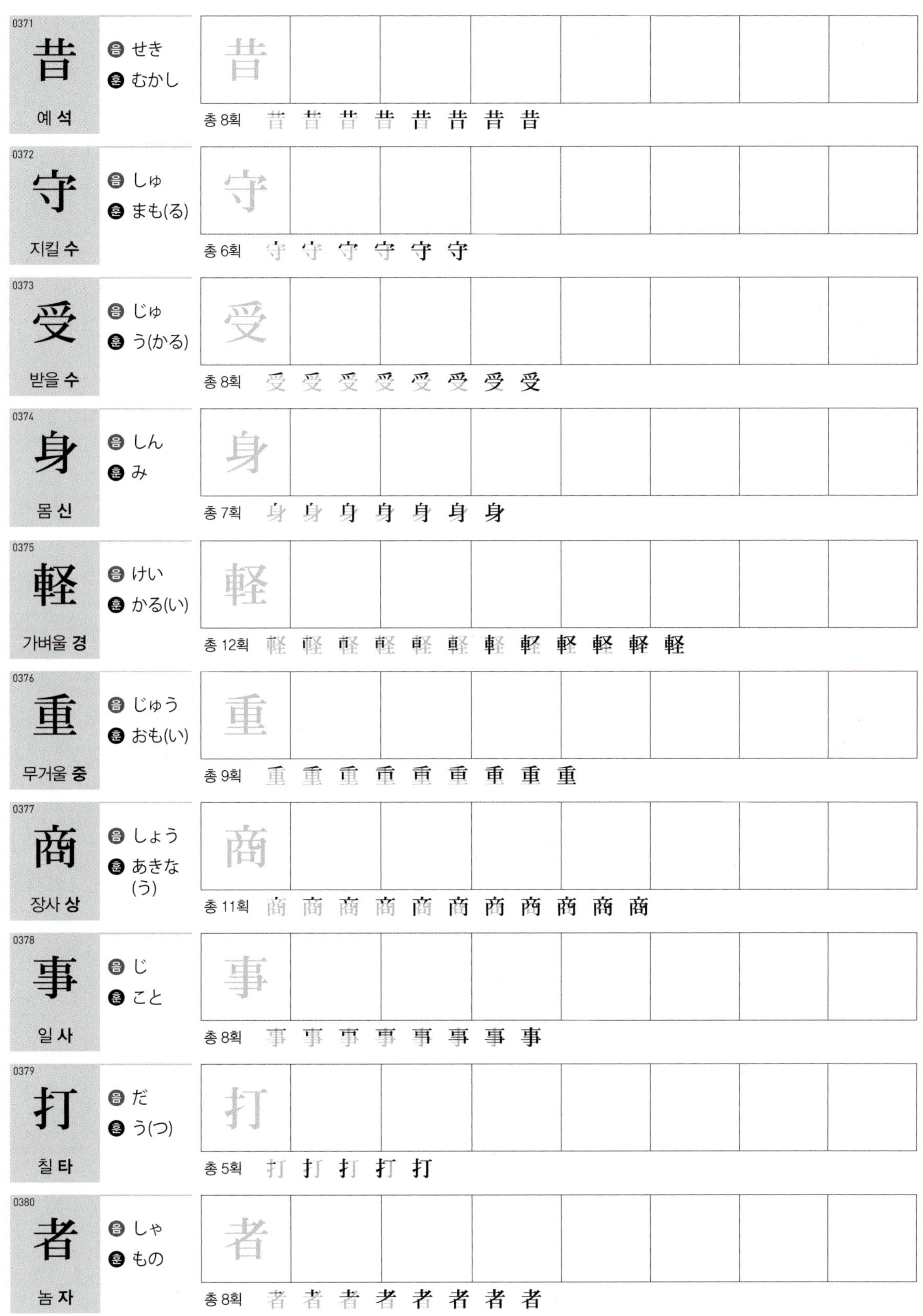

0371	昔	음 せき 훈 むかし	예 석	총 8획
0372	守	음 しゅ 훈 まも(る)	지킬 수	총 6획
0373	受	음 じゅ 훈 う(かる)	받을 수	총 8획
0374	身	음 しん 훈 み	몸 신	총 7획
0375	軽	음 けい 훈 かる(い)	가벼울 경	총 12획
0376	重	음 じゅう 훈 おも(い)	무거울 중	총 9획
0377	商	음 しょう 훈 あきな(う)	장사 상	총 11획
0378	事	음 じ 훈 こと	일 사	총 8획
0379	打	음 だ 훈 う(つ)	칠 타	총 5획
0380	者	음 しゃ 훈 もの	놈 자	총 8획

| 0381 落 떨어질 **락** | 음 らく / 훈 お(ちる) | 落 |
| 총 12획 | | 落 落 落 落 落 落 落 落 落 落 落 落 |

| 0382 葉 잎 **엽** | 음 よう / 훈 は | 葉 |
| 총 12획 | | 葉 葉 葉 葉 葉 葉 葉 葉 葉 葉 葉 葉 |

| 0383 寒 찰 **한** | 음 かん / 훈 さむ(い) | 寒 |
| 총 12획 | | 寒 寒 寒 寒 寒 寒 寒 寒 寒 寒 寒 寒 |

| 0384 波 물결 **파** | 음 は / 훈 なみ | 波 |
| 총 8획 | | 波 波 波 波 波 波 波 波 |

| 0385 昭 밝을 **소** | 음 しょう / 훈 ― | 昭 |
| 총 9획 | | 昭 昭 昭 昭 昭 昭 昭 昭 昭 |

| 0386 和 화할 **화** | 음 わ / 훈 やわ(らぐ) | 和 |
| 총 8획 | | 和 和 和 和 和 和 和 和 |

| 0387 実 열매 **실** | 음 じつ / 훈 み | 実 |
| 총 8획 | | 実 実 実 実 実 実 実 実 |

| 0388 深 깊을 **심** | 음 しん / 훈 ふか(い) | 深 |
| 총 11획 | | 深 深 深 深 深 深 深 深 深 深 深 |

| 0389 安 편안 **안** | 음 あん / 훈 やす(い) | 安 |
| 총 6획 | | 安 安 安 安 安 安 |

| 0390 悪 악할 **악** | 음 あく / 훈 わる(い) | 悪 |
| 총 11획 | | 悪 悪 悪 悪 悪 悪 悪 悪 悪 悪 悪 |

0391 暗 어두울 암	음 あん 훈 くら(い)	暗							
		총 13획　暗 暗 暗 暗 暗 暗 暗 暗 暗 暗 暗 暗 暗							

0392 駅 정거장 역	음 えき 훈 ―	駅							
		총 14획　駅 駅 駅 駅 駅 駅 駅 駅 駅 駅 駅 駅 駅 駅							

0393 予 미리 예	음 よ 훈 ―	予							
		총 4획　予 予 予 予							

0394 有 있을 유	음 ゆう 훈 あ(る)	有							
		총 6획　有 有 有 有 有 有							

0395 遊 놀 유	음 ゆう 훈 あそ(ぶ)	遊							
		총 12획　遊 遊 遊 遊 遊 遊 遊 遊 遊 遊 遊 遊							

0396 屋 집 옥	음 おく 훈 や	屋							
		총 9획　屋 屋 屋 屋 屋 屋 屋 屋 屋							

0397 庭 뜰 정	음 てい 훈 にわ	庭							
		총 10획　庭 庭 庭 庭 庭 庭 庭 庭 庭 庭							

0398 助 도울 조	음 じょ 훈 たす(かる)	助							
		총 7획　助 助 助 助 助 助 助							

0399 取 가질 취	음 しゅ 훈 と(る)	取							
		총 8획　取 取 取 取 取 取 取 取							

0400 品 물건 품	음 ひん 훈 しな	品							
		총 9획　品 品 品 品 品 品 品 品 品							

0401		
係	음 けい / 훈 かか(る)	係
맬 계		총 9획　係 係 係 係 係 係 係 係 係

0402		
階	음 かい / 훈 ―	階
섬돌 계		총 12획　階 階 階 階 階 階 階 階 階 階 階 階

0403		
庫	음 こ / 훈 ―	庫
곳집 고		총 10획　庫 庫 庫 庫 庫 庫 庫 庫 庫 庫

0404		
橋	음 きょう / 훈 はし	橋
다리 교		총 16획　橋 橋 橋 橋 橋 橋 橋 橋 橋 橋 橋 橋 橋 橋 橋 橋

0405		
宮	음 きゅう / 훈 みや	宮
집 궁		총 10획　宮 宮 宮 宮 宮 宮 宮 宮 宮 宮

0406		
根	음 こん / 훈 ね	根
뿌리 근		총 10획　根 根 根 根 根 根 根 根 根 根

0407		
童	음 どう / 훈 わらべ	童
아이 동		총 12획　童 童 童 童 童 童 童 童 童 童 童 童

0408		
路	음 ろ / 훈 じ	路
길 로		총 13획　路 路 路 路 路 路 路 路 路 路 路 路 路

0409		
鼻	음 び / 훈 はな	鼻
코 비		총 14획　鼻 鼻 鼻 鼻 鼻 鼻 鼻 鼻 鼻 鼻 鼻 鼻 鼻 鼻

0410		
箱	음 ― / 훈 はこ	箱
상자 상		총 15획　箱 箱 箱 箱 箱 箱 箱 箱 箱 箱 箱 箱 箱 箱 箱

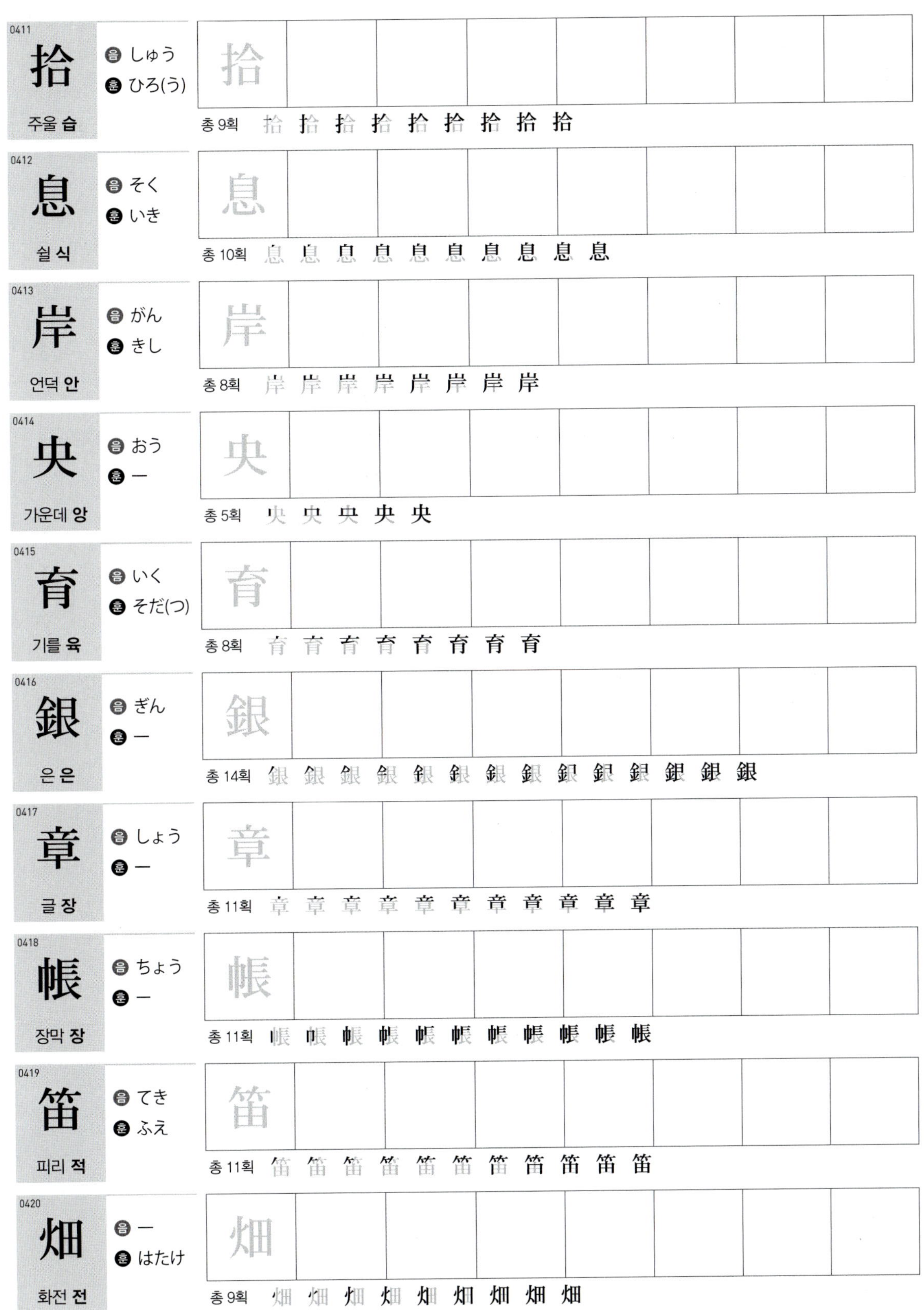

0411			
拾	음 しゅう 훈 ひろ(う)	拾	총 9획　拾 拾 拾 拾 拾 拾 拾 拾 拾
주울 **습**			

0412			
息	음 そく 훈 いき	息	총 10획　息 息 息 息 息 息 息 息 息 息
쉴 **식**			

0413			
岸	음 がん 훈 きし	岸	총 8획　岸 岸 岸 岸 岸 岸 岸 岸
언덕 **안**			

0414			
央	음 おう 훈 ―	央	총 5획　央 央 央 央 央
가운데 **앙**			

0415			
育	음 いく 훈 そだ(つ)	育	총 8획　育 育 育 育 育 育 育 育
기를 **육**			

0416			
銀	음 ぎん 훈 ―	銀	총 14획　銀 銀 銀 銀 銀 銀 銀 銀 銀 銀 銀 銀 銀 銀
은 **은**			

0417			
章	음 しょう 훈 ―	章	총 11획　章 章 章 章 章 章 章 章 章 章 章
글 **장**			

0418			
帳	음 ちょう 훈 ―	帳	총 11획　帳 帳 帳 帳 帳 帳 帳 帳 帳 帳
장막 **장**			

0419			
笛	음 てき 훈 ふえ	笛	총 11획　笛 笛 笛 笛 笛 笛 笛 笛 笛 笛 笛
피리 **적**			

0420			
畑	음 ― 훈 はたけ	畑	총 9획　畑 畑 畑 畑 畑 畑 畑 畑 畑
화전 **전**			

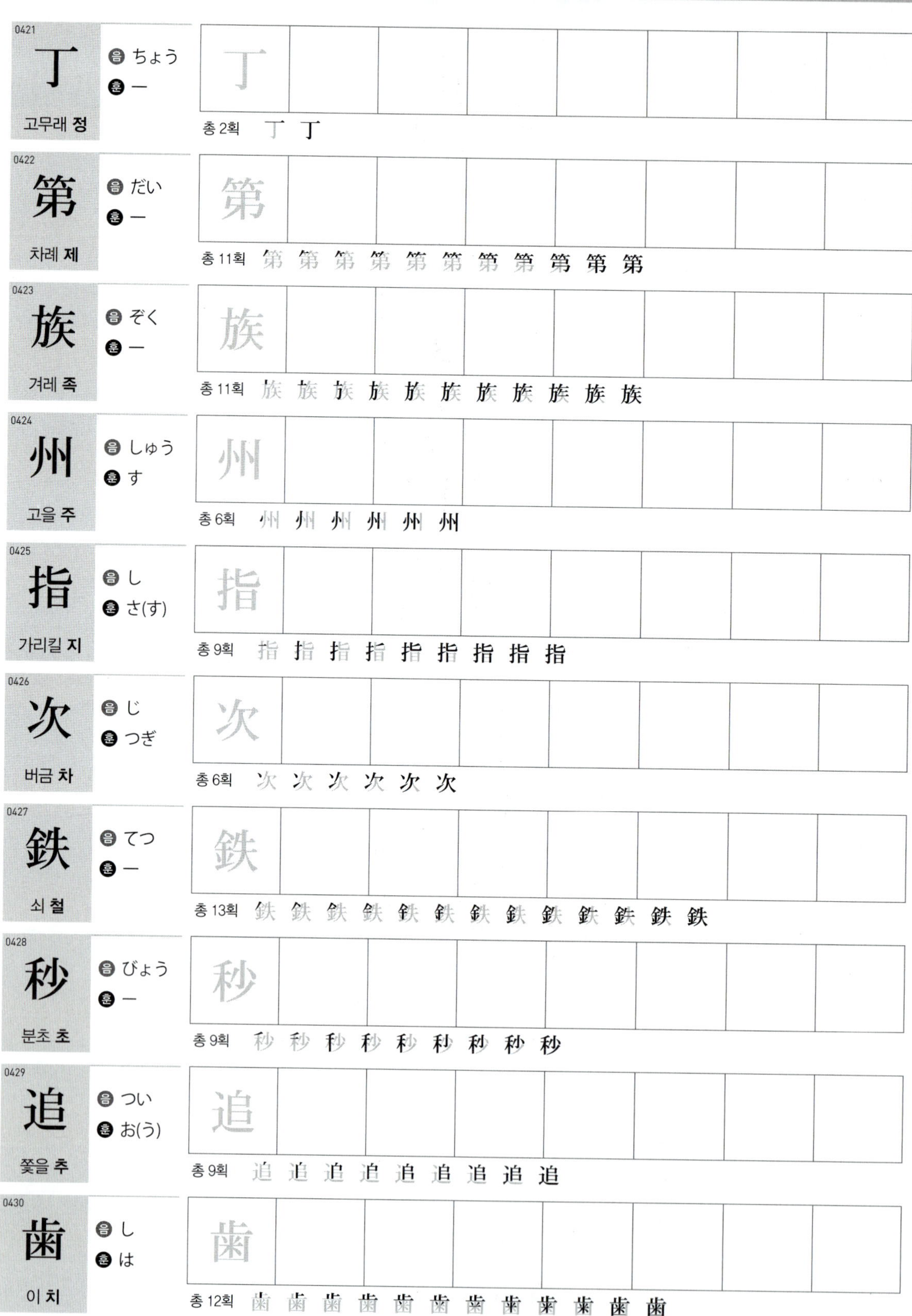

| 0421 丁 | 음 ちょう / 훈 ― | 丁 | | | | | | | |
| 고무래 **정** | 총 2획 丁 丁 | | | | | | | | |

| 0422 第 | 음 だい / 훈 ― | 第 | | | | | | | |
| 차례 **제** | 총 11획 第 第 第 第 第 第 第 第 第 第 第 | | | | | | | | |

| 0423 族 | 음 ぞく / 훈 ― | 族 | | | | | | | |
| 겨레 **족** | 총 11획 族 族 族 族 族 族 族 族 族 族 族 | | | | | | | | |

| 0424 州 | 음 しゅう / 훈 す | 州 | | | | | | | |
| 고을 **주** | 총 6획 州 州 州 州 州 州 | | | | | | | | |

| 0425 指 | 음 し / 훈 さ(す) | 指 | | | | | | | |
| 가리킬 **지** | 총 9획 指 指 指 指 指 指 指 指 | | | | | | | | |

| 0426 次 | 음 じ / 훈 つぎ | 次 | | | | | | | |
| 버금 **차** | 총 6획 次 次 次 次 次 次 | | | | | | | | |

| 0427 鉄 | 음 てつ / 훈 ― | 鉄 | | | | | | | |
| 쇠 **철** | 총 13획 鉄 鉄 鉄 鉄 鉄 鉄 鉄 鉄 鉄 鉄 鉄 鉄 鉄 | | | | | | | | |

| 0428 秒 | 음 びょう / 훈 ― | 秒 | | | | | | | |
| 분초 **초** | 총 9획 秒 秒 秒 秒 秒 秒 秒 秒 秒 | | | | | | | | |

| 0429 追 | 음 つい / 훈 お(う) | 追 | | | | | | | |
| 쫓을 **추** | 총 9획 追 追 追 追 追 追 追 追 追 | | | | | | | | |

| 0430 歯 | 음 し / 훈 は | 歯 | | | | | | | |
| 이 **치** | 총 12획 歯 歯 歯 歯 歯 歯 歯 歯 歯 歯 歯 歯 | | | | | | | | |

0431 他 다를 **타**	음 た 훈 ほか	他							
	총 5획	他 他 他 他 他							

0432 炭 숯 **탄**	음 たん 훈 すみ	炭							
	총 9획	炭 炭 炭 炭 炭 炭 炭 炭 炭							

0433 皮 가죽 **피**	음 ひ 훈 かわ	皮							
	총 5획	皮 皮 皮 皮 皮							

0434 筆 붓 **필**	음 ひつ 훈 ふで	筆							
	총 12획	筆 筆 筆 筆 筆 筆 筆 筆 筆 筆 筆							

0435 漢 한수 **한**	음 かん 훈 ―	漢							
	총 13획	漢 漢 漢 漢 漢 漢 漢 漢 漢 漢 漢 漢							

0436 港 항구 **항**	음 こう 훈 みなと	港							
	총 12획	港 港 港 港 港 港 港 港 港 港 港 港							

0437 県 매달 **현**	음 けん 훈 ―	県							
	총 9획	県 県 県 県 県 県 県 県 県							

0438 号 부르짖을 **호**	음 ごう 훈 ―	号							
	총 5획	号 号 号 号 号							

0439 湖 호수 **호**	음 こ 훈 みずうみ	湖							
	총 12획	湖 湖 湖 湖 湖 湖 湖 湖 湖 湖 湖 湖							

0440 横 가로 **횡**	음 おう 훈 よこ	横							
	총 15획	横 横 横 横 横 横 横 横 横 横 横 横 横 横							

0441 参 참여할 참	음 さん / 훈 まい(る)	参	총 8획 参 参 参 参 参 参 参 参
0442 加 더할 가	음 か / 훈 くわ(わる)	加	총 5획 加 加 加 加 加
0443 改 고칠 개	음 かい / 훈 あらた(まる)	改	총 7획 改 改 改 改 改 改 改
0444 良 어질 량	음 りょう / 훈 よ(い)	良	총 7획 良 良 良 良 良 良 良
0445 選 가릴 선	음 せん / 훈 えら(ぶ)	選	총 15획 選 選 選 選 選 選 選 選 選 選 選 選 選 選
0446 挙 들 거	음 きょ / 훈 あ(がる)	挙	총 10획 挙 挙 挙 挙 挙 挙 挙 挙 挙 挙
0447 欠 이지러질 결	음 けつ / 훈 か(く)	欠	총 4획 欠 欠 欠 欠
0448 席 자리 석	음 せき / 훈 ―	席	총 10획 席 席 席 席 席 席 席 席 席 席
0449 成 이룰 성	음 せい / 훈 な(る)	成	총 6획 成 成 成 成 成 成
0450 果 열매 과	음 か / 훈 は(たす)	果	총 8획 果 果 果 果 果 果 果 果

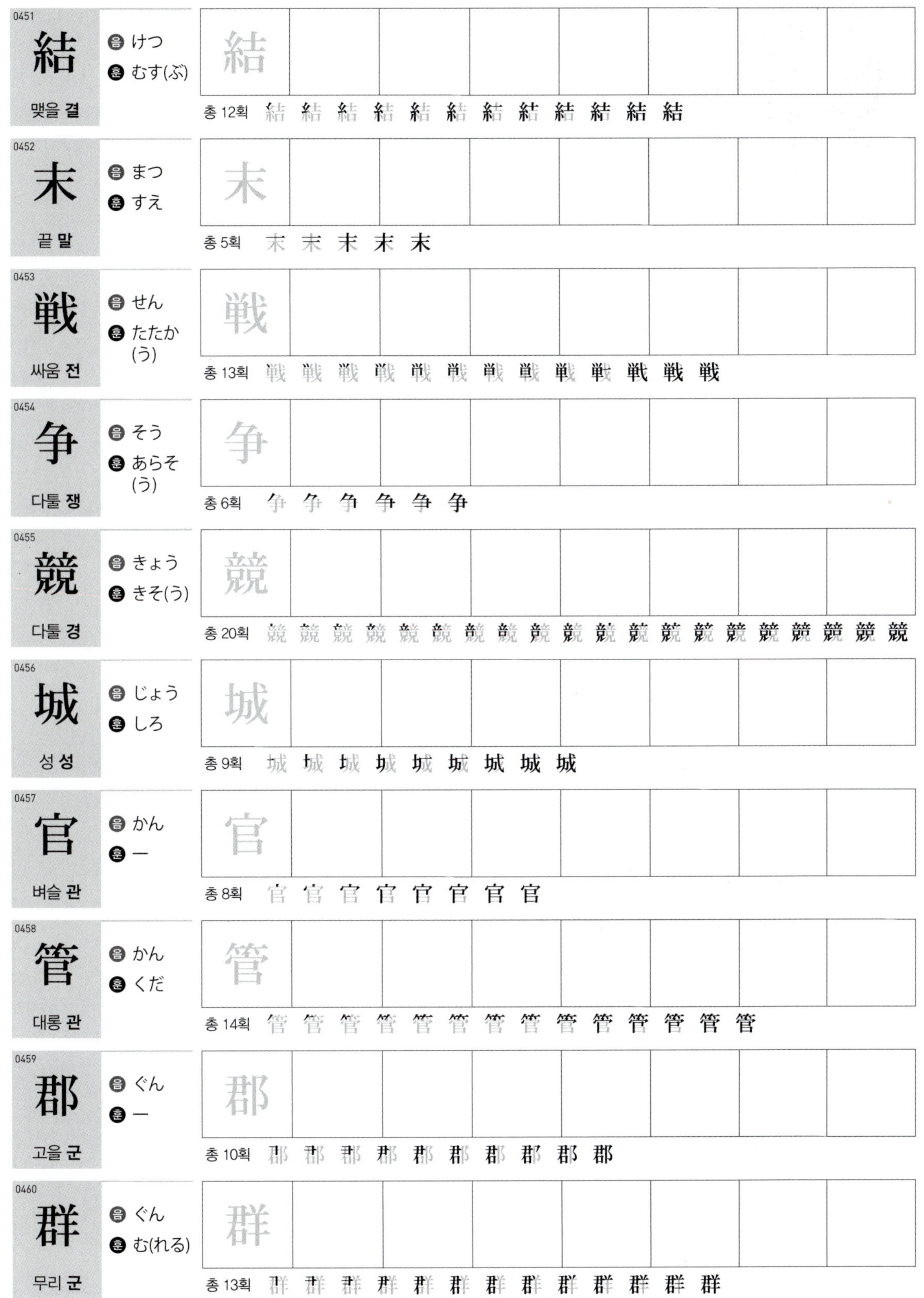

| 0451 結 맺을 결 | 음 けつ
훈 むす(ぶ) | 結 |
| 총 12획 結 結 結 結 結 結 結 結 結 結 結 |

| 0452 末 끝 말 | 음 まつ
훈 すえ | 末 |
| 총 5획 末 末 末 末 末 |

| 0453 戦 싸움 전 | 음 せん
훈 たたか(う) | 戦 |
| 총 13획 戦 戦 戦 戦 戦 戦 戦 戦 戦 戦 戦 戦 戦 |

| 0454 争 다툴 쟁 | 음 そう
훈 あらそ(う) | 争 |
| 총 6획 争 争 争 争 争 争 |

| 0455 競 다툴 경 | 음 きょう
훈 きそ(う) | 競 |
| 총 20획 競 競 競 競 競 競 競 競 競 競 競 競 競 競 競 競 競 競 競 |

| 0456 城 성 성 | 음 じょう
훈 しろ | 城 |
| 총 9획 城 城 城 城 城 城 城 城 城 |

| 0457 官 벼슬 관 | 음 かん
훈 ― | 官 |
| 총 8획 官 官 官 官 官 官 官 官 |

| 0458 管 대롱 관 | 음 かん
훈 くだ | 管 |
| 총 14획 管 管 管 管 管 管 管 管 管 管 管 管 管 |

| 0459 郡 고을 군 | 음 ぐん
훈 ― | 郡 |
| 총 10획 郡 郡 郡 郡 郡 郡 郡 郡 郡 郡 |

| 0460 群 무리 군 | 음 ぐん
훈 む(れる) | 群 |
| 총 13획 群 群 群 群 群 群 群 群 群 群 群 群 群 |

0461 街 거리 가	음 がい 훈 まち	街								
		총 12획 街 街 街 街 街 街 街 街 街 街 街								

0462 各 각각 각	음 かく 훈 おのおの	各								
		총 6획 各 各 各 各 各 各								

0463 覚 깨달을 각	음 かく 훈 おぼ(える)	覚								
		총 12획 覚 覚 覚 覚 覚 覚 覚 覚 覚 覚 覚								

0464 岡 언덕 강	음 — 훈 おか	岡								
		총 8획 岡 岡 岡 岡 岡 岡 岡 岡								

0465 径 지름길 경	음 けい 훈 —	径								
		총 8획 径 径 径 径 径 径 径 径								

0466 鏡 거울 경	음 きょう 훈 かがみ	鏡								
		총 19획 鏡 鏡 鏡 鏡 鏡 鏡 鏡 鏡 鏡 鏡 鏡 鏡 鏡 鏡 鏡 鏡 鏡 鏡								

0467 固 굳을 고	음 こ 훈 かた(い)	固								
		총 8획 固 固 固 固 固 固 固								

0468 共 함께 공	음 きょう 훈 とも	共								
		총 6획 共 共 共 共 共 共								

0469 極 다할 극	음 きょく 훈 きわ(まる)	極								
		총 12획 極 極 極 極 極 極 極 極 極 極 極 極								

0470 旗 기 기	음 き 훈 はた	旗								
		총 14획 旗 旗 旗 旗 旗 旗 旗 旗 旗 旗 旗 旗 旗 旗								

0471 奈 어찌 나	음 な 훈 ―	奈							
	총 8획	奈 奈 奈 奈 奈 奈 奈 奈							

0472 念 생각 념	음 ねん 훈 ―	念							
	총 8획	念 念 念 念 念 念 念 念							

0473 努 힘쓸 노	음 ど 훈 つと (める)	努							
	총 7획	努 努 努 努 努 努 努							

0474 単 홑 단	음 たん 훈 ―	単							
	총 9획	単 単 単 単 単 単 単 単 単							

0475 健 튼튼할 건	음 けん 훈 すこ (やか)	健							
	총 11획	健 健 健 健 健 健 健 健 健 健							

0476 康 편안할 강	음 こう 훈 ―	康							
	총 11획	康 康 康 康 康 康 康 康 康 康							

0477 季 계절 계	음 き 훈 ―	季							
	총 8획	季 季 季 季 季 季 季 季							

0478 節 마디 절	음 せつ 훈 ふし	節							
	총 13획	節 節 節 節 節 節 節 節 節 節 節 節 節							

0479 機 틀 기	음 き 훈 はた	機							
	총 16획	機 機 機 機 機 機 機 機 機 機 機 機 機 機 機 機							

0480 械 기계 계	음 き 훈 ―	械							
	총 11획	械 械 械 械 械 械 械 械 械 械 械							

0481 関 관계할 관	음 かん 훈 かか(わる)	関							
	총 14획	関 関 関 関 関 関 関 関 関 関 関 関 関 関							

0482 連 이을 련	음 れん 훈 つら(なる)	連							
	총 10획	連 連 連 連 連 連 連 連 連 連							

0483 功 공 공	음 こう 훈 ―	功							
	총 5획	功 功 功 功 功							

0484 労 일할 로	음 ろう 훈 ―	労							
	총 7획	労 労 労 労 労 労 労							

0485 働 일할 동	음 どう 훈 はたら(く)	働							
	총 13획	働 働 働 働 働 働 働 働 働 働 働 働 働							

0486 陸 뭍 륙	음 りく 훈 ―	陸							
	총 11획	陸 陸 陸 陸 陸 陸 陸 陸 陸 陸 陸							

0487 軍 군사 군	음 ぐん 훈 ―	軍							
	총 9획	軍 軍 軍 軍 軍 軍 軍 軍 軍							

0488 隊 무리 대	음 たい 훈 ―	隊							
	총 12획	隊 隊 隊 隊 隊 隊 隊 隊 隊 隊 隊 隊							

0489 冷 찰 랭	음 れい 훈 ひ(える)	冷							
	총 7획	冷 冷 冷 冷 冷 冷 冷							

0490 熱 더울 열	음 ねつ 훈 あつ(い)	熱							
	총 15획	熱 熱 熱 熱 熱 熱 熱 熱 熱 熱 熱 熱 熱 熱 熱							

0491 無	음 む / 훈 な(い)		
없을 무	총 12획 無 無 無 無 無 無 無 無 無 無 無 無		

0492 料	음 りょう / 훈 ー		
헤아릴 **료**	총 10획 料 料 料 料 料 料 料 料 料		

0493 給	음 きゅう / 훈 ー		
줄 급	총 12획 給 給 給 給 給 給 給 給 給 給 給		

0494 材	음 ざい / 훈 ー		
재목 재	총 7획 材 材 材 材 材 材 材		

0495 建	음 けん / 훈 た(つ)		
세울 건	총 9획 建 建 建 建 建 建 建 建 建		

0496 帯	음 たい / 훈 おび		
띠 대	총 10획 帯 帯 帯 帯 帯 帯 帯 帯 帯 帯		

0497 徳	음 とく / 훈 ー		
덕 덕	총 14획 徳 徳 徳 徳 徳 徳 徳 徳 徳 徳 徳 徳 徳 徳		

0498 徒	음 と / 훈 ー		
무리 도	총 10획 徒 徒 徒 徒 徒 徒 徒 徒 徒 徒		

0499 灯	음 とう / 훈 ひ		
등잔 등	총 6획 灯 灯 灯 灯 灯 灯		

0500 例	음 れい / 훈 たと(える)		
비슷할 **례**	총 8획 例 例 例 例 例 例 例 例		

0501 老 늙을 **로**	읔 ろう / 훈 ふ(ける)	老	총 6획 老 老 老 老 老 老
0502 鹿 사슴 **록**	읔 ー / 훈 しか	鹿	총 11획 鹿 鹿 鹿 鹿 鹿 鹿 鹿 鹿 鹿 鹿
0503 輪 바퀴 **륜**	읔 りん / 훈 わ	輪	총 15획 輪 輪 輪 輪 輪 輪 輪 輪 輪 輪 輪 輪 輪 輪 輪
0504 満 찰 **만**	읔 まん / 훈 み(ちる)	満	총 12획 満 満 満 満 満 満 満 満 満 満 満 満
0505 梅 매화 **매**	읔 ばい / 훈 うめ	梅	총 10획 梅 梅 梅 梅 梅 梅 梅 梅 梅 梅
0506 牧 칠 **목**	읔 ぼく / 훈 まき	牧	총 8획 牧 牧 牧 牧 牧 牧 牧 牧
0507 民 백성 **민**	읔 みん / 훈 たみ	民	총 5획 民 民 民 民 民
0508 博 넓을 **박**	읔 はく / 훈 ー	博	총 12획 博 博 博 博 博 博 博 博 博 博 博
0509 種 씨 **종**	읔 しゅ / 훈 たね	種	총 14획 種 種 種 種 種 種 種 種 種 種 種 種 種 種
0510 類 무리 **류**	읔 るい / 훈 たぐ(い)	類	총 18획 類 類 類 類 類 類 類 類 類 類 類 類 類 類 類 類 類 類

0511	周	음 しゅう / 훈 まわ(り)	두루 주	총 8획
0512	辺	음 へん / 훈 あた(り)	가 변	총 5획
0513	辞	음 じ / 훈 や(める)	말씀 사	총 13획
0514	典	음 てん / 훈 —	법 전	총 8획
0515	印	음 いん / 훈 しるし	도장 인	총 6획
0516	刷	음 さつ / 훈 す(る)	인쇄할 쇄	총 8획
0517	試	음 し / 훈 ため(す)	시험할 시	총 13획
0518	験	음 けん / 훈 —	시험할 험	총 18획
0519	法	음 ほう / 훈 —	법 법	총 8획
0520	治	음 ち / 훈 な(おる)	다스릴 치	총 8획

0521 約 맺을 **약**	음 やく 훈 ―	約									
		총 9획 約 約 約 約 約 約 約 約 約									

0522 束 묶을 **속**	음 そく 훈 たば	束									
		총 7획 束 束 束 束 束 束 束									

0523 祝 빌 **축**	음 しゅく 훈 いわ(う)	祝									
		총 9획 祝 祝 祝 祝 祝 祝 祝 祝 祝									

0524 賀 하례할 **하**	음 が 훈 ―	賀									
		총 12획 賀 賀 賀 賀 賀 賀 賀 賀 賀 賀 賀									

0525 岐 갈림길 **기**	음 き 훈 ―	岐									
		총 7획 岐 岐 岐 岐 岐 岐 岐									

0526 阜 언덕 **부**	음 ふ 훈 ―	阜									
		총 8획 阜 阜 阜 阜 阜 阜 阜 阜									

0527 崎 험할 **기**	음 さき 훈 ―	崎									
		총 11획 崎 崎 崎 崎 崎 崎 崎 崎 崎 崎									

0528 埼 갑 **기**	음 さい 훈 ―	埼									
		총 11획 埼 埼 埼 埼 埼 埼 埼 埼 埼 埼									

0529 沖 화할 **충**	음 ちゅう 훈 おき	沖									
		총 7획 沖 沖 沖 沖 沖 沖 沖									

0530 縄 밧줄 **승**	음 じょう 훈 なわ	縄									
		총 15획 縄 縄 縄 縄 縄 縄 縄 縄 縄 縄 縄 縄									

0531 滋 붙을 **자**	음 じ 훈 ―	滋							

총 12획　滋 滋 滋 滋 滋 滋 滋 滋 滋 滋 滋 滋

0532 兵 병사 **병**	음 へい 훈 ―	兵							

총 7획　兵 兵 兵 兵 兵 兵 兵

0533 変 변할 **변**	음 へん 훈 か(わる)	変							

총 9획　変 変 変 変 変 変 変 変 変

0534 夫 지아비 **부**	음 ふう 훈 おっと	夫							

총 4획　夫 夫 夫 夫

0535 司 맡을 **사**	음 し 훈 つかさど(る)	司							

총 5획　司 司 司 司 司

0536 産 낳을 **산**	음 さん 훈 う(まれる)	産							

총 11획　産 産 産 産 産 産 産 産 産 産 産

0537 潟 개펄 **석**	음 かた 훈 ―	潟							

총 15획　潟 潟 潟 潟 潟 潟 潟 潟 潟 潟 潟 潟 潟 潟 潟

0538 省 살필 **성**	음 せい 훈 はぶ(く)	省							

총 9획　省 省 省 省 省 省 省 省 省

0539 笑 웃음 **소**	음 しょう 훈 わら(う)	笑							

총 10획　笑 笑 笑 笑 笑 笑 笑 笑 笑 笑

0540 巣 새집 **소**	음 そう 훈 す	巣							

총 11획　巣 巣 巣 巣 巣 巣 巣 巣 巣 巣 巣

0541 焼	음 しょう / 훈 や(く) / 불사를 소	총 12획 焼 焼 焼 焼 焼 焼 焼 焼 焼 焼 焼 焼
0542 続	음 ぞく / 훈 つづ(く) / 이을 속	총 13획 続 続 続 続 続 続 続 続 続 続 続 続 続
0543 要	음 よう / 훈 い(る) / 요긴할 요	총 9획 要 要 要 要 要 要 要 要 要
0544 求	음 きゅう / 훈 もと(める) / 구할 구	총 7획 求 求 求 求 求 求 求
0545 必	음 ひつ / 훈 かなら(ず) / 반드시 필	총 5획 必 必 必 必 必
0546 然	음 ぜん / 훈 ― / 그럴 연	총 12획 然 然 然 然 然 然 然 然 然 然 然 然
0547 位	음 い / 훈 くらい / 자리 위	총 7획 位 位 位 位 位 位 位
0548 置	음 ち / 훈 お(く) / 둘 치	총 13획 置 置 置 置 置 置 置 置 置 置 置 置 置
0549 残	음 ざん / 훈 のこ(る) / 남을 잔	총 10획 残 残 残 残 残 残 残 残 残 残
0550 飯	음 はん / 훈 めし / 밥 반	총 12획 飯 飯 飯 飯 飯 飯 飯 飯 飯 飯 飯 飯

0551 差 다를 **차**	음 さ 훈 さ(す)	差								
	총 10획	差 差 差 差 差 差 差 差 差								

0552 別 나눌 **별**	음 べつ 훈 わか (れる)	別								
	총 7획	別 別 別 別 別 別 別								

0553 特 특별할 **특**	음 とく 훈 ―	特								
	총 10획	特 特 特 特 特 特 特 特 特 特								

0554 希 바랄 **희**	음 き 훈 ―	希								
	총 7획	希 希 希 希 希 希 希								

0555 望 바랄 **망**	음 ぼう 훈 のぞ(む)	望								
	총 11획	望 望 望 望 望 望 望 望 望 望 望								

0556 失 잃을 **실**	음 しつ 훈 うしな (う)	失								
	총 5획	失 失 失 失 失								

0557 願 원할 **원**	음 がん 훈 ねが(う)	願								
	총 19획	願 願 願 願 願 願 願 願 願 願 願 願 願 願 願 願 願								

0558 泣 울 **읍**	음 きゅう 훈 な(く)	泣								
	총 8획	泣 泣 泣 泣 泣 泣 泣 泣								

0559 副 버금 **부**	음 ふく 훈 ―	副								
	총 11획	副 副 副 副 副 副 副 副 副 副 副								

0560 富 부유할 **부**	음 ふ 훈 と(む)	富								
	총 12획	富 富 富 富 富 富 富 富 富 富 富 富								

0561 孫	음 そん / 훈 まご	손자 손	총 10획

0562 松	음 しょう / 훈 まつ	소나무 송	총 8획

0563 順	음 じゅん / 훈 ─	순할 순	총 12획

0564 臣	음 じん / 훈 ─	신하 신	총 7획

0565 信	음 しん / 훈 ─	믿을 신	총 9획

0566 氏	음 し / 훈 うじ	성씨 씨	총 4획

0567 児	음 じ / 훈 ─	아이 아	총 7획

0568 芽	음 が / 훈 め	싹 아	총 8획

0569 案	음 あん / 훈 ─	책상 안	총 10획

0570 養	음 よう / 훈 やしな(う)	기를 양	총 15획

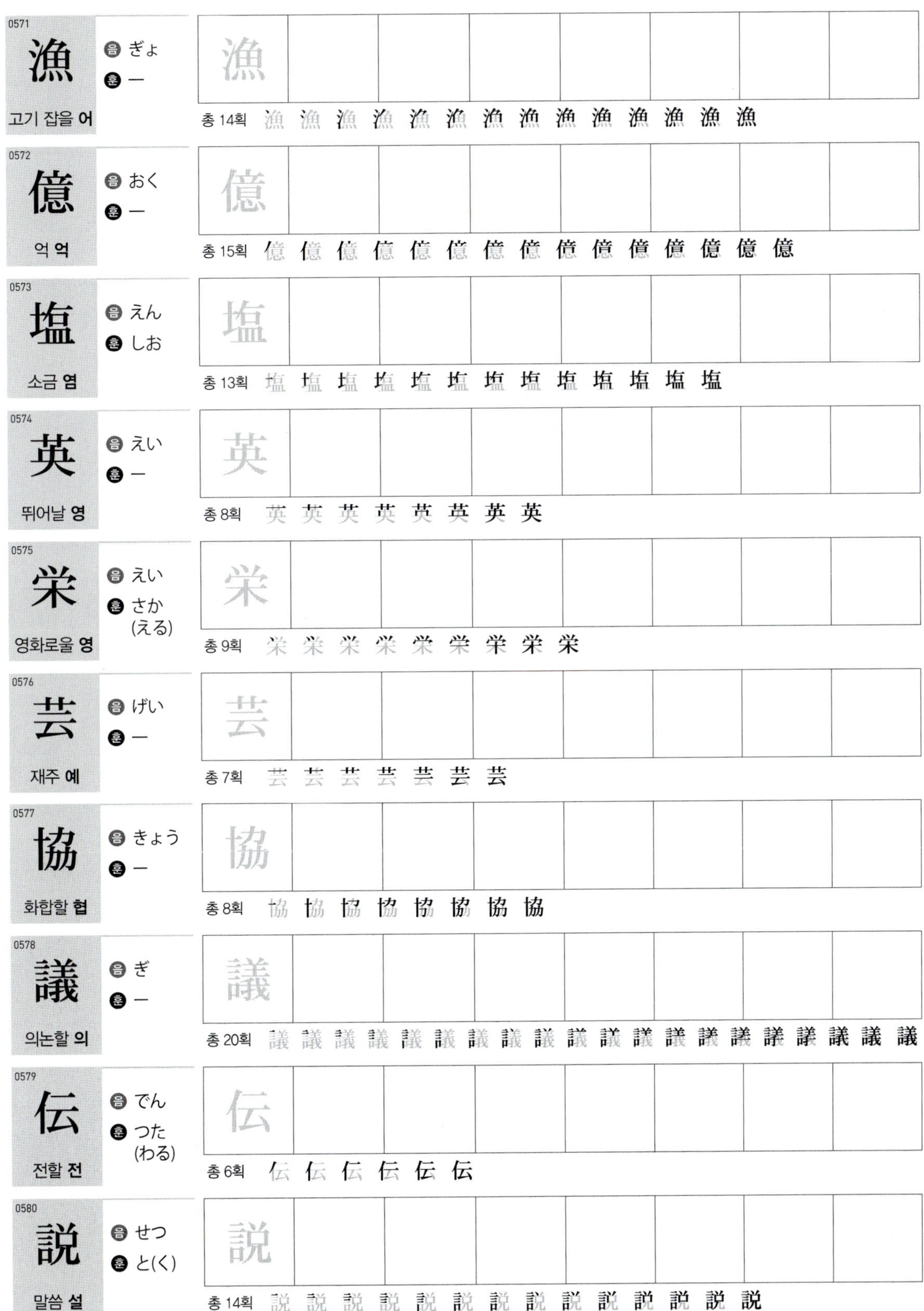

0571 漁	음 ぎょ / 훈 ―	총 14획
고기 잡을 **어**		
0572 億	음 おく / 훈 ―	총 15획
억 **억**		
0573 塩	음 えん / 훈 しお	총 13획
소금 **염**		
0574 英	음 えい / 훈 ―	총 8획
뛰어날 **영**		
0575 栄	음 えい / 훈 さか(える)	총 9획
영화로울 **영**		
0576 芸	음 げい / 훈 ―	총 7획
재주 **예**		
0577 協	음 きょう / 훈 ―	총 8획
화합할 **협**		
0578 議	음 ぎ / 훈 ―	총 20획
의논할 **의**		
0579 伝	음 でん / 훈 つた(わる)	총 6획
전할 **전**		
0580 説	음 せつ / 훈 と(く)	총 14획
말씀 **설**		

0581 達 통달할 **달**	음 たつ 훈 ―	達								
	총 12획	達 達 達 達 達 達 達 達 達 達 達 達								

0582 最 가장 **최**	음 さい 훈 もっと(も)	最								
	총 12획	最 最 最 最 最 最 最 最 最 最 最 最								

0583 初 처음 **초**	음 しょ 훈 はじ(め)	初								
	총 7획	初 初 初 初 初 初 初								

0584 低 낮을 **저**	음 てい 훈 ひく(い)	低								
	총 7획	低 低 低 低 低 低								

0585 訓 가르칠 **훈**	음 くん 훈 ―	訓								
	총 10획	訓 訓 訓 訓 訓 訓 訓 訓 訓 訓								

0586 令 하여금 **령**	음 れい 훈 ―	令								
	총 5획	令 令 令 令 令								

0587 不 아닐 **부**	음 ふ 훈 ―	不								
	총 4획	不 不 不 不								

0588 便 편할 **편**	음 べん 훈 たよ(り)	便								
	총 9획	便 便 便 便 便 便 便 便 便								

0589 利 이로울 **리**	음 り 훈 き(く)	利								
	총 7획	利 利 利 利 利 利 利								

0590 器 그릇 **기**	음 き 훈 うつわ	器								
	총 15획	器 器 器 器 器 器 器 器 器 器 器 器 器								

번호	한자	음	훈	뜻·음	총획
0591	量	りょう	はか(る)	헤아릴 량	총 12획
0592	底	てい	そこ	밑 저	총 8획
0593	梨	ー	なし	배나무 리	총 11획
0594	静	せい	しず(か)	고요할 정	총 14획
0595	清	せい	きよ(い)	맑을 청	총 11획
0596	浴	よく	あ(びる)	목욕할 욕	총 10획
0597	勇	ゆう	いさ(む)	날랠 용	총 9획
0598	熊	ー	くま	곰 웅	총 14획
0599	媛	えん	ひめ	여자 원	총 12획
0600	衣	い	ころも	옷 의	총 6획

0601 以	음 い / 훈 ―	써 이	총 5획 以 以 以 以 以
0602 茨	음 ― / 훈 いばら	가시나무 자	총 9획 茨 茨 茨 茨 茨 茨 茨 茨 茨
0603 昨	음 さく / 훈 ―	어제 작	총 9획 昨 昨 昨 昨 昨 昨 昨 昨 昨
0604 積	음 せき / 훈 つ(む)	쌓을 적	총 16획 積 積 積 積 積 積 積 積 積 積 積 積 積 積 積
0605 折	음 せつ / 훈 お(る)	꺾을 절	총 7획 折 折 折 折 折 折 折
0606 井	음 しょう / 훈 い	우물 정	총 4획 井 井 井 井
0607 兆	음 ちょう / 훈 きざ(す)	조짐 조	총 6획 兆 兆 兆 兆 兆 兆
0608 照	음 しょう / 훈 て(れる)	비칠 조	총 13획 照 照 照 照 照 照 照 照 照 照 照 照 照
0609 卒	음 そつ / 훈 ―	마칠 졸	총 8획 卒 卒 卒 卒 卒 卒 卒 卒
0610 付	음 ふ / 훈 つ(く)	줄 부	총 5획 付 付 付 付 付

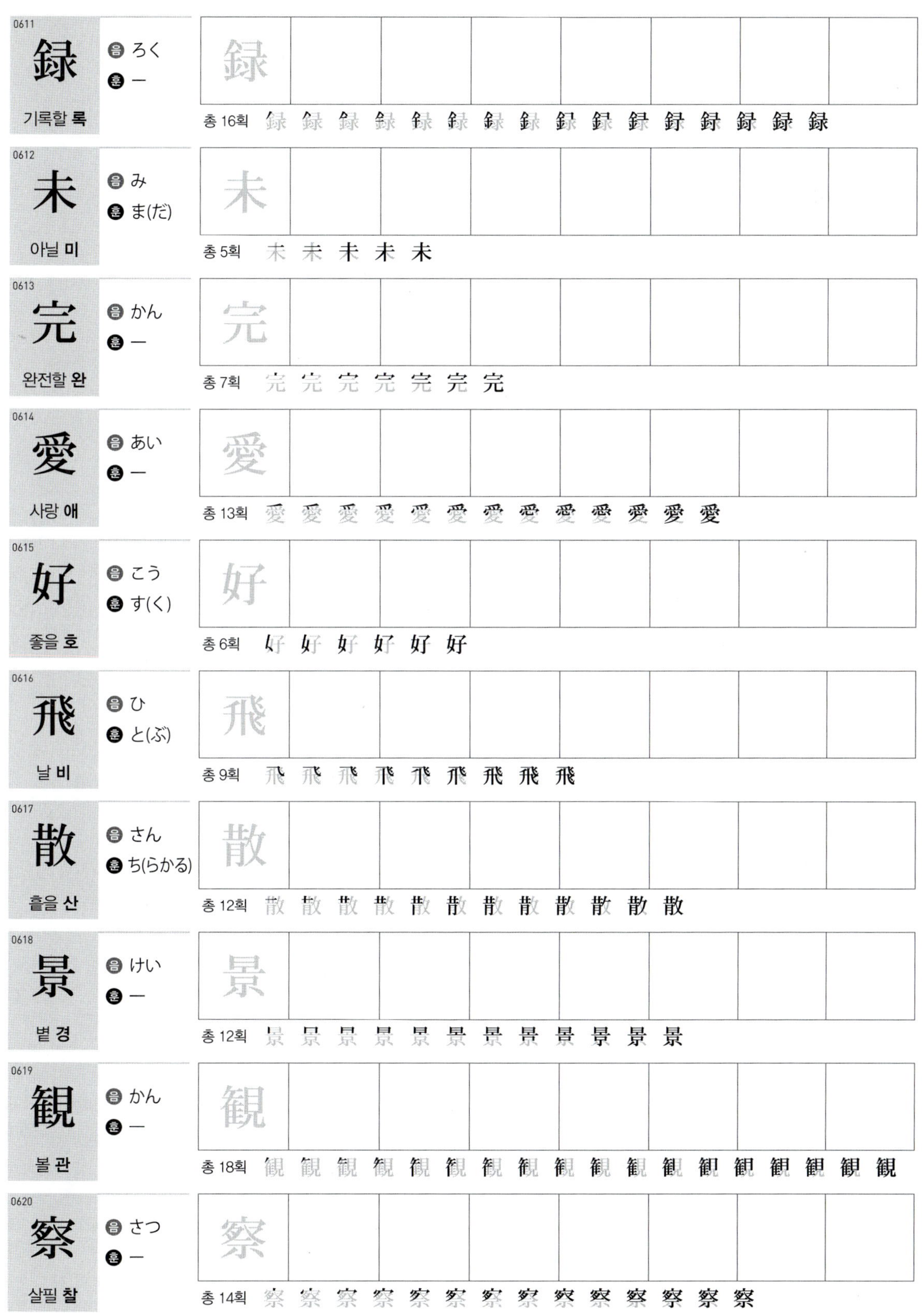

번호	한자	음	훈	뜻·음	총획
0611	録	ろく	―	기록할 **록**	총 16획
0612	未	み	ま(だ)	아닐 **미**	총 5획
0613	完	かん	―	완전할 **완**	총 7획
0614	愛	あい	―	사랑 **애**	총 13획
0615	好	こう	す(く)	좋을 **호**	총 6획
0616	飛	ひ	と(ぶ)	날 **비**	총 9획
0617	散	さん	ち(らかる)	흩을 **산**	총 12획
0618	景	けい	―	볕 **경**	총 12획
0619	観	かん	―	볼 **관**	총 18획
0620	察	さつ	―	살필 **찰**	총 14획

0621 標 표할 표	음 ひょう 훈 —	標						
		총 15획 標 標 標 標 標 標 標 標 標 標 標 標 標 標						

0622 札 편지 찰	음 さつ 훈 ふだ	札						
		총 5획 札 札 札 札 札						

0623 的 과녁 적	음 てき 훈 まと	的						
		총 8획 的 的 的 的 的 的 的 的						

0624 課 과정 과	음 か 훈 —	課						
		총 15획 課 課 課 課 課 課 課 課 課 課 課 課 課 課						

0625 府 마을 부	음 ふ 훈 —	府						
		총 8획 府 府 府 府 府 府 府						

0626 票 표 표	음 ひょう 훈 —	票						
		총 11획 票 票 票 票 票 票 票 票 票 票 票						

0627 佐 도울 좌	음 さ 훈 —	佐						
		총 7획 佐 佐 佐 佐 佐 佐 佐						

0628 仲 버금 중	음 ちゅう 훈 なか	仲						
		총 6획 仲 仲 仲 仲 仲 仲						

0629 借 빌릴 차	음 しゃく 훈 か(りる)	借						
		총 10획 借 借 借 借 借 借 借 借 借						

0630 倉 곳집 창	음 そう 훈 くら	倉						
		총 10획 倉 倉 倉 倉 倉 倉 倉 倉 倉						

0631 唱	음 しょう / 훈 とな(える)	부를 **창**	唱	총 11획 唱 唱 唱 唱 唱 唱 唱 唱 唱 唱 唱
0632 菜	음 さい / 훈 な	나물 **채**	菜	총 11획 菜 菜 菜 菜 菜 菜 菜 菜 菜 菜 菜
0633 浅	음 せん / 훈 あさ(い)	얕을 **천**	浅	총 9획 浅 浅 浅 浅 浅 浅 浅 浅 浅
0634 側	음 そく / 훈 がわ	곁 **측**	側	총 11획 側 側 側 側 側 側 側 側 側 側
0635 阪	음 はん / 훈 ―	언덕 **판**	阪	총 7획 阪 阪 阪 阪 阪 阪 阪
0636 敗	음 はい / 훈 やぶ(れる)	패할 **패**	敗	총 11획 敗 敗 敗 敗 敗 敗 敗 敗 敗 敗 敗
0637 包	음 ほう / 훈 つつ(む)	쌀 **포**	包	총 5획 包 包 包 包 包
0638 害	음 がい / 훈 ―	해할 **해**	害	총 10획 害 害 害 害 害 害 害 害 害 害
0639 香	음 こう / 훈 かお(り)	향기 **향**	香	총 9획 香 香 香 香 香 香 香 香 香
0640 貨	음 か / 훈 ―	재물 **화**	貨	총 11획 貨 貨 貨 貨 貨 貨 貨 貨 貨 貨 貨

0641 栃	음 ー 훈 とち	栃							
상수리나무 회		총 9획 栃 栃 栃 栃 栃 栃 栃 栃 栃							

0642 候	음 こう 훈 そうろう	候							
기후 후		총 10획 候 候 候 候 候 候 候 候 候 候							

0643 許	음 きょ 훈 ゆる(す)	許							
허락할 허		총 11획 許 許 許 許 許 許 許 許 許 許 許							

0644 可	음 か 훈 ー	可							
옳을 가		총 5획 可 可 可 可 可							

0645 能	음 のう 훈 ー	能							
능할 능		총 10획 能 能 能 能 能 能 能 能 能 能							

0646 評	음 ひょう 훈 ー	評							
평할 평		총 12획 評 評 評 評 評 評 評 評 評 評 評 評							

0647 価	음 か 훈 あたい	価							
값 가		총 8획 価 価 価 価 価 価 価							

0648 格	음 かく 훈 ー	格							
격식 격		총 10획 格 格 格 格 格 格 格 格 格 格							

0649 増	음 ぞう 훈 ふ(える)	増							
더할 증		총 14획 増 増 増 増 増 増 増 増 増 増 増 増 増							

0650 減	음 げん 훈 へ(る)	減							
덜 감		총 12획 減 減 減 減 減 減 減 減 減 減 減 減							

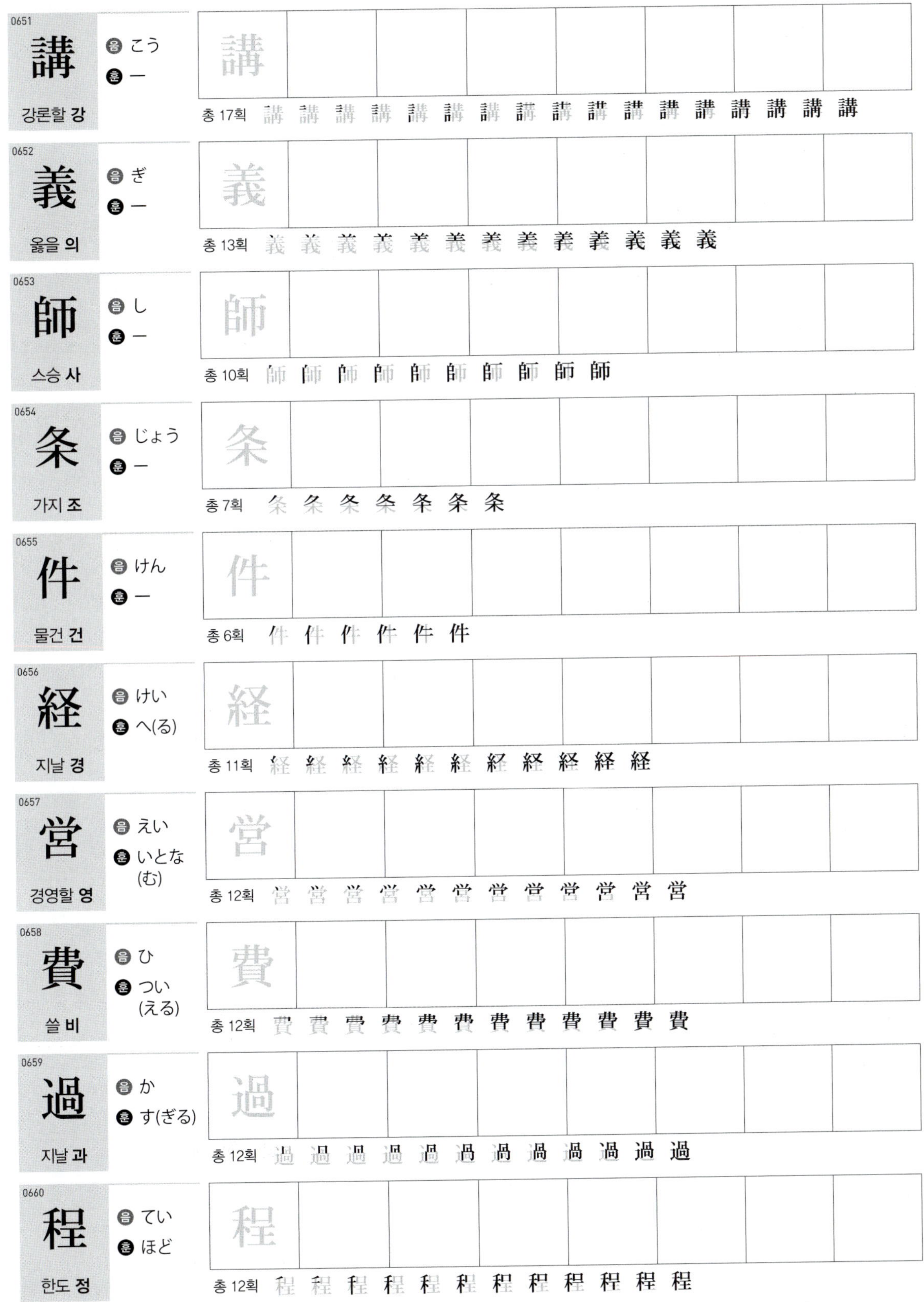

0651 講	음 こう / 훈 ー	강론할 강	총 17획
0652 義	음 ぎ / 훈 ー	옳을 의	총 13획
0653 師	음 し / 훈 ー	스승 사	총 10획
0654 条	음 じょう / 훈 ー	가지 조	총 7획
0655 件	음 けん / 훈 ー	물건 건	총 6획
0656 経	음 けい / 훈 へ(る)	지날 경	총 11획
0657 営	음 えい / 훈 いとな(む)	경영할 영	총 12획
0658 費	음 ひ / 훈 つい(える)	쓸 비	총 12획
0659 過	음 か / 훈 す(ぎる)	지날 과	총 12획
0660 程	음 てい / 훈 ほど	한도 정	총 12획

0661 刊	음 かん / 훈 ー	刊
새길 간		총 5획　刊 刊 刊 刊 刊

0662 個	음 こ / 훈 ー	個
낱 개		총 10획　個 個 個 個 個 個 個 個 個 個

0663 居	음 きょ / 훈 い(る)	居
살 거		총 8획　居 居 居 居 居 居 居 居

0664 潔	음 けつ / 훈 いさぎよ(い)	潔
깨끗할 결		총 15획　潔 潔 潔 潔 潔 潔 潔 潔 潔 潔 潔 潔 潔 潔 潔

0665 耕	음 こう / 훈 たがや(す)	耕
밭 갈 경		총 10획　耕 耕 耕 耕 耕 耕 耕 耕 耕 耕

0666 境	음 きょう / 훈 さかい	境
지경 경		총 14획　境 境 境 境 境 境 境 境 境 境 境 境 境 境

0667 故	음 こ / 훈 ゆえ	故
연고 고		총 9획　故 故 故 故 故 故 故 故 故

0668 慣	음 かん / 훈 な(れる)	慣
익숙할 관		총 14획　慣 慣 慣 慣 慣 慣 慣 慣 慣 慣 慣 慣 慣 慣

0669 鉱	음 こう / 훈 ー	鉱
쇳돌 광		총 13획　鉱 鉱 鉱 鉱 鉱 鉱 鉱 鉱 鉱 鉱 鉱 鉱 鉱

0670 句	음 く / 훈 ー	句
글귀 구		총 5획　句 句 句 句 句

| 0671 旧 | 음 きゅう / 훈 ― / 옛 구 | 旧 | | | | | | |
| 총 5획 | 旧 旧 旧 旧 旧 | | | | | | | |

| 0672 救 | 음 きゅう / 훈 すく(う) / 구원할 구 | 救 | | | | | | |
| 총 11획 | 救 救 救 救 救 救 救 救 救 救 救 | | | | | | | |

| 0673 均 | 음 きん / 훈 なら(す) / 고를 균 | 均 | | | | | | |
| 총 7획 | 均 均 均 均 均 均 均 | | | | | | | |

| 0674 紀 | 음 き / 훈 ― / 벼리 기 | 紀 | | | | | | |
| 총 9획 | 紀 紀 紀 紀 紀 紀 紀 紀 紀 | | | | | | | |

| 0675 寄 | 음 き / 훈 よ(る) / 부칠 기 | 寄 | | | | | | |
| 총 11획 | 寄 寄 寄 寄 寄 寄 寄 寄 寄 寄 寄 | | | | | | | |

| 0676 往 | 음 おう / 훈 ― / 갈 왕 | 往 | | | | | | |
| 총 8획 | 往 往 往 往 往 往 往 往 | | | | | | | |

| 0677 復 | 음 ふく / 훈 ― / 회복할 복 | 復 | | | | | | |
| 총 12획 | 復 復 復 復 復 復 復 復 復 復 復 復 | | | | | | | |

| 0678 興 | 음 こう / 훈 おこ(る) / 일 흥 | 興 | | | | | | |
| 총 16획 | 興 興 興 興 興 興 興 興 興 興 興 興 興 興 興 興 | | | | | | | |

| 0679 複 | 음 ふく / 훈 ― / 겹칠 복 | 複 | | | | | | |
| 총 14획 | 複 複 複 複 複 複 複 複 複 複 複 複 複 複 | | | | | | | |

| 0680 雑 | 음 ざつ / 훈 ― / 섞일 잡 | 雑 | | | | | | |
| 총 14획 | 雑 雑 雑 雑 雑 雑 雑 雑 雑 雑 雑 雑 雑 雑 | | | | | | | |

| 0681 混
섞을 혼 | 음 こん
훈 ま(ぜる) | 混 | | | | | | | | |
| 총 11획 | 混 混 混 混 混 混 混 混 混 混 混 | | | | | | | | | |

| 0682 準
준할 준 | 음 じゅん
훈 ― | 準 | | | | | | | | |
| 총 13획 | 準 準 準 準 準 準 準 準 準 準 準 準 準 | | | | | | | | | |

| 0683 備
갖출 비 | 음 び
훈 そな(わる) | 備 | | | | | | | | |
| 총 12획 | 備 備 備 備 備 備 備 備 備 備 備 | | | | | | | | | |

| 0684 規
법 규 | 음 き
훈 ― | 規 | | | | | | | | |
| 총 11획 | 規 規 規 規 規 規 規 規 規 規 規 | | | | | | | | | |

| 0685 則
법칙 칙 | 음 そく
훈 ― | 則 | | | | | | | | |
| 총 9획 | 則 則 則 則 則 則 則 則 則 | | | | | | | | | |

| 0686 製
지을 제 | 음 せい
훈 ― | 製 | | | | | | | | |
| 총 14획 | 製 製 製 製 製 製 製 製 製 製 製 製 製 製 | | | | | | | | | |

| 0687 造
지을 조 | 음 ぞう
훈 つく(る) | 造 | | | | | | | | |
| 총 10획 | 造 造 造 造 造 造 造 造 造 造 | | | | | | | | | |

| 0688 構
얽을 구 | 음 こう
훈 かま(う) | 構 | | | | | | | | |
| 총 14획 | 構 構 構 構 構 構 構 構 構 構 構 構 構 構 | | | | | | | | | |

| 0689 築
쌓을 축 | 음 ちく
훈 きず(く) | 築 | | | | | | | | |
| 총 16획 | 築 築 築 築 築 築 築 築 築 築 築 築 築 築 築 築 | | | | | | | | | |

| 0690 判
판단할 판 | 음 はん
훈 わか(る) | 判 | | | | | | | | |
| 총 7획 | 判 判 判 判 判 判 判 | | | | | | | | | |

0691 断 끊을 단	음 だん 훈 ことわ(る)	断							

총 11획　断 断 断 断 断 断 断 断 断 断 断

0692 団 둥글 단	음 だん 훈 ―	団							

총 6획　団 団 団 団 団 団

0693 堂 집 당	음 どう 훈 ―	堂							

총 11획　堂 堂 堂 堂 堂 堂 堂 堂 堂 堂 堂

0694 貸 빌릴 대	음 たい 훈 か(す)	貸							

총 12획　貸 貸 貸 貸 貸 貸 貸 貸 貸 貸 貸 貸

0695 導 인도할 도	음 どう 훈 みちび(く)	導							

총 15획　導 導 導 導 導 導 導 導 導 導 導 導 導 導 導

0696 独 홀로 독	음 どく 훈 ひと(り)	独							

총 9획　独 独 独 独 独 独 独 独 独

0697 銅 구리 동	음 どう 훈 ―	銅							

총 14획　銅 銅 銅 銅 銅 銅 銅 銅 銅 銅 銅 銅 銅 銅

0698 領 거느릴 령	음 りょう 훈 ―	領							

총 14획　領 領 領 領 領 領 領 領 領 領 領 領 領 領

0699 留 머무를 류	음 りゅう 훈 と(まる)	留							

총 10획　留 留 留 留 留 留 留 留 留 留

0700 脈 줄기 맥	음 みゃく 훈 ―	脈							

총 10획　脈 脈 脈 脈 脈 脈 脈 脈 脈 脈

0701 綿	음 めん / 훈 わた / 솜 면	綿	총 14획 綿 綿 綿 綿 綿 綿 綿 綿 綿 綿 綿 綿 綿 綿
0702 夢	음 む / 훈 ゆめ / 꿈 몽	夢	총 13획 夢 夢 夢 夢 夢 夢 夢 夢 夢 夢 夢 夢 夢
0703 墓	음 ぼ / 훈 はか / 무덤 묘	墓	총 13획 墓 墓 墓 墓 墓 墓 墓 墓 墓 墓 墓 墓 墓
0704 武	음 ぶ / 훈 ― / 호반 무	武	총 8획 武 武 武 武 武 武 武 武
0705 迷	음 めい / 훈 まよ(う) / 미혹할 미	迷	총 9획 迷 迷 迷 迷 迷 迷 迷 迷 迷
0706 婦	음 ふ / 훈 ― / 며느리 부	婦	총 11획 婦 婦 婦 婦 婦 婦 婦 婦 婦 婦 婦
0707 粉	음 ふん / 훈 こな / 가루 분	粉	총 10획 粉 粉 粉 粉 粉 粉 粉 粉 粉 粉
0708 演	음 えん / 훈 ― / 펼 연	演	총 14획 演 演 演 演 演 演 演 演 演 演 演 演 演
0709 技	음 ぎ / 훈 わざ / 재주 기	技	총 7획 技 技 技 技 技 技 技
0710 術	음 じゅつ / 훈 ― / 재주 술	術	총 11획 術 術 術 術 術 術 術 術 術 術 術

0711 損 덜 손	음 そん 훈 そこ(なう)	損									
	총 13획	損 損 損 損 損 損 損 損 損 損 損 損									

0712 益 더할 익	음 えき 훈 ―	益									
	총 10획	益 益 益 益 益 益 益 益 益 益									

0713 得 얻을 득	음 とく 훈 え(る)	得									
	총 11획	得 得 得 得 得 得 得 得 得 得 得									

0714 毒 독 독	음 どく 훈 ―	毒									
	총 8획	毒 毒 毒 毒 毒 毒 毒 毒									

0715 殺 죽일 살	음 さつ 훈 ころ(す)	殺									
	총 10획	殺 殺 殺 殺 殺 殺 殺 殺 殺 殺									

0716 歴 지낼 력	음 れき 훈 ―	歴									
	총 14획	歴 歴 歴 歴 歴 歴 歴 歴 歴 歴 歴 歴 歴 歴									

0717 史 사기 사	음 し 훈 ―	史									
	총 5획	史 史 史 史 史									

0718 税 세금 세	음 ぜい 훈 ―	税									
	총 12획	税 税 税 税 税 税 税 税 税 税 税 税									

0719 務 힘쓸 무	음 む 훈 つと(まる)	務									
	총 11획	務 務 務 務 務 務 務 務 務 務 務									

0720 総 거느릴 총	음 そう 훈 ―	総									
	총 14획	総 総 総 総 総 総 総 総 総 総 総 総 総 総									

0721 弁 고깔 변	음 べん 훈 —	弁						
	총 5획	弁 弁 弁 弁 弁						

0722 護 도울 호	음 ご 훈 —	護						
	총 20획	護 護 護 護 護 護 護 護 護 護 護 護 護 護 護 護 護 護 護 護						

0723 保 지킬 보	음 ほ 훈 たも(つ)	保						
	총 9획	保 保 保 保 保 保 保 保 保						

0724 識 알 식	음 しき 훈 —	識						
	총 19획	識 識 識 識 識 識 識 識 識 識 識 識 識 識 識 識 識 識 識						

0725 職 직분 직	음 しょく 훈 —	職						
	총 18획	職 職 職 職 職 職 職 職 職 職 職 職 職 職 職 職 職 職						

0726 仏 부처 불	음 ぶつ 훈 ほとけ	仏						
	총 4획	仏 仏 仏 仏						

0727 肥 살찔 비	음 ひ 훈 こえ(る)	肥						
	총 8획	肥 肥 肥 肥 肥 肥 肥 肥						

0728 貧 가난할 빈	음 ひん 훈 まず(しい)	貧						
	총 11획	貧 貧 貧 貧 貧 貧 貧 貧 貧 貧 貧						

0729 士 선비 사	음 し 훈 —	士						
	총 3획	士 士 士						

0730 似 닮을 사	음 じ 훈 に(る)	似						
	총 7획	似 似 似 似 似 似 似						

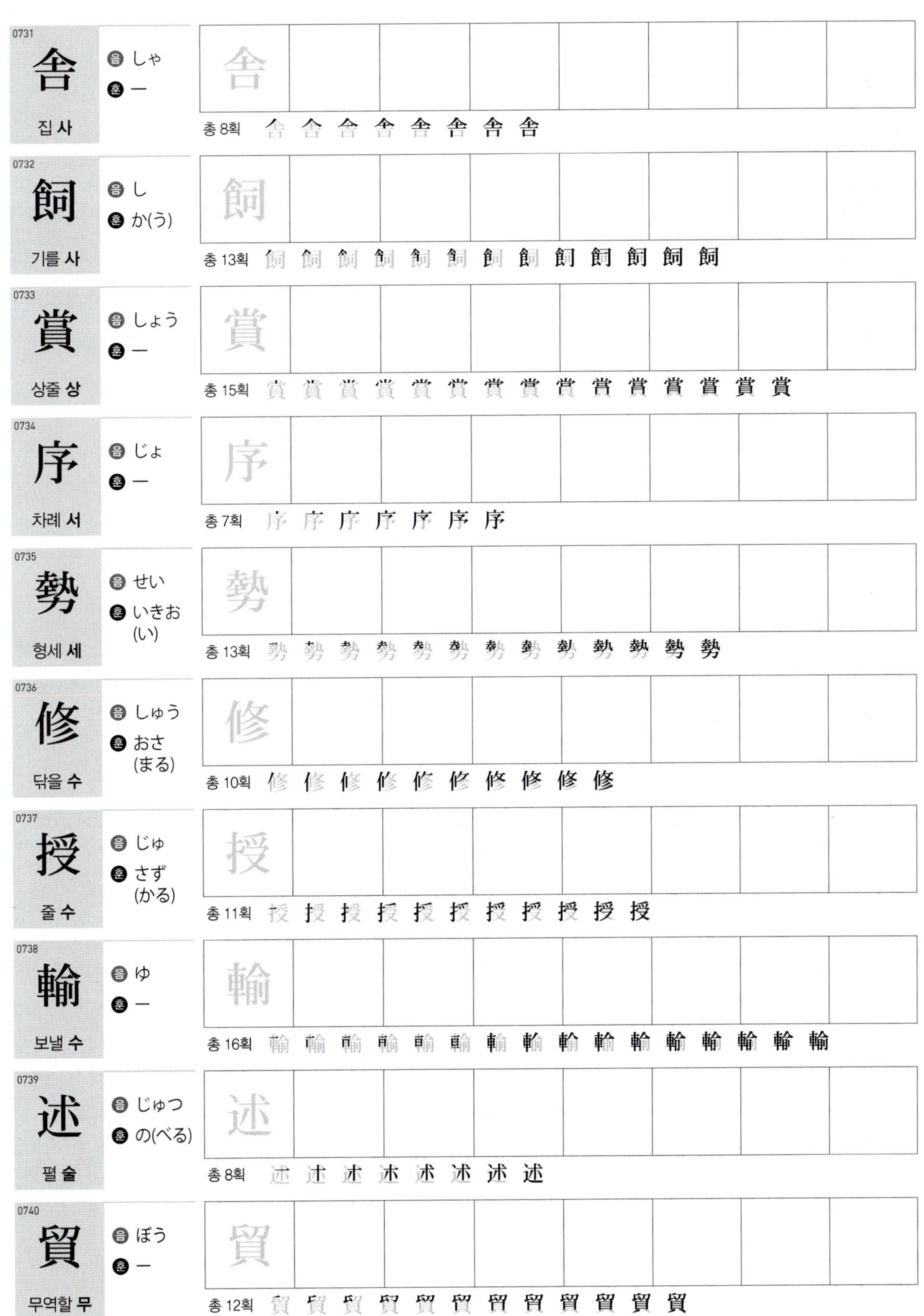

0731	舍	집 사	음 しゃ / 훈 ―	총 8획
0732	飼	기를 사	음 し / 훈 か(う)	총 13획
0733	賞	상줄 상	음 しょう / 훈 ―	총 15획
0734	序	차례 서	음 じょ / 훈 ―	총 7획
0735	勢	형세 세	음 せい / 훈 いきお(い)	총 13획
0736	修	닦을 수	음 しゅう / 훈 おさ(まる)	총 10획
0737	授	줄 수	음 じゅ / 훈 さず(かる)	총 11획
0738	輸	보낼 수	음 ゆ / 훈 ―	총 16획
0739	述	펼 술	음 じゅつ / 훈 の(べる)	총 8획
0740	貿	무역할 무	음 ぼう / 훈 ―	총 12획

0741 易 쉬울 **이**	음 い 훈 やさ(しい)	易							
	총 8획	易 易 易 易 易 易 易 易							

0742 防 막을 **방**	음 ぼう 훈 ふせ(ぐ)	防							
	총 7획	防 防 防 防 防 防 防							

0743 犯 범할 **범**	음 はん 훈 おか(す)	犯							
	총 5획	犯 犯 犯 犯 犯							

0744 比 견줄 **비**	음 ひ 훈 くら(べる)	比							
	총 4획	比 比 比 比							

0745 率 거느릴 **솔**	음 そつ 훈 ひき(いる)	率							
	총 11획	率 率 率 率 率 率 率 率 率 率 率							

0746 非 아닐 **비**	음 ひ 훈 ―	非							
	총 8획	非 非 非 非 非 非 非 非							

0747 常 항상 **상**	음 じょう 훈 つね	常							
	총 11획	常 常 常 常 常 常 常 常 常 常 常							

0748 検 검사할 **검**	음 けん 훈 ―	検							
	총 12획	検 検 検 検 検 検 検 検 検 検 検 検							

0749 査 조사할 **사**	음 さ 훈 ―	査							
	총 9획	査 査 査 査 査 査 査 査 査							

0750 情 뜻 **정**	음 じょう 훈 なさ(け)	情							
	총 11획	情 情 情 情 情 情 情 情 情 情 情							

0751 報 갚을 보	음 ほう / 훈 むく(いる)	報								

총 12획　報 報 報 報 報 報 報 報 報 報 報 報

0752 告 고할 고	음 こく / 훈 つ(げる)	告								

총 7획　告 告 告 告 告 告 告

0753 永 길 영	음 えい / 훈 なが(い)	永								

총 5획　永 永 永 永 永

0754 久 오랠 구	음 きゅう / 훈 ひさ(しい)	久								

총 3획　久 久 久

0755 眼 눈 안	음 がん / 훈 まなこ	眼								

총 11획　眼 眼 眼 眼 眼 眼 眼 眼 眼 眼 眼

0756 圧 누를 압	음 あつ / 훈 ―	圧								

총 5획　圧 圧 圧 圧 圧

0757 液 진 액	음 えき / 훈 ―	液								

총 11획　液 液 液 液 液 液 液 液 液 液 液

0758 額 이마 액	음 がく / 훈 ひたい	額								

총 18획　額 額 額 額 額 額 額 額 額 額 額 額 額 額 額 額

0759 桜 앵두나무 앵	음 おう / 훈 さくら	桜								

총 10획　桜 桜 桜 桜 桜 桜 桜 桜 桜

0760 余 남을 여	음 よ / 훈 あま(る)	余								

총 7획　余 余 余 余 余 余 余

번호	한자	음	훈	뜻·음	총획
0761	燃	ねん	も(える)	탈 연	총 16획
0762	容	よう	―	얼굴 용	총 10획
0763	囲	い	かこ(む)	둘레 위	총 7획
0764	衛	えい	―	지킬 위	총 16획
0765	応	おう	こた(える)	응할 응	총 7획
0766	移	い	うつ(る)	옮길 이	총 11획
0767	因	いん	よ(る)	인할 인	총 6획
0768	資	し	―	재물 자	총 13획
0769	張	ちょう	は(る)	베풀 장	총 11획
0770	災	さい	わざわ(い)	재앙 재	총 7획

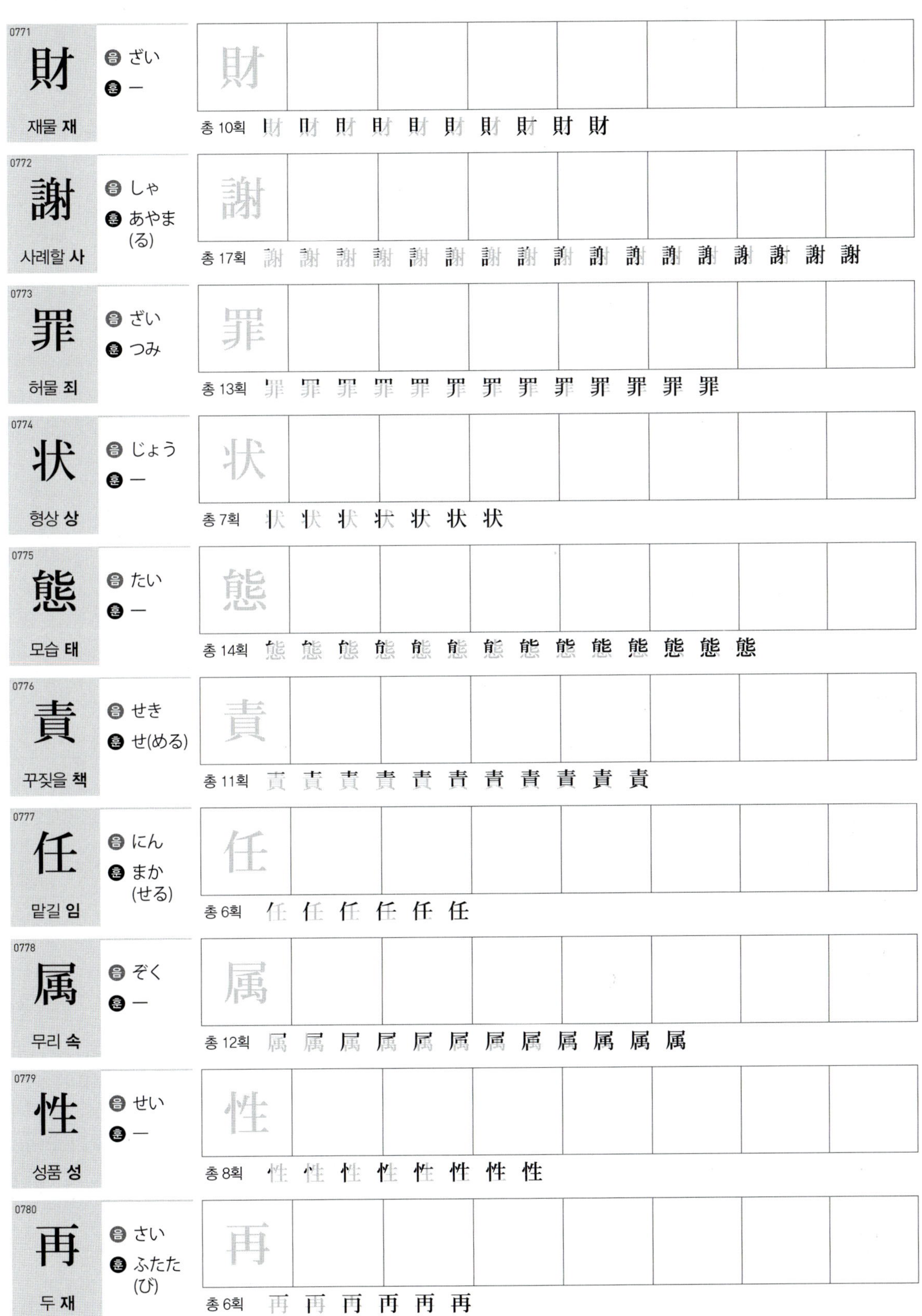

0771 財 재물 재	음 ざい / 훈 ―	총 10획
0772 謝 사례할 사	음 しゃ / 훈 あやま(る)	총 17획
0773 罪 허물 죄	음 ざい / 훈 つみ	총 13획
0774 状 형상 상	음 じょう / 훈 ―	총 7획
0775 態 모습 태	음 たい / 훈 ―	총 14획
0776 責 꾸짖을 책	음 せき / 훈 せ(める)	총 11획
0777 任 맡길 임	음 にん / 훈 まか(せる)	총 6획
0778 属 무리 속	음 ぞく / 훈 ―	총 12획
0779 性 성품 성	음 せい / 훈 ―	총 8획
0780 再 두 재	음 さい / 훈 ふたた(び)	총 6획

0781 現 나타날 현	음 げん 훈 あらわ(れる)	現 총 11획　現 現 現 現 現 現 現 現 現 現 現
0782 在 있을 재	음 ざい 훈 あ(る)	在 총 6획　在 在 在 在 在 在
0783 象 코끼리 상	음 ぞう 훈 ―	象 총 12획　象 象 象 象 象 象 象 象 象 象 象 象
0784 制 절제할 제	음 せい 훈 ―	制 총 8획　制 制 制 制 制 制 制 制
0785 限 한할 한	음 げん 훈 かぎ(る)	限 총 9획　限 限 限 限 限 限 限 限 限
0786 解 풀 해	음 かい 훈 と(ける)	解 총 13획　解 解 解 解 解 解 解 解 解 解 解 解 解
0787 禁 금할 금	음 きん 훈 ―	禁 총 13획　禁 禁 禁 禁 禁 禁 禁 禁 禁 禁 禁 禁 禁
0788 像 모양 상	음 ぞう 훈 ―	像 총 14획　像 像 像 像 像 像 像 像 像 像 像 像 像 像
0789 貯 쌓을 저	음 ちょ 훈 た(まる)	貯 총 12획　貯 貯 貯 貯 貯 貯 貯 貯 貯 貯 貯 貯
0790 適 맞을 적	음 てき 훈 かな(う)	適 총 14획　適 適 適 適 適 適 適 適 適 適 適 適 適 適

0791 **績** 길쌈할 **적**	음 せき / 훈 ―	績
0792 **絶** 끊을 **절**	음 ぜつ / 훈 た(える)	絶
0793 **停** 머무를 **정**	음 てい / 훈 と(まる)	停
0794 **精** 정할 **정**	음 せい / 훈 ―	精
0795 **際** 즈음 **제**	음 さい / 훈 きわ	際
0796 **祖** 할아버지 **조**	음 そ / 훈 ―	祖
0797 **志** 뜻 **지**	음 し / 훈 こころざ(す)	志
0798 **支** 지탱할 **지**	음 し / 훈 ささ(える)	支
0799 **枝** 가지 **지**	음 し / 훈 えだ	枝
0800 **質** 바탕 **질**	음 しつ / 훈 ―	質

0791 총 17획 績績績績績績績績績績績績績績績績
0792 총 12획 絶絶絶絶絶絶絶絶絶絶絶絶
0793 총 11획 停停停停停停停停停停停
0794 총 14획 精精精精精精精精精精精精精精
0795 총 14획 際際際際際際際際際際際際際際
0796 총 9획 祖祖祖祖祖祖祖祖祖
0797 총 7획 志志志志志志志
0798 총 4획 支支支支
0799 총 8획 枝枝枝枝枝枝枝枝
0800 총 15획 質質質質質質質質質質質質質質質

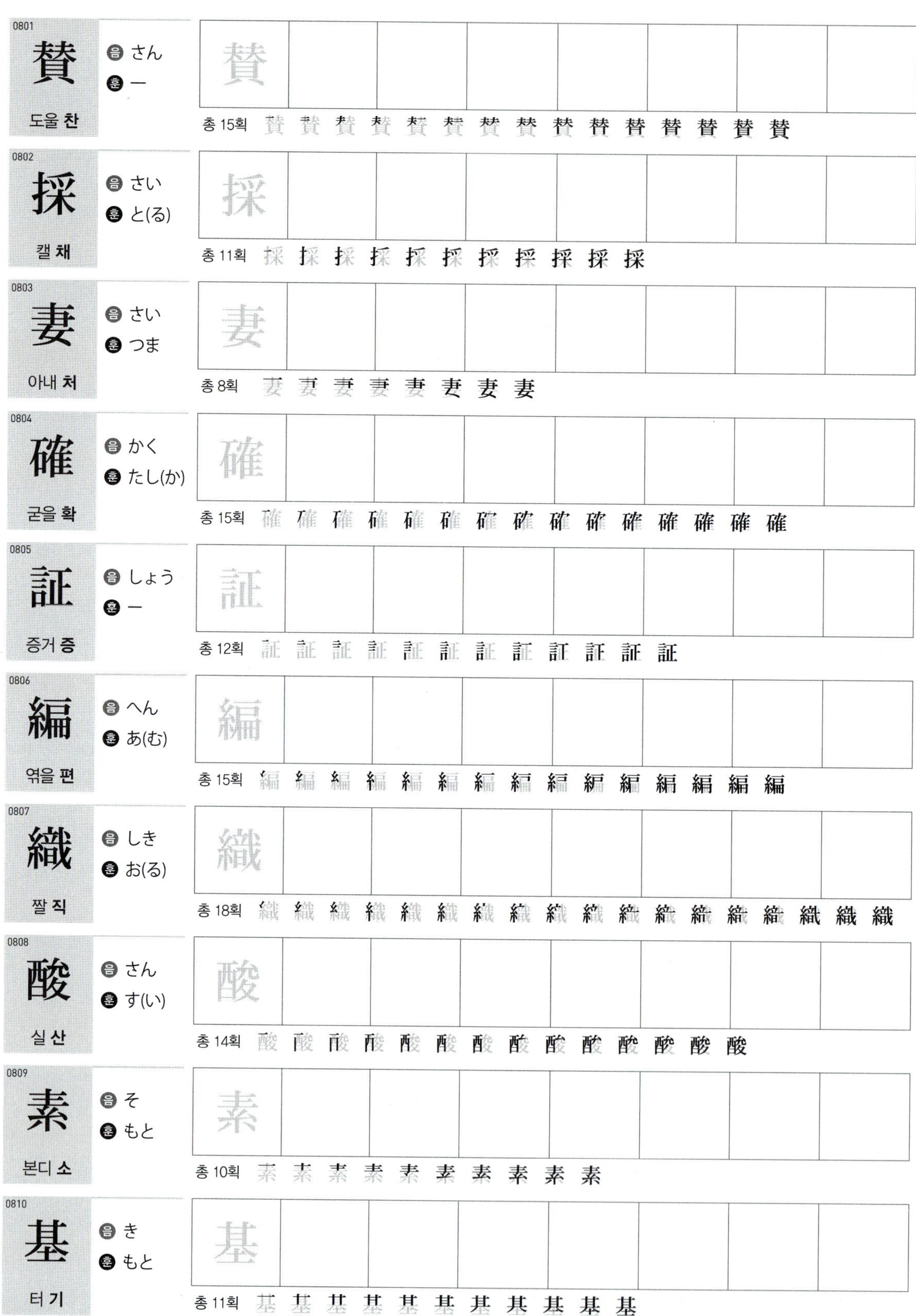

0801 賛 음 さん 훈 ― 도울 찬 총 15획
0802 採 음 さい 훈 と(る) 캘 채 총 11획
0803 妻 음 さい 훈 つま 아내 처 총 8획
0804 確 음 かく 훈 たし(か) 굳을 확 총 15획
0805 証 음 しょう 훈 ― 증거 증 총 12획
0806 編 음 へん 훈 あ(む) 엮을 편 총 15획
0807 織 음 しき 훈 お(る) 짤 직 총 18획
0808 酸 음 さん 훈 す(い) 실 산 총 14획
0809 素 음 そ 훈 もと 본디 소 총 10획
0810 基 음 き 훈 もと 터 기 총 11획

| 0811 幹
줄기 간 | 음 かん
훈 みき | 幹 | | | | | | | | |
| 총 13획 | 幹 幹 幹 幹 幹 幹 幹 幹 幹 幹 幹 幹 幹 |

| 0812 政
정사 정 | 음 せい
훈 まつりごと | 政 | | | | | | | | |
| 총 9획 | 政 政 政 政 政 政 政 政 政 |

| 0813 略
간략할 략 | 음 りゃく
훈 ― | 略 | | | | | | | | |
| 총 11획 | 略 略 略 略 略 略 略 略 略 略 略 |

| 0814 提
끌 제 | 음 てい
훈 さ(げる) | 提 | | | | | | | | |
| 총 12획 | 提 提 提 提 提 提 提 提 提 提 提 提 |

| 0815 示
보일 시 | 음 じ
훈 しめ(す) | 示 | | | | | | | | |
| 총 5획 | 示 示 示 示 示 |

| 0816 仮
거짓 가 | 음 か
훈 かり | 仮 | | | | | | | | |
| 총 6획 | 仮 仮 仮 仮 仮 仮 |

| 0817 設
베풀 설 | 음 せつ
훈 もう(ける) | 設 | | | | | | | | |
| 총 11획 | 設 設 設 設 設 設 設 設 設 設 設 |

| 0818 逆
거스를 역 | 음 ぎゃく
훈 さか(らう) | 逆 | | | | | | | | |
| 총 9획 | 逆 逆 逆 逆 逆 逆 逆 逆 逆 |

| 0819 接
이을 접 | 음 せつ
훈 つ(ぐ) | 接 | | | | | | | | |
| 총 11획 | 接 接 接 接 接 接 接 接 接 接 接 |

| 0820 招
부를 초 | 음 しょう
훈 まね(く) | 招 | | | | | | | | |
| 총 8획 | 招 招 招 招 招 招 招 招 |

0821 測 헤아릴 측	음 そく 훈 はか(る)	測							
	총 12획	測 測 測 測 測 測 測 測 測 測 測 測							

0822 快 쾌할 쾌	음 かい 훈 こころよ(い)	快							
	총 7획	快 快 快 快 快 快 快							

0823 統 거느릴 통	음 とう 훈 す(べる)	統							
	총 12획	統 統 統 統 統 統 統 統 統 統 統 統							

0824 破 깨트릴 파	음 は 훈 やぶ(れる)	破							
	총 10획	破 破 破 破 破 破 破 破 破 破							

0825 版 판목 판	음 はん 훈 —	版							
	총 8획	版 版 版 版 版 版 版 版							

0826 布 베 포	음 ふ 훈 ぬの	布							
	총 5획	布 布 布 布 布							

0827 暴 사나울 폭	음 ぼう 훈 あば(れる)	暴							
	총 15획	暴 暴 暴 暴 暴 暴 暴 暴 暴 暴 暴 暴 暴 暴 暴							

0828 豊 풍년 풍	음 ほう 훈 ゆた(か)	豊							
	총 13획	豊 豊 豊 豊 豊 豊 豊 豊 豊 豊 豊 豊 豊							

0829 河 물 하	음 か 훈 かわ	河							
	총 8획	河 河 河 河 河 河 河 河							

0830 航 배 항	음 こう 훈 —	航							
	총 10획	航 航 航 航 航 航 航 航 航 航							

0831 険 험할 험	음 けん 훈 けわ(しい)	険	총 11획 険 険 険 険 険 険 険 険 険 険
0832 型 모형 형	음 けい 훈 かた	型	총 9획 型 型 型 型 型 型 型 型 型
0833 効 본받을 효	음 こう 훈 き(く)	効	총 8획 効 効 効 効 効 効 効 効
0834 厚 두터울 후	음 こう 훈 あつ(い)	厚	총 9획 厚 厚 厚 厚 厚 厚 厚 厚 厚
0835 喜 기쁠 희	음 き 훈 よろこ(ぶ)	喜	총 12획 喜 喜 喜 喜 喜 喜 喜 喜 喜 喜 喜 喜
0836 尊 높을 존	음 そん 훈 とうと(い)	尊	총 12획 尊 尊 尊 尊 尊 尊 尊 尊 尊 尊
0837 敬 공경 경	음 けい 훈 うやま(う)	敬	총 12획 敬 敬 敬 敬 敬 敬 敬 敬 敬 敬 敬 敬
0838 困 곤할 곤	음 こん 훈 こま(る)	困	총 7획 困 困 困 困 困 困 困
0839 難 어려울 난	음 なん 훈 むずか(しい)	難	총 18획 難 難 難 難 難 難 難 難 難 難 難 難 難 難 難 難 難 難
0540 退 물러날 퇴	음 たい 훈 しりぞ(く)	退	총 9획 退 退 退 退 退 退 退 退 退

0841 勤 부지런할 근	음 きん 훈 つと(まる)	勤

총 12획　勤 勤 勤 勤 勤 勤 勤 勤 勤 勤 勤 勤

0842 展 펼 전	음 てん 훈 ―	展

총 10획　展 展 展 展 展 展 展 展 展 展

0843 覽 볼 람	음 らん 훈 ―	覽

총 17획　覽 覽 覽 覽 覽 覽 覽 覽 覽 覽 覽 覽 覽 覽 覽 覽 覽

0844 刻 새길 각	음 こく 훈 きざ(む)	刻

총 8획　刻 刻 刻 刻 刻 刻 刻 刻

0845 閣 집 각	음 かく 훈 ―	閣

총 14획　閣 閣 閣 閣 閣 閣 閣 閣 閣 閣 閣 閣 閣 閣

0846 干 마를 건	음 かん 훈 ほ(す)	干

총 3획　干 干 干

0847 看 볼 간	음 かん 훈 ―	看

총 9획　看 看 看 看 看 看 看 看 看

0848 簡 대쪽 간	음 かん 훈 ―	簡

총 18획　簡 簡 簡 簡 簡 簡 簡 簡 簡 簡 簡 簡 簡 簡 簡 簡 簡 簡

0849 降 내릴 강	음 こう 훈 ふ(る)	降

총 10획　降 降 降 降 降 降 降 降 降 降

0850 鋼 강철 강	음 こう 훈 はがね	鋼

총 16획　鋼 鋼 鋼 鋼 鋼 鋼 鋼 鋼 鋼 鋼 鋼 鋼 鋼 鋼 鋼 鋼

0851 激	음 げき / 훈 はげ(しい)	격할 격	총 16획
0852 絹	음 けん / 훈 きぬ	비단 견	총 13획
0853 系	음 けい / 훈 ―	이어맬 계	총 7획
0854 届	음 ― / 훈 とど(く)	이를 계	총 8획
0855 穀	음 こく / 훈 ―	곡식 곡	총 14획
0856 骨	음 こつ / 훈 ほね	뼈 골	총 10획
0857 供	음 きょう / 훈 そな(える)	이바지할 공	총 8획
0858 券	음 けん / 훈 ―	문서 권	총 8획
0859 巻	음 かん / 훈 ま(く)	책 권	총 9획
0860 権	음 けん / 훈 ―	권세 권	총 15획

0861 机 책상 궤	음 き 훈 つくえ	机	총 6획　机　机　机　机　机　机
0862 貴 귀할 귀	음 き 훈 とうと(い)	貴	총 12획　貴　貴　貴　貴　貴　貴　貴　貴　貴　貴　貴　貴
0863 劇 심할 극	음 げき 훈 ―	劇	총 15획　劇　劇　劇　劇　劇　劇　劇　劇　劇　劇　劇　劇　劇　劇　劇
0864 筋 힘줄 근	음 きん 훈 すじ	筋	총 12획　筋　筋　筋　筋　筋　筋　筋　筋　筋　筋　筋　筋
0865 己 몸 기	음 こ 훈 おのれ	己	총 3획　己　己　己
0866 暖 따뜻할 난	음 だん 훈 あたた(か)	暖	총 13획　暖　暖　暖　暖　暖　暖　暖　暖　暖　暖　暖　暖　暖
0867 脳 머리 뇌	음 のう 훈 ―	脳	총 11획　脳　脳　脳　脳　脳　脳　脳　脳　脳　脳　脳
0868 担 멜 담	음 たん 훈 にな(う)	担	총 8획　担　担　担　担　担　担　担　担
0869 党 무리 당	음 とう 훈 ―	党	총 10획　党　党　党　党　党　党　党　党　党　党
0870 警 경계할 경	음 けい 훈 ―	警	총 19획　警　警　警　警　警　警　警　警　警　警　警　警　警　警　警　警　警　警　警

0871 視 볼 시	음 し／훈 —	視							
총 11획 視 視 視 視 視 視 視 視 視 視 視									

0872 庁 관청 청	음 ちょう／훈 —	庁							
총 5획 庁 庁 庁 庁 庁									

0873 収 거둘 수	음 しゅう／훈 おさ(まる)	収							
총 4획 収 収 収 収									

0874 納 들일 납	음 のう／훈 おさ(まる)	納							
총 10획 納 納 納 納 納 納 納 納 納 納									

0875 縮 줄일 축	음 しゅく／훈 ちぢ(む)	縮							
총 17획 縮 縮 縮 縮 縮 縮 縮 縮 縮 縮 縮 縮 縮 縮 縮 縮 縮									

0876 討 칠 토	음 とう／훈 う(つ)	討							
총 10획 討 討 討 討 討 討 討 討 討 討									

0877 論 논할 론	음 ろん／훈 —	論							
총 15획 論 論 論 論 論 論 論 論 論 論 論 論 論 論 論									

0878 宅 댁 댁	음 たく／훈 —	宅							
총 6획 宅 宅 宅 宅 宅 宅									

0879 卵 알 란	음 らん／훈 たまご	卵							
총 7획 卵 卵 卵 卵 卵 卵 卵									

0880 乱 어지러울 란	음 らん／훈 みだ(れる)	乱							
총 7획 乱 乱 乱 乱 乱 乱 乱									

0881 朗 밝을 **랑**	음 ろう 훈 ほが (らか)	朗								
		총 10획 朗 朗 朗 朗 朗 朗 朗 朗 朗 朗								

0882 律 법칙 **률**	음 りつ 훈 ―	律								
		총 9획 律 律 律 律 律 律 律 律 律								

0883 裏 속 **리**	음 り 훈 うら	裏								
		총 13획 裏 裏 裏 裏 裏 裏 裏 裏 裏 裏 裏 裏 裏								

0884 臨 임할 **림**	음 りん 훈 のぞ(む)	臨								
		총 18획 臨 臨 臨 臨 臨 臨 臨 臨 臨 臨 臨 臨 臨 臨 臨 臨 臨 臨								

0885 幕 장막 **막**	음 まく 훈 ―	幕								
		총 13획 幕 幕 幕 幕 幕 幕 幕 幕 幕 幕 幕 幕 幕								

0886 晩 늦을 **만**	음 ばん 훈 ―	晩								
		총 12획 晩 晩 晩 晩 晩 晩 晩 晩 晩 晩 晩 晩								

0887 亡 망할 **망**	음 ぼう 훈 な(い)	亡								
		총 3획 亡 亡 亡								

0888 忘 잊을 **망**	음 ぼう 훈 わす (れる)	忘								
		총 7획 忘 忘 忘 忘 忘 忘 忘								

0889 枚 낱 **매**	음 まい 훈 ―	枚								
		총 8획 枚 枚 枚 枚 枚 枚 枚 枚								

0890 盟 맹세 **맹**	음 めい 훈 ―	盟								
		총 13획 盟 盟 盟 盟 盟 盟 盟 盟 盟 盟 盟 盟 盟								

0891 暮	음 ぼ / 훈 く(れる) / 저물 모	暮						

총 14획 暮 暮 暮 暮 暮 暮 暮 暮 暮 暮 暮 暮 暮 暮

0892 模	음 も / 훈 ― / 본뜰 모	模						

총 14획 模 模 模 模 模 模 模 模 模 模 模 模 模

0893 班	음 はん / 훈 ― / 나눌 반	班						

총 10획 班 班 班 班 班 班 班 班 班 班

0894 訪	음 ほう / 훈 たず(ねる) / 찾을 방	訪						

총 11획 訪 訪 訪 訪 訪 訪 訪 訪 訪 訪 訪

0895 拝	음 はい / 훈 おが(む) / 절 배	拝						

총 8획 拝 拝 拝 拝 拝 拝 拝 拝

0896 背	음 はい / 훈 せ / 등 배	背						

총 9획 背 背 背 背 背 背 背 背 背

0897 並	음 へい / 훈 なら(ぶ) / 나란할 병	並						

총 8획 並 並 並 並 並 並 並 並

0898 宝	음 ほう / 훈 たから / 보배 보	宝						

총 8획 宝 宝 宝 宝 宝 宝 宝 宝

0899 補	음 ほ / 훈 おぎな(う) / 기울 보	補						

총 12획 補 補 補 補 補 補 補 補 補 補 補 補

0900 棒	음 ぼう / 훈 ― / 막대 봉	棒						

총 12획 棒 棒 棒 棒 棒 棒 棒 棒 棒 棒 棒 棒

0901 否 아닐 **부**	음 ひ / 훈 いな	否							
	총 7획	否 否 否 否 否 否 否							

0902 奮 떨칠 **분**	음 ふん / 훈 ふる(う)	奮							
	총 16획	奮 奮 奮 奮 奮 奮 奮 奮 奮 奮 奮 奮 奮 奮 奮 奮							

0903 秘 숨길 **비**	음 ひ / 훈 ひ(める)	秘							
	총 10획	秘 秘 秘 秘 秘 秘 秘 秘 秘 秘							

0904 密 빽빽할 **밀**	음 みつ / 훈 ―	密							
	총 11획	密 密 密 密 密 密 密 密 密 密 密							

0905 腹 배 **복**	음 ふく / 훈 はら	腹							
	총 13획	腹 腹 腹 腹 腹 腹 腹 腹 腹 腹 腹 腹 腹							

0906 痛 아플 **통**	음 つう / 훈 いた(い)	痛							
	총 12획	痛 痛 痛 痛 痛 痛 痛 痛 痛 痛 痛 痛							

0907 忠 충성 **충**	음 ちゅう / 훈 ―	忠							
	총 8획	忠 忠 忠 忠 忠 忠 忠 忠							

0908 誠 정성 **성**	음 せい / 훈 まこと	誠							
	총 13획	誠 誠 誠 誠 誠 誠 誠 誠 誠 誠 誠 誠 誠							

0909 承 이을 **승**	음 しょう / 훈 うけたまわ(る)	承							
	총 8획	承 承 承 承 承 承 承 承							

0910 認 알 **인**	음 にん / 훈 みと(める)	認							
	총 14획	認 認 認 認 認 認 認 認 認 認 認 認 認 認							

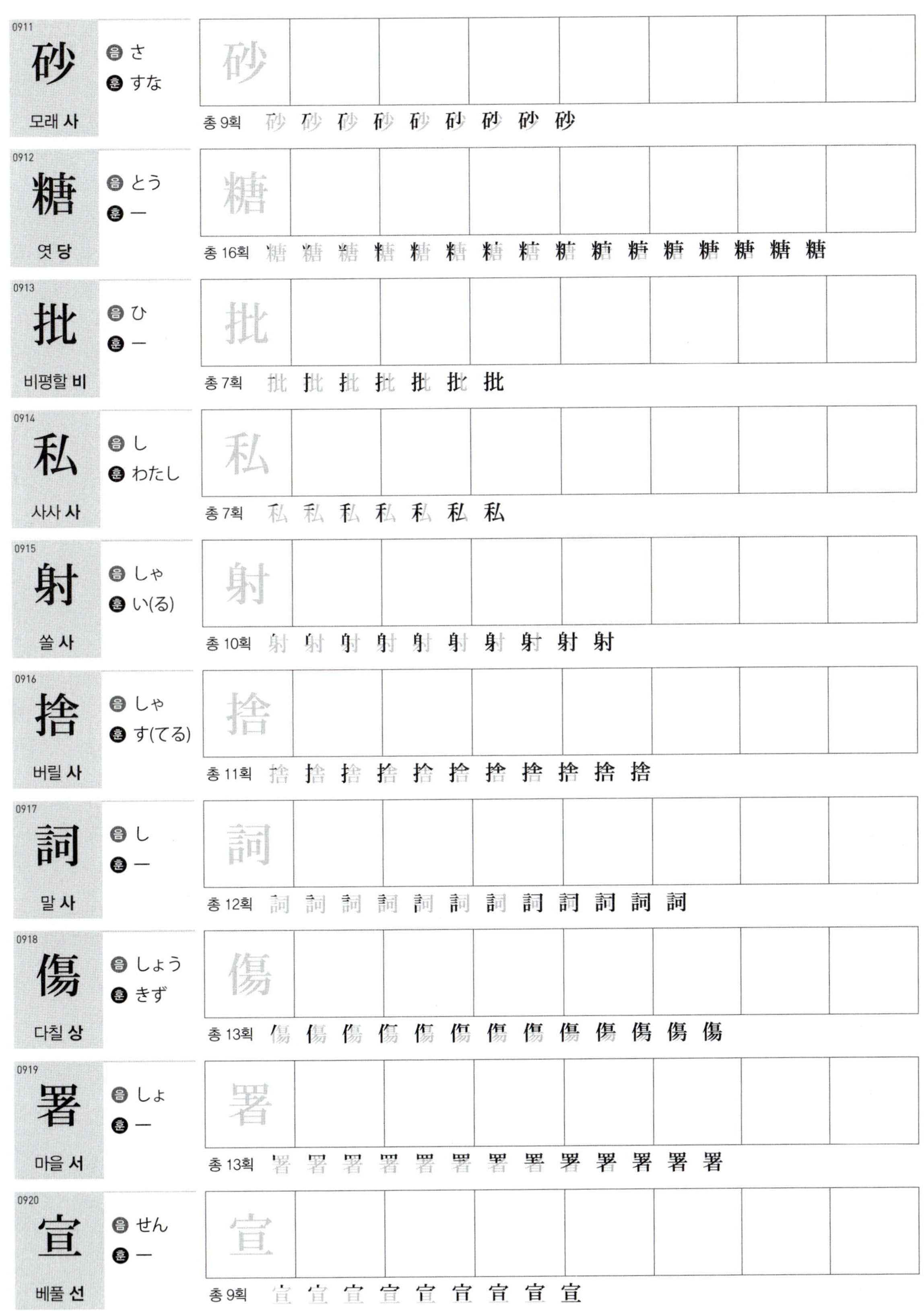

0911 砂	음 さ / 훈 すな	총 9획
0912 糖	음 とう / 훈 ー	총 16획
0913 批	음 ひ / 훈 ー	총 7획
0914 私	음 し / 훈 わたし	총 7획
0915 射	음 しゃ / 훈 い(る)	총 10획
0916 捨	음 しゃ / 훈 す(てる)	총 11획
0917 詞	음 し / 훈 ー	총 12획
0918 傷	음 しょう / 훈 きず	총 13획
0919 署	음 しょ / 훈 ー	총 13획
0920 宣	음 せん / 훈 ー	총 9획

모래 사 / 엿 당 / 비평할 비 / 사사 사 / 쏠 사 / 버릴 사 / 말 사 / 다칠 상 / 마을 서 / 베풀 선

0921									
善 착할 선	음 ぜん 훈 よ(い)	善							

총 12획　善 善 善 善 善 善 善 善 善 善 善 善

0922									
舌 혀 설	음 ぜつ 훈 した	舌							

총 6획　舌 舌 舌 舌 舌 舌

0923									
盛 성할 성	음 せい 훈 も(る)	盛							

총 11획　盛 盛 盛 成 成 成 成 盛 盛 盛 盛

0924									
聖 성인 성	음 せい 훈 ―	聖							

총 13획　聖 聖 聖 聖 聖 聖 聖 聖 聖 聖 聖 聖 聖

0925									
洗 씻을 세	음 せん 훈 あら(う)	洗							

총 9획　洗 洗 洗 洗 洗 洗 洗 洗 洗

0926									
垂 드리울 수	음 すい 훈 た(れる)	垂							

총 8획　垂 垂 垂 垂 垂 垂 垂 垂

0927									
樹 나무 수	음 じゅ 훈 ―	樹							

총 16획　樹 樹 樹 樹 樹 樹 樹 樹 樹 樹 樹 樹 樹 樹 樹 樹

0928									
熟 익을 숙	음 じゅく 훈 う(れる)	熟							

총 15획　熟 熟 熟 熟 熟 熟 熟 熟 熟 熟 熟 熟 熟 熟 熟

0929									
純 순수할 순	음 じゅん 훈 ―	純							

총 10획　純 純 純 純 純 純 純 純 純 純

0930									
我 나 아	음 が 훈 われ	我							

총 7획　我 我 我 我 我 我 我

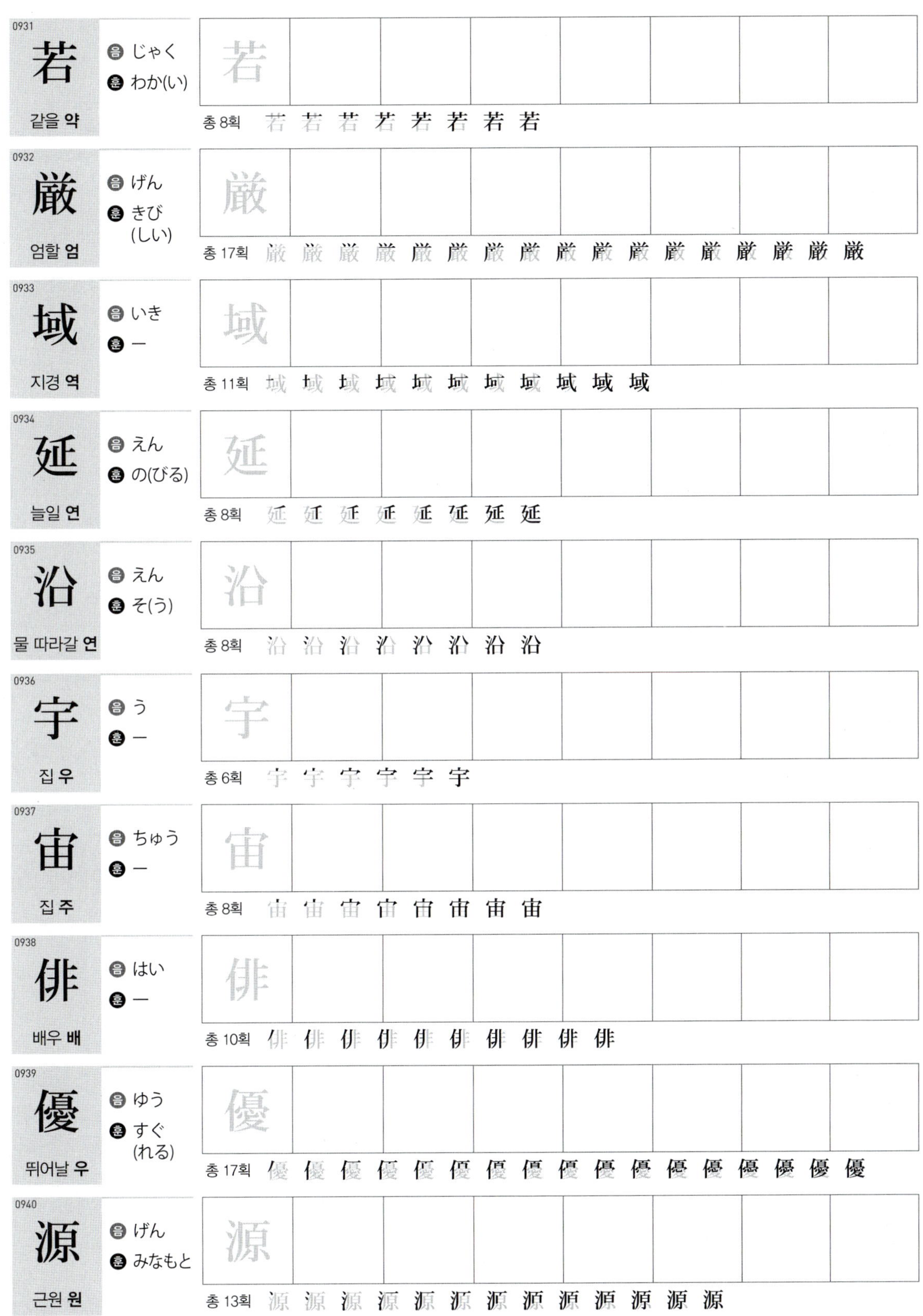

번호	한자	음	훈	뜻·음	획수
0931	若	じゃく	わか(い)	같을 약	총 8획
0932	厳	げん	きび(しい)	엄할 엄	총 17획
0933	域	いき	―	지경 역	총 11획
0934	延	えん	の(びる)	늘일 연	총 8획
0935	沿	えん	そ(う)	물 따라갈 연	총 8획
0936	宇	う	―	집 우	총 6획
0937	宙	ちゅう	―	집 주	총 8획
0938	俳	はい	―	배우 배	총 10획
0939	優	ゆう	すぐ(れる)	뛰어날 우	총 17획
0940	源	げん	みなもと	근원 원	총 13획

0941 泉 샘 천	음 せん 훈 いずみ	泉						
	총 9획	泉 泉 泉 泉 泉 泉 泉 泉 泉						

0942 誤 그르칠 오	음 ご 훈 あやま(る)	誤						
	총 14획	誤 誤 誤 誤 誤 誤 誤 誤 誤 誤 誤 誤 誤 誤						

0943 訳 통변할 역	음 やく 훈 わけ	訳						
	총 11획	訳 訳 訳 訳 訳 訳 訳 訳 訳 訳 訳						

0944 染 물들 염	음 せん 훈 そ(まる)	染						
	총 9획	染 染 染 染 染 染 染 染						

0945 映 비칠 영	음 えい 훈 うつ(る)	映						
	총 9획	映 映 映 映 映 映 映 映 映						

0946 預 맡길 예	음 よ 훈 あず(かる)	預						
	총 13획	預 預 預 預 預 預 預 預 預 預 預 預 預						

0947 欲 하고자 할 욕	음 よく 훈 ほ(しい)	欲						
	총 11획	欲 欲 欲 欲 欲 欲 欲 欲 欲 欲 欲						

0948 郵 우편 우	음 ゆう 훈 ―	郵						
	총 11획	郵 郵 郵 郵 郵 郵 郵 郵 郵 郵 郵						

0949 危 위태할 위	음 き 훈 あぶ(ない)	危						
	총 6획	危 危 危 危 危 危						

0950 幼 어릴 유	음 よう 훈 おさな(い)	幼						
	총 5획	幼 幼 幼 幼 幼						

0951 乳	음 にゅう / 훈 ちち / 젖 유	총 8획 乳乳乳乳乳乳乳乳
0952 遺	음 い / 훈 ― / 남길 유	총 15획 遺遺遺遺遺遺遺遺遺遺遺遺遺遺遺
0953 恩	음 おん / 훈 ― / 은혜 은	총 10획 恩恩恩恩恩恩恩恩恩恩
0954 疑	음 ぎ / 훈 うたが(う) / 의심할 의	총 14획 疑疑疑疑疑疑疑疑疑疑疑疑疑疑
0955 異	음 い / 훈 こと / 다를 이	총 11획 異異異異異異異異異異異
0956 翌	음 よく / 훈 ― / 다음 날 익	총 11획 翌翌翌翌翌翌翌翌翌翌翌
0957 仁	음 じん / 훈 ― / 어질 인	총 4획 仁仁仁仁
0958 賃	음 ちん / 훈 ― / 품삯 임	총 13획 賃賃賃賃賃賃賃賃賃賃賃賃賃
0959 姿	음 し / 훈 すがた / 모양 자	총 9획 姿姿姿姿姿姿姿姿姿
0960 磁	음 じ / 훈 ― / 자석 자	총 14획 磁磁磁磁磁磁磁磁磁磁磁磁磁磁

0961
蚕
음 さん
훈 かいこ
누에 잠
총 10획

0962
将
음 しょう
훈 ―
장차 장
총 10획

0963
装
음 そう
훈 よそお(う)
꾸밀 장
총 12획

0964
障
음 しょう
훈 さわ(る)
막을 장
총 14획

0965
蔵
음 ぞう
훈 くら
감출 장
총 15획

0966
臓
음 ぞう
훈 ―
오장 장
총 19획

0967
裁
음 さい
훈 さば(く)
옷 마를 재
총 12획

0968
著
음 ちょ
훈 いちじる(しい)
나타날 저
총 11획

0969
胃
음 い
훈 ―
밥통 위
총 9획

0670
腸
음 ちょう
훈 ―
창자 장
총 13획

0971 呼	음 こ / 훈 よ(ぶ)	부를 **호**	呼							

총 8획　呼 呼 呼 呼 呼 呼 呼 呼

0972 吸	음 きゅう / 훈 す(う)	마실 **흡**	吸							

총 6획　吸 吸 吸 吸 吸 吸

0973 皇	음 こう / 훈 ―	임금 **황**	皇							

총 9획　皇 皇 皇 皇 皇 皇 皇 皇 皇

0974 后	음 こう / 훈 ―	임금 **후**	后							

총 6획　后 后 后 后 后 后

0975 値	음 ち / 훈 ね	값 **치**	値							

총 10획　値 値 値 値 値 値 値 値 値 値

0976 段	음 だん / 훈 ―	층계 **단**	段							

총 9획　段 段 段 段 段 段 段 段 段

0977 操	음 そう / 훈 あやつ(る)	잡을 **조**	操							

총 16획　操 操 操 操 操 操 操 操 操 操 操 操 操 操 操 操

0978 縱	음 じゅう / 훈 たて	세로 **종**	縱							

총 16획　縱 縱 縱 縱 縱 縱 縱 縱 縱 縱 縱 縱 縱 縱 縱 縱

0979 敵	음 てき / 훈 かたき	대적할 **적**	敵							

총 15획　敵 敵 敵 敵 敵 敵 敵 敵 敵 敵 敵 敵 敵 敵 敵

0980 專	음 せん / 훈 もっぱ(ら)	오로지 **전**	專							

총 9획　專 專 專 專 專 專 專 專 專

0981 銭	음 せん 훈 ぜに	銭							
돈 전		총 14획　銭 銭 銭 銭 銭 銭 銭 銭 銭 銭 銭 銭 銭 銭							

0982 頂	음 ちょう 훈 いただ（く）	頂							
정수리 정		총 11획　頂 頂 頂 頂 頂 頂 頂 頂 頂 頂 頂							

0983 諸	음 しょ 훈 ―	諸							
모두 제		총 15획　諸 諸 諸 諸 諸 諸 諸 諸 諸 諸 諸 諸 諸 諸 諸							

0984 除	음 じょ 훈 のぞ（く）	除							
덜 제		총 10획　除 除 除 除 除 除 除 除 除 除							

0985 済	음 さい 훈 す（む）	済							
건널 제		총 11획　済 済 済 済 済 済 済 済 済 済 済							

0986 潮	음 ちょう 훈 しお	潮							
밀물 조		총 15획　潮 潮 潮 潮 潮 潮 潮 潮 潮 潮 潮 潮 潮 潮							

0987 存	음 そん 훈 ―	存							
있을 존		총 6획　存 存 存 存 存 存							

0988 宗	음 しゅう 훈 ―	宗							
마루 종		총 8획　宗 宗 宗 宗 宗 宗 宗 宗							

0989 從	음 じゅう 훈 したが（う）	従							
좇을 종		총 10획　従 従 従 従 従 従 従 従 従 従							

0990 座	음 ざ 훈 すわ（る）	座							
자리 좌		총 10획　座 座 座 座 座 座 座 座 座 座							

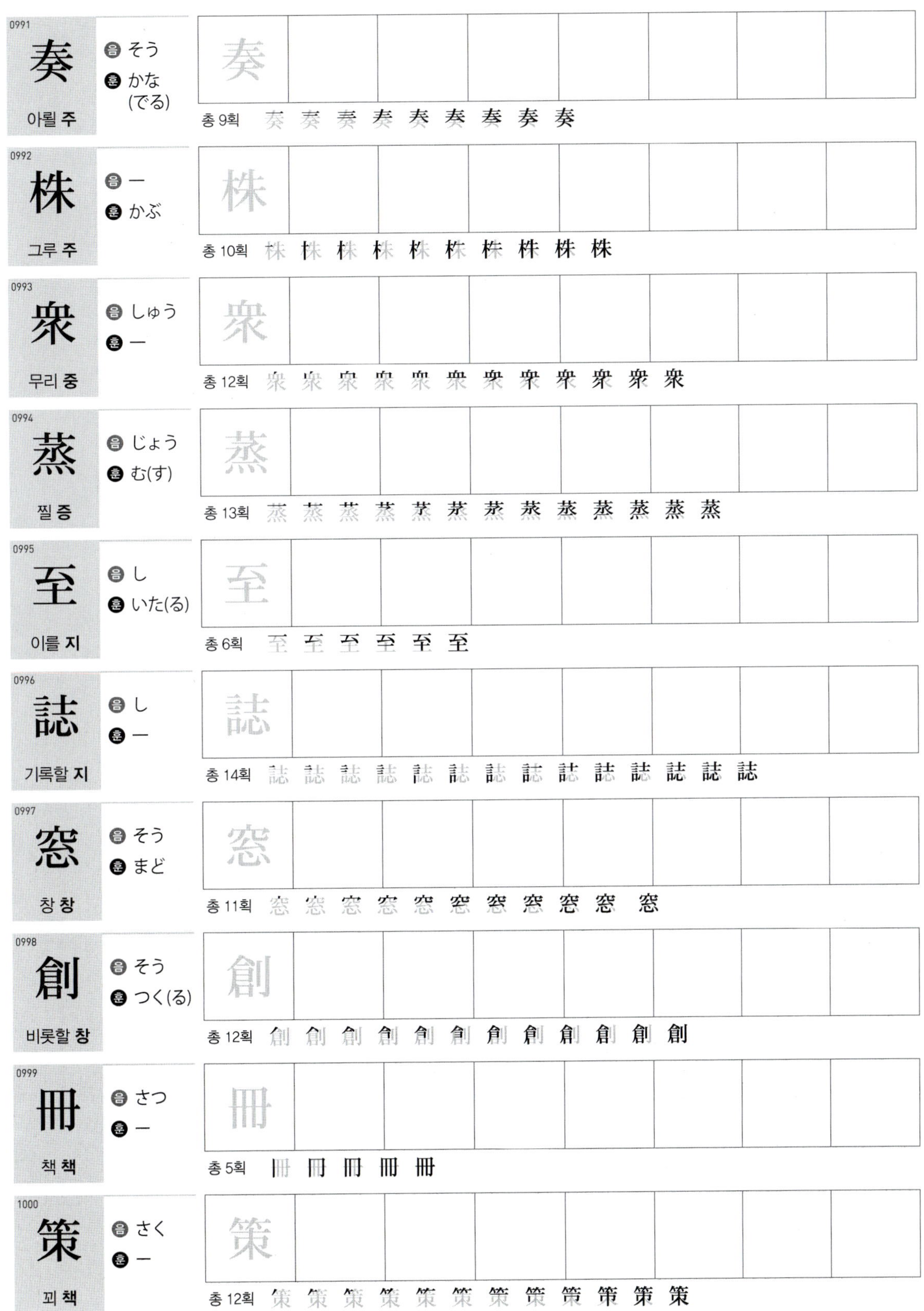

0991 奏 아뢸 **주**	음 そう 훈 かな (でる)	奏								
	총 9획	奏 奏 奏 奏 奏 奏 奏 奏 奏								

0992 株 그루 **주**	음 一 훈 かぶ	株								
	총 10획	株 株 株 株 株 株 株 株 株 株								

0993 衆 무리 **중**	음 しゅう 훈 一	衆								
	총 12획	衆 衆 衆 衆 衆 衆 衆 衆 衆 衆 衆 衆								

0994 蒸 찔 **증**	음 じょう 훈 む(す)	蒸								
	총 13획	蒸 蒸 蒸 蒸 蒸 蒸 蒸 蒸 蒸 蒸 蒸 蒸 蒸								

0995 至 이를 **지**	음 し 훈 いた(る)	至								
	총 6획	至 至 至 至 至 至								

0996 誌 기록할 **지**	음 し 훈 一	誌								
	총 14획	誌 誌 誌 誌 誌 誌 誌 誌 誌 誌 誌 誌 誌 誌								

0997 窓 창 **창**	음 そう 훈 まど	窓								
	총 11획	窓 窓 窓 窓 窓 窓 窓 窓 窓 窓 窓								

0998 創 비롯할 **창**	음 そう 훈 つく(る)	創								
	총 12획	創 創 創 創 創 創 創 創 創 創 創 創								

0999 冊 책 **책**	음 さつ 훈 一	冊								
	총 5획	冊 冊 冊 冊 冊								

1000 策 꾀 **책**	음 さく 훈 一	策								
	총 12획	策 策 策 策 策 策 策 策 策 策 策 策								

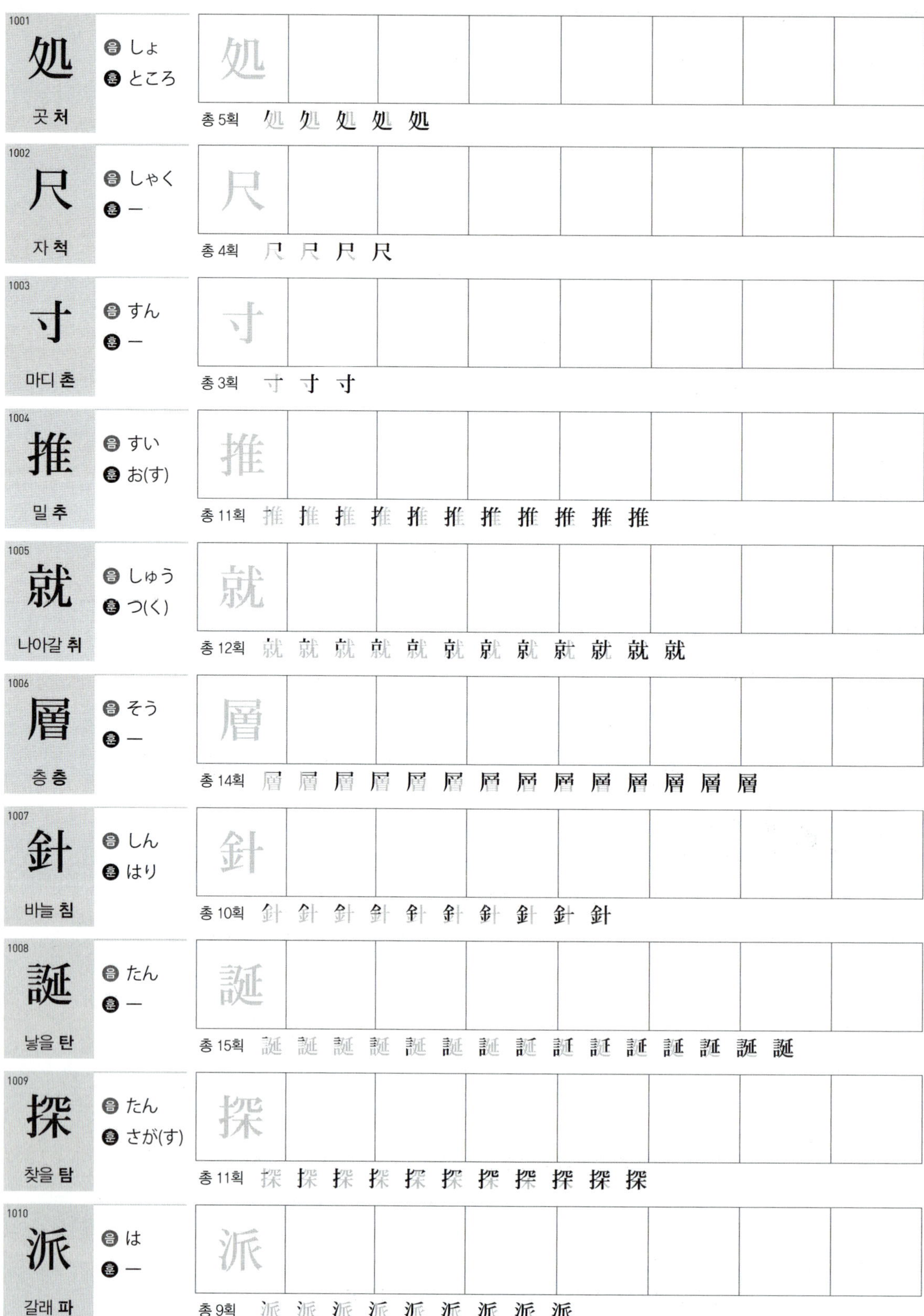

1001 処	음 しょ / 훈 ところ / 곳 처	処	총 5획 処 処 処 処 処
1002 尺	음 しゃく / 훈 一 / 자 척	尺	총 4획 尺 尺 尺 尺
1003 寸	음 すん / 훈 一 / 마디 촌	寸	총 3획 寸 寸 寸
1004 推	음 すい / 훈 お(す) / 밀 추	推	총 11획 推 推 推 推 推 推 推 推 推 推 推
1005 就	음 しゅう / 훈 つ(く) / 나아갈 취	就	총 12획 就 就 就 就 就 就 就 就 就 就 就 就
1006 層	음 そう / 훈 一 / 층 층	層	총 14획 層 層 層 層 層 層 層 層 層 層 層 層 層 層
1007 針	음 しん / 훈 はり / 바늘 침	針	총 10획 針 針 針 針 針 針 針 針 針 針
1008 誕	음 たん / 훈 一 / 낳을 탄	誕	총 15획 誕 誕 誕 誕 誕 誕 誕 誕 誕 誕 誕 誕 誕 誕 誕
1009 探	음 たん / 훈 さが(す) / 찾을 탐	探	총 11획 探 探 探 探 探 探 探 探 探 探 探
1010 派	음 は / 훈 一 / 갈래 파	派	총 9획 派 派 派 派 派 派 派 派 派

| 1011 片 | 음 へん / 훈 かた / 조각 **편** | 片 | | | | | | |
| 총 4획 片 片 片 片 |

| 1012 肺 | 음 はい / 훈 ー / 허파 **폐** | 肺 | | | | | | |
| 총 9획 肺 肺 肺 肺 肺 肺 肺 肺 肺 |

| 1013 閉 | 음 へい / 훈 し(まる) / 닫을 **폐** | 閉 | | | | | | |
| 총 11획 閉 閉 閉 閉 閉 閉 閉 閉 閉 閉 閉 |

| 1014 陛 | 음 へい / 훈 ー / 대궐 섬돌 **폐** | 陛 | | | | | | |
| 총 10획 陛 陛 陛 陛 陛 陛 陛 陛 陛 陛 |

| 1015 俵 | 음 ひょう / 훈 たわら / 나누어 줄 **표** | 俵 | | | | | | |
| 총 10획 俵 俵 俵 俵 俵 俵 俵 俵 俵 |

| 1016 割 | 음 かつ / 훈 わ(れる) / 벨 **할** | 割 | | | | | | |
| 총 12획 割 割 割 割 割 割 割 割 割 割 割 割 |

| 1017 郷 | 음 きょう / 훈 ー / 시골 **향** | 郷 | | | | | | |
| 총 11획 郷 郷 郷 郷 郷 郷 郷 郷 郷 郷 郷 |

| 1018 憲 | 음 けん / 훈 ー / 법 **헌** | 憲 | | | | | | |
| 총 16획 憲 憲 憲 憲 憲 憲 憲 憲 憲 憲 憲 憲 憲 憲 憲 憲 |

| 1019 革 | 음 かく / 훈 かわ / 가죽 **혁** | 革 | | | | | | |
| 총 9획 革 革 革 革 革 革 革 革 革 |

| 1020 穴 | 음 けつ / 훈 あな / 구멍 **혈** | 穴 | | | | | | |
| 총 5획 穴 穴 穴 穴 穴 |

1021 紅 붉을 홍	음 こう / 훈 べに	紅							

총 9획　紅 紅 紅 紅 紅 紅 紅 紅 紅

1022 拡 넓힐 확	음 かく / 훈 —	拡							

총 8획　拡 拡 拡 拡 拡 拡 拡 拡

1023 灰 재 회	음 かい / 훈 はい	灰							

총 6획　灰 灰 灰 灰 灰 灰

1024 孝 효도 효	음 こう / 훈 —	孝							

총 7획　孝 孝 孝 孝 孝 孝 孝

1025 揮 휘두를 휘	음 き / 훈 —	揮							

총 12획　揮 揮 揮 揮 揮 揮 揮 揮 揮 揮 揮 揮

1026 胸 가슴 흉	음 きょう / 훈 むね	胸							

총 10획　胸 胸 胸 胸 胸 胸 胸 胸 胸 胸